몽테뉴 여행기

몽테뉴 여행기

JOURNAL DU VOYAGE DE MONTAIGNE

P 필로소픽

목차

추천사

유럽 사상사에서 최초의 온전한 근대인이라고 할 수 있는 몽테뉴는 기존의 종교나 관습, 문화에 얽매이지 않는 자유로운 정신의 소유자로 '에세이'라는 새로운 글쓰기 양식을 창안한다. 정말 놀라운 것은 그러한 몽테뉴의 사고방식이 21세기를 살아가는 현대인의 고민과 매우 유사하다는 점이다. 우리는《수상록》을 통해 인생의 고난을 이겨내는 성찰과 유한한 삶에 주어지는 기쁨을 놓치지 않는 지혜를 엿볼 수 있다.

몽테뉴는 정중동靜中動과 동중정動中靜의 깊이를 갖춘 철학자다. 16세기 후반기의 프랑스는 오랜 종교전쟁과 전염병의 창궐로 죽음이 만연한 시대였다. 그러한 혼란의 시대에 몽테뉴는 보르도의 법관직과 시장직을 맡아 수행하는 한편 개인적으로도 괴로운 일을 많이 겪었다. 그리하여 그는 젊은 나이에 은퇴를 결심한다.

그러나《수상록》에서는 세상사나 개인사에 대한 직접적인 언급이 드물게 나타난다. 몽테뉴는 글쓰기에서만큼은 본인이 마주하고 있는 세상의 비극이나 개인적인 고통과 엄격하게 거리를 두고 자기 자신을 성찰했다. 이러한 사실을 염두에 두고 읽는다면《수상록》은 그가 편안한 마음으로 작성한 글이 아니라는 점을 쉽게 느낄 수 있을 것이다. 그것은 인간에게 주어지는 고통에 맞서 인간다운 삶을 만들어 나가기 위해 꾹꾹 눌러쓴 철인哲人의 기록이다.

《몽테뉴 여행기》는 그가 살아 있을 당시에는 간행되지 못했다가 훗날 발견되어 세상에 소개된다. 몽테뉴는 보르도 법관직을 사직한 뒤 고질병이었던 신장결석도 치료하고 견문도 넓힐 겸 이탈리아 로마를 최종 목적지로 삼고 먼 여행길에 오른다. 장장 1년 반에 걸쳐 이뤄진 이 여행에 대한 기록은 수사본의 형태로 남아 있다가 그로부터 200년이 지난 18세기에 성실한 편집자를 자임한 케를롱에 의해 온전한 형태로 복원되었다. 그리고 그로부터 다시 200년이 훨씬 지나 우리글로 번역되었음은 경탄할 일이 아닐 수 없다.

사실 국내에는 몽테뉴를 애호하는 독자들이 많은 편이다. 그에 비해 《수상록》의 기존 번역본은 오늘날의 독자들이 읽기에 너무 낡은 번역이 되어버렸다. 반면 국내에서 처음 번역되는 이 《몽테뉴 여행기》는 몽테뉴의 여행에 대한 독자들의 궁금증을 해소해주는 동시에 전문연구자들도 참고할 만한 충실한 자료가 될 것으로 보인다. 역자 이채영의 말처럼 이 여행기는 몽테뉴의 '제2의 에세이'로서 가치가 있다. 인생이 한 편의 여행이라면 이 여행기는 한 권의 인생 일기다. 말을 타고 나아가는 몽테뉴의 어깨 위에 우리의 눈길을 얹고 세상과 인생을 관조해보는 것은 어떠한가.

서울대학교 불어교육과 교수
김진하

옮긴이의 말

16세기 프랑스를 대표하는 사상가 미셸 드 몽테뉴Michel de Montaigne
는 일찍이 보르도 고등법원의 법관으로 재직하다 37세의 나이에 가
문의 영지를 상속받고 은퇴한 뒤 글을 쓰는 작업에 열중한다. 그 결
실로 탄생한 걸작 《수상록Les Essais》은 세계 문학사에 에세이essai라
는 하나의 새로운 장르를 낳게 되는데, 다양한 주제에 대한 글쓴이
의 주관적인 경험과 생각을 특별한 형식에 얽매이지 않고 자유롭게
서술하는 것이 주된 특징이다.

  이 글은 몽테뉴가 《수상록》의 초고 집필을 마치고 1580년 6월
22일 보르도 근교의 몽테뉴성에서 출발하여 파리와 독일, 오스트
리아, 스위스, 이탈리아 일대를 지나 이듬해 11월 30일 다시 성으
로 돌아오기까지 1년 5개월하고도 여드레 동안의 대장정을 기록
한 것이다. 이 긴 여행을 하는 내내 몽테뉴는 자신이 오래전부터 앓
아온 신장결석을 치료하기 위해 각 지역에서 유명하다는 온천들
을 수소문하여 찾아다니는 데 주로 시간을 보내는 한편, 지나는 마
을과 도시마다 그곳의 역사와 건축, 풍속, 자연을 글로 적어 남겼다.

  여행기의 수사본 원고는 그로부터 약 2세기가 지난 후인 1770년

어느 날, 몽테뉴성을 방문한 어떤 한 사제의 우연한 발견으로 세상의 빛을 보게 된다. 몽테뉴의 문체를 한눈에 알아본 사제는 전문가들의 의견을 구한 끝에 아주 사적인 내용을 제외한 나머지 부분만을 엮어 책으로 발행한다. 이후 기존의 원고가 발견된 당시의 상태 그대로 생략된 부분 없이 완전하게 출간된 것은 1774년 프랑스 왕립도서관의 수사본 관리인 뫼니에 드 케를롱 Meusnier de Querlon의 편집을 통해서다.

이 한국어 번역은 최초의 완전한 교정본인 케를롱의 판본을 원본으로 삼았다. 케를롱이 직접 작성한 서문은 국내 독자들에게도 좋은 길잡이가 되어줄 것이라 기대한다. 단, 18세기 프랑스어를 해독하면서 어쩔 수 없는 난관에 부딪힌 경우에는 현대 프랑스어로 옮기고 주석을 단 파우스타 가라비니 Fausta Garavini의 1983년 판본과 1957년 미국 스탠퍼드대학교 출판사에서 도널드 머독 프레임 Donald Murdoch Frame이 번역하여 출간한 영문판을 참고했다. 한편, 케를롱이 편집한 판본의 목차는 비교적 단순하여 긴 분량의 글을 이해하는 데에는 도움이 되지 못한다고 판단했다. 따라서 본 번역에서는 전체 여행에서 중요하다고 할 수 있는 도시 간 이동이나 체류 기간이 길었던 몇몇 여행지를 기준으로 여행기 본문의 목차를 총 11장으로 재구성했다.

여행을 향한 몽테뉴의 열정은《수상록》을 통해서도 이미 잘 알려진 바 있다.

여행이란 일종의 유익한 수련과도 같다. 여행하는 자의 영혼은 이

전에는 알지 못했던 새로운 것들을 발견함으로써 끊임없는 설전을 펼치게 된다. 늘 말하지만, 서로 다른 사람들이 가지고 있는 다양한 생활 방식과 특징, 관습에 계속해서 노출되고 우리의 영원한 대자연이 이루는 다채로운 풍경을 즐기는 것만큼이나 인생을 단련시켜 주는 훌륭한 학교는 없다고 생각한다.[1]

몽테뉴는 인간이란 여행을 통해 더욱 넓은 관점에서 세상을 바라보며 끊임없이 성장할 수 있는 존재라고 믿었다. 그에게 여행이란 인생에서 가장 중요한 다양성variété과 다름dissemblance의 가치를 진정으로 추구할 수 있게 해주는 수단이었으며, 마찬가지로 인생을 사는 것은 자신에게 주어진 시간을 여행하는 것과 같은 의미였다.

《인생의 맛―몽테뉴와 함께하는 마흔 번의 철학 산책》의 저자 앙투안 콩파뇽Antoine Compagnon은 "몽테뉴에게 여행은 인생의 메타포"였으며 그는 "여행하듯 살아갔다."라고 말한다.[2] 케를롱 또한 "몽테뉴는 글을 쓰듯이 여행했다."라고 이야기한다. 따라서 그런 몽테뉴의 여행을 기록한 글을 읽는다는 것은 그의 삶과 철학을 읽는 것과 다르지 않으므로, 우리는 감히 이 여행기에 제2의 《수상록》이라는 부제를 붙여볼 수 있을 것이다. 한편, 몽테뉴 본인으로서는 그저 훗날 자신의 여행을 개인적으로 추억하기 위해 기록을 남긴 것일 뿐 대중에게 공개하는 것에 대해서는 단 한 번도 고려하지 않았기

---

1 《수상록》 제3권 9장 〈허영에 대하여〉 중에서. 옮긴이 번역.
2 《인생의 맛―몽테뉴와 함께하는 마흔 번의 철학 산책》(2014), 앙투안 콩파뇽, 장소미 역, 서울: 책세상.

때문에, 이 글은 과연 다듬어지지 않은 날것 그대로의 《수상록》이라고
도 부를 수 있을 것이다.

18세기 프랑스어를 한국어로 번역한다는 것은 실로 무수한 타협
을 요구하는 작업이었다. 원문의 묘사가 다소 장황하거나 생략된 부
분이 많아 이해하기 어려운 경우에는 기존의 의미를 해치지 않으면
서 함축된 내용을 풀어 설명하는 의역의 방식을 활용했다. 그 밖에
16세기 유럽의 정치나 사회, 종교, 구체적으로 특정 가능한 역사적
인물 등에 대해서는 충분한 자료 조사를 거친 뒤 역주로 설명을 덧
붙였다.

원문에 등장하는 지역의 명칭이 변경된 경우, 본문에는 현재 통용
되고 있는 지명을 적고 옛 지명은 역주로 달아 표기했다. 한편, 프랑
스와 독일, 오스트리아, 스위스, 이탈리아가 국경을 맞대고 있는 지
역에서는 실제로 여러 언어가 동시에 사용되고 있어 어떤 마을이나
도시의 이름을 각각의 언어마다 서로 다르게 부르기도 한다. 이런
경우 본문에서는 현재 해당 지역을 포함하고 있는 국가의 공용어로
된 지명을 적었다. 독일어와 프랑스어, 이탈리아어 등의 복수 언어
를 공용어로 사용하는 스위스의 경우에는 국내에 조금 더 익숙하게
알려진 독일어 지명을 사용했으며, 과거 티롤 지역에 해당하는 부분
은 오늘날의 북부 이탈리아에 포함되므로 이탈리아어로 표기했다.

학부 시절 프랑스 문학 수업에서 《수상록》의 원문을 발췌하여 읽
으며 감상을 나누던 때를 기억한다. 번역본을 빌리기 위해 찾은 도
서관에서 전권의 엄청난 두께와 무게에 압도당했었고, 책 서두의 짧
은 머리말이 시대와 국경을 뛰어넘는 명성과는 어울리지 않게 한없

이 겸손하여 적잖이 놀랐었다. 그리고 이듬해 어학연수로 떠난 보르도의 캥콩스 광장에서 늠름하게 서 있는 몽테뉴 동상을 우연히 마주치고는 괜히 반가운 기분이 들기도 했다.

16세기 프랑스 지성의 거장 몽테뉴와 21세기 대한민국을 살아가는 우리 사이에는 태어난 시공간과 사회적 신분, 심지어는 사용하는 언어까지 공통분모라고 할 만한 것이 전혀 없다. 그러나 우리는 누구나 살아가면서 한번쯤은 고민해볼 법한 질문들을 펼쳐놓고 자신의 경험담과 가치관을 담담하게 적어나가며 자기 나름의 답을 구하려는 몽테뉴의 모습에서 우리 스스로와 다르지 않은 평범한 한 인간의 모습을 찾아볼 수 있다.

이 여행기에는 길에서 맞닥뜨린 위험천만한 순간을 극적으로 모면한 이야기나 어떤 지역에서는 이런저런 먹거리와 볼거리를 추천한다는 식의 감상은 들어 있지 않다. 때로는 며칠을 말을 타고 이동만 하거나 줄곧 온천만 하는 식으로 똑같은 일상이 반복되어 지루하게 느껴질 수도 있고, 때로는 몽테뉴가 신장결석의 증상으로 하루에 소변을 몇 번 그리고 얼마나 보았는지, 그 안에 섞여 나온 돌멩이와 모래알의 개수와 크기, 색깔, 질감은 어떠했는지를 알아야 하는 것이 거북하게 느껴질 수도 있다.

그러나 몽테뉴의 글을 아끼는 독자들이라면, 그렇게나 평범하고 무심한 문장들 사이사이에서 《수상록》에서보다 훨씬 더 수수하고 일상에 가까운 모습의 몽테뉴를 만나는 기쁨을 느끼게 될 것이다. 수차례에 걸친 번역과 교정의 작업을 통해 옮긴이가 그러했듯이, 부디 독자들도 이 여행기를 통해 몽테뉴와 함께 16세기 유럽을 횡단

하며 당시의 역사와 문화를 관통하는 영광을 기꺼이 누려보기를 희
망한다.

2020년 여름 그르노블에서
옮긴이 이채영

뷔퐁 백작님께

백작님,

 백작님께 처음으로 헌사를 써서 바쳤던 책이 우정의 선물이었다면, 두 번째 책의 헌사는 선천적으로 타고난 천재성과 탁월한 학식과 견문, 심미안 등에 대해 경의를 표하는 뜻에서 바친 것이었습니다. 세 번째로 헌사를 쓰게 된 이유는 애써 찾지 않겠습니다. 오래전부터 인간은 이익에 대한 욕심과 아첨, 허영심으로 모든 것을 혼란에 빠뜨려왔습니다. 뉴턴처럼 미리 계산을 할 수 있었다고 하더라도, 도덕적으로 가장 덜 복잡한 품행의 최솟값이나 최댓값이 얼마인지는 쉽게 구하지 못했을 것입니다.

 제가 백작님께 박물학에 관한 훌륭한 책을 몇 권 소개해드린다면, 사람들은 그 의도를 단번에 알아차릴 것입니다. 그런데 몽테뉴의 여행기에는 박물학과 관련된 부분이 단 한 줄도 들어있지 않습니다. 그러니 사람들은 제가 도대체 무슨 까닭으로 몽테뉴와 백작님을 연관시키는 것인지 물을 것입니다. 그 이유는 본인의 책을 누군가에게 헌정해본 작가들이 대부분 상상할 수 있는 것보다 더욱 고차원적인 것으로서 헌사를 받는 사람들과 그들에게로 공로가 돌아간 작품들 사이에서 찾아볼 수 있을 것입니다. 다시 말하자면, 똑같이 천재적인 재능을 타고났다고 하더라도 가지고 있는 재주의 종류가 다른 경우에는 일정한 차이가 생기기 마련이고, 그 사이에는 그러한 차이를 좁혀주는 접점이 존재합니다. 저는 이성과 인간의 마음, 자기 자신을 관찰할 줄 아는 자와 프랑스의 플리니우스[1] 사이에서 그러한 접점을 발견했고, 심지어는 그 속으로 아주 쉽게 빠져들어 느낄 수 있었습니다. 저로서는 훌륭한 인물들과 참된 철학자들, 자연에 대해 알고 싶어 하는 사람들, 그리고 모든 민족들로부터 영원히 친애를 받을 만큼 유명한 두 분의 이름을 연결시키는 것만큼이나 더욱 간단명료한 일은 없어 보였습니다.

사람들 사이에서 가장 확고하게 자리잡고 있으며 현실과 가장 가까운 거리에 있는 백작님께

존경의 마음을 담아 바칩니다.

케를롱 배상

---

1   가이우스 플리니우스 세쿤두스. 고대 로마의 정치가이자 박물학자로서 당시의 자연과 예술에 관한 모든 지식을 망라하여 《박물지Nauralis Historia》를 집필했다.

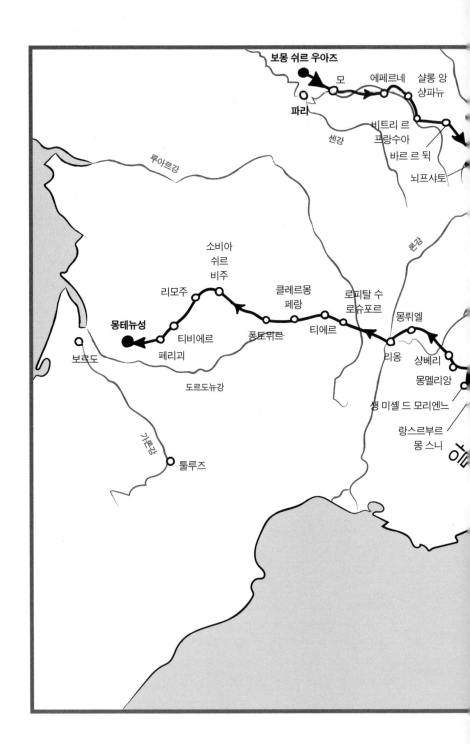

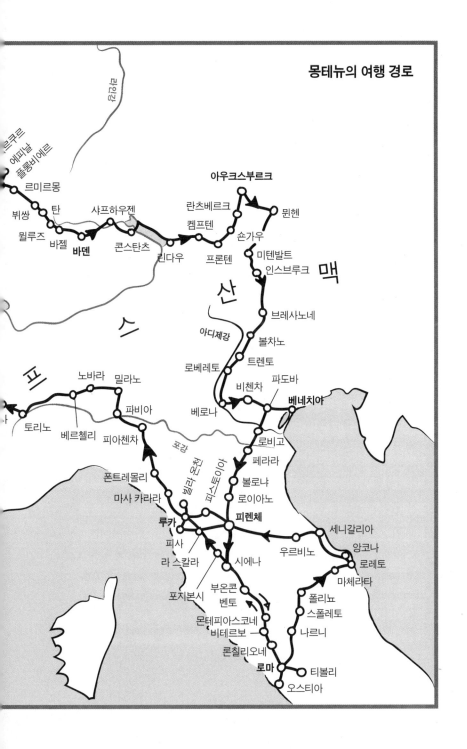

몽테뉴의 여행 경로

편집자 케를롱의 서문

I

몽테뉴는《수상록》제3권 9장에서 자신이 했던 여행들에 대해, 그 중에서도 특히 로마에 다녀온 것에 대해 이야기한다. 심지어는 본인이 로마의 보수파 당원들에게 보냈던 〈로마 시민권 청원서〉를 처음부터 끝까지 빠짐없이 옮겨 적고 있다. 몽테뉴가 스위스와 독일, 이탈리아를 여행했었다는 사실이 알려져 있는 가운데, 태생적으로 무언가를 관찰하기를 즐겨했던 사람이,《수상록》에 자신의 구체적인 가정사와 개인적인 이야기를 가득 채워 넣었던 작가가 본인이 다녀온 여행에 대해 아무것도 써내지 않았다는 사실은 꽤나 놀라움을 안겨주었다. 그러나 몽테뉴가 세상을 떠난 지 180년이 지난 후에도 그의 여행에 대한 흔적이 아무것도 발견되지 않아 사람들은 그가 여행했다는 사실을 더이상 생각하지 않고 지냈다.

페리고르의 샹슬라드 지방에 소속되어 활동하는 수도 참사원 프뤼니스 씨는 본인이 담당하는 지역사와 관련하여 자료를 조사하기 위해 답사를 하는 중이었다. 그는 혹시나 보관되어 있을지도 모르는 고문서를 찾아보기 위해 당시 세귀르 가문의 로케트 백작이 소유하고 있던 오래된 몽테뉴성을 방문한다. 사람들은 오래전부터 열람이 금지되어 기억에서 잊혀가고 있던 문서들이 담긴 낡은 금고 하나를 프뤼니스 씨에게 보여주면서 그 안을 살펴볼 수 있도록 허락해준다. 그렇게 프뤼니스 씨는 《몽테뉴 여행기》의 수사본 초판본이자 아마도 세상에 존재하는 유일본을 발견하게 된다. 그는 세귀르 백작의 허가 아래 정밀한 검토 작업을 진행하기 위해 원고를 가지고 나선다. 이 귀중한 유작의 주인이 몽테뉴라고 확신한 프뤼니스 씨는 문인들의 판단을 통해 사실을 보다 더 확실하게 하기 위해 파리로 향한다. 여러 명의 문학 전문가들이 수사본 원고를 검토했고, 그중에는 특히 왕립도서관 관장 카페로니에 씨도 포함되어 있었다. 그리하여 그 수사본은 만장일치로 몽테뉴 여행기의 친필 원고로 인정받는다.

수사본은 총 278쪽으로 조그마한 2절판 책의 형태를 띠고 있다. 사용된 표기법과 종이를 보면 단연코 16세기 말에 쓰인 것임이 틀림없다. 문체의 경우 몽테뉴만의 고유한 특징과도 같은 소박하고 솔직한 분위기와 풍부한 표현력이 느껴지므로 착각할 일이 없다. 수사본의 일부분은 (전체에서 3분의 1보다 조금 더 많은 분량으로) 몽테뉴가 서기로 부리던 어느 하인의 손으로 작성됐다. 하인은 주인에 대해 이야기할 때면 계속해서 3인칭을 사용한다. 그러나 해당 부분에서는 몽테뉴가 사용하는 모든 표현들이 등장하며 심지어는 몽테뉴가 하인에게 내용을 받아쓰게 하는 와중에도 자기 자신을 중심에 두고 말한 표현들이 본의 아니게 새어나오는 것으로 보아 실제로는 몽테뉴가 불러주는 것을 하인이 받아서 적었다는 것을 알아낼 수 있다. 이후 몽테뉴가 1인칭 시점에서 자신의 목소리로 이야기를 하는 나머지 부분은 그가 본인의 손으로 직접 작성한 것이다. (필체를 확인한 결과 그렇다.) 그러나 해당 부분은 절반 이상이 이탈리아어로 쓰였다. 그러는 와중에 수사본의 진위 여부에 의심이 제기되자 원고는 필요한 경우 도움을 받기 위해 왕립도서관에 제출됐다. 정확한 사실 전달을 위해 덧붙여 말하자면, 원고의 맨 첫 부분은 한 페이지 또는 여러 페이지가 찢어져서 누락되어 있다.

몽테뉴 사후에 발견된 이 작품은 단순히 로마를 비롯하여 이탈리아에서 중요한 지역들이 16세기 말로 향해 가던 시기의 모습을 있는 그대로 그려낸 역사적 유물로 보는 것만으로도 이미 가치가 있을 것이다. 그러나 몽테뉴가 세상을 바라본 방식뿐만 아니라 그가 본인의 철학적인 성찰과 타고난 재능을 통해 스스로 받아들이거나 직접 만들어낸 모든 사유에 힘과 진실, 열정을 실어 넣은 것은 이 유작을 훨씬 더 값지게 만들어주고 있다.

이 작품을 대중에게 공개하기 위해서는 먼저 글을 해독하는 과정을 통해 읽기 가능한 사본을 만들어내야 했다. 샹슬라드의 수도 참사원 프뤼니스 씨도 사본을 하나 만들었는데, 그는 무려 이탈리아어로 작성된 부분을 전부 번역하기까지 했다. 그러나 프뤼니스 씨의 사본에는 원래의 의미가 누락된 부분이 꽤 자주 발견되며 이탈리아어 번역은 그보다 훨씬 더 엉성하여 오류가 아주 많았다. 따라서 우리는 수사본 원고에서 단 한 글자도 생략하거나 바꾸지 않으면서 더욱 정확하게 옮겨 적는 작업을 먼저 진행했다. 로마에 도착하기 전까지 기록을 담당했던 하인이 악필인 데다가 이를 몽테뉴가 직접 교정해놓은 부분조차도 얼마 되지 않아 마냥 수월한 작업은 아니었다. 게다가 몽테뉴 본인도《수상록》에서 다른 사람들이 알아보기 쉽게 글씨를 쓰는 일에 소홀한 모습을 보여준 바 있다. 두 사람의 글씨를 읽어내기가 더욱 어려웠던 데에는 수사본에서 사용된 철자법이 현재 통용되는 것과는 아주 다른 데다가 뒤죽박죽이며 부정확한 부분이 많다는 것이 크게 작용했다. 이러한 난관을 헤쳐나가기 위해서는 인내와 시간이 필요했다. 그렇게 새로 제작된 사본은 원본과의 대조작업을 통해 검토됐다. 이에 카페로니에 씨께서 손수 엄청난 공을 들여 힘써주셨다.

이후 새로운 사본은 출판사로 넘어갔고, 출판사 측에서는 지금은 거의 더 이상 사용되지 않는 오래된 단어들을 설명하거나, 여행의 과정을 시간 순서에 따라 명확하게 밝히며, 몽테뉴가 언급한 인물들이 누구인지에 대한 정보를 가능한 한 최대로 담기 위해서는 주해를 달 필요가 있다고 전해왔다. 하지만 이후 추가한 주해는 내용이 길지 않을뿐더러 개수도 많지 않다. 이는 뒤에서 이야기하겠지만, 주해의 분량을 더 늘릴 수 없었거나 내용과 관련된 설명을 추가적으로 넣지 못했기 때문이 아니다. 단지 주해의 범위를 최소한으로 필요한 부분으로만 제한함으로써 장황한 해설을 과하게 늘어놓는 것을 피하고자 했을 뿐이다. 그렇게 했다면 문학적이고 때로는 철학적이기도 한 원작자의 견식이 시시하게 낭비됐을 것이며, 이는 그가 말하고자 했던 것에 아무런 이점도 가져다주지 않을 뿐만 아니라 작가의 이야기가 아니라면 그 어떤 다른 것은 구할 생각이 없는 독자들에게도 크게 의미 있는 일이 아니었을 것이다. 몽테뉴의 글에 주해를 달 때에는 어쩌면 그의 모든 사유와 능변에 항복해버리고 싶은 유혹을 견뎌내면서 하찮은 사심 같은 것은 가지지 않아야 할 것이다. 그럼에도 불구하고 우리가 실제로 주해를 달았던 부분보다 주해를 달지 않으려고 했던 부분에 더 신경을 썼던 것이 잘한 일이었는지는 모르겠다. 하지만 적어도 우리가 숨기지 말아야 할 사실은 박학다식한 청년 문학가 자멧Jamet의 은혜를 잊어서는 안 된다는 것이다. 자멧은 특히 주해를 다는 작업에서 우리에게 엄청난 도움을 주었다. 글에 달린 주해 중에서 몇몇 부분은 자멧 덕분에 가능했다.

몽테뉴가 본 여행기 전체를 통틀어서 이탈리아어로 쓴 부분을 작업할 때 힘을 가장 많이 들였다는 점은 의심할 여지가 없다. 해당 부분은 잘못 적혀 있어 철자도 문제지만 표준 문법을 이탈하는 표현이나 각종 사투리, 프랑스어 표현을 이탈리아어로 변형하여 쓴 어구가 넘쳐나서 프랑스어 텍스트보다 읽기가 훨씬 더 어려웠다. 문제의 부분을 잘 해독해서 이해할 수 있는 수준으로 만들어낼 수 있는 이탈리아 사람은 거의 없었다. 사르데냐 왕에게 골동품을 파는 상인으로 활동하다가 최근에는 금석학·문학 왕립아카데미의 외국인 회원으로 선출된 바르톨리 씨가 다행히도 마침 우리가 1권을 찍어내는 동안 파리에 머무는 중이었다. 바르톨리 씨는 이탈리아어 텍스트를 해독하는 작업을 본인이 맡아서 해주겠다고 했다. 그리하여 그는 해당 부분을 전부 손으로 직접 옮겨 적었을 뿐만 아니라 우리가 프랑스어 텍스트에 했던 것처럼 문법을 설명하는 주해를 달아주었으며 심지어는 역사적인 사건에 대한 설명도 추가해주었다. 그 덕분에 이탈리아어 텍스트도 원문 그대로 사본에 인쇄될 수 있었다. 우리는 바로 이 이탈리아어 사본과 바르톨리 씨가 프뤼니스 씨의 프랑스어 번역본에서 여러 부분을 교정한 것을 바탕으로 우리만의 판본을 만들어냈다. 우스꽝스러운 결과를 낳게 될 것을 우려하는 마음에 문학적인 표현에 과하게 얽매이지는 않았다. 그 밖에 나머지 프랑스어 텍스트에 해당하는 부분에서 모든 표현을 철저하게 보존하고 심지어는 원고를 최초로 전사한 사람의 철자법과 몽테뉴의 철자법을 그대로 표시할 만큼 신중을 가한 것은 본 작품을 인쇄하는 과정에서 실제로 아주 사소한 부분까지도 원본과 달라지는 점이 없게 해 아무런 의혹도 남기지 않기 위해서다.

II

몽테뉴 수사본의 앞부분에 페이지가 누락되어 소실된 문제는 분명 그렇게 중요한 사안은 아니다. 여행기의 끝부분에서 확실하게 밝히고 있는 것처럼 우리의 여행자는 1580년 6월 22일 본인의 성에서 출발하여 같은 달의 말일 즈음, 마티뇽 총사령관이 라 페르 공성전 攻城戰[1]을 일으켰을 때 잠시 여정을 멈추었다. 그런 와중에 그 전투에서 그라몽 백작이 죽임을 당했고, 몽테뉴는 백작의 다른 친우들과 함께 그의 시신을 수아송까지 운구했다. 그러고 나서 9월 5일에는 보몽 쉬르 우아즈에 있었고, 바로 그곳에서부터 로렌 지방으로 향하

---

1   적진의 성이나 요새를 빼앗는 것을 목적으로 벌이는 전투.

는 길로 들어선 것이다. 하지만 해당 부분의 페이지가 누락되어 있어 몽테뉴가 그의 성을 떠났던 당시의 상황을 파악할 수 없을뿐더러, 자신과 함께 여행길에 올랐던 동생을 보내 (아마도 라 페르 공성전에서 당한 것으로 보이는) 부상을 입은 백작이 어떤 일로 그렇게 되었으며 이름은 무엇인지 알아내는 것도 불가능해졌다. 또한 몽테뉴의 여행에 함께 한 사람들이 총 몇 명이었으며 누구였는지에 대한 정보도 없다. 누락된 부분 이후에 이어지는 기록에서 파악할 수 있는 인물은 다음과 같다. 먼저, 몽테뉴의 동생 마테쿨롱Matecoulon[2]이 있다. 몽테뉴는《수상록》제2권 37장에서 동생 마테쿨롱이 로마에서 머무르는 동안 어떤 시합에 참가했었음을 적은 바 있으나, 본 여행기에서는 그러한 일에 대해 아무것도 언급하지 않았다. 두 번째로는 아마도 에스티삭 부인의 아들로 추정되는 '에스티삭'이 있다. 몽테뉴는《수상록》제2권 8장 〈아이들에 대한 아버지의 애정에 대하여〉를 에스티삭 부인에게 헌정한 바 있다. 교황을 알현하는 자리에 함께 참석한 에스티삭에게 교황이 학문과 덕목을 쌓아나가기를 조언한 것으로 보아 그는 청년이었음이 분명하다. 세 번째로는 파도바에서 몽테뉴 일행을 떠난 '카잘리스'가 있고, 네 번째로는 출발부터 도착까지 몽테뉴와 함께 여행한 것으로 추정되는 로렌 지방 출신의 귀족 '오투아'가 있다. 우리는 몽테뉴의 여행이 때로는 당시에 사람들

2 　몽테뉴의 막내 남동생으로, 본명은 베르트랑 샤를 드 몽테뉴Bertrand-Charles de Montaigne이다. 훗날 몽페이루Montpeyroux 지역의 마테쿨롱성을 소유하게 되면서, '베르트랑 드 마테쿨롱'이라고 불렸다.

이 직접 타기보다는 짐을 싣기 위한 용도로 임대해서 사용하던 마차를 통해, 또 대부분 다른 때에는 당시 사람들이 여행을 하던 방식처럼 말을 타고 이루어졌다는 사실을 알 수 있다. 특히나 몽테뉴 스스로 말하고 있기를 그는 안장 위에 엉덩이를 붙이고 앉아 있을 때가 컨디션이 가장 좋았기 때문에 말을 타고 다니고자 했다.

활발한 성격과 불꽃처럼 뜨거운 열정을 가지고 태어난 몽테뉴는 한 곳에 앉아 명상에 빠지는 유형이 절대 아니었다. 몽테뉴가 자신의 서재에서《수상록》을 집필하는 데 전념하는 모습만을 본 사람은 아마도 그렇게 생각할 수도 있을 것이다. 몽테뉴는 젊은 시절에 혹독한 시험을 겪었다. 그는 앙리 4세가 군림하기 전까지 차례대로 이어졌던 다섯 명의 군주의 통치 기간 동안 혼란과 변화의 움직임을 직접 목격하는 와중에도《수상록》을 쓰는 작업과 (호기심을 일으키는) 정신적인 고뇌를 늦추지 않았다. 몽테뉴는 세상에서 가장 냉철한 지도자들에게도 본인의 글을 인쇄하여 가져다주었다. 그는 프랑스 왕조를 유랑하는 중이었다. 그러한 과정이 대부분의 다른 여행들보다 더욱 값졌던 것은 덕분에 그가 왕궁 내부 사정과 파리를 아주 잘 파악할 수 있게 됐기 때문이다. 수도를 향한 몽테뉴의 애정은《수상록》제3권 9장에서도 드러난다. 자크 오귀스트 드 투는 자신의 인생을 돌아보는 특별 회고록에서 몽테뉴가 굉장히 지독하기로 이름이 나 있는 앙리 드 로렌 기즈 공작과 나바르 왕국과 프랑스의 국왕 앙리 4세에게 동시에 아첨을 하곤 했었다고 이야기한다. 그러면서 덧붙이기를 기즈 공작이 1588년 블루아 삼부회에서 암살을 당했을 때 몽테뉴도 그 자리에 함께 있었다고 한다. 몽테뉴는 기즈 공작이나 나바르 국왕 중에서 한 사람이 죽어야만 국가의 혼란이 끝이 날 것이리고 예측히여 말하곤 했다. 그는 두 우두머리가 어떤 성향을 가지고 있는지를 아주 잘 파악한 뒤 친구인 투에게, 나바르 국왕은 선친들이 따르던 종교로(즉, 로마 가톨릭교로) 다시 돌아가기 위한 준비를 완전히 마친 상태였지만 자신의 진영에서 버려질까 봐 두려워하고 있으며 기즈 공작으로서는 로렌 지방의 추기경으로 지내는 삼촌의 영향을 받아 그 안에 내포되어 있는 위험한 요소들만 아니라면 아우크스부르크 신앙고백[3]에 대해 그렇게 심한 반감은 가지고 있지 않다고 말하곤 했다. 우리는 《수상록》 제3권 1장에서 몽테뉴가 서로 다른 정치적 입장에 있는 사람들 사이에서 어떠한 처세술을 펼쳤는지를 확인할 수 있다. 이렇듯 몽테뉴는 세상이 돌아가는 사정을 훤히 알고 있었고, 혹시나 본인도 그 안에 가담하여 한몫을 해내고자 할 때 필요하게 될 통찰력도 가지고 있었다. 정말 다행스럽게도 그는 여행을 하는 동안이나 가장 위험한 시련이 닥치는 시기에도 스스로의 철학적인 초연함을 지켜내는 법을 알고 있었다.

《수상록》에서는 몽테뉴의 철학적인 사상을 담아내느라 그의 개인적인 취향을 드러내는 부분이 적을 수밖에 없다. 그러나 몽테뉴가 인간에 대해 가지고 있는 독특하고도 아주 해박한 지식은 경험만큼이나 실제적인 행동을 반드시 필요로 한다. 실제로 서재의 작은 방

---

3   1530년 6월 25일 독일 아우크스부르크에서 당시 황제 카를 5세가 구교와 신교의 일치를 위해 소집한 제국 의회에서 낭독된 신앙고백. 루터와 함께 종교개혁을 주도하던 신학자 멜란히톤이 작성했으며, 로마 가톨릭교의 전통을 고수하는 내용이 주를 이루어 비난을 받았다.

에 은둔하여 지내면서는 인간에 대해 알아내지 못한다. 인간을 꿰뚫어 보는 것은 곁으로 다가가 아주 가까운 곳에서 지켜봐야지만 가능하다. 서로 다른 풍습에 대해, 본인의 주변을 둘러싸고 있는 사람들과는 다른 사람들에 대해 궁금하여 경험해보고 싶은 마음이 가득했던 한 철학자에게 여행을 향한 열정은 자연스러운 것이었다. 본 여행기에 기록되어 있는 여행을 할 당시 몽테뉴는 47세였으므로 적어도 시기적으로는 때가 조금 늦은 것이 사실이다. 실제로 몽테뉴는 자신이 결혼도 하고 나이도 든 상태에서 여행을 한 것임을 밝히며 스스로를 옹호하고 있다.

본 여행기에서 몽테뉴는 본인의 마지막 여행이었던 이 여행의 목적이 구체적으로 무엇이었는지, 그가 결국에는 그 자신보다 더 길게 살았던 아내와 딸을 꽤 오랜 시간 동안 본인의 부재라는 걱정스러운 상황 속에 남겨두고 집을 떠나도록 마음을 먹기까지 어떤 동기가 작용했는지에 대해 조금도 밝히고 있지 않다. 이야기가 나오니 하는 말이지만, 우리의 철학자는 실제로 좋은 남편이자 좋은 아빠, 좋은 형이었다. 분명하게 확인할 수 있는 것은 몽테뉴가 감히 17개월이라는 긴 시간 동안 산책을 하게 된 데에는 단순히 독일과 이탈리아를 구경하고 싶은 호기심이 전부가 아니었으며, 본인의 건강 상태를 더 나아지게 하고자 했던 마음이 중요한 요인으로 작용했다는 것이다. 몽테뉴의 몸은 병약해져갔다. 집안 대대로 내려오는 신장결석과 배앓이는 여행하는 내내 그를 가만히 내버려두지 않았다. 몽테뉴의 말에 따르면, 신장 안에 들어 있는 돌들은 수년간 후한 인심을 베푼 결과로 얻은 것이었다. 그는 의술을 조금도 믿지 않았으며, 의사들을 향한 적대감은 《수상록》에도 기록되어 있다. 몽테뉴로서는 온천이나 샤워를 할 때 사용히는 물과 마시는 물로 광천수를 사용하는 것이 세상에서 가장 간단하고도 확실한 약이었다. 그는 프랑스에서 제일 유명한 온천들을 경험했으며 로렌 지방과 스위스, 토스카나 지방의 온천들을 구경하고 싶어 했다. 이러한 목표는 그의 여정을 크게 좌우했다. 우리는 몽테뉴가 본인의 허약한 몸을 돌보는 일에 쉬지 않고 매달리면서 어느 정도 명성이 나 있는 온천이 있는 곳에는 모두 찾아가 직접 경험해보는 모습을 확인할 수 있다. 그러나 온천을 찾아다니는 일에 대한 몽테뉴의 지나친 집착이 여행기에 있어서는 아주 매력적인 요소로 작용하지는 않았다는 것은 부인할 수 없는 사실이다. 이러한 열정은 심지어 몽테뉴 본인에게도 굉장히 무미건조하고 따분한 기분을 느끼게 만들었다. 그렇다고 해서 몽테뉴가 본 여행기를 대중에게 공개할 마음이 조금도 없었다고 간주해서는 안 된다. 적어도 발견됐던 당시의 그 상태 그대로는 말이다. 몽테뉴는 자신이 보았던 모든 것과 행했던 모든 일에 대해, 심지어는 자기 자신과 관련된 것이라면 아주 사소한 사건들까지도 스스로 인지하기 위해서라기보다는 겉보기에는 그러한 것들을 본인이 두 손으로 직접 계속해서 남기고자 했던 것으로 보인다. 만약 몽테뉴가 본 여행기를 출판할 마음이 있었다면, 그저 본인에게만 재미가 있을 식이요법의 세부적인 사항들까지는 우리에게 틀림없이 알려주지 않았을 것이다. 특히 루카나 빌라 온천에서 오래 체류하는 동안 있었던 자세한 일들에 대해서도 말이다. 우리는 해당 부분을 삭제할 수도 있었으나 그러지 않기로 결정했다. 그러한 행위는 원본을 변형하는 것이며, 만일 그렇게 했다면 몽테뉴의 이야기를 완전하게 온전한 상태 그대로 접할 수 없었을 것이다. 이렇게나 자세하게 기술된 글에서 조금이라도 어떤 부분을 지워버리는 것은 그 밖에 다른 부분에서도 혹시나 누락된 부분이 있진 않을까 하는 의심을 불러일으켰을 것이다. 그래서 우리는 가장 확실한 방안으로서 본 작품을 일말의 생략도 없이 원본의 상태 그대로 출판하기로 결정했다. 《수상록》을 가득 채우고 있는 온갖 세부적인 표현들이 독자의 독서를 조금도 방해하지 않으며 가장 완벽한 편집본이라고 해도 원문을 있는 그대로 발췌한 것보다는, 그리고 앞서 이야기했고 앞으로도 이야기해나갈 몽테뉴의 사유보다는 당연히 선호되지 않을 것이라는 사실은 본 여행기에서도 마찬가지일 것이다. 플롱비에르와 루카의 온천을 상세하게 적어놓은 부분이 지루하게 느껴지는 사람들은 그런 부분을 읽지 않으면 된다. 해당 부분은 그들에게는 아무런 존재 가치가 없을 것이기 때문이다. 이는 그런 사람들에게 미리 전하는 주의 사항이며, 아울러 몽테뉴가 《수상록》에서 너무 자기 자신에 대해서만 이야기하여 자기중심적이라고 비난을 받았던 요소가 본 여행기에도 들어 있다는 사실을 덧붙여 말하고자 한다. 본 여행기에서는 오로지 몽테뉴의 모습만 보이며, 한낱 그 자신에 대한 이야기뿐이다. 경의를 표하기 위한 모든 말과 행동도 오직 몽테뉴만을 위한 것이며, 에스티삭을 제외한 나머지 동행자들은 본 여행기에서 거의 아무런 존재감을 갖지 않는다. 결국 몽테뉴는 오로지 자기 자신만을 위해 혼자 여행하는 것처럼 보인다. 실제로 몽테뉴의 일행들은 그가 말을 타고 달려가는 곳마다 또는 자신들로부터 벗어나 멀어질 때,

특히 온천욕을 하러 갈 때 그를 조금도 쫓아가려고 하지 않는다. 이러한 자은 발견을 통해 우리는 본 여행기의 성격을 어림잡아 이해할 수 있으며, 이에 대해서는 곧이어 더욱 자세하게 다루기로 하자.

(비록 모든 온천을 경험해보고 싶었던 욕심이 몽테뉴를 유일하게 지배하는 원동력이 되기는 했지만) 그럼에도 불구하고 로렌 지방과 스위스, 이탈리아의 온천들이 우리가 앞으로 읽게 될 이 여행의 유일한 목표는 아니기 때문에, 우리로서는 어떤 부분에서 각 지역 특유의 아름다움과 예술 및 유적에 대한 감상, 고대 로마의 흔적과 이국적인 풍습이 갖는 매력 등을 느낄 수 있는지 살펴볼 필요가 있다.

III

몽테뉴가 여행을 하던 당시(1580년), 고대 유적의 폐허와 잔해로 덮여 굉장히 아름다웠던 이탈리아라는 나라는 이미 2세기 전부터 예술의 본고장이 되어 있었다. 그때의 이탈리아는 팔라디오 안토니오와 비뇰라, 미켈란젤로, 라파엘, 줄리오 로마노, 안토니오 다 코레지오, 티치아노 베셀리오, 파올로 베로네세, 틴토레토 등의 작품들로 풍요로웠다. 사실은 알레산드로 알가르디와 귀도 레니, 프란체스코 알바니, 도메니코 잠피에리, 지오바니 랑프랑코, 피에트로 다 코르토나, 안니발 카라치와 같은 수많은 거장이 앞서 언급한 선구자들을 빠르게 뒤쫓아 가고 있기는 했지만, 이탈리아 교회들과 궁전들을 장식할 수 있을 정도로 온갖 형태의 작품들을 셀 수도 없이 많이 만들어내지는 못하고 있는 상황이었다. 당시에 통치를 하고 있던 교황 그레고리오 8세는 실용적인 건물이나 몇 가지 공공건물에만 관심이 있을 뿐 장식하기 위해서나 눈을 즐겁게 하기 위한 목적의 예술작품에 대해서는 신경을 쓰지 않았다. 몽테뉴가 이 여행을 마치고 그로부터 4년 뒤에 그레고리오 8세의 후임으로 선출된 식스트 5세는 본인이 교황직을 맡았던 6년이 채 안 되는 시간 동안 전임 교황이 12년의 재위 기간 동안 했던 것보다 훨씬 더 아름답게 로마를 꾸몄다. 그러나 이미 그 당시에도 수도 로마와 피렌체, 베네치아, 그리고 몽테뉴가 방문했던 여러 다른 도시들은 예술적인 감각이 넘쳐나는 각종 유적들과 풍요로운 분위기를 통해 여행자들의 귀와 눈을 즐겁게 할 수 있었다. 그래서 몽테뉴는 각각의 도시에서 무엇을 하면서 시간을 보내야 하는지 알고 있었다. 그렇다면 그는 《수상록》을 관통하던 것만큼이나 아주 생생한 상상력과 마치 아름다운 그림을 그려내는 듯한 표현력을 통해 자기 자신을 둘러싸고 있는 그리스 시대의 예술작품들을 태연하게 바라볼 수 있었을까? 오늘날의 모든 여행자가 서로 돌아가면서 맡아 이야기하고 있는 조각상과 그림, 그밖의 다른 유적지에 대해 몽테뉴의 여행기에서 (대부분 동일한 문구를 반복적으로 복사하여 붙여 넣기만 할 뿐) 거의 묘사하고 있지 않는 것은 그가 스스로 밝히고 있는 것처럼 이미 그가 여행했던 당시에도 이 모든 것에 대해 적어놓은 책들을 찾아볼 수 있었기 때문이다. 이뿐만 아니라 몽테뉴는 오로지 자기 자신만을 위해 세상을 보아왔으며, 그의 관찰에는 대상이 본인에게 어떤 영향을 끼쳤는지를 보여준다거나 예술가들만의 전유물로 남겨둔 지식으로 자기 자신을 치장하는 것은 조금도 계획되지 않았기 때문이다. 그러나 모든 오래된 유적들과 옛날 로마 사람들이 남겨놓은 흔적은 몽테뉴를 특별히 놀라게 했던 것으로 보인다. 몽테뉴가 옛 로마의 화신을 찾고자 했던 것도 바로 그러한 부분에서다. 몽테뉴에게 로마의 정수란 아주 현재적인 것이었으며, 그렇기 때문에 그는 고대 로마 시대 작가들의 글―그중에서도 특히 플루타르코스[4]의 글―을 즐겨 읽음으로써 그 누구보다도 과거 로마가 구현된 모습을 훨씬 더 잘 느끼고 알아차릴 수 있었다. 몽테뉴는 세계의 수도에 남아 있는 광활한 폐허 아래에서 로마의 화신이 아직도 숨을 쉬고 있다고 생각했다. 어쩌면 우리는 몽테뉴가 로마의 거대한 무덤을 눈앞에 두고 펼쳤던 고상한 성찰보다 더욱 강력한 방식으로는 옛 로마의 화신을 구현해낼 수 없을 것이다. 적어도 수많은 여행 견문록과 세상에 존재하는 모든 언어로 기술된 이야기 중에서 로마 도시의 오래된 흔적과 폐허를 묘사한 부분에 있어서는 그 어떤 글도 몽테뉴의 웅변을 따라가지 못할 것이며, 또한 그만큼이나 로마 제국의 중추를 제대로 이해시키지는 못할 것이 확실하다.

우리는 몽테뉴가 로마의 화신에 대해 성찰한 내용을 읽어보기에 앞서 먼저 그가 책과 지도를 통해 이 도시를 어떻게 공부했는지 살

4　고대 로마의 철학자. 그리스 출신의 플루타르코스는 플라톤과 아리스토텔레스의 철학을 절충하여 인간의 심리에는 이성과 비이성이 모두 들어 있으며, 교육을 통해 도덕적인 삶을 구현할 수 있다고 주장했다. 철학, 신학, 자연과학, 문학, 수사학 등의 다양한 분야에서 약 250권의 작품을 남겼다고 알려져 있으며, 현재까지 전해지는 작품으로는 대표적으로 《윤리론집》과 《영웅전》이 있다.

펴볼 것이며, 몽테뉴보다 이전에 또는 심지어 그 이후에 그만큼이나 로마를 더욱 잘 이해했던 여행자는 거의 없었음을 확인할 것이다. 한편, 우리는 몽테뉴가 고대의 로마와 새로운 로마의 간극에도 주목했다는 사실을 부인할 수 없다. 마찬가지로 몽테뉴가 과거에 위대했던 로마의 흔적과 교회나 궁전, 새로 지어진 정원을 관찰할 때, 그곳을 이미 아름답게 장식하고 있는 요소들과 함께 살펴보았다는 것 또한 의심할 여지가 없는 사실이다. 몽테뉴 여행기에는 로마와 주변의 근교를 묘사하는 내용이 거의 없다시피 하는 것으로 보아, 누군가는 몽테뉴에게 예술에 대한 안목이 부족했다고 말하며 완전히 잘못된 추론을 내릴 수도 있을 것이다. 왜냐하면 앞서 언급했듯이 실제로 몽테뉴는 단 한 가지에 대해서도 신경을 쓰지 않기 위해 기존의 다른 책들을 참고하고만 있을 뿐이기 때문이다. 물론 로마는 그때 이후로 또다시 변화를 겪었으나, 그럼에도 불구하고 몽테뉴의 기록을 가장 최근에 작성된 로마 견문록과 함께 있는 그대로 대조해 보는 작업은 흥미로워 보였다. 우리는 그러한 대조가 필요하다고 생각되는 부분에서는 조금도 소홀히 하지 않았다. 몽테뉴가 관찰했던 다른 이탈리아 도시들도 사정은 마찬가지다. (몽테뉴가 로마 다음으로 가장 주의 깊게 살펴보았던 도시인) 피렌체의 오래된 동상들과 피렌체 학파가 남긴 걸작들도 몽테뉴의 시선을 피하지는 못했다. 몽테뉴는 본인이 고작 일주일밖에 머무르지 않았던 베네치아에 대해서는 과도한 감탄사를 남기지 않았다. 너무나도 아름다운 베네치아 도시를 여유가 있을 때 다시 찾아와 구경할 생각이었기 때문이다. 또 다른 한편으로, 우리는 몽테뉴가 아름다운 것에 대해 무관심하지는 않았지만 그러한 것을 찬양하는 데 꽤나 절제하는 편이었다는 점에 주목할 것이다. 몽테뉴에게 가장 큰 감동을 준 것은 아름다운 풍경과 지역마다 다양한 특징, 지리적으로 쾌적하거나 독특한 지형, 때로는 황량하고 거친 곳이나 경작 활동이 아주 활발한 농경지를 바라보는 것, 산들이 이루는 압도적인 분위기 등이었던 것으로 보인다. 그러나 몽테뉴가 관찰하여 적은 내용에는 온천수와 관련된 부분을 제외하고는 박물학과 관련 있는 내용이 전혀 들어 있지 않다. 나무나 풀, 동물은 몽테뉴의 관심사가 전혀 아니다. 실제로 그는 피렌체로 가는 길목에서 피에트라 말라 화산을 구경하려다가 깜빡하고 보지 못하게 된 것을 후회하지만, 그렇다고 해서 발길을 돌리지는 않고 있다. 몽테뉴는 수력과 같은 어떤 힘으로 돌아가는 기계나 실용적인 목적으로 발명된 모든 것에 매우 궁금해하는 모습을 보이기도 한다. 심지어는 그런 기계 중 몇 개에 대해서는 묘사도 하고 있다. 언뜻 보기에도 몽테뉴가 그와 관련된 전문용어를 모르고 있어서 그런지 그의 묘사는 아주 정확하지 않으며 대부분 세밀한 특징이 결여되어 있다. 그렇다고 해서 해당 묘사 부분이 이러한 종류의 대상을 호기심 있게 바라보는 몽테뉴의 관심과 취향을 보여주지 않는 것은 아니다. 몽테뉴의 철학과 더욱 잘 어울리는 또 다른 관찰대상은 서로 다른 환경을 가진 사람들이나 지역들의 풍속과 관습이었다. 그는 이러한 주제에 특별한 관심을 보였다. 몽테뉴는 로마와 피렌체, 베네치아에서 화류계 여인들 몇몇을 만나 관계를 유지하고자 했으며, 본인이 그러한 신분 계급에 관심을 두어서는 안 된다고는 조금도 생각하지 않았다. 몽테뉴는 본래부터 여인들과 교제하는 것을 좋아했으나 자기 자신의 품행에 있어서는 언제나 선을 잘 지키는 편이었다. 또 다른 한편으로는 글에서 볼 수 있는 것처럼 스스로의 감각에 대해 아주 능숙하고 건강에 대해서도 굉장히 유념하고 있는 것으로 보아, 실제로는 훨씬 더 정숙한 사람이었기 때문에 50세 정도까지는 금욕에 관한 문제를 이유로 심하게 고통스러워하지는 않았다. 한편, 몽테뉴가 여자에게 환심을 사려고 했던 문제는 그의 철학마저도 단념시킬 수밖에 없었다. 그는 기회가 된다면 상황에 따라 약간의 탐닉을 허용하곤 했는데, 특히 루카 온천에서 체류하는 부분에서 그러한 모습을 확인할 수 있다.

그 밖에도 몽테뉴는 여행자에게 필요한 모든 자질을 갖추고 있었다. 태생부터 검소하고 식탐에 거의 민감하지 않으며, 비록 생선 요리를 특별히 좋아하기는 했지만, 식재료를 선택하거나 준비하는 일에도 까다롭지 않았던 몽테뉴는 어디에서나 자신에게 주어지는 것에 스스로를 맞추었으며, 본인이 방문하는 곳마다 서로 다른 입맛이나 관습에도 어렵지 않게 적응하곤 했다. 이러한 다양성은 몽테뉴에게 하물며 더욱 큰 즐거움이었다. 모든 사람을 본인과 원래부터 친구였다고 생각할 정도로 진정한 세계인이었던 몽테뉴는 살면서 다른 사람들과 교류하는 데 있어서 타협하지 않거나 순응하지 않는 편은 아니었다. 그는 대화하는 것을 아주 좋아했으며, 본인을 만나기도 전에 자신의 명성에 대해 이미 알고 있는 재치 있는 사람들과는 잘 어울리고 친구를 사귀기도 했다. 몽테뉴는 프랑스 사람들은 외국인에게 심하게 편견을 가지는 편이라는 비난과는 거리가 멀었다. 그는 그들의 관습을 우리 프랑스의 관습과 비교해보곤 했으며 외국 방식이 더 낫다고 생각할 때에는 망설임 없이 그 방식에 맞추곤 했다. 이렇기니 솔직한 몽테뉴의 모습은 자신들의 관습을 뽐내지 않는 사람들에게조차도 그를 더욱 좋은 사람으로 보이도록 만들었다. 앞서 언급한 모든 장점과 더불어 말을 타는 습관에 대해서도 이야기해보자. 마차를 타고 다니는 것을 굉장히 힘들어했던 몽테뉴에게 말은 굉장히 편리한 수단이었으며, 다행히도 이러한 습관 덕분에 그의 몸은 열악한 환경의 숙소와 거의 쉬지 않고 바뀌는 날씨, 여행에서 발생하는 모든 다른 불편한 요소들과 같이 본인이 견뎌내야 했던 피곤을 이겨낼 수 있었다.

몽테뉴는 글을 쓰듯이 여행했다. 몽테뉴의 여행을 대개 결정했던 것은 장소에 대한 명성도, 그러한 명성을 정확하게 알려면 이런저런 부분을 밟아가라는 형식적인 계획도, 다른 여행자들의 발자국도 아니었다. 몽테뉴는 평범한 길이라곤 거의 따라가지 않았으며, (물론 이번에도 온천수를 향한 열정은 제외하고 하는 이야기지만) 자신의 여행에 있어서 《수상록》을 집필했을 때 가졌던 것보다 더욱 명확한 목표를 가지고 있었다고는 보이지 않는다. 몽테뉴는 이제 막 이탈리아 땅에 발을 디디면서 독일을 그리워하는 것처럼 보인다. 여행기의 앞부분을 쓴 사람은 이렇게 말한다. "몽테뉴 씨는 만약 자신을 보필하는 사람들하고만 함께 있었다면 이탈리아를 둘러보는 대신 아마도 크라쿠프에 가거나 육로를 통해 그리스로 갔을 것이다. 그러나 몽테뉴 씨 본인은 나이를 먹고 건강이 악화되면서 느껴지는 나약함을 잊게 해준다는 점에서 미지의 나라를 여행함으로써 얻는 즐거움이 달콤하다고 생각했다. 그래도 함께 여행하는 일행들 중 그 어느 누구에게도 이를 강요할 수는 없는 노릇이었다. 모든 사람들이 그저 집으로 돌아가는 날만을 기다렸다. 어쩌다 누군가가 몽테뉴 씨에게 당신은 당신 일행을 때때로 처음에 출발했던 곳과 굉장히 가까운 곳으로 다시 돌아가도록 하면서까지 너무나도 다양한 길과 지역으로 끌고 다닌다면서 항의를 한다면(실제로 그는 무언가 볼거리가 있다는 이야기를 들으면, 또는 경우에 따라서는 단지 마음이 바뀌었다는 이유로 종종 왔던 길을 다시 되돌아가곤 했다), 자신은 어쩌다 보니 그곳에 있었던 것이지 억지로 그곳에 가려고 한 것은 아니며 그곳으로 가는 길을 놓치거나 피할 수는 없었다고 대답할 것이다. 왜냐하면 그 본인으로서는 미지의 장소를 거니는 것 말고는 계획한 것이 아무것도 없었기 때문이다. 똑같은 길을 두 번 걷는다거나 같은 장소를 다시 방문한 경우는 없었기 때문에, 몽테뉴 씨로서는 본인의 목적을 달성하는 데 실패는 하지 않은 셈이었다."

"몽테뉴 씨는 본인은 전날 밤잠을 설쳤더라도 다음날 아침에는 새로운 도시나 지역을 보러 갈 생각을 하면 마음이 한껏 들뜨고 기쁘다고 습관처럼 말하곤 했다." 그러면서 하인은 "몽테뉴 씨는 아주 재밌는 단편소설 몇 편이나 훌륭한 작품 한 권을 읽으면서 이야기가 곧 끝이 날까 봐 미리부터 전전긍긍하는 사람들과 본인이 비슷하다고 말하기도 했다. 그는 여행이 너무나도 즐거운 나머지 잠시 쉬어가기로 했던 도시에 가까워지는 것을 싫어했으며, 만일 그가 혼자였다면 해보고 싶었던 여행 계획을 몇 가지씩 직접 제안하기도 했다."라고 덧붙였다.

몽테뉴는 독일로 들어서면서 세 가지 사실을 후회하기도 한다. 첫 번째는 프랑스에서 요리사를 한 명도 데려오지 않은 것인데, 본인의 입맛에 맞춰서 또는 프랑스식으로 머을 것을 준비시키기 위해서가 아니라 오히려 그 반대로 요리사로 하여금 스위스와 독일, 이탈리아 요리를 배우도록 하기 위해서였다. 두 번째는 해당 지역 출신의 귀족을 몇 명이라도 여행에 동행시키지 않은 것이고, 세 번째는 구경할 만한 관광지나 눈여겨볼 만한 것에 대해 알려줄 이정표나 책을 준비하지 않은 것이다.

IV

본 여행기의 형식과 문체에 대해 이야기하기에 앞서 먼저 원본을 위조하거나 가필로 변경했다는 의심의 여지를 조금도 남기지 않기 위해 확인하고 넘어가야 할 사실이 하나 있다.

《수상록》의 제1권과 제2권은 1580년 보르도에서 최초로 인쇄됐다. 로마에 도착한 몽테뉴가 본인이 이전에 검열을 맡겼던 심의관들의 손을 거치고 나온 원고를 되찾은 것으로 보아, 결과적으로 이 두 권의 책은 적어도 몽테뉴가 이탈리아로 여행을 떠나기 몇 달 전에 출판된 것이다. 그런데 보르도에서 인쇄된 판본과 이후 얼마 지나지 않아 피에르 니세롱이 인쇄한 세 개의 다른 판본에서는 이탈리아 여행에 대한 언급이 전혀 나와 있지 않다. 그러나 (몽테뉴가 1588년 파리에서 아벨 랑글리에 출판사를 통해 직접 출간한) 다섯 번째 판본을 포함하여 그 이후로 인쇄된 모든 판본에는 제3권이 추가되어있으며 제1권과 제2권의 분량 또한 약 600장이 더 늘어나 있어, 그사이에 추가된 내용에서는 이탈리아 여행과 관련된 내용을 여러 부분 찾아볼 수 있게 됐다. 몽테뉴가 추가 작업을 하기 이전에 제작된 판본에는 여행과 관련된 부분이 들어있지 않기 때문에, 해당 부분이 《수상록》의 일부를 이룬다는 사실과 몽테뉴 본인이 《수상록》 제1권과 제2권에 여행 이야기를 손수 뒤늦게 삽입했다는 사실을 알지 못했을 독자들은 당혹스러울 수도 있을 것이다.

우리는 본 여행기에서도 몽테뉴의 자유분방하고 솔직한 화법을 알아보지 않을 수가 없으며 글에서 사용된 모든 표현들이 《수상록》에서 사용된 것보다 더욱 다듬어지지 않은 상태라는 사실을 부인할 수 없다. 그 이유에 대해서는 묻지 않아도 알 수 있다. (이렇게 반복하여 말할 필요가 있는 것이) 본 여행기는 오로지 몽테뉴 자신만을 위해 한낱 개인적인 용도로 작성된 것으로서 이를 세상에 내놓기 위해 다시 읽고 살피는 수고를 기울인 흔적은 보이지 않기 때문이다. 그렇기 때문에 몽테뉴는 스스로 그렇게까지 집착하곤 했던 문체를 정교하게 다듬는 일에 무관심했을 수밖에 없었을 것이며 이를 불쾌하게 여기지도 않았을 것이다. 《수상록》은 몽테뉴 본인이 대중에게 공개하기를 원하여 직접 출판을 한 것이므로 문체가 조금 더 정갈하다. 한편, 몽테뉴는 그와 동시대에 살고 있던 사람들의 관습은 거의 따르지 않았기 때문에 글을 쓰는 방식 또한 당시의 스타일보다 더 오래된 것이었다. 먼저, 몽테뉴가 살았던 지역에서 사용되는 언어가 문제였다. 분명한 것은 페리고르 지역이 가장 발전한 형태의 프랑스어를 사용하는 곳은 아니라는 것이다. 그런 데다가 정확히 말하자면 몽테뉴에게 프랑스어는 모국어나 원어가 아니었다. 몽테뉴는 여섯 살이 되어서도 프랑스어로는 단어 하나도 말할 줄 몰랐고, 보통의 아이들이 라틴어 알파벳을 배우는 나이가 되어서야 프랑스어를 배웠다. 한편, 라틴어는 그가 젖먹이 시절부터 마치 어린아이가 모국어를 받아들이듯 흡수했다는 것은 이미 알려져 있는 사실이다. 그런 와중에 몽테뉴가 태어나 처음으로 받았던 교육이 우리가 받았던 교육과는 정반대였기 때문에, 아마도 그는 그러한 영향을 남은 일생 동안 계속해서 오래도록 느껴야 했을 것이다. 결과적으로 어떤 면에서 보면 몽테뉴에게 프랑스어란 언제나 외국어였던 셈이다. 바로 이러한 이유로 몽테뉴의 문체를 가득 채우고 있는 온갖 라틴어 표현과 과감한 은유법, 강력한 에너지가 느껴지는 어법이 탄생한 것이다. 그뿐만 아니라 셀 수도 없이 많은 부정확한 표현들과 《수상록》을 몇 번 훑어보기만 해도 보이는 거추장스럽고 심지어는 인위적이기까지 한 더듬거리는 말투, 곳곳에 흩어져있는 사투리 또한 바로 이러한 배경에서 나왔다. 어쨌든 몽테뉴는 단 한 번도 자신의 생각을 표현에 구속시키는 법이 없었다. 그는 마치 본인의 머릿속 개념을 바깥으로 내보내기 위해 그 위에 입혀야 하는 옷으로서만 언어를 사용한 것처럼 보인다. 늘 가장 간단하거나 가장 빠른 시간 안에 나올 수 있는 표현만이 사용됐으며, 그 밖의 다른 표현은 애써 시도하지도 않았다. 언어로서는 그저 몽테뉴가 든 펜에 항복함으로써 그의 생각이 종이에 찍어내고자 하는 모든 형태들을 그의 입맛에 맞게 받아들이기만 하면 되는 일이었다. 그러나 몽테뉴의 풍부하고 뜨거운 상상력은 (몽테뉴가 언어를 가리켜 말하곤 했던) 돛에 달린 활대가 필요로 하는 부분을 보완해주었고 이로써 그를 신경질적이고 성급하게 만들었던 적절한 표현들과 화려한 문체가 가능해졌다. 이러한 일을 몽테뉴의 언어가 해낼 것이라고는 생각하지 못했지만, 이것이 바로 몽테뉴의 글을 읽고 싶게 만드는 엄청난 매력이다.

우리는 몽테뉴의 순박하고 원초적인 천진난만함 속에서 그가 어떤 생각을 하고 있는지를 거의 매번 읽어낼 수 있다. 언어가 몽테뉴의 생각을 조금도 감추지 못하거나 돛이 너무나도 투명한 나머지 그의 생각이 조금도 힘을 잃지 못한 것이다. 몽테뉴는 프랑스어에서 '명쾌enjouement', '명쾌한enjoués', '애티enfantillage', '상냥함aménité' 등과 같이 강력한 표현력을 가진 몇 가지 단어들을 빌려 사용하고 있다.

일반적으로 몽테뉴만의 개성 넘치는 문체라고 말하는 것은 오로지 《수상록》하고만 관련되는 이야기다. 본 여행기는 몽테뉴가 방문한 여러 장소와 각 장소에서 몽테뉴가 어떻게 지냈는지를 그려낸 한 장의 그림에 불과하므로 《수상록》에서의 몽테뉴의 문체와 이 글의 문체가 일치하는지는 굳이 확인할 필요가 없다. 이는 오로지 자기 자신만을 위해 간략하게 적어낸 사실들을 아름답게 꾸며낼 생각이 추호도 없었던 어느 여행자가 최소한의 정성도 들이지 않고 서둘러 스케치한 그림이므로, 그 안에서 우리는 기껏해야 몽테뉴가 어떤 대상을 눈앞에 두고 받았던 인상의 몇몇 흔적만을 살펴볼 수 있을 뿐이다.

이러한 맥락에서 분명하게 말할 수 있는 사실은 오로지 본인이 구사하는 언어로 쓰인 글만 읽는 취향을 가지고 있으면서 세련된 척하는 가짜 교양인들이나 《수상록》을 읽었으면서도 몽테뉴의 표현 방식에 조금도 친숙감을 느끼지 못하는 사람들은 본 여행기를 읽으면서 곧잘 싫증을 느낄 수도 있다는 점이다. 그러나 본 여행기를 출판하는 것은 그런 사람들을 위해서가 아니다. 앞서 우리는 본 여행기에서 건축물이나 그림, 조각상을 묘사하는 부분은 많이 찾아볼 수 없을 것이라는 것을 암시한 바 있다. 이를 묘사하는 작업이 몽테뉴 이후에 있었던 거의 모든 여행에서는 주요한 골조를 이루는데도 말이다. 또한 이탈리아 사람들과 정부에 대해 정치적이거나 문학적인 관점에서 여담을 꺼낼 것이라고도 기대해서는 안 된다. 이러한 기대는 실제로 몇몇 여행 견문록에 굉장히 난해한 이미지를 부여하고 있다. 또 수도승이나 대중이 따르는 미신에 대해 빈정거리는 표현은 더욱 기대해서는 안 될 것이다. 우리 프랑스 국민 중에서 배움이라고는 받지도 못한 자유사상들[5]과 대부분의 외국인들은 그런 종류의 농담을 하는 데 언제나 열정적이다. 몽테뉴가 비록 관찰을 잘하기는 했지만, 한곳에 머물러 있으면서 느끼게 되는 지루함이나 본인과 동시대 사람들의 짓궂은 모습을 재밌게 즐기기 위해 글을 썼을 뿐 자신의 가족이 아닌 다른 사람들도 읽을 수 있도록 기록한 것은 아니었다. 그는 상황에 따라 특별히 눈에 띄는 사물이나 움직이는 대상을 그려내기는 했지만 특정한 부분에 대하여 다른 부분과 다르게 질서정연하게 접근하지는 않았고 그저 스스로의 취향을 담아내고만 있을 뿐이다.

---

5 16세기 중세에서 18세기 계몽주의 시대로 이어지는 과도기의 프랑스에서 사상의 자유를 조직적으로 표명했던 사상가들. 프랑스어로는 '리베르탱Libertin'이라고 부른다.

그러나 어떤 글에서 그것을 써낸 사람의 모습을 들여다보고자 하는 독자들에게는 본 여행기가 《수상록》에서 알리고자 한 것보다 몽테뉴를 훨씬 더 잘 이해할 수 있게 해준다는 점에서 흥미로울 수 있다. 다소 역설적으로 들릴 수 있는 이야기지만 이유는 다음과 같다. 결국 몽테뉴가 자기 자신에 대해 굉장히 빈번하게, 그리고 그렇게나 많이 이야기하고 있는 《수상록》에는 몽테뉴의 진짜 성격이 여러 요소들의 집합으로 묶여 하나의 총체를 이루고 있기는 하지만, 마치 어떤 그림을 광학렌즈로 보면서 그 안에 골고루 흩어져 있는 요소들을 모아 하나의 규칙적인 특징을 도출해내듯이 그러한 요소들을 정확하게 연결하거나 하나의 틀로 묶어내는 작업이 언제나 쉬운 일은 아니다. 《수상록》이 몽테뉴의 진짜 성격을 충분하게 드러내지 못한다는 것은 사람들이 각자 그를 아주 다른 모습으로 판단하여 말하고 있는 현실이 증명해준다. 심지어 이 글에서는 심오한 생각은 조금도 없이 써내는 바람에 가장 무미건조한 부분에서조차도 작가라는 사람이 더 이상 보이지 않고 있다. 그 대신 아무런 계획도 준비도 없는 상태로 자연스러운 충동과 즉흥적이고 순수한 사고방식, 전혀 의도하지 않았으며 이성과 의지로부터 가장 자유로운 행동에 몸을 맡긴 한 명의 인간만을 볼 수 있을 뿐이다. 우리는 본 여행기에서 몽테뉴를 《수상록》에서보다 더욱 잘 이해할 수 있다. 왜냐하면 이는 몽테뉴 본인이 자기 자신에 대해 직접 이야기하고 증언하는 글일 뿐만 아니라 그가 자신의 기억을 담아내기 위해 다른 사람들의 시선에 구애받지 않으면서 현재나 저 멀리서 다가오는 미래를 향해 조금도 뽐내려는 마음 없이 손수 써냈기 때문이다. 우리는 이 여행기에서 알 수 있는 사실들 중에서도 글쓴이에 대해 (그리고 특히 그의 철학에 대해) 그동안 판단하고 있었던 것보다 더욱 진실된 생각을 갖게 해주는 내용을 다음과 같이 한정하여 살펴보고자 한다.

몽테뉴가 관심을 가질 만했던 이탈리아의 모든 장소 중에서도 그가 구경하고 싶어 호기심을 가졌던 곳으로 조금도 의심할 수 없는 곳은 바로 로레토다. 그는 티볼리에서는 기껏해야 하루하고도 반나절밖에 머물지 않은 반면, 로레토에서는 거의 사흘이나 있었다. 사실 몽테뉴는 로레토에서 일정 시간을 네 개의 은판으로 이루어진 값비싼 봉헌물을 제작하도록 하는 데, 즉 성모의 그림과 (그 아래에 나머지 세 개가 무릎을 꿇고 있는 형태로) 본인과 자신의 아내와 딸의 그림을 만드는 데, 그리고 많은 사람의 도움을 받아 액자를 걸 수 있는 자리를 부탁하여 얻어내는 데 사용했다. 거기에다가 예배를 드리기까지 했다. 이는 몽테뉴가 로레토로 여행을 갔고 그곳에서 심지어는 봉헌물까지 바쳤다는 사실보다 훨씬 더 놀랄 만한 일일 것이다. 만약 몽테뉴의 종교에 대해 논문을 쓰려는 자가 우리가 출판하는 이 여행기를 이제 막 읽었다면, 그는 몽테뉴의 기독교 사상을 옹호하기 위해 가장 강력한 증거가 되는 부분들을 발췌함으로써 몽테뉴가 모든 종교를 거부했다는 것을 영광스럽게 생각하는 사람들에게 맞설지도 모른다. 마치 비록 몽테뉴가 종교에 대해 회의적인 태도를 가지고 있기는 했지만 《수상록》에서 종교에 관하여 이야기하는 부분이 스무 군데나 있음에도 불구하고 그 안에서 몽테뉴가 어떤 종교를 믿는지는 파악하지 못했으며, 몽테뉴가 새로운 종파에 대해 지속적으로 반감을 품어왔다고 해서 그것이 몽테뉴의 종교를 밝히는

데에 있어서는 아주 선명하고 전혀 애매하지 않은 증거는 아니라는 듯이 말이다. 실제로 이러한 논리는 몽테뉴 철학의 최고 변론인이자 몽테뉴의 수양딸이라고 불리는 마리 구르네가 주장한 바 있다.

본 여행기가 갖는 장점은 비단 몽테뉴와 관련된 것에만 그치지 않는다. 여기에는 다른 어디에서는 찾아보지 못할 신기한 이야기들과 사실들이 담겨 있다. 이는 우리가 독자의 눈으로 작성하여 목차를 대신할 수도 있을 개요를 통해서도 살펴볼 수 있을 것이다.

V

이제부터는 몽테뉴의 여행 과정을 뒤따라가면서 그 개요를 간략하게 표시해보고자 한다. 보몽 쉬르 우아즈에서부터 로렌 지방의 플롱비에르까지는 가던 길을 멈춰 세울 만큼 아주 신기한 내용은 전혀 없다. 심지어 몽테뉴가 플롱비에르에서 며칠간 머무르면서 온천을 이용했던 기간 중에서도 눈여겨볼 만한 것은 그곳에서 온천을 운영하는 정책과 관련하여 제정된 투박한 규율을 처음부터 끝까지 있는 그대로 적어낸 부분과 프랑슈 콩테 출신의 한 남자를 만난 이야기뿐이다. '앙텔로'라고 불리는 남자는 수염 중 일부분이 까치의 깃털처럼 하얗게 세었으며 돈 후안 데 아우스트리아가 생 캉탱을 점령한 이후 펠리페 2세의 지휘 아래 그곳의 총독을 지낸 사람이었다. 결국 당시 몽테뉴의 신체 상태와 정치적인 상황, 그가 즐겨 했던 온천욕에 대해 묘사한 부분을 읽으려면 바젤까지는 가야 한다. 몽테뉴가 스위스를 지나는 과정에 해당하는 부분은 그저 별다른 재미없이 상세하게만 적어놓은 글이 아니다. 해당 부분에서는 이 칠힉적인 여행자가 자신이 가는 곳마다 그곳의 풍속과 관습에 스스로를 어떻게 적응시켰는지를 살펴볼 수 있다. 여관과 푸알,[6] 스위스 음식 등 모든 것이 몽테뉴에게 잘 맞았다. 심지어 그는 프랑스식 스타일보다 본인이 지나가는 곳의 풍습을 더 좋아하는 것처럼 보이기도 한다. 몽테뉴에게는 새로운 관습이 보여주는 자유롭고도 소박한 모습이 더욱 잘 어울렸다. 몽테뉴는 가던 길을 멈추고 도시에 들러서는 그곳에서 새로운 종교를 따르는 신학자들을 만나는 일에 관심을 가졌는데, 이는 그들의 교리를 깊게 이해하기 위한 목적이었다. 그는 심지어 몇 번은 그들과 논쟁을 벌이기도 했다. 이는 그가 스위스를 벗어나 신성로마제국의 지배를 받는 도시 이즈니 임 알고이에서 그리스도 편재론을 주장하는 어떤 한 신학 박사와 접촉하는 부분에서 확인할 수 있다. 몽테뉴는 여행하는 동안 루터나 츠빙글리 등을 지지하는 사람들을 계속해서 만나지만, 이들에게서 칼뱅은 그리스도의 육신이 어디에 있는가에 대해서는 다루지 않는다면서 커다란 반감을 가지고 있는 모습을 발견한다. 한편, 그는 그 당시에도 이미 중요한 곳이었던 아우크스부르크에 머무르는 동안에는 도시의 모습을 있는 그대로 그려내고 있다. 성벽의 비밀스러운 문을 묘사하는 부분은 이해하기 더욱 쉽게 적혔으면 좋았겠지만, 아마도 기계를 다룰

---

6 스위스에서 여러 사람이 한곳에 모여 식사를 하는 공간을 일컫는 말. 현대 프랑스어에서 단어 '푸알poêle'은 요리에 사용되는 팬이나 불을 피우는 난로를 의미한다.

줄 아는 많은 사람에게는 흥미를 불러일으킬 것이다. 본 여행기에서는 몽테뉴가 다른 사람들의 눈에 심하게 띄지 않기 위해 본인이 방문한 도시에서 스스로를 겉으로 보이는 관습에 가능한 한 최대로 맞추려고 노력하는 모습을 확인할 수 있을 것이다. 그러나 키케로를 판단하던 잣대로만 몽테뉴를 평가하는 사람들이 피할 수 없는 특징이 하나 있다면, 그것은 바로 몽테뉴가 다른 사람들이 자신을 신분이 높은 프랑스 귀족 나리로 대한다는 것을 깨달았을 때 스스로조차 부인하지 못했던 허영심에 대한 애착을 가지고 있었다는 점이다. 이는 철학의 가장 보편적인 한계로서 아주 옛날 옛적부터 플라톤과 디오게네스조차도 벗어나지 못했던 문제이다. 몽테뉴가 플롱비에르 온천과 루카 온천 등에서 자기 가문의 장식 문장을 남겨두고 떠나고자 할 때는 아주 완고한 허영심이 느껴진다. 보아하니 이후 몽테뉴는 바이에른주는 아주 빠르게 지나갔으며 뮌헨에 대해서는 거의 아무런 기록도 남기지 않다시피 했다.

그림 같은 풍경을 지닌 지역의 협곡과 산 한가운데에서 이전에 지나왔던 모든 장소에서보다도 기분이 훨씬 더 좋은 모습의 몽테뉴를 볼 수 있는 것은 티롤을 지나는 장면에서다. 다른 여행자들이 티롤로 향하는 길목에서는 지나가기가 불편하여 땀을 꽤나 쏟게 될 것이라고 잘못된 사실을 알려준 것에 비하면, 실제로 몽테뉴는 그보다 훨씬 더 잘 지냈다. 그러면서 몽테뉴는 하인의 손을 빌려 이렇게 말하고 있다. "본인은 일평생 다른 사람들이 외국에서 어떤 점이 편리했었다고 말하는 것에 대해 불신해왔다. 왜냐하면 사람의 취향은 각자가 가지고 있는 습관과 자신이 살아온 도시의 관습에 따라 결정되기 때문이다. 실제로 그는 여태껏 다른 여행자들이 전달해주는 정보에 대해서는 거의 신경을 쓰시 않고 지냈다." 몽테뉴는 티롤 지역에 솟아 있는 산들을 보고 이를 치맛단에서 주름이 접혀 있는 부분만 보이는 드레스와 비교하기도 했는데, 실제로 그 위에는 많은 사람들이 경작 활동을 하면서 살고 있으므로 그렇게 접힌 부분이 펼쳐진다면 엄청나게 커다란 지역이 될 것이라고 추측하기도 했다. 이후 그는 트렌토를 지나 이탈리아로 들어가게 된다.

몽테뉴가 처음으로 호감을 보인 곳은 로마도, 피렌체도, 페라라도 아니었다. 그는 로마가 심하게 유명한 탓에 나머지 두 도시에 비해서 새롭게 말할 수 있는 내용이 거의 없다고 말하기도 했다. 몽테뉴는 로베레토에서부터는 식사에 가재 요리가 나오지 않기 시작한다는 것을 깨달으며 가르다 호수를 구경한 후에는 베네치아 공화국 쪽으로 방향을 돌린다. 그도 그럴 것이 정확하게는 플롱비에르에서부터 거의 200리외[7]를 지나오는 동안 몽테뉴의 모든 식사 자리에는 가재 요리가 올라왔었다. 이후 몽테뉴는 차례대로 베로나와 비첸차, 파도바를 지났으며, 세 도시 중 각각에 대해서는 어느 정도 상세한 설명을 남겨주었다. 몽테뉴가 궁금한 마음에 구경하고 싶어 안달이 나 있었던 베네치아는 그가 상상했던 모습에는 부합하지 못한 것으로 보인다. 그가 구경을 아주 빠르게 마치기도 했고 오래 머물

---

7   옛날 프랑스에서 한 사람이 1시간 동안 걸어서 이동할 수 있는 거리라고 생각했던 약 4km에 해당하는 길이 단위. 프랑스어의 리외lieue는 영어의 '리그league'에 해당한다.

지도 않은 것으로 보아 그렇다. 그럼에도 불구하고 몽테뉴는 베네치아의 환경과 해군기지, 산마르코 광장, 정치, 그리고 도시에 수많은 외국인이 머무르고 있다는 점을 마음에 들어 했다. 마지막으로는 매춘부라는 특정 신분에게서 보이는 풍만한 몸과 화려한 자태, 그리고 그런 여인들의 수가 굉장히 많다는 것도 좋아했다. 바탈리아 온천은 몽테뉴가 처음으로 온천수로 기분전환을 하는 계기가 되었다. 로비고와 페라라, 볼로냐는 차례대로 몽테뉴의 호기심의 제물이 되었으나, 그곳에서의 체류기간이 길지 않은 탓에 세 도시에 대한 기록은 거의 남아 있지 않다. 이후 몽테뉴는 피렌체로 가는 길로 접어들게 되고 피렌체 대공이 소유하는 별장들을 몇 군데 방문하면서 각 별장에서 잠시 쉬었다가 다시 길을 떠나기를 반복한다. 프라톨리노 궁전의 정원과 분수에 대한 묘사는 꽤 자세하게 표현되어 있다. 피렌체에는 몽테뉴의 주목을 이끌 만한 요소들이 있었다. 그렇다고 해서 몽테뉴가 피렌체라는 도시와 엄청난 규모의 메디치 가문에 대해 찬양하는 모습은 보이지 않는다. 심지어 미모가 아름다운 여인이 이탈리아만큼 적은 곳은 이전까지 단 한 번도 보지 못했다고 말한 곳도 피렌체다. 몽테뉴는 독일의 여관들을 그리워하면서 피렌체의 숙소 사정과 비싼 숙박비에 대해 불평을 하곤 했다. 바로 이러한 이유로 그는 피렌체를 베네치아보다는 아주 아래에, 페라라보다는 아주 조금 위의 위치에 두고, 볼로냐와는 동급으로 간주하게 된다. 상대적으로 당시에 일대를 통치하고 있던 피렌체 대공에 대해서는 그가 소유하고 있는 궁전만큼이나 상세하게 설명되어 있는 것을 볼 수 있다. 같은 대공이 소유하는 또 다른 별장인 카스텔로 궁전도 묘사가 잘 되어 있다. 이후 다시 길을 출발한 몽테뉴는 시에나로 향한다.

그렇게 몽테뉴는 교회의 영토로 들어서게 되며, 몬테피아스코네 와 비테르보, 론칠리오네 등을 지나 1580년 11월 30일 로마에 도착한다.

옛 로마가 남겨놓은 화려한 잔해를 보고 몽테뉴가 떠올린 웅장하고도 고상한 이미지는 인쇄된 팸플릿을 통해서도 확인할 수 있다. 몽테뉴는 본인이 눈앞에 보이는 새로운 로마를 보고 그려낸 그림과 예전 로마의 모습을 비교하는 일을 재밌게 생각했다.

몽테뉴는 이렇게 말한다. "로마에서 궁정과 귀족을 빼면 아무것도 남지 않는다. 모두가 기독교 특유의 할 일 없이 한가하게 지내는 분위기에 가담하고 있다. … 전 세계에서 가장 보편적인 특징을 띠는 여기 도시에서는 살고 있는 사람들의 국적이 서로 다르다는 것이 전혀 이상하게 여겨지지 않는다는 것을 꼽을 수 있다. 실제로 태초부터 로마에서는 외국인들이 마치 자기 고향인 것처럼 정답게 어울려서 살고 있다. 로마를 다스리는 자의 권위는 전 세계에서 기독교를 믿는 모든 나라에 미치며, 교황이 외국인에 대해 가지고 있는 사법권은 여기 로마뿐만 아니라 각각의 외국인들의 출신 국가에서도 적용된다. 왕이나 교황청의 고위직을 뽑는 선거에서도 선거권자의 출신지는 거의 고려되지 않는다. 베네치아도 도시의 분위기가 자유롭고 활발한 무역으로 인해 외국인이 많다. 그럼에도 불구하고 베네치아에 사는 외국인들은 본인이 타지에 살고 있다고 생각한다. 여기 로마에 사는 외국인들은 본인의 사무실과 재산, 지켜야 할 의무 같은 것을 가지고 있는데, 왜냐하면 대부분 성직자의 지위에 있기 때문이다." 개인적인 생각으로 우리는 이러한 오래된 글을 통해 꽤나 새로운 관점을 파악할 수 있을 것으로 보인다.

몽테뉴는 로마를 아주 마음에 들어 했으며, 그곳을 처음 방문하여서는 거의 다섯 달이나 머물렀다. 하지만 몽테뉴는 다음과 같이 고백한다. "비록 로마에서 예술도 즐기고 사람들의 보살핌도 받기는 했지만, 이는 오로지 공무를 통해서였을 뿐만 아니라 이 도시가 한낱 보잘것없는 외국인에게 보여주는 모습에 불과하기 때문이다."

몽테뉴는 로마에서 프랑스 사람들을 굉장히 많이 마주쳤지만 그중에서 거의 아무도 자신에게 모국어인 프랑스어로 인사하지 않는 사실에 화가 났다. 당시 로마의 프랑스 대사는 루이 샤테그너였다. 본 여행기에서 몽테뉴는 본인이 종교를 존경하는 마음을 가지고 있음을 계속해서 나타내는 한편, 자신에게도 교황청의 방식으로 교황에 대한 충성심에 경의를 표해야 하는 상황이 찾아올 것이라고 생각한다. 루이 샤테그너는 교황을 알현하는 자리에 몽테뉴와 그의 일행을(그중에서도 특히 에스티삭을) 데리고 갔다. 이들은 교황의 발에 입맞춤을 하는 것을 허락받았고 성부께서는 특별히 몽테뉴에게 가장 기독교적인 왕으로부터 받은 임무와 교회에 대한 헌신을 계속 이어나가기를 조언했다.

앞서 이미 언급했듯이 몽테뉴가 만난 교황은 그레그리오 8세다. 로마에 머무르는 동안 그를 손을 뻗으면 닿을 만큼 가까운 곳에서 알현했던 몽테뉴가 본인의 손으로 직접 묘사한 교황의 모습은 우리가 찾아볼 수 있는 가장 사실적이고 명확한 자료 중 하나가 될 것이다. 이 글에서 몽테뉴는 그 어떤 것에 대해서도 진실을 왜곡하지 않을 것이다.

몽테뉴가 말하기를 "교황은 평균 정도의 키에 허리가 굽지 않은 아주 잘생긴 노인이었다. 얼굴에는 장엄함이 가득했고, 흰 수염이 길게 나 있었다. 여든 살 이상이 되어 보였으나, 누구라도 부러워할 정도로 나이에 맞지 않게 건강하고 풍채가 정정했다. 교황은 통풍을 앓는다거나 신장이나 배가 아프지도 않았으며, 그 어떤 질병도 가지고 있지 않았다. 태생적으로 성격이 온화한 교황은 세상사에 그렇게 관심이 많지 않았다. 하지만 훗날 교황이 로마를 떠난 후에는 그가 재위 기간 도시 곳곳에 세운 위대한 건물들 덕분에 사람들은 그를 기억하면서 경의를 표할 것이다. 그 밖에도 교황은 아픈 사람들을 돌보기를 좋아했다고 한다. … 사회의 보호를 필요로 하는 골칫거리 같은 사람들의 경우, 교황은 다른 사람들에게 기꺼이 그들을 도우면서 더불어 살라고 조언함으로써 수고를 덜고자 했다. 교황은 본인과 이야기를 나누고자 하는 모든 이에게 귀를 기울였다. 교황의 대답은 간결하고 확실했다. 혹시라도 교황의 말에 새로운 근거를 들어 반박한다면 시간 낭비일 뿐이었다. 교황은 본인이 올바르다고 생각하는 것에 대해서는 자기 자신을 신뢰했다. 심지어는 자신이 굉장히 사랑하는 아들에 대해서도 본인이 생각하는 올바름을 위해서라면 조금도 꿈쩍하지 않았다. 교황은 친척들에게 도움을 베풀기도 했다. 그러나 그럴 때에도 불가침의 영역으로 지키고자 했던 교회의 권리는 침해하지 않았다. … 사실 어떤 관점에서 보더라도 현재 교황의 삶과 품행에는 좋은 쪽으로든 나쁜 쪽으로든 특별하다 할 것이 아무것도 없었다. 하지만 좋고 나쁜 것 중에서 굳이 한쪽을 고르자면, 교황의 재위 기간 동안 로마는 훨씬 더 좋아졌다고 말할 수 있다."

이후 몽테뉴는 로마에서 걷거나 말을 타고 산책을 하거나 누군가를 방문하고 온갖 종류를 관찰하는 데 모든 시간을 보낸다. 그는 교회와 수도원, 심지어는 사람들의 예배 행렬과 설교, 그리고 궁전과 포도밭, 정원, 대중이 즐기는 놀이, 사육제 축제 등과 같이 그 무엇 하나 놓치지 않았다. 몽테뉴는 어떤 한 유대인 아이가 할례를 받는 것을 목격하고는 수술이 이루어지는 과정 전체를 가장 세세한 부분까지 묘사해내기도 한다. 그는 산 시스토 수도원에서 모스크바 대사를 만나기도 했다. 대사는 교황 바오로 3세가 재위하던 시절 로마를 처음 방문한 이후 당시에는 두 번째로 로마에 와 있는 것이었다. 모스크바 대사는 자신의 황제가 베네치아로 급하게 보내는 서한을 가지고 있었는데 이는 베네치아에 있는 총독에게 보내는 것이라고 했다. 당시 모스크바 왕국에서는 유럽의 다른 강국들과 교류를 거의 하지 않고 지냈으며 정치 사정에 대해 아주 잘못 알고 있는 나머지 베네치아가 교황의 영토라고 믿었던 것이다.

그 당시에도 이미 굉장히 화려했던 바티칸 도서관은 몽테뉴의 눈길을 피하기에 너무나도 매력적인 곳이었다. 몽테뉴가 기록한 바에 따르면, 그는 바티칸 도서관에 관심을 가지고 자주 드나들었던 것으로 보인다. 그가 말도나도와 뮈레, 오늘날에는 이름을 듣기가 굉장히 어려워진 그런 비슷한 사람들을 만난 것도 아마도 바티칸 도서관에서다. 그러는 와중에 몽테뉴는 특이한 사실을 하나 깨닫게 되는데, 그것은 바로 프랑스 대사가 이곳 도서관의 관장을 맡고 있는 추기경에게 굳이 예의를 갖추고 싶어 하지 않아 끝내는 도서관을 구경하지 못하고 로마를 떠났다는 것이다. 바로 이 부분에서 몽테뉴는 그의 개성을 알아볼 수 있는 성찰을 남아낸다. "때때로 시의적절한 때에 찾아오는 갑작스러운 기회는 왕에게는 금지되는 일이 평범한 사람들에게는 특별히 가능하게 만들어주곤 한다. 권위나 권력 또한 마찬가지다. 때로는 호기심 자체가 방해가 될 때가 있는 것이다."

진정으로 호기심이 많은 사람이 두루 돌아다닐 수 있는 유일한 세계는 로마뿐이다. 그곳은 마치 세계지도를 입체적으로 만들어놓은 것으로 그 안에서 우리는 이집트와 아시아, 그리스뿐만 아니라 과거에서 현재를 아우르는 로마 제국 전체를 압축하여 볼 수 있다. 로마를 잘 구경하는 것만으로도 여행을 많이 다녔다고 볼 수 있는 것이다. 몽테뉴는 오스티아를 보러 향하는 길목에서 고대 유적들을 발견하지만 그냥 달리면서 지나칠 뿐이었다. 이후 몽테뉴는 곧바로 로마로 돌아와 계속해서 관찰을 이어나갔다.

사람들은 아마도 몽테뉴 같은 철학자가 가는 곳마다 호기심 어린 눈으로 여인들을 관찰하려고 하는 모습을 보고 품위가 떨어진다고 생각할 것이다. 그러나 여성에 대한 관심은 몽테뉴의 철학, 즉 인류의 윤리에 있어서 그 무엇도 배제하지 않으려는 사상이 만들어지는 데 본질적으로 작용해왔다. 몽테뉴는 로마에서는 아름다운 여인은 거의 보지 못했으며, 미모가 가장 빼어난 여인은 몸을 팔러 나온 여자들 중에 있다는 사실을 확인했다. 그러나 그는 곧바로 로마 여인들은 모두 우리 프랑스 여인들보다는 더 유쾌하며 프랑스에서만큼은 못생긴 여인이 많이 보이지 않는다는 데 동의한다. 하지만 그러면서도 프랑스 여인들이 우아하기는 더 우아하다고 덧붙인다.

몽테뉴가 로마에서 지내는 동안 일어난 구체적인 사건들 중《수상록》의 검열과 관련된 이야기도 특별하기로는 뒤지지 않는다. 해당 부분은 몽테뉴를 좋아하는 사람들에게 굉장히 흥미롭게 다가올 것이다.

　교황궁의 궁정 장관은 박학다식한 수도사들의 의견을 통해 다듬어진《수상록》을 몽테뉴에게 다시 돌려준다. 몽테뉴는 이렇게 말했다. "궁정 장관은 본인은 프랑스어를 전혀 이해하지 못했기 때문에 오로지 프랑스 출신 수사들의 보고를 통해서만 책을 검토할 수 있었다. 장관은 본인을 대신해서 프랑스 출신 수사가 이의를 제기한 항목들 각각에 대해 내가 주장하는 반박을 굉장히 마음에 들어 했다. 그는 수사들이 안목이 부족하여 지적할 수밖에 없었던 부분을 바로잡는 일은 나의 양심에 맡겼다. 오히려 내가 장관에게 수사의 의견을 그대로 받아들여 달라고 부탁했다. 단어 '운명'을 사용한 것, 이교도(다시 말하자면, '세속적인') 시인들의 이름을 (인용하고) 언급한 것, ('배교자'라고 불리는) 율리아누스 황제를 용서한 것에 대해서는 나로서도 잘못됐다고 생각한다. 이뿐만 아니라, 기도를 하는 사람은 기도를 하는 그 순간만큼은 악한 기질에서 벗어날 수 있다고 생각한 것, 목숨이 끊어진 시체에 형벌을 추가적으로 집행하는 행위를 잔인하다고 여긴 것, 어린아이들은 무엇이든지 경험해볼 수 있도록 길러야 한다고 믿은 것에 대한 반박도 수용할 수 있었다. 이는 내가 개인적으로 그렇게 생각해서 적은 것일 뿐이지 잘못된 내용이라고 생각하지는 않는다. 다른 한편으로는 이러한 부분을 지적한 사람이 내 생각을 이해했다고는 생각하지 않는다. 눈치가 빠른 궁정 장관은 나에게 용서를 구하면서, 본인은 이러한 검토 의견들에 대해 아주 깊게는 공감하지는 않았다는 것을 알아주기를 바랐다. 장관은 내 생각에 반대했던 또 다른 이탈리아 사람에게 굉장히 능수능란한 솜씨로 내가 보는 앞에서 나를 변론해주기도 했다."

이는 몽테뉴의 책을 검열한 것과 관련하여 교황궁 궁정 장관의 집에서 일어난 이야기를 설명하는 부분이다. 그러다 몽테뉴가 로마를 떠나기 전에 궁정 장관과 그의 동료에게 작별 인사를 하자 이들은 입장을 바꾸어 말한다. 몽테뉴는 다음과 같이 전한다. "이들은 본인들이 《수상록》을 교정해서 준 판본을 사용하지 말아달라고 부탁했다. 왜냐하면 해당 판본에 표시를 해놓은 것 중에는 다른 프랑스 사람들의 입장에서 볼 때 이상한 내용이라고 생각되는 부분이 여러 군데 있을 것이기 때문이다. 두 사람은 내가 가톨릭교회에 대해 가지고 있는 봉사심과 애정뿐만 아니라 나의 능력을 존경한다고 했다. 본인들은 나의 솔직하고 양심적인 마음을 너무 잘 알고 있다면서, 《수상록》을 다시 인쇄하게 된다면 그때는 내 기준에서 글이 너무 잡스럽게 느껴지는 부분이 있을 경우 과감히 삭제하는 작업은 내 몫이라고 했다. 여러 부분이 있겠지만, 그중에서도 특히 단어 '운명'을 사용한 것과 같은 부분을 두고 하는 말이었다. (두 사람은 내가 꽤 마음에 든 모양이었다.) 이들은 본인들이 내 책을 구석구석 너무 심하게 살펴본 나머지 세밀한 부분까지 지적해야만 했던 점에 대해 용서를 구하기 위해 오늘날 명성이 좋게 나 있는 추기경이나 성직자가 쓴 많은 책들을 언급했다. 그 책들도 작품 전체가 문제가 되거나 아니면 저자의 이름에는 조금도 영향을 주지 않을 몇 가지 오류 때문에 검열된 적이 있었다는 것이다. 두 사람은 나에게 훌륭한 글솜씨로 가톨릭교회에 기여를 하면서(이는 관례적으로 하는 말이다), 로마에 지내는 동안 본인들을 신경 쓰지 않고 평화롭게 지내기를 바란다고 말했다."

이렇게 굉장히 완화된 판단을 듣고 난 이후 몽테뉴는 《수상록》에서 많은 부분을 수정하느라 급급해하지 않아도 됐다. 앞서 살펴보았듯이 그렇게 수정하는 것은 몽테뉴의 방식이 아니기도 했다. 몽테뉴는 글을 쉽게 덧붙여 쓰기는 해도 고치거나 삭제하는 법은 전혀 없었다. 그렇기 때문에 《수상록》의 제1권과 제2권이 몽테뉴가 직접 추가한 부분을 제외하고는 로마에서 검열을 받기 이전의 상태 그대로라는 것은 신빙성 있는 사실이다.

한편, 몽테뉴가 훨씬 더 간절하게 바랐던 일이자 겉으로 보기에도 그의 관심을 단박에 사로잡았던 사건은 교황의 궁정 집사 필리포 무소티가 자신이 몽테뉴와 특별한 우정을 나누는 사이라고 생각하고 몽테뉴에게 로마 시민권을 얻을 수 있도록 도움을 베풀어주었던 일이다. 앞서 언급했던 로마 시민권 청원서에서도 몽테뉴는 차마 입을 다물지는 못하고 본인이 시민권에 대해 가지고 있는 자부심과 품어왔던 욕망을 굉장히 심하게 부풀려 이야기하고 있다. 결국 로마 시민권을 얻게 된 몽테뉴는 서둘러 로마를 떠난다. 그는 길을 떠나기 전에 먼저 티볼리를 보러 향했다. 몽테뉴가 티볼리라는 매력적인 곳에 있는 온천과 자연의 아름다움을 프라톨리노 궁전과 그 밖의 다른 장소들에서 경험한 것과 비교하는 것은 훨씬 더 깊은 고찰을 통해 나온 감상의 결과로 보인다.

몽테뉴는 로마를 떠나면서 로레토를 지나가기로 한다. 그는 나르니와 스폴레토, 폴리뇨, 마체라타를 지났고 어떤 곳에 대해서는 단한마디도 언급하지 않고 있다. 몽테뉴는 로레토에서 두 번째 체류를하면서 본인이 정말 가보고 싶었던 나폴리에 가볼까 생각하지만 나폴리 여행은 사정상 불가능해진다. 만약 몽테뉴가 나폴리를 여행했다면, 바이아와 포추올리의 온천을 무한히 누렸을 것임이 틀림없다. 아마도 루카 온천의 경치가 몽테뉴로 하여금 일정을 바꾸게 하였을 것이다. 그렇게 그는 로레토에서 출발하여 곧장 앙코나와 세니갈리아, 파노, 포솜브로네, 우르비노 등으로 향한다. 그리고 다시 피렌체를 지나게 되지만 멈춰 서지는 않으며 길의 방향을 피스토이아 쪽으로 돌려 다시 루카로, 마지막으로는 빌라 온천으로 향한다. (1581년) 5월의 첫날 빌라 온천에 도착한 그는 온천을 하기 위해 머물 곳을 잡는다.

몽테뉴가 오로지 그에게만 맞는 처방전에 따라 가장 엄격한 방식으로 온천수를 사용하면서 지내기를 스스로에게 강요한 것도 바로 빌라 온천에서다. 몽테뉴는 본인이 무엇을 먹는지, 온천수가 자신에게 계속해서 어떤 영향을 미치는지, 온천수를 매일 어떻게 사용하고 있는지에 대해서만 이야기하고 있다. 다시 말해 몽테뉴는 스스로의 신체적인 습관과 본인이 무엇을 마시고 샤워는 어떻게 하는지에 대해 매일 기록하는 일과 관련해서는 가장 자질구레한 것까지도 놓치지 않았다. 우리가 읽게 될 글은 어느 여행자의 단순한 여행기가 아니다. 이는 본인이 마음껏 활용한 치료법의 모든 절차에 대해, 스스로의 현재 상태와 상황에 자신의 행동이 끼치는 영향력이라면 가장 사소한 것까지에도 예의를 주시했던 어느 환자의 보고서다. 결국에는 본인의 주치의에게 자신이 어떤 상태인지를 잘 파악할 수 있도록 제출하기 위해, 자신의 몸이 겪는 불편함에 대한 생각을 기록하기 위해 앞뒤 상황을 아주 자세하게 기록한 보고서인 셈이다. 실제로 몽테뉴는 이토록 진절머리 나게 하는 자잘한 사실들에 몰두하면서 다음과 같이 밝히고 있다. "이전에 이용했던 다른 온천들에 대해 더욱 상세하게 기술해놓지 않은 것을 후회스럽게 생각했다. 만약 잘 기록해놓았다면 그다음에 다른 곳을 방문해서는 온천을 사용하는 규칙이나 사례 같은 것을 참고할 수 있었을 텐데 말이다. 그래서 이번 빌라 온천에 대해서는 아주 자세하게 적고자 한다." 그러나 우리로서는 몽테뉴가 오로지 자기 자신만을 위해 글을 썼기 때문이라는 것이 가장 그럴듯한 이유로 보인다. 그러는 와중에도 이따금씩 지역의 풍습과 지방만의 특유한 모습을 그려낸 부분도 당연 찾아볼 수 있다.

기나긴 기록에서 가장 큰 비중을 차지하는 빌라 온천에서 체류하는 내용과 몽테뉴가 프랑스로 돌아가는 길에 처음으로 프랑스어를 쓰는 사람들을 발견하게 되는 도시까지의 기록은 이탈리아어로 쓰여 있다. 이는 몽테뉴 본인이 이탈리아어를 사용해보고 싶었기 때문이다. 따라서 해당 부분은 이탈리아어를 이해하지 못할 독자들을 위해 번역을 해야만 했다.

한편, 몽테뉴가 빌라 온천에서 지내는 기간을 기록한 부분에서 식이요법을 일일이 기록함으로써 만들어진 지루한 분위기는 그가 온천 마을에 개최한 무도회를 묘사하면서 여인들에게 친절을 베풀며 즐거워하는 모습을 통해 재미있어진다. 심지어는 몽테뉴가 비록 교양은 없지만 시를 지을 줄 알고 그것도 즉흥적으로 시구를 읊을 수 있는 '디비지아'라는 가난한 시골 여인에게 관심을 가지는 것을 보면 색다른 기분이 들기도 할 것이다. 몽테뉴는 사실대로 고백하기를 그전까지는 마을 주민들과 교류를 거의 하지 않았던 탓에 사람들이 자신에 대해 알고 있는 지적 능력과 예술적 기교에 대한 명성을 견뎌내지 못했다고 한다. 실제로 몽테뉴는 온천에서 지내는 동안 의사 몇 명이서 어느 추기경의 조카에게 내릴 처방전을 손수 살펴달라는 부탁을 받는데, 이들이 몽테뉴의 결정을 믿고 따르기로 결심한 것으로 보아 심하게는 거의 독촉을 받는 수준이었다. 몽테뉴는 그런 모습을 보니 웃음이 나버렸다고 말하지만, 그런 비슷한 일은 빌라 온천에서뿐만 아니라 심지어는 로마에서도 몇 번 더 있었다.

몽테뉴는 본인의 치료에 휴식기를 주기 위해 잠시 온천을 떠나 피스토이아를 다시 지난 뒤 세 번째로 방문한 피렌체에서 며칠을 머물게 된다. 그곳에서 몽테뉴는 사람들의 예배 행렬과 전차 경기, 바르바리아산産 말들의 경주, 피렌체 대공이 관할하는 모든 도시에서 무장을 하고 나타난 남성들의 행진을 구경하지만, 전부 몽테뉴에게 강한 인상은 거의 남기지 못했다. 몽테뉴는 지운티 가문이 운영하는 서점에서 보카치오의 유언장을 발견하고 유언에 적힌 내용들 중 주요한 사항을 옮겨 적고 있기도 하는데, 이는 오늘날까지도 굉장한 유명세를 떨치고 있는 작가가 어떻게 비참한 모습으로 마지막을 맞이했는지를 보여주는 부분이다. 몽테뉴는 피렌체에서 피사로 도시를 이동하여 묘사를 이어나간다. 한편, 더 멀리 가지 않고 여기 피사에서만 해도 이탈리아 사람들이 널리 퍼트리고자 했던 신기한 사실을 몽테뉴가 조금은 쉽게 믿어버리는 모습을 볼 수 있으며 이에 대한 몽테뉴의 사상도 언제나 아주 견고한 것은 아니었음을 확인할 수 있다. 몽테뉴는 피사에서 며칠을 보낸 뒤 근처의 온천을 구경하러 이동한다. 그러고 나서는 루카로 발길을 돌려 그곳에 지내면서 도시를 묘사하고 있다. 루카에서는 빌라 온천으로 돌아가 온천을 다시 시작한다. 그러면서 몽테뉴는 본인이 어떻게 온천수를 사용하고 어떤 식이요법을 하는지에 대해서 그리고 자신의 병과 약효에 대해서 자세한 이야기를 다시 한다.

몽테뉴가 자기 자신의 건강과 스스로에 대해 이렇게나 세심하고 꾸준하게 기울이는 관심을 생각하면 죽음에 대한 지나친 걱정이 조금씩 퇴화하고 있는 것이 아닌가 하고 의심해볼 수도 있을 것이다. 그러나 우리는 몽테뉴가 두려워하는 것이 굉장히 무섭기도 할 뿐더러 당시로서는 정말이지 무시무시했던 신장결석 절제 수술에 대한 것이었다고 생각한다. 그게 아니라면 몽테뉴는 키케로가 인용했던 그리스 시인의 문장처럼 이렇게 생각했을 것이다. "죽고 싶지는 않다. 그러나 죽는다는 것은 나에게 그렇게 대단한 일이 아니다." 덧붙여서 이와 관련하여 몽테뉴 본인이 직접 밝힌 생각도 들어볼 필요가 있다.

"죽음이 매순간 조금씩 나에게 더 가깝게 다가오는 위험천만한 상황에 처해 있다는 사실에 확신이 든다면, 정말 최후의 그날이 되었을 때 죽음을 힘들지 않게 받아들이기 위해 그 전에 최선을 다해 살아야만 한다. 그러지 않는 것만큼이나 나약하고 비겁한 일도 없을 것이다. 사실 결국에는 하느님께서 우리에게 기꺼이 베풀어주신 선한 마음을 기쁘게 받아들이는 것이 현명한 일이라고 생각한다. 어떤 형태로든지 간에 매 순간 곳곳에서 인간을 에워싸고 있는 그 모든 악한 것들을 피할 수 있는 단 하나의 해결책이자 유일한 규칙이자 세상에 하나밖에 없는 기술이란 바로 그러한 악이 주는 고통을 인간답게 받아들이거나 재빠르고 용기 있게 끝내버리기로 굳게 마음을 먹는 것이다."

(1581년) 9월 7일 보르도에서 온 편지를 받고 몽테뉴 자신이 지난 8월 1일 자에 보르도 시장으로 선출된 사실을 알게 된 것도 빌라 온천에서였다. 이 소식으로 인해 몽테뉴는 서둘러 길을 떠나 루카에서 로마로 향한다.

로마에 다시 돌아온 몽테뉴는 그곳에서 보내게 된 며칠을 상세하게 적고 있다. 보르도의 시정관들이 몽테뉴가 보르도 시장으로 선출된 사실을 알리며 그에게 가능한 한 빨리 돌아올 것을 부탁하는 편지를 받게 된 것도 바로 로마에서다. 몽테뉴는 청년 에스티삭과 꽤나 멀리까지 나와 자신에게 길을 안내해준 여러 다른 귀족들의 배웅을 받고 길을 떠난다. 한편, 그중에서는 어느 누구도, 심지어 여행에 동행했던 사람들 중 아무도 몽테뉴를 따라나서지 않았다.

몽테뉴는 프랑스로 돌아가는 길에 겨울을 맞이했고 이따금씩 모래알이나 돌멩이가 배출되는 바람에 건강은 쇠약해져갔다. 그는 론칠리오네와 산 키리코, 시에나, 폰테 아 엘사, 루카, 마사카라라를 지나 이동했다. 몽테뉴는 제노바를 들렀다 가고 싶은 마음이 강하게 들었지만 여러 이유를 들면서 그렇게 하지는 않는다. 그리고 폰트레몰리와 포르노보를 통과한 뒤 크레모나를 한편에 남겨둔 채로 도착한 피아첸차에서 짤막한 묘사를 남기고 있다. 몽테뉴는 파비아와 그곳에 있는 샤르트르회 수도원을 구경하면서도 간략하게 묘사를 남겼다. 이후 그는 밀라노를 지나지만 길을 멈추지는 않으며 그곳에서부터는 다시 노바라와 베르첼리를 지나 토리노에 도착한다. 토리노에 대해서는 몽테뉴가 남긴 보잘것없는 인상을 제외하고는 알아낼 수 있는 내용이 없다. 노발레사와 퐁 스니 언덕, 몽멜리앙, 샹베리에 관해서는 펜촉이 순식간에 지나간다. 몽테뉴는 브레스 지방을 지나 도착하게 된 리옹을 구경하며 도시 풍경을 아주 마음에 들어 했다. 리옹에 대한 문장은 이게 전부다. 리옹에서 다시 길을 나선 몽테뉴는 오베르뉴 지방과 리무쟁 고지대를 통과해 페리고르 지역으로 들어가며, 페리귀외를 지나서는 곧바로 몽테뉴성에 도착한다. 기나긴 여행은 이렇게 끝을 맺는다.

추신. 우리가 본 해제를 인쇄하는 작업을 마칠 무렵 왕립도서관 관장 카페로니에 씨는 보르도로부터 몽테뉴의 가문과 관련된 편지 한 장을 받게 된다. 그는 우리에게 편지의 내용을 기꺼이 알리고자 했다. 편지에서는 보르도에 아직도 몽테뉴라는 가문의 성씨가 존재하며 이는 《수상록》의 저자가 가지고 있는 성씨와 정확하게 같은 것이라는 사실을 알리고 있었다. 가족 관계를 따져보면 이렇다. "미셸 드 몽테뉴는 보르도 시장이었던 피에르 에퀴엠 몽테뉴의 아들이었다. 피에르에게는 세 명의 형제가 있었는데, 그중에서 둘은 후세를 남기지 않고 죽었다. 결과적으로 셋째 레몽 에퀴엠 드 몽테뉴 뷔

사귀에는 미셸 드 몽테뉴의 삼촌이 된다. 그는 아드리엔느 드 라 샤사뉴와 결혼하여 네 명의 아이를 낳았고 그중에서 제오프루아 에퀴엠 드 몽테뉴 뷔사귀에는 자신의 아버지처럼 보르도 시의회 의원을 지냈다. 현재 기엔 지방에 존재하는 몽테뉴 가문이 내려오는 것은 바로 이 제오프루아에서부터이며 그의 막내아들은 갈라토라는 여인과 결혼했다."

위 편지를 보내온 (라 블랑셰리 씨라는) 사람은 본인이 두 눈으로 확인한 증명서들에 기초해서만 편지를 쓰는 것임을 확실하게 밝히고 있다.

1

플롱비에르 온천으로

1580년 9월 5일 ~ 9월 26일

몽테뉴 씨는 말을 모는 시종과 함께 마테쿨롱 Matecoulon[1] 씨를 보내 서둘러 백삭을 찾아뵙도록 했다. 덕분에 그는 백작의 상처가 치명적인 수준은 아니라는 사실을 알게 됐다. 보몽 쉬르 우아즈 Beaumont-Sur-Oise[2]에서는 에스티삭 Estissac[3] 씨가 어느 귀족 신사 한 명과 시종한 명, 수노새 한 마리를 데리고 우리의 여정에 합류했다. 그 밖에도 노새를 부리는 사람과 두 명의 하인이 말을 타지 않고 걸어서 따라왔다. 에스티삭 씨는 우리와 함께 여행하기로 하면서 여행 비용 절반을 부담하기로 했다. 1580년 9월 5일 월요일, 우리는 점심을 먹고 보몽 쉬르 우아즈를 떠나 그곳에서부터 12리외 떨어진

모 Meaux에서 저녁을 먹기 위해 쉬지 않고 움직였다. 모는 마른 Marne 강가에 위치한 작고 아름다운 도시로, 세 구역으로 나누어져 있다. 시내와 변두리 부분은 우리가 서 있는 강 쪽에 위치하며, 파리를 향하고 있다. 다리를 건너면 '장터'라고 불리는 넓은 동네가 하나 나온다. 그 주변으로는 강이 흐르고 아주 멋있는 해자가 둘러싸고 있으며, 아주 많은 사람이 집을 짓고 살고 있다. 이 동네는 예전에는 큰 성벽과 탑이 튼튼하게 세워져 있어서 훌륭한 요새 역할을

---

1   몽테뉴의 막내 남동생으로, 본명은 베르트랑 샤를 드 몽테뉴 Bertrand-Charles de Montaigne이다. 훗날 몽페이루 Montpeyroux 지역의 마테쿨롱 성을 소유하게 되면서, '베르트랑 드 마테쿨롱'이라고 불렸다.

2   원문에 표기된 지명: 보몽 Beaumont

3   샤를 데스티삭 Charles d'Estissac. 몽테뉴의 친구 루이즈 데스티삭 Louise d'Estissac의 아들이다. 몽테뉴는 《수상록》 제2권 8장 〈아이들에 대한 아버지의 애정에 대하여〉에서 남편을 일찍 여의고 홀로 아이들을 보살피는 루이즈의 노고에 찬사를 바친 바 있다.

했다. 그러나 제2차 위그노 전쟁[4] 당시, 동네 사람들의 대부분이 신교도였기 때문에, 모든 요새 시설이 허물어지고 말았다. 이전에 영국이 침입해왔을 때[5]에는 도시의 나머지 부분이 완전히 점령당했던 반면, 여기 장터 동네만은 영국의 탄압을 견뎌낸 적이 있다. 그에 대한 보상으로 동네 인근의 주민들은 모두 타이유세[6]를 비롯한 기타 다른 세금들을 지금까지도 면제받고 있다. 모 사람들은 길이가

---

4 1562년과 1598년 사이에 프랑스 최초로 구교와 신교 사이에 발생한 종교전쟁. '위그노'란 구교에 저항하는 신교도 세력을 말한다. 16세기 중반 프랑스 남부 지방을 중심으로 신교도 세력이 빠르게 성장하면서 구교와 신교 사이의 종교적, 정치적 갈등이 심화됐다. 1562년, 대표적인 구교 강경파 귀족 가문 출신의 기즈Guise 공작이 바시Vassy의 어느 한 창고에서 예배를 드리고 있던 신교도들을 학살하는 것을 계기로, 제1차 전쟁이 발발했다. 이후 1563년 3월 앙부아즈Amboise에서의 평화 협정을 통해 양측은 일시적인 휴전 상태를 유지했으나, 1567년 신교도 세력의 루이 1세 드 부르봉 콩데Louis I de Bourbon Condé 공작이 당시 프랑스의 국왕으로서 구교도 세력의 중심에 있던 샤를Charles 9세와 그를 대신하여 섭정 정치를 펼치던 모후母后 카트린 드 메디치Catherine de Medicis를 납치하기 위해 모 근교에 위치한 몽소 앙 브리Montceaux-en-Brie 성을 포위한 사건이 도화선이 되어 제2차 전쟁이 일어났다. 이후 여섯 차례의 전쟁이 더 일어났으며, 1589년 신교도 세력의 지도자였던 앙리Henri 4세가 왕위에 오른 뒤, 1598년에는 양측의 화합을 도모하기 위해 스스로 신교에서 구교로 개종하고 국민들에게는 조건부 신앙의 자유를 허용하는 낭트 칙령을 발표하면서 36년간의 전쟁은 막을 내렸다.
5 1421년, 영국과 프랑스 사이의 백년전쟁이 거의 끝나갈 무렵, 당시 영국의 국왕 헨리Henry 5세가 프랑스 왕세자 샤를의 군대가 점령하고 있던 모를 포위하고 공략했던 사건을 가리킨다.
6 14~16세기 프랑스에서 서민들이 집을 고치거나 새로 지을 때 또는 토지의 경작 상황이 좋아질 때 부과했던 세금. 원래는 필요시에만 징수하는 특별세였으나, 영국과의 백년전쟁 당시 전쟁비용을 충당하기 위해 일반세로 전환됐으며, 이후 프랑스 혁명을 거쳐 1791년에 완전히 폐지됐다.

200~300보 되는 섬 하나가 마른강 위에 떠 있는 것을 가리키며, 옛날에 영국이 쳐들어왔을 때 포탄을 날려서 장터 동네를 부수기 위해 물속에 흙을 던져서 쌓아 올린 보루라면서, 세월이 지나 저런 모양으로 굳어진 것이라고 말했다. 우리는 변두리 동네에서 아주 낡은 건물의 생 파롱 Saint-Faron 수도원을 보았다. 수도원 사람들은 오지에 르 다누아 Ogier le Danois[7]의 저택과 방을 보여주었다. 수도원 안에 있는 오래된 식당에는 굉장히 큰 돌로 만들어진 커다랗고 기다란 탁자가 여러 개 놓여 있다. 식당 한가운데에는 위그노 전쟁이 일어나기 전에 사람들의 식사에 사용됐다는 급수대에서 맑은 물이 흐르고 있다. 수사 대부분은 여전히 귀족 출신이다. 특히 이곳 수도원에는 아주 오래돼 보이는 성스러운 무덤이 하나 있는데, 무덤 앞으로는 기사 두 명이 누워 있는 모습을 각각 형상화한 두 개의 석상이 엄청나게 크게 세워져 있다. 수도원 사람들 말로는 이 두 석상 중 하나는 오지에 르 다누아이고, 다른 하나는 카롤루스 대제를 섬기던 기사들 중 다른 한 명이라고 한다. 석상에는 아무런 문구도, 어떤 가문의 문장紋章도 새겨져 있지 않았으며, 단지 백여 년 전에 당시의

---

7   고대 프랑스의 무훈시 《기사 오지에》(1220)에서 프랑크 왕국의 제2대 국왕 카롤루스Carolus 대제를 섬기는 기사로 등장하는 인물. 프랑크 왕국의 실존했던 기사 아우트카리우스 프랑쿠스Autcharius Francus를 모티프로 탄생한 오지에는 작품 속에서 덴마크 사람들의 조상인 데인인Danes으로 설정되어 있으며, 생 파롱 수도원에서 말년을 보낸 것으로 되어 있다. 현재 덴마크 신화에서는 코펜하겐의 북쪽에 위치한 크론보르Kronborg 성 아래에 오지에가 잠들어 있다고 간주하고 덴마크를 지켜주는 영웅으로 나타내고 있다. 덴마크어 이름은 홀거 단스케Holger Danske이다.

수도원장이 박아 넣었다는 "여기 무명無名의 영웅 두 명이 잠들어 있다."라는 라틴어 문장만이 남아 있을 뿐이다. 사람들은 수도원에서 보관하고 있는 보물들 가운데 이 두 기사의 유골을 보여주었다. 그중에서도 어깨에서 팔꿈치로 이어지는 뼈는 요즘의 평균 남성의 팔 전체 길이만 했고, 몽테뉴 씨의 팔보다는 조금 더 길었다. 이들은 또 두 기사가 사용했다는 칼 중에서 두 개를 골라 보여주었다. 그 길이는 우리가 가지고 있는 양손검 중 하나와 비슷했고, 칼날 끝에는 싸움으로 인해 거칠게 잘려나간 자국이 나있었다.

몽테뉴 씨는 생테티엔Saint-Etienne 교회의 수장고 관리인을 만나러 갔다. 쥐스트 테렐Juste Terrelle이라는 이름의 관리인은 키가 작은 60세 노인으로, 프랑스 지식인들 사이에서 유명한 사람이다. 노인은 이집트와 예루살렘을 여행한 적이 있으며, 콘스탄티노플에서 7년을 지냈다. 노인은 몽테뉴 씨에게 자신이 본인 정원에 가져다 놓은 특이한 물건들과 서재를 구경시켜주었다. 정원에서 구경한 것 중에서는 성인 남자 한 명만큼 높이 자란 회양목이 가장 신기했다. 나무는 원 모양으로 가지를 뻗고 있었는데, 아주 빽빽하게 나 있는 가지들이 굉장히 정교하게 다듬어져 있어서 광택이 많이 나는 거대한 공처럼 보였다.

우리는 모에서 화요일 점심을 먹고, 그로부터 7리외 거리에 있는 **샤를리 쉬르 마른**Charly-sur-Marne[8]에 가서 밤을 보냈다. 수요일에는 점심식사를 마친 뒤, 그로부터 7리외 떨어진

8 원문에 표기된 지명: 샤를리Charly

도르망Dormans에서 하룻밤을 보내기 위해 길을 나섰다. 다음날 목요일에는 5리외 떨어진

에페르네Épernay에서 점심을 먹기 위해 아침에 길을 나섰다. 에스티삭 씨와 몽테뉴 씨는 에페르네에 도착한 뒤, 늘 그랬듯이 미사를 드리기 위해 노트르담 교회로 향했다. 몽테뉴 씨는 스트로치Strozzi 총사령관[9]이 티옹빌Thionville 공성전에서 전사했을 때 그의 시신이 이곳 노트르담 교회로 옮겨졌다는 것을 언젠가 읽은 적이 있다면서, 총사령관의 무덤에 대해 수소문했다. 그리고는 그가 아무런 비석이나 비명, 문장의 표시도 없이 교회의 대제단 맞은편에 묻혀 있다는 사실을 알게 됐다. 사람들 말로는 카트린 드 메디치가 고인의 유언에 따라 장례 행렬이나 종교의식을 치르지 않고 시신을 땅속에 매장하라고 했다고 한다. 파리의 에네켕Hennequin 가문 출신으로 지금은 렌Rennes 지역을 관할하고 있는 주교가 당시 여기 교회에서 사제로 지내면서 그의 장례를 치러주었다. 그날은 9월의 고통의 성모 마리아 기념일[10]이었다.

몽테뉴 씨는 교회에서 미사를 드리고 난 뒤, 말도나도Maldonado 씨[11]와 이야기를 나누었다. 예수회의 수사인 말도나도 씨는 신학과 철학에 학식이 높기로 굉장히 유명했다. 둘은 점심을 먹으면서 학문

---

9 피에로 스트로치Piero Strozzi. 카트린 드 메디치 왕비의 사촌으로, 이탈리아 피렌체 지방의 용병대장으로 지내다가 1554년 프랑스의 총사령관이 되었다.

10 성모 마리아가 겪었던 칠고七苦를 기리는 날로, 매년 9월 15일에 해당한다.

11 후안 말도나도Juan Maldonado. 당시 가장 명성이 높았던 신학자로서 스페인과 프랑스를 오가며 대학에서 철학과 신학을 가르쳤다. 몽테뉴와는 깊은 우정을 나누는 친구 사이였다.

에 대해 여러 이야기를 나누었고, 식사가 끝난 후에도 몽테뉴 씨가 묵고 있는 숙소로 말도나도 씨가 따라오면서 둘의 대화는 계속됐다. 무엇보다도 말도나도 씨는 리에주Liège[12]의 스파Spa[13]에서 네베르 Nevers 씨와 함께 온천을 하고 이제 막 돌아온 참이었다. 그는 몽테 뉴 씨에게 스파의 온천물은 너무 차가웠고, 사람들 말로는 물이 차 가울수록 효과가 더 좋다고 했다고 말했다. 스파의 온천물은 너무나 도 차가운 나머지 그 물을 마시면 온몸이 떨리고 소름이 돋기 시작 하는데, 그러고 나서 얼마 지나지 않아 배 속이 굉장히 따뜻해진다 는 것이다. 말도나도 씨 본인은 100온스 정도를 마셨다고 한다. 말 도나도 씨는 스파에는 개인이 원하는 만큼 물의 양을 잴 수 있는 유 리컵을 제공해주는 사람들이 있다고 했다. 그곳의 온천물은 빈속일 때뿐만 아니라 식사 후에도 마실 수 있다. 말도나도 씨가 들려준 스 파 온천수의 효능은 가스코뉴Gascogne[14] 지방의 온천수에서 볼 수 있는 효능과 동일하다. 말도나도 씨는 본인이 직접 온몸으로 땀을 흘리면서 스파 온천물을 여러 번이나 마셔봤기 때문에, 자신에게 아 무런 이상이 생기지 않은 것으로 보면 그 효과를 알아차릴 수 있지

---

12 벨기에의 동부 지역에 위치한 주.

13 리에주주州의 남쪽에 위치한 온천 도시로, 이곳 온천수에는 광물질이 많이 함유 되어 있기로 유명하다. 이곳에서 유래한 단어 '스파'는 현재 온천 또는 온천수를 활용 한 휴양 시설 등을 뜻하는 명사로 사용되고 있다.

14 스페인의 북서부와 국경이 맞닿아 있는 프랑스 남서부 지방의 옛 지명. 가론 Garonne강과 피레네Pyrénée의 지맥들이 경계를 이루며, 온천 시설을 활용한 관광 산업으로 유명했다.

않느냐고 말했다. 말도나도 씨는 개구리처럼 크기가 작은 동물들이 스파 온천 속으로 뛰어들지미지 곧바로 죽어버리는 것을 본인의 두 눈으로 직접 보았으며, 스파의 온천물이 가득 들어있는 유리컵 위에 손수건을 올려놓으면 손수건이 금세 노랗게 변해버린다고 말했다. 스파 지역에 사는 사람들은 그곳 온천물을 적어도 2~3주 동안은 마신다고 한다. 그곳에는 온천과 숙박 시설이 아주 잘 갖추어져 있어서 장폐색이나 신장결석을 앓는 사람들에게 추천된다. 그러나 네베르 씨와 말도나도 씨 둘 중 어느 누구도 그전보다 더욱 건강해 보이지는 않았다. 말도나도 씨는 네베르 씨의 집사와 함께 있었다. 이들은 몽팡시에Montpensier 공작과 네베르 씨가 어떤 점에서 서로 의견이 다른지가 적혀 있는 종이를 몽테뉴 씨에게 건네주었다. 그리고는 몽테뉴 씨도 이 내용에 대해 숙지하고 있으면서 다른 사람들이 물어보면 알려줄 수 있도록 했다. 금요일 아침, 우리는 에페르네를 떠나 그로부터 7리외 떨어진

샬롱 앙 샹파뉴 Châlons-en-Champagne[15]에 도착했다. 샬롱 앙 샹파뉴에서는 쿠론[16]이라는 이름의 멋있는 여관에서 묵었다. 이곳에서는 음식을 은그릇에 담아주며, 침구류의 대부분은 비단으로 되어 있다. 이쪽 지역에서 볼 수 있는 공공건물들은 벽면이 한 변의 길이가 0.5 피에[17] 정도인 정사각형 모양의 작은 석회석과 석탄으로 이루어져 있다. 우리는 다음날 점심식사를 마친 뒤, 그로부터 7리외 떨어진

---

15   원문에 표기된 지명: 샬롱 Châlons
16   *Couronne*. '왕관'이라는 뜻의 프랑스어.
17   1피에pied는 약 32.48센티미터에 해당한다.

곳에 있는

비트리 르 프랑수아 Vitry-le-François에 도착했다. 마른 강가에 위치
한 비트리 르 프랑수아는 35~40년 전에 같은 자리에 있었던 비트
리Vitry가 불에 타서 소실되자 이를 대신해서 새로 건설한 도시다.
이곳 비트리 르 프랑수아는 처음 만들어졌을 때 매력적이고 균형미
있었던 모습을 여전히 간직하고 있다. 도시 중심에 있는 큰 광장은
프랑스에서 아주 근사한 광장들 중 하나이다.

우리는 이곳에서 평생 두고두고 기억할 만한 세 가지 이야기를
들었다. 첫 번째는 기즈 드 부르봉 Guise de Bourbon 공작의 미망인이
87세의 나이로 아직 살아 있으며, 4분의 1리외 거리는 직접 걸어서
이동하기도 한다는 이야기다.

두 번째는 며칠 전 근처에 있는 몽티에 앙 데르 Montier-en-Der라는
곳에서 교수형 집행이 있었다는 이야기다. 사연은 이렇다. 몇 년 전
쇼몽 Chaumont[18] 마을 주변에서 여자아이 7~8명이 모여 앞으로는
여자인 것을 숨기고 몰래 남자처럼 옷을 입고 살기로 했다. 그중에
서 '마리'라고 불리는 한 아이는 이곳 비트리 마을로 건너와 베를 짜
는 일을 하면서, 모든 사람과 사이가 좋은 마음씨 좋은 청년으로 지
냈다. 이 청년은 비트리 마을에서 (아직까지도 살아 있는) 어떤 한 여
인과 약혼을 하게 됐는데, 이 두 사람 사이에 맞지 않는 부분이 생기
면서 관계가 결혼으로 이어지지는 않았다. 이후 시간이 흘렀고, 마
리는 몽티에 앙 데르로 건너가서 계속해서 베를 짜는 일을 하며 지

---

18   원문에 표기된 지명: 쇼몽 앙 바시니Chaumont-en-Bassigny

내다가, 또 다른 한 여인과 사랑에 빠져 결혼을 하게 됐다. 사람들 말로는 이들은 네다섯 달은 함께 행복하게 살았다고 한다. 그러던 어느 날 쇼몽에서 온 누군가가 그만 마리를 알아보았고, 마리는 재판에 회부되어 교수형을 선고받았다. 마리는 다시 여자로 돌아가 사느니 차라리 고통스러운 편이 낫다고 했다고 한다. 마리는 결국 본인에게서 성적으로 결핍된 부분을 채우기 위해 사회의 통념에 어긋나는 방식을 사용했다는 죄목으로 교수형에 처해졌다.

마지막은 '제르맹'이라는 이름으로 현존하고 있는 남자의 이야기다. 출생이 비천한 그는 22살까지 직업도 사회적인 지위도 없는 여자로 살았다. 그의 턱 주변에는 다른 여자아이들보다 털이 조금 더 많이 나 있었기 때문에 사람들의 눈에 잘 띄었으며, 동네 사람들 모두 그의 존재를 알고 있었다. 사람들은 그를 '털보 마리'라고 불렀다. 그러던 어느 날 그가 벌떡 일어서자 몸 밖으로 음경이 튀어나왔고, 당시 샬롱 앙 샹파뉴의 주교를 맡고 있던 르농쿠르Lenoncourt 추기경이 그에게 '제르맹'이라는 이름을 지어주었다. 어쨌거나 그는 아직까지는 결혼을 하지 않았으며, 여전히 아주 두툼하고 풍성한 턱수염을 가지고 있다. 제르맹이 지금은 시골에 내려가 있던 터라 직접 만나보지는 못했다. 이곳 비트리 르 프랑수아에 사는 여자아이들은 어떤 노래 하나를 오늘날까지도 즐겨 부르고 다닌다. 그 노래에는 마리 제르맹처럼 남자가 될지도 모르니 가랑이를 너무 크게 벌리지 말라는 경고가 담겨 있다. 사람들 말로는 앙브루아즈 파레 Ambroise Paré[19]도 마리 제르맹의 이야기를 사실로 믿고, 본인이 외과 수술에 대해 쓴 책에 이 이야기를 넣었다고 한다. 시당국에서 일하는 저명한 관리들도 몽테뉴 씨에게 이 이야기가 사실이라고 증언했다. 우리는 일요일 아침식사를 마친 뒤, 그로부터 9리외 거리에 있는

바르 르 뒥Bar-le-Duc까지 쉬지 않고 움직였다. 몽테뉴 씨는 예전에 바르 르 뒥에 온 적이 있었다. 그는 어떤 사제 한 명이 바르 르 뒥의 공공사업에 시를 대표하여 본인의 사비를 아주 많이 투자했으며 지금까지도 꾸준하게 투자를 이어오고 있다는 것 말고는 주목할 만하거나 새로운 사실을 발견하지 못했다. 사제의 이름은 질 드 트레브 Gilles de Trèves이다. 사제는 위에 각종 벽화를 그리고 장식을 꾸며 넣은 대리석으로 프랑스에서 가장 호화스러운 예배당을 지었으며, 또 프랑스에서 가장 아름다운 연립주택을 지은 뒤 건물 내부에 가구를 들여놓는 작업을 거의 마친 상태였다. 주택은 구조가 멋있고 외관의 균형이 잘 잡혀 있으며 내부 인테리어가 정교하고 화려하기로 으뜸가는 건물로서 프랑스에서 가장 살기 좋은 주택이라고 할 수 있었다. 사제는 이 연립주택에 거주하는 사람들을 위한 학교를 짓기 위해 직접 자신의 돈을 들여 학교를 설립하는 계획에 이제 막 착수한 참이었다. 월요일 오전, 우리는 바르 르 뒥에서 이른 점심을 먹고, 그로부터 4리외 떨어진

모바주Mauvages에서 하룻밤을 보냈다. 모바주에서는 몽테뉴 씨가

19　16세기 프랑스의 외과 의사이자 해부학자. 당시 프랑스 왕이나 전장에 나간 군인의 수술을 맡았으며, 새로운 수술 기구를 발명하여 외과 기술의 발달에 기여했다는 점에서, '현대 외과학의 아버지'라고 불린다.

배가 아프다고 하여 잠시 쉬어가기로 했다. 결국 몽테뉴 씨는 플롱비에르 Plombières 온천에 하루라도 일찍 도착하고 싶은 마음에, 원래는 툴 Toul과 메츠 Metz, 낭시 Nancy, 주앵빌 Joinville, 생 디지에 Saint-Dizier를 지나가려고 했던 계획을 포기해야 했다. 화요일 아침, 우리는 모바주에서 다시 길을 나섰고, 그로부터 1리외 떨어진

보쿨뢰르 Vaucouleurs에 도착했다. 그리고 뫼즈 Meuse강을 따라 이동하다가

동레미 Domrémy[20]라는 마을에 도착했다. 보쿨뢰르에서 3리외 떨어진 거리의 뫼즈 강가에 자리 잡고 있는 이곳 동레미 마을은 그 유명한 오를레앙의 소녀 잔 다르크가 태어난 곳이다. 잔 다르크의 후손들은 왕의 은혜를 받아 귀족으로 봉해졌다. 이들은 왕이 하사한 무기들을 보여주었다. 그중에서 청동색을 띠는 검에는 왕관 무늬가 새겨져 있었다. 칼자루는 금으로 되어 있으며, 칼날에는 백합 두 송이가 금색으로 새겨져 있었다. 보쿨뢰르의 어느 한 징수관은 이 검에 있는 것과 똑같은 무늬가 새겨진 방패를 카잘리스[21] 씨에게 주었다. 잔 다르크가 태어난 곳이라는 작은 집의 정면에는 그녀가 세운 업적들이 모두 그림으로 그려져 있었는데, 오랜 세월로 많이 희미해진 상태였다. 그곳에는 또 포도밭 뒤편에 '소녀의 나무'라고 불리는 나무가 한 그루 있었지만, 특별하게 눈에 띄는 특징은 없었다. 그날 저녁 우리는 동레미 마을에서 5리외 떨어진 곳에 위치한

20 　원문에 표기된 지명: 동레미 쉬르 뫼즈Donrémy-sur-Meuse
21 　베르나르 드 카잘리스Bernard de Cazalis. 몽테뉴 막내 여동생의 남편이다.

뇌프샤토 Neufchâteau에 도착해서 하룻밤을 보냈다. 여기 뇌프샤토에 있는 성 프란체스코Francesco 수도회 교회에는 지역 귀족들의 무덤이 많이 있다. 300~400년 전에 만들어진 이 무덤들 위에는 공통적으로 "여기 일월이 몇몇 년을 지날 때 작고한 누구누구가 누워 있다."와 같은 비문이 적혀 있다. 몽테뉴 씨는 도서관을 방문했다. 도서관에는 보유하고 있는 책의 권수가 많기만 할 뿐, 귀한 책은 한 권도 없었다. 몽테뉴 씨는 두 발로 나무 발판을 밟으면 커다란 양동이가 물을 길어 올린다는 우물도 구경하러 갔다. 발판을 지지하고 있는 축은 우물의 밧줄이 묶여 있는 둥근 나무의 몸통과 연결되어 있었다. 몽테뉴 씨는 이것과 비슷하게 생긴 우물을 이전에 다른 곳에서도 본 적이 있다고 했다. 우물에는 우물의 맨 위에서부터 5~6피에 정도 높은 곳까지 커다란 석관이 하나 연결되어 있다. 우물에서 물을 기른 양동이가 바로 그 높이까지 올라오면, 사람이 따로 손을 대지 않아도 양동이에 들어있는 물이 석관으로 흐르고, 그런 다음에는 빈 양동이가 다시 우물 아래로 내려가는 방식이다. 아주 높이 위치해 있는 석관에 부어진 물은 여러 개의 납 파이프를 통해 교회의 식당과 부엌, 화덕으로 흘러들어 가며, 마치 돌이 자연적으로 쌓여서 만들어진 것 같은 모양을 한 배출구를 통해 뿜어져 나온다. 우리는 뇌프샤토에서 아침을 먹은 뒤, 그로부터 6리외 떨어져 있는

미르쿠르Mirecourt에 도착해서 저녁을 먹었다. 여기 미르쿠르라는 작고 아름다운 도시에서 몽테뉴 씨는 그 근처에 사는 부르본Bourbonne 씨 내외의 소식을 들었다.

다음날 몽테뉴 씨는 아침식사를 마친 뒤, 미르쿠르에서 4분의 1

리외 거리에 있는 푸사이Poussay[22]의 수녀원에 갔다. 이 근방에 위치한 여러 수도원 중 한 곳인 푸사이 수녀원은 훌륭한 가문의 여식들을 교육하기 위해 지어졌다. 이곳 수녀들은 각자 성직을 하나씩 맡아 수행하면서 100~300에퀴[23] 정도로 때에 따라서는 그보다 적거나 많기도 한 수입을 벌어들인다. 이들은 각각 따로 생활할 수 있는 주거 공간도 가지고 있다. 어떤 아이들은 유모와 함께 수녀원에 들어오기도 한다. 원장이나 부원장 등과 같은 주요 직책을 맡고 있지 않은 수녀에게는 반드시 순결을 지켜야 하는 의무는 없다. 수녀들은 머리에 쓰는 하얀 베일을 제외하고는 다른 젊은 숙녀들처럼 자유롭게 옷을 입을 수 있다. 교회에서 예배를 드릴 때 입어야 하는 큰 망토는 성가대에서 본인이 맡은 자리에 두고 다니면서 입는다. 이곳 수녀들은 본인에게 프러포즈를 하거나 아니면 다른 이유로 찾아오는 손님들을 각자 자신의 방에서 자유롭게 맞이할 수 있다. 이들은 수녀원을 떠날 때에는 맡고 있던 직책에서 물러나야 하며, 필수직의 경우에는 본인이 직접 다른 수녀를 선택해서 자신의 직책을 넘길 수도 있다. 실제로 이쪽 지역의 귀족들은 여기 푸사이 수녀원에서 지내는 아이들이 좋은 가문 출신이라는 것을 선서를 통해 입증함으로써 공식적으로 책임을 지고 있다. 한 명의 수녀가 서너 개의 직업을 가지는 것은 불가능하다. 결국에는 수녀도 신을 숭배하는 신성한

---

22 미르쿠르에서 북쪽으로 2킬로미터 떨어진 곳에 위치한 마을.
23 중세 프랑스에서 사용했던 금화나 은화. 당시의 1에퀴écu는 약 1.1유로euro에 해당한다.

임무를 다하는 사람이기 때문이다. 이곳 푸사이의 수녀 대부분은 수녀원에서 생을 마감하며, 살아 있는 동안 자신의 처지를 바꾸려고 하지 않는다. 우리는 미르쿠르에서 다시 길을 나섰고, 그로부터 5리 외 떨어진

에피날Epinal에 도착해서 저녁을 먹었다. 에피날은 모젤 Moselle 강가에 위치한 작고 아름다운 도시다. 우리는 얼마 전에 전염병이 돌았던 뇌프샤토를 지나왔다는 이유로, 에피날의 입구에서 출입을 거부당했다. 다음날 아침 다시 길을 떠난 우리는 에피날에서 4리외 떨어진

플롱비에르Plombières 온천으로 향했다. 리외의 길이는 바르 르 뒥에서부터 다시 가스코뉴 지방의 기준으로 바뀌며, 독일과 가까워질수록 2배 또는 3배 더 길어진다.

1580년 9월 16일 금요일 오후 2시쯤 플롱비에르 온천에 도착했다. 이곳 플롱비에르 온천은 로렌Lorraine 지방과 독일의 경계에 있는 골짜기 안쪽 깊은 곳에 위치해 있다. 골짜기 주변으로는 사방으로 높고 가파른 언덕들이 솟아서 플롱비에르 온천을 둘러싸고 있다. 골짜기 아래쪽에는 여러 곳에서 샘물이 솟아나는데, 그중에는 물이 차가운 곳도 있고, 뜨거운 곳도 있다. 뜨거운 물에서는 아무런 냄새도, 맛도 나지 않는다. 이 물은 사람이 마실 수 없을 정도로 뜨거워서, 몽테뉴 씨는 한 컵에서 다른 컵으로 물을 옮겨 담아 식혀 마셔야 했다. 이곳에서 물을 마셔도 되는 샘터는 단 두 군데뿐이다. 동쪽의 비탈진 곳에서 흐르는 샘물은 '왕비의 목욕탕'이라고 불리는 온천을 형성하고 있다. 이 온천물은 감초와 비슷한 단맛을 내면서도 끝에

는 아무런 맛도 남기지 않는다. 그러나 몽테뉴 씨가 맛보기에는 아주 잘 느껴보면 이 왕비의 목욕탕 물에서는 약간 철 맛이 나기도 하는 것 같았다. 이곳 온천과 맞은편에 솟아 있는 산의 아래 자락에는 또 다른 샘물이 흐르는데, 그곳 온천물에서는 조금 더 쓴맛이 난다. 몽테뉴 씨는 이 씁쓰름한 온천물을 단 하루 마셔보더니 그만두었다. 어쩌면 다른 사람들은 이 물에서 백반 가루의 맛이 난다고 할 것이다.

이쪽 지역 사람들은 하루에 온천욕을 두세 번 하는 풍습을 가지고 있다. 어떤 사람들은 온천욕을 하는 도중에 식사를 같이 하기도 한다. 이곳 사람들은 모두 두 손을 모아 둥그렇게 만들어 온천물을 푼 뒤, 그 안에 들어 있는 모래알이나 돌멩이를 골라내서 깨끗해진 물을 마신다. 보통은 온천욕을 하면서 한두 잔을 마신다. 이들은 몽테뉴 씨가 매일 아침 7시에 아무런 약도 먹지 않은 상태로 온천물을 9잔(전부 합하면 항아리 하나에 해당하는 양) 마신 뒤 정오에 점심을 먹는 것을 이상하게 생각했다. 몽테뉴 씨는 격일로 4시간씩 온천욕을 하는데, 탕 안에 머물러 있는 것은 고작 1시간뿐이다. 그는 온천욕을 하는 날에는 저녁은 거르는 편이다.

우리는 여기 플롱비에르 온천에서 궤양이 나았다거나 온몸에 생긴 붉은 점이 사라졌다는 사람들을 보았다. 대체로 이들은 이곳에서 적어도 한 달 이상을 보낸 사람들이다. 이들은 온천하기에 가장 좋은 계절로 봄을, 그중에서도 특히 5월을 강력하게 추천했다. 8월 이후에는 날이 추워져서 온천을 거의 하지 않는다고 한다. 하지만 이곳 온천의 건조하고 따뜻한 공기가 예년보다 더 오랫동안 강하게 지속되고 있는 덕분에, 우리가 도착한 당시에도 여전히 온천을 즐기고 있는 사람들을 볼 수 있었다. 몽테뉴 씨는 여기 플롱비에르에서 사귄 친구들 중에서도 특히 프랑슈 콩테Franche-Comté에서 온 앙델로Andelot 씨와 친밀한 관계를 유지했다. 앙델로 씨의 아버지는 샤를 퀸트 황제의 시종무관으로 지냈고, 앙델로 씨 본인은 돈 후안 데 아우스트리아Don Juan de Austria[24]가 이끄는 군대에서 최초로 여단을 지휘했으며, 생 캉탱Saint-Quentin 전투[25]에서 프랑스가 에스파냐에게 패했을 때 그곳의 총독으로 지냈다. 앙델로 씨는 눈썹의 일부와 한쪽 턱수염이 완전히 하얗게 세어 있었다. 그가 몽테뉴 씨에게 말하기를, 자신의 동생이 알바Alva 공작에 의해 에그몬트Egmont 백작과 호른Horn 백작의 공범으로 지목되면서 죽음에 내몰렸고, 본인은 그 슬픔으로 칩거하던 중에 어느 순간 갑자기 털이 이렇게 하얗게 변해버렸다고 했다. 앙델로 씨는 털이 하얗게 센 부분의 얼굴을 손으로 받치고 있었고, 그를 본 사람들은 우연히 그 부분에 밀가루가 묻어 있는 것이라고 생각했다. 앙델로 씨는 그날 이후로 계속 그런 상태로 지낸 것이다.

예전에 여기 플롱비에르 온천에는 독일 사람들만 드나들었지만, 몇 년 전부터는 프랑슈 콩테 지방 사람들과 다른 지역의 프랑스 사람들도 무리를 지어 찾아오기 시작했다. 이곳에는 탕이 여러 개 있다. 그중에서도 옛날식으로 타원 모양으로 크게 지어진 탕 하나가

---

24 샤를 퀸트 황제와 정부情婦 바르바라 블롬베르크Barbara Blomberg 사이에서 태어난 왕자.
25 1557년 8월 10일 에스파냐 왕국의 펠리페Felipe 2세가 이끄는 군대가 생 캉탱에서 프랑스 앙리 2세의 군대를 격퇴한 전투.

중심지의 역할을 한다. 이 온천탕의 길이는 35보이고, 너비는 15보이다. 탕 안에서는 뜨거운 물이 여러 군데에서 솟아나며, 이용하는 사람의 취향에 따라 물을 식혀서 쓰고자 하는 경우에는 그 위에 차가운 물을 흐르게 할 수 있도록 설계되어 있다. 우리 프랑스 온천에서는 탕 주변에 마구간이 자리하고 있는 반면, 이곳에는 난간 같은 것이 온천탕 주위를 둘러싸고 세워져 있다. 난간 위에는 햇빛과 빗물을 막기 위한 용도로 널빤지가 얹혀 있다. 온천탕 근처에는 극장에 있는 좌석처럼 돌 받침대가 서너 줄 놓여 있다. 받침대 위에는 온천욕을 하는 사람들이 앉거나 누울 수 있다. 이곳에서는 희한한 방식으로 온천탕의 정숙한 분위기를 조성한다. 그것은 바로 탕에 들어갈 때 무언가를 몸에 걸쳐서 완전히 발가벗지 않는 것을 저속한 행위로 간주한다는 것이다. 남성은 속바지 한 벌이, 여성은 긴 속옷 한 벌만이 예외적으로 허용된다.

우리는 샘터 두 곳과 모두 연결되어 있어서 이곳 플롱비에르에서 위치가 가장 좋다고 할 수 있는 앙주[26]라는 여관에서 지냈다. 침실 여러 개를 포함하여 여관 전체가 1박에 단돈 15솔[27]밖에 하지 않는다. 이곳 주인은 필요한 경우 저렴한 가격에 장작을 공급해준다. 이쪽 지역에는 도처에 나무가 심어져 있어 장작을 패기만 하면 되기 때문이다. 앙주 여관에서 일하는 식당 아주머니들의 요리 솜

---

26 *Ange*. '천사'라는 뜻의 프랑스어.
27 16세기 말에서 18세기 말까지 프랑스에서 사용된 화폐. 1솔sol은 5상팀centime에 해당한다.

씨는 매우 훌륭하다. 이 여관은 극성수기에도 숙박비가 하루에 1에퀴로 굉장히 싼 편이고, 말의 먹이 값은 7솔이다. 그 밖에 들어가는 다른 비용들도 저렴한 편에 속한다. 앙주 여관은 호화스럽지는 않지만, 각 방에 다른 방과는 완전히 분리된 채로 발코니가 설치되어 있어서 매우 편하게 지낼 수 있다. 와인과 빵 맛은 형편없다.

이쪽 지역 사람들은 다른 사람들에게 친절하고 상냥하며, 합리적이고 자유로운 사고방식을 가지고 있다. 지역에서 정해놓은 규율들은 모두 잘 지켜지는 편이다. 대온천탕 입구에는 독일어와 프랑스어로 아래와 같은 규칙을 적은 간판이 걸려 있다. 이들은 해마다 간판을 새로 다시 제작한다.

클로드 드 레이나슈*Claude de Reinach*,
랑다쿠르*Lendacourt*의 몽튀뢰 앙 페레트*Montureux en Ferrette*
귀족 가문 출신이자
*생 발몽*Saint-Baslemont *지역의 기사,*
위대하신 대공 각하의 고문관이자 시종장관,
*보주*Vosge*의 대법관*

저희 대온천탕에서는 전국 각지에서 플롱비에르 온천을 찾아주신 신사 숙녀 유지 분들께 평온한 휴식을 제공하기 위해 고귀하신 대법관님의 의견에 따라 아래와 같은 규칙을 제정하여 알립니다.

과거에 가벼운 범법 행위를 바로잡기 위한 목적으로 제정된 규율들은 이전과 마찬가지로 앞으로도 독일 사람들의 손에 달려 있습니다. 독일은 우리 온천의 품위를 유지하고 지역민의 범죄 행위를 처벌하기 위해 집행해온 각종 의식과 법령, 규칙을 사람들에게 준수시킬 의무가 있습니다. 처벌은 배상금을 물리는 것으로 집행하며, 특정 개인에게 예외를 두지 않습니다. 어떤 방식으로든지 신성을 모독하거나 가톨릭교의 교리와 전통에 반하는 불손한 언어를 사용하는 것이 허용되지 않습니다.

싸움을 목적으로 타인을 욕설로 도발하는 행위, 온천 안에서 무기를 소지하는 행위, 거짓을 유포하는 행위, 손에 무기를 쥐는 행위는 특정 개인의 자질이나 가정환경, 출신 도시 및 지방과 상관없이 모든 이에게 금지합니다. 이를 위반할 시에는 고귀하신 대법관님의 평화를 깨뜨리고 반역과 불복종을 범한 죄로 중형에 처해질 것입니다.

또한 매춘을 하거나 품행이 정숙하지 못한 여인에게는 온천탕에 출입하거나 온천탕에서 500보 이내로 접근하는 것이 금지됩니다. 이를 위반하는 자는 온천탕의 네 모퉁이에서 채찍을 맞고 구금되는 형벌에 처해지며, 그러한 자를 받아주거나 숨겨준 숙소 주인은 임의의 벌금을 물게 될 것입니다.

이와 동일한 처벌 조건으로, 온천탕에서 부인이나 아가씨를 포함하여 다른 여인들과 여자아이들에게 음탕하고 파렴치한 말을 하거나 불쾌한 신체 접촉을 하는 것, 또는 탕에 들어오고 나갈 때 무례하게 공공예절을 어기는 것을 금지합니다. 하느님께서 그리고 대자연께서 우리 온천에 사람들의 병을 치료하고 마음을 안정시킬 수 있는 능력을 내려주신 바, 발생할 가능성이 있는 전염이나 감염을 미연에 방지하기 위해서는 적정한 수준의 청결도와 순수도가 요구되기 때문입니다. 온천장의 주인에게는 탕에 들어가는 손님들의 행실을 밤낮으로 살피고 야간에는 소음이나 소란, 조롱 없이 조용하고 평안한 분위기를 유지하기 위해 애써야 할 분명한 의무가 있습니다. 그리고 만약 어떤 자가 이와 관련된 사항에서 주인의 말을 따르지 않는 경우, 주인은 시당국에 이를 곧바로 신고하여 본보기로 처벌이 가해질 수 있도록 할 수 있습니다.

또한 전염병이 돌았던 지역을 지나온 사람들은 플롱비에르 온천에 입장하거나 온천 근처에 접근하는 것이 금지되며, 이를 위반할 시 사형에 처합니다. 이에 시장과 법관들은 면밀한 주의를 기울일 의무가 있으며, 주민은 자신이 묵을 곳을 내어준 자의 이름과 성, 기존의 거주지가 적힌 증명서를 제출해야 하고, 이때 문제가 되는 자는 구금형에 처해질 것입니다.

위에서 밝힌 모든 행정명령은 바로 오늘 여기 플롱비에르 대 온천탕 앞에서 보주의 대법관의 서명과 함께 공표된 것이며, 프랑스어와 독일어로 작성된 사본은 대온천탕에서 가장 가깝고 눈에 잘 띄는 곳에 게시될 것입니다. 서기 15△△년 5월 4일, 플롱비에르에서.

대법관 白

우리는 9월 16일부터 27일까지 여기 플롱비에르 온천에서 지냈다. 몽테뉴 씨는 이곳에서 지내면서 총 11일 동안 아침마다 온천물을 마셨는데, 8일은 9잔을, 3일은 7잔을 마셨다. 온천은 총 5번 했다. 몽테뉴 씨는 이곳 온천물이 마시기 쉬운 편이라고 생각했다. 그리고 언제나 점심식사를 하기 전에 온천물을 마시곤 했다. 몽테뉴 씨는 소변을 보는 것 말고는 별다른 효과는 보지 못했다. 몽테뉴 씨의 식욕은 왕성했다. 온천수를 마셨다고 해서 수면의 질이나 배 속의 상태 등과 같이 그 어떤 부분도 평소보다 상태가 더 악화되지는 않았다. 온천물을 마신 지 6일째 되는 날, 몽테뉴 씨는 오른쪽 복부에서 평소보다 더 심한 통증이 느껴진다고 호소했다. 그가 오른쪽 배가 아프다고 하는 경우는 예전에 아르삭Arsac에서 같은 부위에 경미한 통증을 느꼈다가 이후 아무런 후유증도 없었던 적을 제외하고는 처음 있는 일이다. 이번에는 4시간씩이나 통증이 지속됐다. 몽테뉴 씨는 이곳에서 온천물을 마신 이후에 배 속이 요동치는 동시에 요도와 아랫배 쪽으로 돌멩이가 내려가고 있는 것을 확실하게 느낄 수 있었다. 그는 이후 방광에 들어 있던 작은 돌멩이 두 개를 배출했으며, 그다음에는 때때로 오줌에 모래알이 섞여 나왔다. 몽테뉴 씨는 복통의 원인이 되는 돌멩이와 아래까지 다 내려왔다고 생각했던 작은 모래알들이 아직도 방광에 들어 있다고 생각하면서 온천욕을 하는 것을 그만두었다. 몽테뉴 씨가 판단하기에 이곳 플롱비에르 온천은 바네르 드 비고르Bagnères-de-Bigorre[28]의 고지대에 있는 온천과 그 효과와 수질이 아주 비슷해 보였다. 이곳 온천탕에 들어간 몽테뉴 씨는 온천물의 온도가 아주 포근하다고 느꼈다. 실제로 이곳에서는 6개월에서 1살 정도 되는 아기들이 탕 안에서 개구리처럼 첨벙거리며 놀기도 한다. 몽테뉴 씨는 서서히 많은 양의 땀을 흘렸다. 몽

28　프랑스 남부의 오트 피레네Hautes-Pyrénées 지방에 위치한 온천 도시. 바네르 드 비고르 온천은 칼슘, 마그네슘 등의 무기질이 풍부하여 몸의 독소를 제거하는 데 뛰어나기로 유명하다.

테뉴 씨는 나에게 이쪽 지역의 관습에 따라 본인의 문장이 새겨진 나무 방패를 여관의 여주인에게 남기기를 부탁했다. 방패의 문장은 몽테뉴 씨가 플롱비에르의 어느 화가에게 1에퀴를 내고 그려달라고 요청한 것이다. 여주인은 여관 건물의 바깥벽에 조심스럽게 방패를 걸어놓았다.

2

프랑스, 스위스를 지나
독일로

1580년 9월 27일 ~ 10월 8일

9월 27일, 우리는 점심식사를 마친 뒤 플롱비에르 온천을 떠나 산악 지대를 통과했다. 말발굽 소리가 사방으로 가득 울려 퍼졌다. 마치 우리가 동굴의 둥근 천장 위를 밟고 지나가고 있거나 가까운 곳에서 누군가가 북을 연주하고 있는 것 같은 기분이었다. 우리는 플롱비에르에서 2리외 거리에 있는

르미르몽Remiremont이라는 작고 아름다운 도시에 도착해서 하루를 묵었다. 우리는 리코른[1]이라는 이름의 훌륭한 여관에 묵었다. 로렌 지방에 있는 숙소들은 모두 그 어떤 프랑스 지역에서 볼 수 있는 것보다 더 좋은 편의 시설과 휴식 시설을 갖추고 있다. (르미르몽은 우리가 이번 여행 중에 로렌 지방에서 만나는 마지막 도시다.)

이곳에는 푸사이의 수녀원과 환경이 비슷한 곳으로 유명한 수녀원이 하나 있다. 여기 르미르몽 수녀원의 수녀들은 로렌 공작에 대항하여 도시의 자치권을 주장하고 있다. 에스티삭 씨와 몽테뉴 씨는 르미르몽에 도착하자마자 곧바로 수녀들을 만나러 갔고, 가구가 잘 구비되어 있는 아주 근사한 여관들도 몇 군데 둘러보았다. 당시에는 앙테빌Inteville 가문 출신인 수녀원장이 세상을 떠난 이후 새로운 원장을 선출하는 일이 한창이었다. 후보자 중 한 명은 삼Salm 백작의 누이였다. 에스티삭 씨와 몽테뉴 씨는 뤼트르Lutre 가문 출신의 최고령 수녀를 만나러 갔다. 수녀는 몽테뉴 씨가 플롱비에르 온천에서 지내고 있을 때 사람을 통해 존경의 마음을 담아 아티초크와 꿩고기, 와인 한 통을 보내온 적이 있었다. 에스티삭 씨와 몽테뉴

---

1 *Licorne*. '유니콘'이라는 뜻의 프랑스어.

씨는 이 수녀를 통해 다음과 같은 사실을 알게 됐다. 이야긴즉슨 매년 오순절[2] 기간이 되면 르미르몽과 이웃하고 있는 몇몇 다른 마을에서는 눈으로 뒤덮인 분지 두 군데를 이곳 수녀원에게서 빌려가서 사용하며, 이에 대한 임대료를 지불할 수 없는 경우에는 흰 수소 네 마리가 이끄는 마차 한 대로 그 값을 대체할 의무가 있다는 것이었다. 수녀들 말로는 분지를 빌려주고 대가를 돌려받지 못한 적은 단한 번도 없었다고 한다. 한편, 우리가 이 근처를 지날 때에는 가스코뉴 지방의 사시사철만큼이나 날씨가 굉장히 더웠다. 여기 르미르몽 수녀들은 머리에 검은색의 크레이프 천 조각이 덧대진 흰 베일만을 쓰고 있다. 이들은 수녀원 안에서는 마음에 드는 스타일로 만든 의복을 입는다. 사용되는 옷감은 검은색이기만 하다면 어떤 종류이든지 상관이 없다. 수녀들은 수녀원이 아닌 다른 곳에서는 다른 숙녀들처럼 색깔이 있는 옷을 입을 수 있으며, 원한다면 속치마를 입거나 신발이나 슬리퍼를 신을 수 있고, 베일 위에 두건을 겹쳐 쓸 수도 있다. 수녀가 되기 위해서는 부계와 모계 모두가 4대 이상 귀족인 가문의 출신이어야 한다. 우리는 저녁이 되어서야 수녀원을 빠져나왔다.

다음날에는 동이 트자마자 르미르몽에서 다시 길을 나섰다. 우리가 말에 올라탄 바로 그때, 최고령 수녀가 시종을 통해 몽테뉴 씨에

---

2   예수가 부활한 지 50일째 되는 날. 마가의 다락방에 모인 예수의 제자들에게 성령이 강림한 날이라고 하여, '성령 강림절'이라고 부르기도 한다. 부활절, 성탄절과 함께 3대 축일 중 하나에 속한다.

게 자신을 보고 떠나기를 청해왔다. 몽테뉴 씨는 수녀를 보러 다녀왔고, 이 때문에 1시간이 지연됐다. 수녀원에서는 몽테뉴 씨에게 본인들이 로마에서 처리해야 하는 일을 대신 맡아달라고 부탁했다. 우리는 르미르몽을 떠나는 길에, 모젤 강가에 위치한 굉장히 아름답고 쾌적한 골짜기를 오랜 시간 동안 통과해서 지나갔다. 그리고 르미르몽에서 4리외 거리에 있는

뷔쌍Bussang에 도착해서 점심을 먹었다. 뷔쌍은 앞으로의 여행길에서 마지막으로 프랑스어를 들을 수 있는 작고 허름한 마을이다. 이곳에서 에스티삭 씨와 몽테뉴 씨는 리넨으로 만든 작업복을 빌려 입고 로렌 공작이 소유하고 있는 은광을 몇 군데 방문했다. 산골짜기 안으로 족히 2000보는 들어가야 광산이 나왔다. 우리는 뷔쌍에서 점심식사를 마치고 다시 산길을 따라 나오는 길에, 범접할 수 없을 만큼 높이 솟아있는 암벽과 절벽 위에 참매들이 둥지를 틀어놓은 것을 보았다. (이곳 지역에서 참매는 지역 화폐 단위로 한 마리에 단돈 3테스통[3]밖에 하지 않는다.) 모젤강의 수원도 보았다. 우리는 뷔쌍에서 4리외 떨어진 곳에 위치한

탄Thann에 도착해서 저녁을 먹었다. 탄은 우리의 여행길에서 처음으로 만난 독일 도시로, 신성로마제국 황제의 통치를 받는 아주 아름다운 곳이다. 다음날 아침, 우리는 풍경이 아름답고 광활하게 펼쳐져 있는 평원을 발견했다. 평원 왼쪽으로는 최고의 경관과 최다 수확량을 자랑하는 포도밭이 널려 있다. 그 규모가 얼마나 크던지,

---

3   16세기 프랑스에서 사용된 은화.

그곳을 지나가는 가스코뉴 지방 출신의 사람들마저도 여태껏 그렇게나 많은 포도밭이 연달아 붙어 있는 모습은 처음 본다고 말하곤 했다. 우리는 탄에서 2리외 떨어진

밀루즈Mulhouse에 도착해서 점심을 먹었다. 밀루즈는 스위스의 바젤Basel주에 위치한 작고 아름다운 도시다. 몽테뉴 씨는 밀루즈의 교회를 구경하러 갔다. 밀루즈 사람들은 가톨릭교를 믿지 않는다. 몽테뉴 씨는 밀루즈의 교회도 스위스 전역에서 찾아볼 수 있는 다른 교회들처럼 꼴을 잘 갖추고 있다고 생각했다. 밀루즈 교회에는 제단과 성상이 없는 점을 제외하고는 바뀐 부분이 거의 없었다. 제단과 성상의 부재가 흉하게 보이지는 않았다. 몽테뉴 씨는 스위스라는 나라의 훌륭한 통치 방식과 자유로운 분위기를 느끼면서 굉장히 즐거워했다. 그는 레젱⁴ 여관의 주인이 시의회의 회의에 의장으로 참석했다가 손님을 맞이하기 위해 여관에 돌아오자 매우 반가워했다. 회의는 온통 금칠이 되어 있어서 화려하고 웅장한 어느 궁전에서 열렸다. 어떤 한 남자가 몽테뉴 씨와 여관 주인에게 마실 것을 가져다주었다. 남자는 수행원을 거느리고 있다거나 사회적으로 어떤 권력을 가지고 있는 사람은 아니었다. 그는 신성로마제국의 제후 카시미르Casimir⁵의 군대에서 네 개의 보병중대를 이끌면서 프랑스 왕에게 맞서 싸웠던 적이 있으며, 20년도 더 전부터 1년에 300에퀴씩 연금을 받고 있다고 했다. 남자는 식사 중이던 몽테뉴 씨에게 자신이 살아온 환경과 인생에 대해 이야기해주었다. 꾸밈이나 야심은 보이지

---

4 *Raisin.* '포도'라는 뜻의 프랑스어.

않았다. 남자는 무엇보다도 자신들은 개신교를 위한 일이라면 심지어는 위그노들까지도 배척하고 프랑스 왕을 섬기는 것도 어렵지 않다고 말했다. 여행길에서 만난 사람들 중에도 이렇게 말하는 사람들이 여러 명 있었다. 또 남자는 라 페르La Fère 공성전[6] 때는 여기 뮐루즈 출신인 개신교도가 50명이 넘게 있었는데, 이들은 신부 앞에서 가톨릭교의 여인과 혼인을 서약하는 데 거리낌이 없었으며 이후 부인에게도 개신교로 개종을 강요하지 않았다고 말했다. 우리는 뮐루즈에서 점심식사를 마친 뒤, 예쁜 마을과 여관들이 아름다운 경관을 만들어내며 땅이 평평하고 비옥한 지역을 지나, 그로부터 3리외 거리에 있는

바젤Basel에 도착해서 그날 밤을 보냈다. 블루아Blois와 규모가 비슷한 아름다운 바젤시는 라인Rhein강을 기준으로 두 구역으로 나뉘어 있다. 강 위에는 커다랗고 폭이 아주 넓은 나무다리가 하나 세워

5　장 카시미르Jean-Casimir. 독일어 본명은 요한 카시미르Johann Kasimir이다. 1575년 9월 15일, 앙리 3세의 동생 알랑송Alençon 공작은 루브르 궁전을 탈출한 뒤, 구교와 신교 사이의 분쟁을 부추기고 왕실의 권위를 실추시킨다는 이유로 기즈 공작을 처단하기 위해 반란을 선포한다. 그 결과로 발발한 제5차 위그노 전쟁은 사실상 구교도 세력을 대표하는 기즈 가문과 그에 저항하는 신교도 세력의 반反기즈 가문 간의 갈등이었다고 할 수 있다. 당시 신교도를 지지하던 세력으로는 기즈 가문의 세력 확대를 견제하던 몽모랑시Montmorency 가문과 신성로마제국과 영국의 신교도 세력 등이 있었다. 장 카시미르 제후는 위그노들의 반란을 돕기 위해 1만 6천 명의 용병대를 이끌고 프랑스에 들어왔다.
6　파리의 북쪽에 위치한 라 페르는 제7차 위그노 전쟁 당시 콩데Condé 공작에 의해 한 번, 그리고 또다시 마티뇽Matignon 총사령관이 이끄는 프랑스 왕실 부대에 의해 한 번 점령당한 적이 있다.

져 있다. 바젤 시당국에서는 에스티삭 씨와 몽테뉴 씨에게 주요 관리들 중 한 명을 보내어 긴 환영사와 함께 바젤산 와인을 전달했다. 나리들이 식사를 하는 동안 환영사가 낭독되었고, 몽테뉴 씨도 긴 답사를 전했다. 같은 식당 안에서는 몇몇 독일 사람들과 프랑스 사람들도 함께 식사를 하고 있었던 탓에, 양측의 인사는 공개적으로 이루어졌다. 여관의 주인이 통역을 맡았다. 바젤산 와인은 맛이 아주 좋았다.

바젤에서는 펠릭스 플라테뤼스Félix Platerus[7]라고 불리는 어느 의사의 집을 구경한 것이 특별히 기억에 남는다. 의사의 집은 매우 화려하게 페인트칠이 되어 있었고, 집 안에는 세상에서 가장 우아한 프랑스풍의 장식들이 가득 차 있었다. 의사는 자신의 집을 매우 크고 넓게, 호화스럽게 지어놓았다. 그는 무엇보다도 약초 도감을 제작하는 중이었는데, 작업은 꽤 많이 진행된 상태였다. 다른 도감에서는 먼저 그림을 그린 다음 약초의 색깔에 맞춰 색칠하는 반면, 펠릭스 씨는 종이 위에 자연에서 따온 그대로 약초를 붙이는 기술을 사용한다. 그 기술이 얼마나 섬세한지 가장 조그만 이파리와 뿌리까지 자연에서 볼 수 있는 모습 그대로였다. 펠릭스 씨는 약초가 떨어지지 않도록 페이지를 넘기면서 20년도 더 전에 붙였다는 약초 샘플들을 보여주었다. 우리는 펠릭스 씨의 집과 공립학교에서 전신 해

---

7   16세기 스위스 의사. 해부학과 식물학 분야에서 지식이 뛰어났으며, 스위스와 프랑스, 이탈리아, 스페인, 이집트에서 수집한 813종의 약초 표본을 모아 도감으로 만들었다.

골이 완전한 형태로 곧게 서 있는 것도 보았다.

바젤에는 괘종시계가 시내에만 있고, 변두리에는 없다. 시계는 매시 정각에 실제 시간보다 한 시간씩 빨리 종을 친다. 즉, 만약 시계가 종을 10번 쳤다면, 그것은 9시라는 뜻이다. 사람들 말로는 언젠가 이 시계가 어쩌다가 잘못 울린 덕분에 외부의 공격으로부터 도시를 지킬 수 있었다고 한다. 바젤은 바질리Basilee라고도 불린다. 이는 그리스어 명칭은 아니고, 독일어로 '지나가는 길'을 뜻하는 단어 '파스pass'에서 파생된 것이다.

우리는 바젤에서 그리네우스Gryneaus[8]와 《인생극장》의 저자[9], 의사(펠릭스 플라테뤼스), 프랑수아 오트만François Hotman[10]과 같은 지식인들을 많이 만났다. 우리 일행이 바젤에 도착한 다음날, 펠릭스 씨와 프랑수아 씨는 나리들과 함께 저녁식사를 했다. 몽테뉴 씨는 자신이 던진 질문에 대해 이들이 내놓는 답변이 다양한 점으로 미루어보건대, 바젤 사람들이 모두 같은 종교를 믿는 것은 아니라고 생각했다. 어떤 사람들은 본인이 츠빙글리주의자[11]라고 하는

---

8   사무엘 그리네우스Samuel Gryneaus. 당시 바젤 대학에서 웅변학과 법학을 강의한 법학자이다.

9   16세기 스위스의 인문주의자, 테오도르 츠빙거Theodor Zwinger. 《인생극장》은 4376쪽에 달하는 백과사전으로, 라틴어 원제는 《테아트룸 비테 휴머네Theatrum Vitæ Humanæ》이다.

10   16세기 프랑스 파리 출신의 법학자이자 사회·정치 평론가. 친위그노 세력이었던 프랑수아 오트만은 1572년 8월 24일 성 바르톨로메오 축일에 있었던 신교도 대학살 사건을 계기로 스위스로 피난을 떠나 바젤에서 생을 마감했다.

가 하면, 다른 사람들은 칼뱅교도[12]라고 하고, 또 다른 사람들은 자신을 루터교도[13]라고 소개했다. 한편, 몽테뉴 씨는 실제로 여기 바젤에는 여전히 많은 사람이 마음속으로는 로마 가톨릭교를 따르고 있다는 사실도 알게 되었다. 보통의 성찬식[14]에서는 빵과 포도주를 바로 입으로 받아먹지만, 바젤에서는 원한다면 손으로 직접 받을 수 있다. 이곳 성직자들은 종교의식을 거행하는 동안 이러한 차

---

11 스위스의 종교개혁자 울리히 츠빙글리의 개혁을 지지하는 사람. 루터의 종교개혁으로부터 크게 영향을 받은 츠빙글리는 종교의 권위는 성경 말씀에 있다고 주장하며, 시의회의 공개토론회를 통해 강해설교를 진행함으로써 종교개혁을 실현시키고자 했다. 1529년 마르부르크 회담에서 예수 그리스도가 빵과 포도주에 '실제로 임재하신다'는 성경 구절을 해석하는 과정에서 루터와 의견이 달라 대립한 것으로 유명하다. 루터는 전통적인 관점에서 그리스도의 몸과 피가 어떤 방식으로든 빵과 포도주를 통해 전달된다고 주장했으나, 츠빙글리는 빵과 포도주는 단지 상징물일 뿐 실제 그리스도의 몸과 피와는 동일할 수 없다고 주장했다.

12 프랑스의 종교개혁자 장 칼뱅의 개혁을 지지하는 사람. 칼뱅은 종교의 권위는 로마에 있는 교황청이 아닌 성경에 있다고 주장했으며, 인간의 운명은 하느님에 의해 미리 정해져 있다는 예정설을 펼쳤다. 루터와 츠빙글리로 시작된 종교개혁을 완성했다는 평가를 받는다.

13 독일의 종교개혁자 마틴 루터의 개혁을 지지하는 사람. 1517년 10월 31일, 루터는 당시 로마 가톨릭교의 부패에 반발하고자 독일 비텐베르크 성의 만인성자교회의 문 앞에 '95개의 논제'를 붙임으로써 종교개혁의 문을 열었다. 그는 이 논제를 통해 교회가 면죄부를 판매하는 행태를 꼬집으면서 인간의 죄를 면하거나 구원하는 것은 오로지 하느님의 은혜로만 가능하다고 설파했다. 루터는 논제의 주장을 모두 철회하라는 교황청의 요구를 거부한 뒤, 1521년 1월 3일 신부직에서 파면당했다. 이후 독일 바르트부르크 성에 은신해 지내면서 라틴어 신약성서를 독일어로 번역하여 최초의 독일어판 성서를 출판했다. 이는 소수의 귀족과 성직자의 전유물이었던 성서를 대중에게 보급함으로써 일반 신도들을 교회의 권위로부터 해방시키는 계기로 작용했다.

이를 언급하면서 사람들을 선동하려고 하지는 않는다. 바젤 교회의 내부는 지금까지 설명했던 다른 교회들과 같은 모습이었다. 교회 외벽에는 성상이 둘러싸고 있으며, 아직까지도 고스란히 남아있는 오래된 무덤 앞에는 사람들이 고인의 영혼을 기리며 기도를 하고 있었다. 오르간과 종, 종탑의 십자가, 큰 스테인드글라스에 새겨진 다양한 그림, 성가대의 긴 의자와 좌석 들은 기존의 상태를 그대로 유지하고 있다. 과거에 대제단이 있었던 자리에는 세례반[15]이 놓여 있으며, 새로운 제단은 본당에 신도들이 앉는 자리의 맨 앞쪽에 〈최후의 만찬〉 그림을 향해 세워져 있다. 바젤 교회에 걸린 〈최후의 만찬〉 그림은 아주 정밀하게 그려진 것이다. 카르투지오 수도회[16]의 교회는 아주 근사하게 지어진 건물로서 정성스럽게 관리되고 있다. 교회 안에는 신도들이 신의에 대한 증거로 장식품과 가구를 가져다 놓았다. 신도가 교회에 물건을 기부하면서 신의를 맹세하면, 해당 물건이 그의 신앙심을 보증해주는 것이다. 카르투지오 수도회의 신도들에게 매우 적대적인 바젤 교회의 주교는 시민들이 옛날의 종교를 따르기를 바란다. 주교는 자신이 관할하는 교구의 외곽에서 지내며, 시당국으로부터 무려 5만 리브르[17]에 달하는 수입을 받는다. 한

---

14   예수 그리스도가 체포되기 전날 밤 제자들과 가진 최후의 만찬을 기념하여 빵과 포도주를 나누어 먹는 의식. 이때 사용되는 빵과 포도주를 해석하고 처리하는 방식은 교파마다 다르다.

15   세례수를 보관하는 그릇.

16   1084년 프랑스 그르노블의 북쪽에 위치한 샤르트뢰에서 성 브루노가 설립한 수도회.

17   중세 유럽에서 통용된 은화. 1리브르livre는 약 1.13유로에 해당한다.

편, 우리가 바젤에 있는 동안에는 새로운 주교를 뽑는 선거가 진행 중이었다.

바젤 사람들 몇 명이 몽테뉴 씨를 찾아와 방탕한 여인네들과 술 주정을 부리는 이웃들에 대해 불만을 토로했다. 우리는 이곳에서 가난한 아버지를 둔 어느 한 남자아이가 장이 파열되어 복부를 절개하는 수술을 받는 것을 보게 됐다. 의사는 아이를 매우 거친 방식으로 다루었다. 우리는 풍경이 굉장히 아름다운 강가에 자리를 잡고 있는 아주 근사한 공립 도서관도 보았다. 우리 일행은 모두 다음날까지 바젤에 머물렀다. 다음날에는 점심식사를 마친 뒤, 라인강을 따라 약 2리외 정도를 이동했다. 우리는 왼쪽으로는 라인강을 낀 채로 아주 비옥하고 평평한 땅이 넓게 펼쳐진 지대를 지나갔다.

이쪽 지역에는 사방에서 샘물이 수없이 많이 솟아 흐른다. 아주 예쁜 마을이나 거리는 찾아볼 수 없다. 사람들 말로는 바젤주에 있는 마을 개수를 세어보면 실제로 300개가 넘는다고 한다. 이쪽 지역과 로렌 지방 근처에 사는 사람들은 집에 발코니가 달려 있는 구조에 굉장히 익숙해져 있다. 그렇기 때문인지 언젠가는 집집마다 발코니를 설치할 계획을 가지고 있으며, 따라서 2층 이상부터는 방에 설치된 창문들 사이사이에 길가 쪽으로 문이 열리는 출입문을 만들어 놓는다. 에피날에서부터 지금까지 지나온 지역에서는 유리창을 낼 수 없을 정도로 크기가 작은 집은 보지 못했다. 이 지역에서 좋은 집이라고 하면 건물 안팎으로 화려하게 꾸며져 있으며 다양한 스타일로 제작된 유리창이 달려 있어서 구색을 잘 갖추고 있는 집을 말한다. 한편, 이쪽 지방에서는 철이 풍부하며, 철강업 분야에서 훌륭한 기술자들을 보유하고 있다. 이 분야에서는 이들이 우리 프랑스보다 훨씬 앞서 있다. 게다가 이곳에서는 아무리 작은 교회라고 해도 엄청난 크기의 시계와 해시계를 가지고 있다. 이쪽 지역은 타일이나 기와를 제작하는 일에도 솜씨가 훌륭해서, 사람들은 제각기 다양한 방식으로 세공한 타일들을 들쑥날쑥하게 납땜하여 지붕이나 방바닥을 예쁘게 꾸미곤 한다. 도기로 만든 난로도 더할 나위 없이 섬세하기만 하다. 이곳 사람들은 소나무를 많이 소비하며, 목수들의 솜씨도 훌륭하다. 덕분에 술을 담아놓는 통들도 모두 나무를 조각한 뒤 그 위에 대부분 니스와 페인트를 칠해서 만든 것이다. 여기 스위스에서 여러 사람이 한곳에 모여 식사를 하는 공간을 일컫는 '푸알'은 굉장히 화려한 곳이다. 모든 푸알에는 사람들이 필요로 하는 시설이 잘 갖추어져 있으며, 보통은 긴 의자가 딸린 식탁이 5~6개가 들어서 있다. 이 푸알이라는 곳에서 각 여관의 주인들이 모두 모여 일행마다 식탁을 하나씩 차지하고 점심을 먹는다. 심지어는 규모가 가장 작은 여관에서도 아주 멋있는 푸알을 2~3개씩 가지고 있다. 푸알에는 문이나 창문이 아주 잘 나 있다. 그런데 이곳 스위스 여관들은 무엇보다도 점심식사에 가장 많이 신경을 쓰는 것 같다. 실제로 스위스 여관의 침실은 아주 형편없는 수준이다. 침대에 커튼도 달려있지 않고, 침실 하나에는 항상 침대 3~4개가 따닥따닥 붙은 채로 들어서 있다. 침실 안에는 벽난로가 따로 있지 않으며, 오로지 푸알에서 다른 사람들과 함께일 때에만 따뜻하게 지낼 수 있다. 그 밖에 불을 쬘 수 있는 곳은 아무데도 없다. 또 여관 주인들은 손님이 주방에 들어오는 것을 아주 싫어한다. 침실의 청소서비스도 완전히 엉망이고, 운이 좋은 경우에만 하얀 침대시트를 사용할 수 있다. 이곳 사람들은 베개에 베갯잇을 절대로 씌우지 않으며, 덮을 것이라곤 오로지 깃이불 한 장만 제공해주는데, 이마저도 상태가 아주 더럽다. 하지만 주방의 요리 솜씨는 훌륭하며, 특히 생선요리가 정말 맛있다. 침실에서 밤이슬이나 바람을 막을 수 있는 장치는 나무 겉창도 달려 있지 않은 창문뿐이다. 이쪽 지역에서는 집에 창문이 아주 많이 나 있어서 푸알이든 침실이든 간에 햇살이 아주 잘 들어온다. 이곳 사람들은 심지어 밤에도 창문을 거의 닫지 않고 지낸다.

이곳 바젤 사람들은 우리 프랑스와 아주 다른 식사 문화를 가지고 있다. 바젤에서는 와인을 마실 때 절대로 물과 함께 마시지 않는데, 그럴 만한 이유가 있다. 실제로 이들이 마시는 와인은 도수가 굉장히 약해서 우리 나리들에게는 가스코뉴 지방의 와인에 물을 탄 것보다 더 묽게 느껴질 정도였다. 그래도 이곳 와인의 맛은 아주 섬세한 편이다. 바젤에서는 하인에게 주인과 같은 식탁에 앉거나 아니면 가까운 식탁에 앉아서 동시에 식사를 하도록 한다. 왜냐하면 이곳에서는 모든 사람들이 각자 자기 자리에 본인의 은잔과 컵을 가지고 있어서 식사의 시중을 드는 사람은 빈 잔을 채우는 것만 신경쓰면 되기 때문이다. 실제로 큰 테이블 하나를 시중드는 데에는 하인 한 명이면 충분하다. 이때 주석이나 나무로 만들어진 와인 병에도 주둥이가 길게 달려 있어서 멀리서도 와인을 따를 수 있기 때문에, 잔을 움직일 필요도 없다. 고기 요리는 한 번 식사를 할 때 두세 접시만 제공된다. 이곳에서는 우리 프랑스 사람들과는 아주 다르게 서로 다른 종류의 고기를 잘 구워서 섞어 먹는다. 때로는 다리가 긴 철제 받침대를 이용해서 고기 위에 다른 고기가 얹혀서 나오기도 한다. 다시 말해, 하나는 받침대 위에, 다른 하나는 받침대 아래에 담겨 나오는 방식이다. 이곳 바젤에서 사용하는 식탁은 크기가 아주 큰 데다가 원이나 정사각형 모양이어서 그 위에 음식을 올려놓기가 까다롭다. 하인은 다 쓴 접시를 모두 한 번에 쉽게 가져간 다음 다른 요리를 두 개 더 내온다. 이런 방식의 서빙은 6~7번 반복된다. 실제로 바젤에서는 이전에 먹은 요리가 치워지지 않은 상태에서 다른 요리를 절대 차리지 않는다. 개인이 사용한 접시의 경우, 고기 요리를 다 먹고 난 다음 후식으로 과일을 차릴 때 하인이 식탁 한가운데에 버들가지로 엮은 소쿠리나 그림이 그려진 큰 나무 트레이를 올려놓으면, 가장 명망이 높은 사람들부터 본인이 사용한 접시를 그 안에 차례대로 넣어놓는다. 이때 계급 간의 식사 순서는 엄격하게 준수된다. 하인은 재빠르게 바구니를 치운 뒤, 앞서 먹은 요리처럼 과일도 접시 두 개로 나누어 내온다. 고기 요리에는 보통 고추냉이나 구운 배를 곁들여 먹는다.

바젤 사람들은 무엇보다 가재를 아주 귀중한 식재료로 생각한다. 그렇기 때문에 이곳에서는 가재 요리를 언제나 덮개로 덮은 채로 제공한다. 이들은 고기 요리를 먹을 때와는 다르게 가재는 서로에게 먼저 먹으라고 권하곤 한다. 비록 가재가 귀한 음식으로 여겨지기는 하지만, 사실 이 지역에서는 가재가 많이 잡히기 때문에 이곳 사람들은 매일 가재를 먹는다. 바젤에서는 사람들이 식탁에 앉을 때나 일어설 때 손을 씻는 용도의 물을 제공하지 않는다. 프랑스의 수도원에서 수사들이 식사를 할 때 그러는 것처럼, 이곳 사람들도 식당의 모퉁이에 놓여있는 작은 물병에서 조금씩 얻은 물로 손을 씻는다. 여기 바젤에서는 항아리나 요강을 만들 때 나무를 사용하며, 모든 종류의 용기를 가능한 한 깨끗하고 투명하게 닦아서 사용한다. 아니면 식사의 마지막 코스로 과일을 먹기 전까지는 나무 그릇 위에 주석 그릇을 올려놓고 그 위에 음식을 담는다. 과일은 나무가 아닌 다른 그릇에는 절대로 담지 않는다. 바젤에서는 나무로 된 그릇을 쓰는 관습이 있다. 심지어는 와인을 마시는 은잔을 나누어줄 때에도 나무잔을 같이 주며, 나무잔의 개수가 너무 많아서 셀 수도 없다.

이곳 바젤 사람들은 목재 가구뿐만 아니라 심지어는 침실의 마룻바닥까지도 꼼꼼하게 청소하고 윤을 낸다. 침대의 높이는 꽤 높아서 보통은 발판을 밟고 올라가야 한다. 큰 침대 아래에는 거의 대부분 작은 침대가 놓여 있다. 또 이곳 사람들은 철강업 분야에 강하다. 바젤에서 고기를 구울 때 사용하는 쇠꼬챙이는 괘종시계가 작동하는 것과 동일한 방식으로 용수철이나 추를 통해 회전하며, 그렇지 않은 경우에는 굴뚝으로 통하는 관 안에 널찍한 얇은 소나무판을 날개처럼 만들어놓은 장치를 통해 회전한다. 이 장치가 회전하는 속도는 화로에서 나오는 수증기와 연기를 만나면서 굉장히 빨라진다. 이곳에서는 고기를 천천히 오래 돌려가며 구워서 약간은 과하다 싶을 정도로 건조하게 만든다. 이렇게 풍차처럼 돌아가는 장치는 바덴 Baden에서처럼 대형 숙소에서 큰 불을 피울 때에만 사용된다. 날개는 아주 일정하게 쉬지 않고 돌아간다. 로렌 지방과 이쪽 지역 근처에서 볼 수 있는 굴뚝은 우리 프랑스의 굴뚝과는 다른 구조로 생겼다. 이곳 사람들은 주방의 한가운데나 한쪽 모퉁이에 화로를 설치하며, 굴뚝의 연통은 전체 주방의 넓이와 거의 동일한 넓이로 만든다. 연통의 아랫부분은 한 면의 길이가 7~8보 징도인 징사각형 모양으로 굉장히 크며, 지붕의 꼭대기로 올라갈수록 점점 좁아지는 방식이다. 이런 구조로 만들기 때문에 굴뚝 안에 큰 환풍기 날개를 달 수 있는 공간이 생긴다. 반면, 우리네 방식으로 지어진 굴뚝 구조에서는 환풍기 날개가 연통 안에서 공간을 너무 많이 차지하는 바람에 연기가 잘 빠져나가지 못하고 막히기 일쑤이다. 여기 바젤에서는 식사의 시중을 드는 데 시간이 많이 걸리기 때문에 가장 간단한 식사조차도 3~4시간이 걸린다. 사실 바젤 사람들은 우리 프랑스 사람들보다 훨씬 덜 급하게 식사를 하고, 더 건강하게 음식을 만들어 먹는다. 바젤에는 고기나 생선 같은 온갖 식재료들이 풍부하며, 식탁 위는 각종 다양한 요리들로 넘쳐난다. 적어도 우리 프랑스에서 차리는 식탁만큼이나 진수성찬이다. 이곳에서는 금요일이면 고기 음식을 차리지 않고 보통은 아무것도 먹지 않는다고 한다. 음식 가격은 파리 근교와 비슷한 수준이다. 말에게는 실제로 먹을 수 있는 것보다 더 많은 양의 귀리가 주어진다. 우리는 바젤에서 4리외 떨어진 **호르뉘센**Hornussen[18]에 도착해서 하루를 묵었다. 호르뉘센은 오스트리아 공작이 관할하는 작은 마을이다.

다음날 일요일에는 미사에 참석했다. 나는 교회 안에서 여자들은

---

18 원문에는 '호른'이라고 표기되어 있다. 실제로 몽테뉴가 바젤에서 바덴으로 가는 길목에서 지난 마을은 '호르뉘센'이었을 것으로 추정되며, '호른'은 스위스와 독일 사이에 위치한 콘스탄츠 호수의 언저리로 '호르뉘센' 마을과는 아주 멀리 떨어진 곳에 있다.

왼쪽 분단으로, 남자들은 오른쪽 분단으로 서로 섞이지 않고 앉아있는 것을 보았다. 교회에는 앉기에 적당한 높이에 다리가 교차된 모양을 한 긴 의자들이 여러 줄 줄지어 놓여 있다. 여자들은 바닥이 아닌 의자 위에 무릎을 꿇고 앉아 있어서 마치 서 있는 것처럼 보인다. 한편, 남자들은 가운데 통로 쪽에 가로로 길게 설치된 난간에 몸을 기대고 서있거나, 여자들처럼 본인 앞에 있는 의자 위에 무릎을 꿇고 앉아 있다. 프랑스에서는 사제가 성체를 들고 나면 그때서야 신도들이 두 손을 모아 하느님께 기도를 드리는 것과 달리, 여기 호르뉘셴 사람들은 처음부터 두 팔을 넓게 펼쳐 올리고 있으며 사제가 성체 현시대[19]를 보여줄 때까지 계속해서 같은 자세를 유지한다. 교회 사람들은 에스티삭 씨와 몽테뉴 씨에게 남성용 좌석의 세 번째 줄을 내주었다. 이윽고 이들의 앞자리는 신분이 낮아 보이는 사람들로 채워졌다. 여성용 좌석도 상황은 마찬가지였다. 명망 높은 가문 출신의 사람들일수록 앞줄에 앉지 않는 것 같았다. 우리가 바젤에서 통역인 겸 가이드로 고용한 사람은 호르뉘셴 마을 당국에서 심부름을 하는 사람이기도 하다. 그도 우리와 함께 미사에 참석했고, 굉장히 독실하고 열정적인 신도의 모습을 보여주었다.

우리는 점심식사를 마친 뒤, 아르Aare강을 건너 베른Bern의 귀족들이 소유하고 있는 브뤼그Brugg라는 작은 도시로 향했다. 그곳에서 우리는 헝가리의 카트린Catherine 왕비가 1524년 베른의 귀족들

---

19 성체를 보여주기 위해 올려놓는 도구.

에게 하사했다는 수도원[20]을 구경하러 갔다. 수도원에는 오스트리아의 레오폴트Leopold[21] 대공뿐만 아니라 1386년 스위스의 공격[22]에 의해 대공과 함께 죽임을 당한 수많은 귀족들이 묻혀 있다. 이들의 이름은 가문의 문장과 함께 아직까지도 새겨져 있었고, 이들이 획득한 전리품도 소중하게 보관되고 있었다. 여기 수도원에서 몽테뉴 씨는 그 일대를 관할하는 베른 출신의 영주 한 명과 이야기를 나누었다. 영주는 나리들에게 수도원 전체를 구석구석 구경시켜주었다. 수도원에는 먹을 것이 필요한 여행자를 위해 빵과 수프를 미리 만들어놓는다. 수도원의 규율에 따르면, 어떤 누구도 수도원에 출입하는 것을 거절당해서는 안 된다. 우리는 쇠로 된 도르래를 따라 움직이는 나룻배를 타고 강을 건넜다. 도르래가 매여 있는 밧줄은 루체른Lucerne 호수의 지류인 로이스Reuss강을 높이 가로지르고 있었다. 그렇게 우리는 호르뉘센에서 4리외 거리에 있는

바덴Baden이라는 작은 도시에 도착했다. 바덴 안에는 행정적으로 독립되어 있는 자치구역이 하나 있는데, 바로 그곳에 온천이 있다.

---

20 쾨니히스펠덴Königsfelden 수도원. 1308년 합스부르크Habsburg 가문에 의해 세워졌으며, 일련의 종교개혁 움직임을 통해 1528년 민간으로 이양됐다.

21 신성로마제국의 황제 알베르트Albert 1세의 셋째 아들.

22 모르가르텐Morgarten 전투. 1315년 스위스 연방의 농민군 보병대와 오스트리아의 레오폴트 대공이 이끄는 기병대가 모르가르텐 산지에서 격돌한 전투를 말한다. 창병과 궁수로 구성된 보병대가 효과적인 전술과 최강의 단결력으로 당시 맹위를 떨치던 기병대를 처참히 무찔렀다는 점에서 유럽 전쟁사에서 상징적인 의의를 갖는다. 원문에서는 1386년이라고 적고 있으나, 실제로 레오폴트 대공이 스위스의 공격으로 대패한 전투는 1315년 모르가르텐 전투가 유일하다.

가톨릭교를 믿는 바덴시는 스위스의 8개 주州로부터 보호를 받는다. 바덴에서는 각 주를 대표하는 대공들로 구성된 대의회가 몇 차례 열리기도 했다. 우리는 시내가 아니라 여기 자치구역 안에 숙소를 잡기로 했다. 그곳은 리마트Limatt라고 불리는 강의 물줄기를 따라 형성된 산자락의 맨 아래에 자리하고 있었다. 취리히Zurich 호수에서 흘러나오는 리마트는 강이라기보다는 급류에 가까웠다. 바덴에는 공중 노천탕이 2~3개 있는데, 오직 가난한 사람들만 그곳을 이용한다. 그 밖에도 개인이 운영하는 여관 안에 온천탕이 들어 있는 경우도 많다. 이런 탕에는 칸막이가 설치되어 있어서 바깥에서는 보이지 않는 구조이고, 탕 자체도 여러 개의 작은 칸들로 분리되어 있다. 사람들은 침실을 빌릴 때 온천탕도 함께 빌린다. 개인이 사용하는 탕은 아주 은밀한 최상의 시설을 갖추고 있다. 각각의 탕 안으로는 뜨거운 물이 흘러 들어간다.

바덴에 있는 여관들은 규모가 아주 웅장하다. 우리가 묵은 곳은 하루에 300명 정도를 수용한다. 우리가 지내는 동안에도 다른 손님들이 많았는데, 무려 170개의 침대가 사용 중이었다. 우리의 숙소에는 푸알이 17개, 부엌이 11개가 있고, 옆 숙소에는 가구가 비치된 방만 50개였다. 이곳 바덴의 여관들은 그곳에 묵었던 귀족들의 문장이 그려진 방패를 벽에 걸어놓는다.

바덴시는 규모는 작지만 풍경이 아주 아름다운 산등성이 위에 위치해 있다. 거의 대부분의 여관들이 같은 곳에 자리하고 있다. 게다가 바덴의 길은 프랑스에 있는 길보다 폭이 더 넓고 양옆으로 활짝 펼쳐져 있으며, 광장도 프랑스 도시에 있는 것보다 더 넓다. 또 이곳에서는 어디를 가더라도 창문이 깨끗하게 잘 닦여 있고, 집의 외벽에는 거의 대부분 페인트를 칠해놓는가 하면 집안의 좌우명을 길어놓은 모습이 멋있었다. 또 도시 곳곳에 길이 갈라지는 부분에서는 시냇물이 흐르면서 나무나 돌과 부딪혀 솟아오른 모습이 바덴을 그 어떤 프랑스 도시보다 훨씬 더 아름답게 만들어준다.

바덴의 온천물에서는 쇼드제그Chaudes-Aigues[23]나 다른 지역의 온천에서처럼 유황 냄새가 난다. 물의 온도는 바르보탕Barbotan[24]이나 쇼드제그의 온천물처럼 적당히 따뜻해서, 덕분에 아주 포근하고 쾌적하게 온천을 할 수 있다. 만일 함께 다니는 숙녀분이 고상하고 우아하게 온천을 즐기고 싶어 한다면, 여기 바덴으로 데려오면 될 것이다. 실제로 여기 온천탕에서는 사방으로 벽에는 대리석이 깔려 있고 마루는 깨끗하게 닦여 있으며 유리창으로는 빛이 들어오는 고급 별실에 있는 것 같은 기분을 홀로 즐길 수 있다. 또 온천을 하는 동안에는 원한다면 책을 읽거나 게임을 할 수 있도록 의자와 작은 탁자가 마련되어 있다. 온천을 하는 사람은 탕에 자신이 원하는 만큼 물을 채우거나 뺄 수 있으며, 침실은 온천탕 바로 옆에 위치해 있다. 침실 옆에 설치되어 있는 복도식 발코니를 따라 걷거나 강가를 산책하면 아름다운 풍경을 볼 수 있다. 이곳 바덴의 온천탕들은 산의 등줄기 아래에 자리한 골짜기 안쪽에 위치해 있다. 산등은 비록 높이 솟아 있기는 하지만 땅은 대부분 기름지고 수확량이 많다. 바덴

---

23 프랑스 중남부 지방에 위치한 온천 마을.
24 프랑스 남서부 지방의 제르 마을에 있는 온천.

의 온천물은 마치 따랐다가 다시 붓기를 여러 번 반복한 것처럼 맛이 싱겁고 김이 빠져 있으며, 약간의 유황 냄새와 함께 톡 쏘는 듯이 짠맛을 낸다. 이곳 바덴 사람들은 주로 온천을 할 때 부항을 같이 떠서 몸속의 피를 빼낸다. 그럴 때마다 피가 어찌나 많이 흐르던지, 공중 온천탕 두 군데에 들어 있는 물이 피처럼 완전히 붉은색을 띠고 있는 것을 가끔씩 목격했다. 이곳 바덴에서 온천물을 마시는 습관을 가지고 있는 사람들은 기껏해야 한두 잔 마시는 정도이다. 이곳을 찾아오는 사람들은 보통은 5~6주 동안 지내면서 온천을 한다. 여름에는 거의 매일 사람들이 가득 차 있다. 독일이 아닌 다른 나라에서 찾아오는 사람은 거의 없고, 있더라도 아주 소수이다. 독일 사람들은 여러 명이서 무리를 지어 온다. 바덴 온천은 아주 옛날부터 사람들이 온천을 즐겨 하던 곳이다. 타키투스Tacitus[25]도 바덴 온천에 대해 언급한 적이 있다. 몽테뉴 씨는 바덴 온천의 수원이 어디인지 찾고자 했지만, 아무런 정보도 알아내지 못했다. 이곳 온천으로 흐르는 물줄기는 겉으로 볼 때는 거의 강물과 비슷한 수위로 매우 낮게 흐른다. 바덴 온천은 다른 곳에서 보았던 온천보다는 덜 깨끗했고, 물을 떠내면 아주 가느다란 실 같은 것이 따라 올라온다. 말도나도 씨가 이야기했던 스파 온천처럼 유황이 섞여 있는 다른 온천물은 유리컵에 담으면 어떤 조그만 물질이 빛을 낸다. 반면에 이곳 바덴

---

25 고대 로마 시대의 역사가이자 정치가로서 네르바 황제 아래에서 집정관으로 지냈
    다. 타키투스는 황제 한 명에 의해 국가의 운명이 좌우되는 제정정치를 비판하면서
    입법 · 자문 기관인 원로원의 권한을 확대해야 한다고 주장했다.

의 온천물에서 그런 반짝거림은 보이지 않는다.

바덴에 도작한 날은 일요일이었다. 그나음 날 몽테뉴 씨는 작은 컵으로 온천물을 7잔 마셨다. 그 양을 전부 더하면 몽테뉴 씨의 프랑스 집에서 와인을 담을 때 사용하는 큰 병의 크기로 한 병 정도가 된다.[26] 몽테뉴 씨는 그다음 날 화요일에는 큰 컵으로 온천물을 5잔 마셨다. 이번에는 작은 와인 병으로 10병 정도의 양이었다. 아마도 1파인트는 될 것이다. 그날 아침 9시에 모두가 식사를 하고 있을 때, 몽테뉴 씨는 탕에 들어갔다 나오더니 침대에 누워 매우 심하게 땀을 흘렸다. 탕에 들어가 있었던 시간은 고작 30분밖에 되지 않았다. 이곳 바덴 사람들은 탕에 들어간 뒤 물이 허리까지만 찬 상태로 하루 종일 오락과 음주를 즐기는 반면, 몽테뉴 씨는 물이 목까지 차게 하고는 팔다리를 쭉 피고 온몸을 뻗은 채로 가만히 있었다.

그날 프랑스에서 아주 훌륭한 심부름꾼의 역할을 하고 있는 스위스 영주 한 명이 바덴 온천을 떠났다. 영주는 그 전날 스위스의 나랏일에 대해 몽테뉴 씨와 함께 하루 종일 오래도록 대화를 나누었다. 그는 본인이 아쉴르 드 아를레이Achille de Harlay 고등법관[27]의 아

---

26 원문에서는 1쇼핀chopine의 양이라고 적혀 있다. 쇼핀은 액체의 용량을 측정하는 단위로서 13세기 프랑스에서 최초로 사용되기 시작했다. 1쇼핀은 약 0.848리터에 해당한다.

27 프랑스 절대왕정체제에서 고등법관은 군주와 사법 기관 사이의 중재자 역할을 하는 역할을 한다. 아쉴르 드 아를레이는 1582년 앙리 3세에 의해 고등법관으로 임명되었으며, 1588년 제8차 위그노 전쟁이 발발하던 당시 기즈 공작의 주도로 파리에서 발생한 민중 폭동을 강경하게 진압했다.

들인 프랑스 대사로부터 받은 편지를 몽테뉴 씨에게 보여주었다. 대사가 졸로투른Solothurn[28]에서 보내온 편지였다. 대사는 영주에게 나라에 자리를 비우는 본인을 대신해서 왕을 위해 일해 달라는 부탁을 하고 있었다. 그는 왕비의 호출을 받고 리옹Lyon에 갔다가 에스파냐 제국과 사보이아Savoia 공국[29]의 계획에 대항하는 임무를 맡은 참이었다. 얼마 전 서거한 사보이아 공작은 1~2년 전에 스위스의 몇몇 주州와 동맹을 맺었다. 그런데 그 주들에서는 이미 프랑스와 동맹 관계를 맺고 있었고, 이에 프랑스 왕은 프랑스에게 이익이 되지 않는 한 그들이 다른 나라와 새로운 유대 관계를 맺는 것은 받아들일 수 없다고 주장하면서 공개적으로 대항해왔다. 이 스위스 영주가 그 사이에서 중간자 역할을 해준 덕분에, 어떤 주들에서는 이 사실을 알고 사보이아 공국의 동맹 제안을 거절했다. 실제로 사보이아가 동맹을 맺으려고 한 곳에서는 온 지역에서 프랑스 왕의 이름을 경건하고 우호적인 마음으로 받들었으며, 우리에게도 최고의 대접을 베풀어주었다. 반면, 에스파냐 사람들에 대한 평판은 좋지 않았다. 이 스위스 영주의 일행은 말을 네 마리 데리고 있었다. 한 마리에는 자신의 아버지처럼 왕을 섬기는 일을 하는 영주의 아들이, 다른 한 마리에는 하인 한 명이 타고 있었다. 또 다른 한 마리에는 키

---

28 스위스 북서부 지방에 위치한 도시. 졸로투른에는 16~17세기에 프랑스 대사관이 위치해 있었다.

29 1416년부터 1860년까지 이탈리아의 사보이아 가문이 통치했던 국가. 오늘날의 이탈리아 북부 지방과 프랑스와 스위스의 일부를 영토로 삼으며, 수차례 프랑스에 점령당했다.

가 크고 어여쁜 영주의 딸이 안장에 깔개를 깔고 프랑스풍의 여성 용 등자에 두 발을 넣은 채 올리타 있었다. 그녀의 등 뒤로는 여행 가방이, 안장의 앞 테에는 보닛[30]을 넣어 놓는 용도의 상자가 실려 있었다. 그녀를 보필하는 다른 여자 일행은 없었다. 그날은 이들이 영주가 관할하는 곳이자 자신들의 고향이기도 한 도시를 떠나온 지 이틀째 되는 날이었다. 마지막 네 번째 말에는 영주가 타고 있었다.

내가 보기에 스위스 여인들의 평상복은 우리 프랑스 여인들이 입는 옷처럼 단정하며, 보닛처럼 머리에 착용하고 있는 장신구도 깔끔해 보인다. 리본 장식이 달려 있는 보닛은 앞부분이 조금 튀어나와 있고 앞뒤로 단을 접어 올릴 수 있는 모양이다. 보닛의 가장자리는 비단이나 털로 만들어진 술로 장식되어 있으며, 자연 그대로의 상태로 꾸미지 않은 머리카락은 땋은 채로 어깨 뒤로 흘러내린다. 혹시라도 여인이 쓰고 있는 보닛을 재미 삼아 벗겨버린다 해도, 이들은 화를 내지 않는다. (이곳에서 쓰는 보닛도 프랑스 여인들이 쓰는 보닛처럼 머리에 가만히 고정되어 있지 않다.) 보닛을 벗기면 그저 무엇 하나 쓰여 있지 않은 머리가 보일 뿐이다. 젊은 여인들은 보닛 대신 화환을 쓰기도 한다. 스위스 여인들이 입는 옷에서는 계급의 차이를 구별할 수 있을 만한 요소가 많이 보이지 않는다. 이곳에서는 여인에게 인사를 할 때 손에 입을 맞추거나 손을 내밀어 악수를 청한다. 아니면 지나가면서 모자를 벗고 고개를 숙이면서 인사를 할 수도 있는데, 그러면 대부분의 여인들은 옛날식으로 아무런 동요도 하지 않고 가

---

30 어린아이나 여자가 쓰는 모자의 일종으로, 턱 밑으로 끈을 묶을 수 있는 모양이다.

만히 서서 인사를 받는다. 그중에 몇 명은 인사에 답하기 위해 고개를 조금 끄덕거린다. 스위스 여인들은 대체로 외모가 수려하고 키가 크며 살결이 희다.

스위스 사람들은 성격이 아주 좋다. 이들은 특히 자신들의 관습을 잘 따라주는 사람들에게 더욱 친절하다. 몽테뉴 씨는 어딜 가든지 간에 그곳의 다양한 관습과 풍속을 완벽하게 경험해보기 위해서라면 어떤 불편을 감수하고서라도 그 나라의 방식에 맞춰 행동한다. 몽테뉴 씨는 어쨌든 스위스에서는 밥을 먹을 때 냅킨으로 한 면의 길이가 0.5피에밖에 되지 않는 작은 천 조각을 하나만 사용할 수 있다는 점을 제외하고는 불편한 것이 없었다고 했다. 심지어 스위스 사람들은 그 천을 접어서 사용한다. 게다가 이들은 온갖 종류의 소스와 각종 수프를 먹을 때마다 손잡이 부분만 은으로 만들어진 나무숟가락을 사람의 머릿수만큼 가져다준다. 또 이들은 나이프 없이는 밥을 먹지 않으며, 모든 음식을 나이프 하나로 해결한다. 그리고 손으로 직접 음식을 집어 먹는 경우는 거의 없다.

스위스 도시에서는 거의 대부분 자기 도시의 고유한 문장과 함께 스위스 황제와 오스트리아 합스부르크 가문[31]의 문장을 지니고 있다. 실제로 그런 도시들 중 대부분이 합스부르크 가문의 잘못된 통치로 인해 오스트리아 공국에서 분할되어 나온 상황이었다. 사람들

---

31 13세기부터 오스트리아 일대를 거점으로 중부 유럽을 장악했던 귀족 가문. 신성 로마제국의 황제 자리를 세습하면서 최고의 권력을 누렸으며, 제1차 세계대전의 발발로 오스트리아-헝가리 제국의 카를 1세가 제위에서 물러나면서 몰락의 길을 걸었다.

말로는 합스부르크 가문 출신의 사람들은 기독교도 왕[32]을 제외하고 모두가 극심한 빈곤에 빠졌으며, 특히 독일에서 존경을 많이 받지 못하는 황제[33]가 그렇다고 한다.

몽테뉴 씨는 이곳 바덴에서 화요일에 마셨던 온천물 때문에 대변을 세 번이나 보았다. 그는 정오가 되기 전에 배 속을 모두 비워냈다. 몽테뉴 씨는 수요일 아침에도 그 전날 마셨던 만큼 온천물을 또 마셨다. 그는 본인이 탕에 들어가서 땀을 흘리고 나온 다음 날에는 오줌의 양이 훨씬 줄어들기 때문에 마신 온천물을 바깥으로 배출할 수가 없다는 사실을 깨달았다. 그는 플롱비에르 온천에서도 이런 증상을 겪었다. 몽테뉴 씨는 수요일에 마신 온천물이 비록 아주 소량이기는 하지만 특정 색깔을 띤 오줌으로 나오는 것으로 보아, 본인이 마신 물은 배 속에 들어가서 곧바로 음식물처럼 변해버리며, 이는 그전에 자신이 땀을 흘렸기 때문이거나 아니면 밥을 굶었기 때문이라고 생각했다. 실제로 그는 온천을 하는 날이면 밥을 딱 한 끼만 먹었다. 결국 몽테뉴 씨는 바덴에서는 온천욕을 딱 한 번만 하게 됐다.

수요일에는 우리가 묵고 있는 숙소의 주인이 생선을 잔뜩 사왔다. 몽테뉴 씨는 주인에게 생선을 왜 그렇게 많이 사왔냐고 물었다. 주인은 대부분의 바덴 사람은 종교적인 이유로 수요일마다 생선 요리를 먹는다고 대답했다. 이는 이전에 몽테뉴 씨가 듣기로 바덴에

---

32   에스파냐 제국의 국왕 펠리페Felipe 2세.
33   신성로마제국의 황제 로돌프Rodolphe 2세.

서 가톨릭교를 믿는 사람들은 바덴시 자체가 가톨릭교에 반대하는 환경에 둘러싸여 있는 탓에 신앙생활을 훨씬 더 엄격하고 독실하게 한다는 이야기와도 맞아떨어진다. 이에 몽테뉴 씨는 한 도시에 여러 체제가 공존하면서 발생하는 혼란이 나라 전체로 퍼지고 나면 해당 도시에 사는 사람들이 자기 도시에 대해 가지는 애착은 줄어들게 되고, 그러한 혼란은 결국 아우크스부르크Augsburg[34]처럼 신성로마 제국 황제의 지배를 받는 다른 도시들에서 그렇듯이 다시 개인에게 로 뻗어 나가기 마련이라고 말했다. 그런 반면에 한 도시에 단 한 개 의 체제만이 존재한다면(스위스 도시들은 서로 독자적인 법률과 체제를 가지고 있으며, 자기 시의 행정과 관련해서는 다른 시에 의존하지 않는다. 단 지 일반적인 사항 몇 가지에 대해서만 하나의 연방국으로 연합을 맺고 있을 뿐이다), 각각의 도시에서는 독립적인 정부를 구성하고 각자의 시구 성원들로 이루어진 온전한 시민 집단을 형성함으로써 스스로를 방 어하고 보전할 힘을 갖게 될 것이라고 말했다. 그런 도시들은 의심 할 여지없이 강성할 것이며, 인접세력과 접촉하여 충돌할 때에는 서 로 힘을 모아 단결할 것이라는 것이다.

우리는 스위스 난로의 열기에 빠르게 적응했다. 이에 대해서는 일 행 중 그 누구도 불만을 토로하지 않았다. 실내로 들어가면 갑작스 럽게 난로 냄새를 맞닥뜨리게 되는데, 일단 이 공기를 들이마시고 나면 한결같이 부드러운 온기만이 남는다. 몽테뉴 씨는 난로가 있는

---

34 독일 남부의 바이에른주에 위치한 도시. 기원전 15년 로마 제국의 아우구스투스 황제의 군대 주둔지로 사용되면서 '아우크스부르크'라는 이름을 얻었다.

방에서 잠을 자고 난로를 아주 마음에 들어 했다. 그는 밤새 난로 덕분에 쾌적하고 온화한 기운을 느낄 수 있었다면서 굉장히 만족스러워했다. 스위스 난로의 열기는 얼굴에 화상을 입거나 신발이 탈 정도로 뜨겁지는 않다. 프랑스 난로에서는 연기가 쉽게 나지만, 이곳은 연기로부터 자유롭다. 또 우리 프랑스 사람들은 집에 들어가면 실내복으로 따뜻한 털옷을 입는 반면, 이곳에서는 방 안이 따뜻하기 때문에 방에 들어간 사람들은 더블릿[35]만 입고 머리에는 아무것도 쓰고 있지 않으며, 야외로 나갈 때 다시 따뜻한 옷으로 갈아입는다.

몽테뉴 씨는 목요일에도 이전에 마셨던 것과 동일한 양의 온천물을 마셨다. 온천물은 앞과 뒤로, 즉 소변과 대변으로 모두 효과를 보였다. 오줌에는 모래알이 섞여 나왔지만, 아주 많은 양은 아니었다. 몽테뉴 씨는 이것이 온천물 자체의 효능인지 아니면 본인의 몸에서 그 효능을 기꺼이 느낄 준비가 되어서인지는 모르겠지만, 이전에 다른 온천에서 마셨던 것보다 이곳 바덴 온천수의 효과가 더 좋다고 느꼈다. 그러나 몽테뉴 씨는 실제로 여기 바덴에서 다른 곳에서 마셨던 것보다 온천물을 더 적게 마셨고, 이전보다는 소화가 덜 된 상태로 마신 것을 모두 밖으로 배출해냈다. 그날 몽테뉴 씨는 이곳 바덴 출신으로 이제 막 고향에 돌아온 취리히의 한 대신과 이야기를 나누면서, 취리히 사람들이 제일 많이 믿는 종교는 츠빙글리교이고

---

35 중세 유럽에서 남성이 즐겨 입었던 상의. 프랑스어로는 '푸르푸앙pourpoint'이라고 부르지만, 통상적으로 영어 '더블릿'으로 불린다. 몸통 부분이 꽉 끼고 허리부터 단이 넓어지는 것이 특징이다.

츠빙글리의 교리가 그보다 급진적인 성향이 조금 덜한 칼뱅주의와 비슷해지고 있다는 사실을 알게 됐다. 몽테뉴 씨가 예정설[36]과 관련해서는 상황이 어떤지 묻자, 대신은 취리히에서는 제네바 Geneva와 아우크스부르크 사이에서 중도를 유지하고 있기는 하지만 시당국에서는 이런 논쟁으로 사람들을 난처하게 만들고 싶지 않아 한다고 대답했다.

대신 본인으로서는 개인적으로 츠빙글리주의의 교리들 중에서도 과격한 부분에 마음이 가며, 츠빙글리교야말로 초기 기독교와 가장 가까운 교리로 높이 칭할 만하다고 했다.

10월 7일 금요일, 우리는 오전 7시에 아침식사를 끝내고 바덴을 떠났다. 몽테뉴 씨는 출발하기 전에 이전에 마셨던 만큼 동일한 양으로 온천물을 또 마셨다. 이렇게 그는 바덴에서만 온천수를 5번이나 마신 셈이 됐다. 이곳 온천수의 효능에 대해 몽테뉴 씨는 다른 온천들에서도 그렇듯이 여기 바덴에서도 온천물을 마시거나 그 물로 온천을 하는 것 모두 효과가 좋을 것이라고 믿었다. 바덴에는 굉장히 편리한 위치에 온천 시설이 곳곳에 잘 분포하고 있을 뿐만 아니라 매우 청결한 상태를 유지하고 있으며, 모든 사람이 각자 자신이 필요한 만큼 시설을 누리면서도 신분이 낮은 평민들이 이용하는 구역과 높은 계급 사람들을 위한 구역이 분리되어 있어서 다른 방을

---

36   기독교의 구원 사상에 관한 이론 중 하나로서, 인간의 구원은 오직 하느님의 선택에 의해 전적으로 이루어지며 따라서 선택받은 영혼만이 구원을 받을 수 있다는 주장. 5세기 아우구스티누스에서 시작됐으나, 흔히 장 칼뱅이 종교개혁을 주창하며 펼쳤던 대표적인 이론들 중 하나로 이해된다.

오가는 데에도 어려움이나 불편함을 느끼지 않을 수 있다는 점을 고려할 때, 몽테뉴 씨는 자신이 지금까지 다녔던 다른 온천들만큼이나 이곳 바덴 온천 또한 다른 사람에게 기꺼이 추천할 만하다고 생각했다. 바덴에서는 같이 온천을 하러 온 사람들과 온천탕과 복도식 발코니, 부엌, 별실, 예배실을 함께 사용할 수 있다. 이곳에서는 우리가 묵었던 숙소 옆에 있는 숙소를 바덴의 '앞뜰'이라고 부르며, 우리가 묵었던 곳은 '뒤뜰'이라고 부른다. 이 두 곳은 공식적으로 주에 소속되어 있는 숙소로, 국가에서 임차인에게 세를 내어주고 관리하도록 한다. 옆 숙소에서는 프랑스 스타일로 만든 벽난로를 여러 개 구비하고 있으며, 넓은 침실에도 모두 난로가 들어 있다.

이곳도 외국인들에게 숙박비를 걷는 일은 다른 나라들이나 특히 우리 프랑스처럼 다소 강압적인 편이다. 우리는 방 4개에 침대는 총 9개를 빌렸고, 그중 방 2개는 난로와 온천탕이 하나씩 들어있는 곳이었다. 나리들이 지내는 방은 1박에 1에퀴가 들었고, 하인들이 지내는 방은 각각 4바첸,[37] 즉 9솔에서 몇 푼 더 없는 가격을 지불하면 됐다. 말들이 지내는 곳은 하루에 6바첸, 즉 14솔 정도였다. 그 밖에도 이곳 바덴의 숙소 주인들은 도시의 풍습과는 반대로 술수를 부려서 각종 요금을 추가적으로 요구하곤 했다.

바덴에서는 시내에서뿐만 아니라 온천이 있는 변두리 자치구역에서도 보초를 선다. 매일 밤 두 명의 보초병이 사람들이 살고 있는

---

37   15세기부터 19세기 중반 무렵까지 스위스와 독일의 일부 지역에서 사용한 은화. 1바첸batzen은 약 10상팀에 해당한다.

집 근처를 돌아다니는데, 이는 적으로부터 도시를 보호하기보다는 화재나 다른 소란이 일어나지 않도록 하기 위해서다. 괘종시계가 종을 칠 때마다, 보초를 서는 두 사람 중 한 명은 다른 한 명에게 본인이 낼 수 있는 한 최대로 큰 목소리로 소리치면서 몇 시인지 물어봐야 한다. 그러면 상대방은 똑같이 큰 목소리로 몇 시라고 답한 뒤 감시 태세를 늦추지 말라는 말을 덧붙인다.

바덴의 여인들은 야외의 공공 빨래터에서 빨래를 한다. 이들은 물가와 가까운 곳에 작은 장작불을 피워놓고는 물을 데우는 용도로 사용한다. 빨래를 하거나 냄비와 팬을 문질러 닦는 솜씨가 우리 프랑스의 숙박업 분야에서 일하는 사람들보다 훨씬 뛰어나다. 이곳 바덴에 있는 여관들에서 일하는 객실 청소부들과 하인들은 각자 본인만의 특정한 업무를 맡고 있다.

외국인으로서는 아무리 부지런하게 시도해본다 한들, 우연히 평범한 일반인보다 더 재치 있는 사람을 마주치지 않는 이상, 그 지역에 거주하는 사람들에게서 각각의 명소에서 어떤 부분을 눈여겨볼 만한지에 대한 정보를 얻을 수 없다는 것이 아쉽다. 바덴 사람들은 우리가 질문을 할 때 무엇이 궁금해서 그런 질문을 하는지도 알아차리지 못한다. 내가 이렇게 말할 수 있는 것은 실제로 우리가 이곳에서 5일을 지내는 동안 가능한 한 최대한으로 호기심을 드러내고 다녔음에도 불구하고, 정작 바덴을 떠나는 길에 발견한 것에 대해서는 아무런 이야기도 듣지 못했기 때문이다. 우리는 어떤 기둥의 일부로 보이는 바위 하나가 보통 성인 남성의 키와 같은 높이로 솟아 있는 것을 발견했다. 누군가가 조각해놓은 것도 아니었고, 그렇다고 해서 바위 위에 어떤 무늬가 새겨져 있는 것도 아니었다. 바위는 어느 한 집의 모퉁이에 세워져 있어서 큰 길을 지나는 사람들의 눈에 쉽게 띄었다. 그 위에는 나로서는 도무지 이 글에 옮겨 적을 방법이 없는 라틴어 문구가 새겨져 있었는데, 네르바 황제[38]와 트라얀Trajan 황제[39]에게 바치는 짧은 헌정사였다. 우리는 라인강을 건넌 뒤, 스위스가 동맹을 맺고 있는 곳이자 가톨릭교를 믿는 카이저슈툴Kaiserstuhl시를 지났다. 카이저슈툴에서부터는 아주 아름다운 평원을 지나 계속해서 라인강을 따라 이동했다. 그 와중에 라인강의 물줄기가 암벽에 부딪히면서 부서지듯이 흐르는 풍경을 우연히 목격했다. 사람들은 이 물줄기를 나일강에 흐르는 것처럼 '폭포'라고 부른다. 실제로 샤프하우젠Schaffhausen시의 아래쪽으로 흐르는 라인강의 바닥에는 커다란 바위가 잔뜩 깔려 있어서 물줄기가 갈라지게 되는데, 아래쪽에서 대략 2피크[40] 정도로 높은 곳인 바로 그 지점에서 물이 굉장히 큰 소음과 함께 거품을 일면서 떨어지는 것이다. 이 폭포는 라인강을 항해하는 배들의 항로에 방해가 된다. 그렇게 우리는 쉬지 않고 이동해서, 바덴에서 4리외 거리에 위치한

---

38 로마의 제12대 황제. 제위에 오른 지 채 2년이 되지 않아 사망하여 황제로서의 업적이 매우 적다.

39 로마의 제13대 황제. 네르바 황제에 의해 양자로 지목되어 제위를 계승했다. 대내외적으로 로마 제국의 최전성기를 실현했다는 후대의 평가를 받으며, 동시대 사람들 또한 그를 '지고의 황제'라고 부르며 완벽한 황제라고 생각했다.

40 '창'이라는 뜻의 프랑스어로, 옛날 프랑스에서 거리를 잴 때 사용했던 단위. 1피크 pique는 보통의 창 한 개 길이인 약 1.6미터에 해당한다.

샤프하우젠에 도착해서 저녁을 먹었다. 샤프하우젠시는 스위스의 어떤 한 주의 주도主都에 해당한다. 이곳 사람들은 앞에서 취리히 사람들이 믿는다고 말했던 바로 그 종교를 믿는다. 우리는 바덴을 떠나는 길에 오른쪽으로 취리히를 지나쳐 왔다. 원래 몽테뉴 씨는 바덴에서 기껏해야 2리외 거리에 있는 취리히에도 들르려고 계획했으나, 그곳에 전염병이 돌고 있다는 이야기를 전해 듣고 가지 않았다.

샤프하우젠에서는 신기하다고 할 만한 것이 하나도 없었다. 시에서는 꽤나 멋있게 생긴 성채를 짓는 중이었다. 그곳에는 석궁을 쏠 수 있는 작은 언덕이 있으며, 연습으로 석궁을 쏴볼 수 있도록 아주 넓고 근사한 장소도 마련되어 있다. 그늘과 좌석, 복도식 발코니와 침실 등으로 가능한 한 모든 편의시설을 갖추고 있었다. 게다가 화승총[41]을 쏠 수 있는 훈련장도 하나 있다. 아마를 빻고 수수의 껍질을 벗길 수 있는 물방아와 나무를 톱질할 때 사용되는 물방아도 여러 개 보았다. 나무를 톱질하는 물방아는 이전에 다른 곳에서도 본 적이 있다. 이전에 바덴인가 다른 곳에서 보았던 나무와 닮은 나무도 한 그루 보았지만, 크기는 비슷하지 않다. 샤프하우젠 사람들은 지름이 20보나 되는 원형 회랑의 바닥을 만들 때 나무의 가장 아랫부분에서 자라는 가지들을 사용한다. 이들은 나뭇가지를 U자 모양으로 굽힌 다음 회랑의 둥근 가장자리에 가능한 한 높이 쌓아 올린다. 그리고 나서는 다시 나무에서 잘라낸 잔가지들을 회랑 주변에

---

41   15세기 후반 유럽에서 발명된 소총. 노끈에 불을 붙이면 탄환이 발사되는 방식이다.

약 10피에 정도로 쌓아 올리고자 했던 높이에 이를 때까지 계속해서 사이사이에 밀어 넣는다. 나무에서 떨어지는 다른 나뭇가지들을 주워서는 버들가지로 엮은 깔개 위에 덮어 씌워서 회랑의 지붕을 만든다. 지붕은 가장자리 부분이 아래를 향해 굽도록 구부림으로써 바닥에서부터 위로 구부려 쌓아 올린 나뭇가지들과 만나게 하고, 중간에 비어 있는 부분은 푸른 이파리로 채워 넣는다. 그다음에는 다시 나무의 꼭대기에 난 잔가지들을 잘라내어 아무렇게나 흐트러지도록 내버려둔다. 그렇게 하면 마치 아주 멋있는 한 그루 나무처럼 근사한 구조가 만들어진다. 게다가 그 아래로는 샘물이 흐르게 해놓아서 회랑 바닥에서는 물이 위로 솟아오르기도 했다.

몽테뉴 씨는 샤프하우젠 시당국의 대표단을 방문했다. 이들은 몽테뉴 씨에게 경의를 표하기 위해 다른 관리들과 함께 우리가 묵고 있는 숙소에 찾아와 같이 저녁을 먹었고, 에스티삭 씨와 몽테뉴 씨에게 와인 몇 병을 선물했다. 양측에서 서로를 환영하는 인사말이 오고갔다. 대표단에서 대장을 지내는 사람은 고 오를레앙Orléans 공작의 수행원으로 지냈던 귀족이지만, 이미 프랑스어는 전부 잊어버린 후였다.

샤프하우젠시가 속해 있는 주에서는 우리 프랑스 편에 서겠다고 강력하게 선언하고, 최근에는 이를 증명하기 위해 고 사보이아 공작이 스위스의 몇몇 주들과 맺고자 했던 동맹 관계를 거부했다. 이에 대해서는 앞서 설명한 바 있다.

샤프하우젠에서는 '쿠론'이라는 여관에서 아주 잘 지냈다. 우리는 10월 8일 토요일 오전 8시에 아침식사를 마친 뒤 샤프하우젠을 떠났다. 스위스 출신의 어느 한 지식인은 몽테뉴 씨와 이야기를 나누면서 사실 샤프하우젠 사람들은 프랑스 왕궁에 그렇게 호의적이지 않다는 말을 전했다. 프랑스 왕과 동맹을 맺는 일과 관련하여 수차례 논의한 결과, 시민들 대부분은 언제나 그 동맹을 깨는 데 찬성해 왔으나, 몇몇 부유한 사람들의 음모로 다른 결과로 이어졌다는 것이다. 우리는 샤프하우젠시를 떠나는 길에 다른 곳에서도 본 적이 있는 것 같은 기계를 보았다. 쇠로 만들어진 이 기계를 사용하면 사람이 직접 힘을 들이지 않고서도 커다란 돌을 들어 올려 짐수레에 실을 수 있다.

우리는 오른쪽으로 라인강을 끼고 이동하다가 슈타인 암 라인 Stein am Rhein[42]이라는 작은 도시에 이르렀다. 스위스 주들과 연합을 맺고 있는 슈타인 암 라인 사람들은 샤프하우젠 사람들이 믿는 것과 같은 종교를 믿는다. (여전히 길가에는 돌로 만든 십자가가 많이 보였다.) 그곳에서는 또 다른 나무다리를 지나 다시 라인강 저쪽으로 건너갔다. 이번에는 왼쪽으로 라인강을 낀 채로 강둑을 빙 둘러 이동했고, 그렇게 또 다른 작은 도시를 하나 더 지났다. 이 도시도 스위스에서 가톨릭교를 믿는 주들과 연합을 맺고 있다. 프랑스 블라이 Blaye 지역에 흐르는 가론 Garonne 강처럼 이쪽 지역에서 흐르는 라인강도 굉장히 넓은 폭으로 퍼졌다가 콘스탄츠 Konstanz에 이르러서는 다시 좁아지는 모양이다.

콘스탄츠시는 샤프하우젠에서 4리외 떨어져 있다. 우리는 오후 4

---

42   원문에 표기된 지명: 슈타인Stein

시쯤 콘스탄츠에 도착했다. 콘스탄츠는 샬롱 앙 샹파뉴와 규모가 비슷하고, 오스트리아 대공의 지배를 받으며 가톨릭교를 따른다. 지난 30년 동안 여기 콘스탄츠를 장악하고 있던 루터주의자들은 샤를 퀸트 황제에 의해 강제로 쫓겨났다. 그러한 이유로 이곳 교회에는 아직도 성상이 세워져 있지 않다. 이 지역의 귀족으로서 추기경으로 지내고 있는 콘스탄츠Konstanz 교회의 주교는 로마에서 생활하면서 4000에퀴나 되는 수입을 얻는다. 이곳 노트르담 교회 참사회원의 급여는 1년에 1500플로린[43]이다. 참사회원의 직책은 지역의 귀족들이 맡는다. 우리는 어떤 한 참사회원이 마치 전쟁에 다녀온 사람처럼 지저분한 옷차림을 하고서 말을 타고 들어오는 모습을 보았다. 사람들 말로는 여기 콘스탄츠에는 실제로 루터의 개혁안을 따르는 자들이 많다고 한다. 우리는 교회의 아주 높은 종탑에 올라갔고, 그곳에서 보초를 서고 있는 한 남자를 만났다. 남자는 무슨 일이 있어도 이 종탑을 절대 떠나지 않으며 그 안에 갇혀서 지낸다. 근처의 라인 강가에는 지붕이 달린 큰 건물이 하나 세워져 있다. 건물의 높이는 50보, 폭은 약 40보 정도 된다. 이곳 사람들은 건물 안에 큰 도르래를 12~15개 설치한 뒤 지상 위로 2층의 바닥 높이까지 엄청난 양의 물을 길어 올릴 계획을 가지고 있다. 다른 한쪽에는 쇠도르래를 이와 비슷한 개수만큼 설치한 뒤, 같은 방식으로 2층 바닥에서부터 그 위의 또 다른 층까지 물을 끌어 올릴 것이다. (1층에 설치될 도르래

---

43 13세기 이탈리아 피렌체 지역의 금화를 모방하여 유럽 여러 나라에서 사용하던 화폐. 1플로린florin은 약 2리브르에 해당한다.

는 나무로 만든 것이다.) 이렇게 약 50피에 높이까지 올라온 물은 크고 넓은 인공 수로를 통해 시내로 흘러 들어가 여러 개의 물방아를 작동시킬 예정이다. 건축을 감독한 기술자는 이 작업에 대한 보수로 5700플로린을 받았으며, 그 밖에 보너스로는 와인을 제공받았다. 물탱크의 맨 밑바닥에는 사면이 막힌 구조물이 설치되어 있다. 이는 물의 흐름을 끊어내기 위한 것이라고 한다. 이 탱크 안에 물을 보관하고 있다가 위로 더 쉽게 길어 올리도록 하기 위한 목적인 셈이다. 건물에는 또 강물의 수위가 높아지거나 낮아짐에 따라 모든 도르래 장치의 높이를 올리거나 낮출 수 있는 기계도 설치되어 있다. 이곳에서는 라인강을 라인강이라고 부르지 않는다. 왜냐하면 실제로 여기 콘스탄츠시의 북쪽에서는 라인 강물이 독일식 단위로 폭이 4리외, 길이가 5~6리외 되는 호수 같은 모양을 이루고 있기 때문이다. 그곳에는 호수의 반대쪽에 뾰족한 끝이 내려다보이는 근사한 경사지가 있다. 이 지역 사람들은 바로 이곳에서 서로 사고팔 물건들을 전달하곤 한다. 호수에서 50보 떨어진 곳에는 멋있게 생긴 작은 오두막이 하나 있다. 오두막에는 보초병들이 상주한다. 사람들은 이 오두막에 쇠사슬을 매어놓았다. 호수에 정박한 배에 짐을 실어 올릴 때가 되면, 쇠사슬을 밀어서 오두막의 양쪽을 에워싸고 있는 말뚝을 옆으로 치운 뒤 항구의 입구를 닫기 위해서이다. 콘스탄츠의 노트르담 교회에는 라인강 위쪽에서 도시 외곽으로 이어지는 수도관이 지나간다.

우리는 콘스탄츠에 도착하기 직전에 길가에서 귀족들의 대저택을 몇 채 보고는 더 이상 스위스 땅이 아니라는 것을 느낄 수 있었

다. 실제로 스위스에서는 그런 저택을 거의 찾아볼 수 없기 때문이
다. 하시만 콘스탄츠에서나 아니면 우리가 지나온 길에서 본 것처
럼 평범한 사람들이 사는 집들은 프랑스 집들과는 비교할 수 없을
정도로 훨씬 더 멋있었다. 지붕이 슬레이트로 되어 있다는 것 말고
는 어디 하나 빠지는 구석이 없었다. 독일 여관에서는 특히 손님을
맞이하는 서비스가 아주 좋다. 사실 프랑스 여관에서는 이런 서비스
를 받아볼 수 없다. 우리는 이곳 독일 여관의 시설 상태를 보고 프랑
스의 숙박 서비스가 질이 떨어지는 이유가 자본이 부족하기 때문은
아님을 깨달았다. 이쪽 지역에서는 어느 숙소에서든지 간에 사람들
이 은으로 된 대접에 술을 따라 마시는 모습을 볼 수 있는데, 이곳의
풍습이라고 한다. 대접은 대부분 세공되어 있고 금색으로 페인트칠
되어 있다. 이곳 지역은 땅이 아주 비옥하며, 특히 와인 생산량이 풍
부하다.

다시 콘스탄츠 이야기로 돌아가자. 콘스탄츠에서는 '에글르'⁴⁴라
는 형편없는 여관에 묵었다. 여관 주인은 우리의 하인들 중 한 명,
그리고 우리가 바젤에서 고용한 가이드와 싸움을 벌여 야만스러운
독일인의 방종함과 오만함의 표본을 보여주었다. 이 사건은 시당국
의 재판소로 넘어갔고, 몽테뉴 씨는 재판관들을 찾아가 항변을 했
다. 몽테뉴 씨가 하인들의 증언이 우리 일행을 대표할 만큼 신빙성
이 있는지 묻자, 오래전 이곳에 정착하여 결혼한 뒤 시민권을 얻어
살고 있는 이탈리아 출신의 한 재판관이 그렇다고 대답했다. 단 몽

---

44 *Aigle.* '독수리'라는 뜻의 프랑스어.

테뉴 씨가 하인과 가이드를 해고한다는 조건에서 그렇다는 것이며, 사건 종결 후에 곧바로 다시 고용할 수도 있다고 덧붙였다. 굉장히 섬세한 판결이었다.

다음날 일요일에는 전날 있었던 소란 때문에 점심때까지 에글르 여관에 있어야 했고, 이후 '브로셰'[45]라는 이름의 다른 여관으로 숙소를 바꾸었다. 우리는 브로셰 여관에서 굉장히 편하게 지냈다. 사령관의 아들이 식사 때뿐만 아니라 다른 때에도 계속해서 우리 나리들을 보필해주었다. 그는 메루Méru 씨의 심부름꾼으로 지냈었지만, 프랑스어는 한 마디도 할 줄 몰랐다. 이곳 콘스탄츠 사람들의 식사 코스는 빠르게 진행된다. 식탁보를 치운 후에는 와인과 함께 다른 후식 메뉴들이 나왔다. 첫 번째로는 가스코뉴 지방 사람들이 '카눌레canelé'[46]라고 부르는 과자가 나왔고, 그다음에는 진저 브레드[47]가 나왔다. 세 번째로는 전체 모양을 그대로 유지한 채로 여러 조각으로 잘라진 하얗고 부드러운 빵이 나왔다. 조각 사이사이와 빵 껍질의 윗부분에는 향료와 소금이 많이 뿌려져 있었다.

이쪽 지역에는 나병 전문 병원이 굉장히 많다. 그런 병원은 길가

---

45 *Brochet*. 민물고기의 일종인 '곤들매기'라는 뜻의 프랑스어.

46 럼과 바닐라를 넣어 만든, 겉은 바삭하고 속은 촉촉한 프랑스 과자. 그 기원은 명확하지 않으나, 16세기 프랑스 보르도에 있는 아농시아드 수도회의 수녀들이 처음 만들었다고 알려져 있다.

47 꿀과 함께 계피나 고수, 생강 등의 다양한 향료를 첨가한 케이크. 나라에 따라 만드는 방식과 들어가는 재료, 모양이 달라지며, 흔히 영어 명칭을 그대로 번역하여 '진저 브레드'라고 부른다. 프랑스어로는 '팽 데피스pain d'épices'라고 부른다. 직역하면 '향료를 넣은 빵'이라는 뜻이다.

에서도 많이 보인다. 콘스탄츠에서는 일꾼들에게 아주 납작한 포카치아[48] 안에 펜넬 소스를 바른 뒤 그 위에 잘게 자른 베이컨 조금과 마늘 몇 쪽을 올린 것을 아침식사로 내어준다. 독일 사람들은 본인이 경의를 표하고 싶은 사람이 있다면, 자신이 어떤 자리에 서게 되는지는 상관하지 않고, 언제나 그 사람의 왼쪽을 차지하려고 하며, 그의 오른쪽에 서는 행위를 무례하다고 생각한다. 누군가에게 존경의 마음을 표현하기 위해서는 그 사람이 자신의 무기에 손을 가져다 댈 수 있도록 오른쪽 자리를 비워놓아야 한다는 의미이다.

우리는 일요일 점심을 먹고 난 뒤 콘스탄츠에서 다시 길을 나섰다. 그리고 그곳에서 1리외 떨어진 곳에서 호수를 건넜고, 그로부터 다시 2리외 거리에 있는

마르크도르프Markdorf에 도착해서 하룻밤을 묵었다.

---

48 납작하고 둥글게 구워낸 빵. 프랑스어로는 '푸아스fouace'라고 부른다.

3

독일, 오스트리아를 지나
이탈리아로

1580년 10월 9일 ~ 10월 28일

마르크도르프Markdorf는 쾰른Köln 주교의 관할 아래 가톨릭교를 믿는 작은 도시이다. 이곳에서는 신성로마세국 황제가 이털리아에서 독일로 건너갈 때 잠시 머무를 수 있도록 만들어진 역사를 숙소로 잡았다. 이 역사에서도 다른 여관들처럼 침대 매트리스 속을 어떤 나무의 이파리로 채워놓았다. 이렇게 하면 지푸라기를 채운 매트리스보다 훨씬 더 오래 푹신하게 쓸 수 있다. 마르크도르프 주변을 둘러싸고 있는 포도밭 일대에서는 아주 맛있는 와인이 생산된다.

10월 10일 월요일에는 아침식사를 마치고 다시 길을 나섰다. 화창한 날씨에 몽테뉴 씨의 마음이 동하는 바람에, 원래는 라벤스부르크Ravensburg에 가려고 했던 계획을 변경해서 린다우Lindau로 당일치기 여행을 다녀오기로 했기 때문이다. 지금까지 몽테뉴 씨가 아침을 먹었던 적은 단 한 번도 없었다. 그래도 그는 누군가가 토스트 한 조각을 쥐어주면 이동하는 길에 먹곤 했으며, 가끔은 길가에 자라고 있는 포도를 따 먹기도 했다. 이쪽 지역에서는 아직도 포도 수확이 한창이었고, 온 지역이 포도나무로 넘쳐났다. 특히 린다우 주변에 포도나무가 아주 많았다. 이곳 사람들은 땅을 격자무늬로 나누어놓은 곳에서 포도나무를 키운다. 덕분에 길가에는 푸른 잎이 무성하게 자라 있어서 매우 아름다운 풍경 펼쳐진다. 우리는 콘스탄츠 호숫가에 자리하고 있는 손셈Sonchem[1] 시를 지났다. 신성로마제국 황제의 지배를 받으며 가톨릭교를 믿는 곳이

---

1   훗날 1811년 뷔르템베르크 공국의 프리드리히Friedrich 1세는 손셈과 그 옆의 하펜Hafen시를 통합한 뒤 '프리드리히스하펜Friedrichshafen'이라는 새로운 지명을 부여했다.

었다. 울름Ulm과 뉘른베르크Nürnberg 등에서 물건을 실은 마차들은 손셈시를 통과하여 콘스탄츠 호수를 지나 라인강 쪽으로 빠져나간다. 우리는 오후 3시가 되어서야 마르크도르프에서 3리외 떨어진 린다우에 도착했다. 린다우는 호수에서 돌다리로 100보를 건너면 닿는 작은 도시다. 시내로 들어가는 입구라고는 오직 이 다리 하나뿐이며, 온 도시가 호수에 둘러싸여 있다. 호수의 너비는 1리외 정도 되며, 그 뒤편으로는 그리종Grisons주의 산들이 솟아 있다. 린다우 근처에 흐르는 강물과 콘스탄츠 호수는 겨울이 되면 수위가 낮아지고, 여름에는 산에서 녹아 흘러내리는 눈 때문에 다시 불어난다.

이쪽 지역에 사는 여인들은 머리에 우리 프랑스의 칼로트[2]처럼 생긴 보닛이나 털모자를 쓰고 있다. 모자의 바깥 부분은 회색 다람쥐 털처럼 아주 부드러운 털로 되어 있고, 안감으로는 양가죽이 사용됐다. 이런 모자는 하나에 3테스통밖에 하지 않는다. 칼로트 모자에는 구멍이 앞부분에 나 있는 것과 달리, 이들이 쓰는 모자에는 구멍이 뒤에 나 있어서 그 사이로 여인들의 땋은 머리칼이 보이곤 한다. 이곳 여인들은 보통 빨간색이나 흰색의 부츠를 신는데, 보기에 그럭저럭 어울리는 편이다.

린다우시에는 두 가지 종교가 공존한다. 우리는 먼저 866년에 지어진 이후 지금까지도 그대로 온전히 보존되고 있는 가톨릭교 교회를 보러 갔다. 그다음에는 개신교 목사들이 사용한다는 교회를 보았

2 　머리의 정수리 부분만 덮는 둥근 모양의 작은 보닛. 성직자가 쓰는 모자와 유사하게 생겼다.

다. 신성로마제국 황제의 지배를 받는 도시의 시민들에게는 가톨릭교든 루터교든 간에 본인이 원하는 종교를 선택할 수 있는 자유가 주어진다. 사람들은 어느 정도 자신이 믿고자 하는 종교를 따라 생활하는 편이다. 가톨릭교 교회의 사제가 몽테뉴 씨에게 들려준 이야기에 따르면, 린다우에서 가톨릭교를 믿는 사람은 오직 2~3명뿐이다. 그럼에도 불구하고 린다우에 있는 사제들은 아무런 문제없이 성직을 수행하면서 수입을 얻는다. 몇몇 수녀들의 상황도 마찬가지다. 몽테뉴 씨는 개신교 목사와도 이야기를 나누었지만, 목사 자신이 츠빙글리나 칼뱅을 지지하는 사람들을 혐오한다는 이야기 말고는 아무것도 듣지 못했다. 목사가 말하기를, 실제로 신앙에 있어서 아무런 특징도 띠고 있지 않는 도시란 거의 존재하지 않으며, 루터를 우두머리로 삼으면서 그의 개혁을 지지하는 자신들 사이에서도 루터의 논제가 어떤 의미를 갖는지 해석하는 문제와 관련하여 수많은 논쟁이 발생한다고 했다.

우리는 '쿠론'이라고 불리는 근사한 여관에서 묵기로 했다. 여관식당의 벽에는 엄청나게 많은 새들을 가둬두기 위해 벽과 동일한 재질을 사용해서 만들어놓은 새장 같은 것이 있었다. 그 안에는 새들이 식당의 한쪽 끝에서 다른 쪽 끝으로 움직일 수 있도록 작은 통로들이 쇠줄에 매달린 채 고정되어 있었다. 여관의 가구와 목공예 장식품은 전부 소나무로 만든 것이다. 소나무는 이쪽 지역의 숲에서 가장 흔하게 찾아볼 수 있는 품종이다. 사람들은 소나무에 페인트와 니스를 칠한 뒤 정성스럽게 윤을 내고 있었다. 심지어 여관에는 긴 의자와 테이블에 쌓인 먼지를 털어내기 위한 용도로 사용할 수 있도록 털이 달린 솔이 구비되어 있었다. 린다우에서는 양배추가 굉장히 많이 자란다. 린다우 사람들은 음식을 자르는 용도로 특별히 제작된 도구를 사용해서 양배추를 잘게 썰어 소금과 함께 큰 통에 넣어 절인 뒤 겨울 내내 꺼내어 수프로 끓여 먹는다. 몽테뉴 씨는 이쪽 지역의 풍습에 따라 침대에서 깃털이불을 덮고 자는 것을 시도해보고는 굉장히 만족스러워했다. 그는 깃털이불이 따뜻하면서도 가볍다고 생각했다. 몽테뉴 씨의 말에 따르면, 몸이 약한 사람들은 침구류만 잘 갖추어져 있다면 자신이 묵는 곳에 대해 불평할 이유가 전혀 없다. 그래도 몽테뉴 씨가 이곳 사람들은 한 번도 사용해본 적이 없다는 매트리스를 챙겨왔더라면, 침대를 가려주는 커튼을 여행 가방에 넣어 왔더라면, 정말로 부족한 것이 하나도 없었을 것이다. 식사 예절의 경우, 린다우 사람들은 상을 아주 거하게 차려 먹는다. 각종 수프와 소스, 샐러드로 식탁을 풍성하게 한다는 점에서 우리 프랑스와는 아주 다르다. 여관에서는 모과로 만든 수프와 구운 사과를 저며 올린 수프, 둥근 양배추로 만든 샐러드를 내어주었다. 이들은 쌀과 이런저런 재료를 같이 넣고 끓인 국을 먹는다. 이때 빵은 같이 먹지 않는다. 이곳에서는 식당에서 시중을 들어주는 사람이 따로 없어서, 국을 두고 각자 자기 그릇으로 담아가지 않고 같이 떠서 먹는다. 린다우에서는 좋은 숙소에서 프랑스의 값진 요리와는 거의 비교할 수 없을 만큼 맛있는 음식을 즐길 수 있었다. 프랑스에는 여기만큼이나 내부 식당을 잘 꾸며놓은 여관이 매우 드물다. 린다우에서는 맛있는 물고기가 많이 잡힌다. 이곳 사람들은 고기 요리에 생선을 같이 곁들여 먹는다. 이들은 송어는 잘 취급하지 않는다. 송어에서

는 어란만 먹는다. 이쪽 지역에는 멧도요[3]나 어린 산토끼 같은 사냥
감이 많다. 이 짐승들은 프랑스에 사는 것들과는 가죽의 무늬가 다
르기는 하지만, 적어도 맛은 똑같이 좋다. 지금까지 린다우 사람들
이 평상시에 먹는 음식처럼 연하고 부드러운 음식은 단 한 번도 보
지 못했다. 이들은 고기를 먹을 때 사과와 배로 만든 타르트나 자두
를 끓여 만든 수프를 함께 곁들여 먹는다. 어떤 때는 고기를 먼저 먹
고 수프를 나중에 먹으며, 또 어떤 때는 순서를 바꿔서 수프를 먼저
먹고 고기를 나중에 먹기도 한다. 린다우 사람들은 후식으로는 맛
이 아주 좋은 배와 사과, 그리고 견과류와 치즈만을 먹는다. 고기 요
리를 먹을 때는 은이나 백랍으로 만들어진 어떤 바구니 같은 것을
네 칸으로 나눈 뒤, 각 칸에 다양한 종류의 향료 가루를 담아서 함께
제공한다. 이들은 빵을 만들 때 큐민[4]이나 큐민과 비슷하게 톡 쏘는
매운 맛이 나는 씨앗을 넣는다. 이곳에서 주로 먹는 빵에는 대부분
펜넬이 들어가 있다. 식사를 끝내면 유리잔에 술을 가득 채워서 다
시 식탁을 차린다. 그러고 나면 안주로 제격인 각종 요리들이 2~3
개 정도 더 나온다.

　몽테뉴 씨는 본인의 여행에서 세 가지가 부족하다는 것을 깨달았
다. 첫 번째는 그 여행지만의 특별한 요리법을 배워서 나중에 자신
의 집에 돌아가서도 똑같은 요리를 만들어줄 수 있는 요리사를 데

3　몸통 윗부분이 갈색이나 흑색의 복잡한 무늬로 되어 있는 도요새. 주로 유럽과 아
　시아에 서식한다.
4　중동이 원산지로 지중해 인근에서 많이 사용되는 향신료. 후추보다 더 진하고 톡
　쏘는 향이 난다.

려오지 않은 것이다. 두 번째는 독일 출신 하인이나 이곳 지역 출신의 귀족을 데려오지 않은 것이다. 저 아무런 쓸모도 없는 가이드에게 모든 것을 맡기고 다녀야 한다는 것이 여간 불편한 게 아니었기 때문이다. 세 번째는 여행을 떠나오기 전에 각 여행지에서 진귀하거나 눈여겨볼 만한 것들에 대한 정보를 얻기 위해 책을 찾아보지 않았으며, 여행 가방에 뮌스터Münster[5] 씨의 지도나 아니면 그와 비슷한 다른 무언가를 가져오지 않은 것이다. 사실 몽테뉴 씨가 이렇게 판단한 데에는 자신의 모국에 대한 멸시가 조금 섞여 있다. 그는 다양한 이유로 본인이 태어난 나라를 증오하면서 원통해했다. 아무튼 몽테뉴 씨는 독일에서 누리는 편안함을 프랑스와 비교해서뿐만 아니라 그 자체만으로도 좋아했으며, 심지어는 독일 사람들이 와인을 마실 때 물은 같이 마시지 않는 풍습에도 적응해보려고 했다. 독일 사람들끼리 서로 누가 더 술을 잘 마시는지 겨루는 문화에 대해서는 그 누구도 몽테뉴 씨에게 예의상 권하지 않았고, 몽테뉴 씨도 애써 하려고 하지 않았다.

독일 북부 지방에서는 프랑스에서 사는 것보다 생활비가 더 많이 든다. 실제로 이곳에서는 사람 한 명에 말 한 마리를 더해서 계산하면, 한 쌍당 하루에 적어도 1에퀴가 든다. 여관 주인들은 첫 번째 식사에 대해서는 테이블마다 4~6바첸 정도를 요구한다. 그다음부터

---

5   제바스티안 뮌스터Sebastein Münster. 16세기 독일의 지리학자이자 히브리어 학자이다. 몽테뉴는 뮌스터의 세계 전도《코스모그라피아 Cosmographia》를 한 장 소유하고 있었다.

는 두 번의 끼니 앞뒤로 음료를 마시거나 아주 간단하게 주전부리를 하는 것에도 항목을 매긴다. 이러한 이유로 보통 독일 사람은 아침에는 아무것도 마시지 않고 퇴실한다. 식사가 끝나고 제공되는 후식 코스와 그때 함께 곁들여 마시는 와인은 여관의 주된 수입원으로 다른 주전부리들과 함께 장부에 올라간다. 사실 이들의 서비스가 아주 알차고, 특히 멀리서 공수해온 와인의 가격이 굉장히 비싸다는 점을 고려하면, 이렇게 높은 가격도 봐줄 만한 것 같다. 이곳에서는 하인들에게 주인과 같은 테이블에 2~3시간씩 앉아 있게 하고는 같이 술을 마신다. 와인은 큰 항아리처럼 생긴 그릇에 담겨 나온다. 이곳 사람들은 잔이 비어 있는 것을 보고도 바로 술을 따라주지 않는 것을 대단히 큰 잘못으로 여긴다. 와인을 마실 때는 절대로 물을 마시지 않으며, 남들에게서 아주 존경받는 사람이 아닌 이상 물을 달라고 해도 주지 않는다. 린다우에서는 말들에게 먹이는 귀리에도, 그리고 마구간에 있는 건초에도 비용을 매긴다. 한 가지 좋은 점이라면 숙소에 처음 도착하고 나서 거의 바로 이런 사안에 대해 일러준다는 것이다. 흥정을 시도해도 얻을 수 있는 것은 많지 않다. 이곳 사람들은 허영심이 강하고 걸핏하면 화를 내는가 하면 술주정도 부린다. 그래도 몽테뉴 씨는 이들이 적어도 사람을 배신하거나 물건을 훔치지는 않는다고 말하곤 했다. 우리는 아침식사를 먹고 린다우를 떠나, 2리외 거리에 떨어진

방엔 임 알고이Wangen im Allgäu[6]에 오후 2시쯤 도착했다. 그곳에서 우리는 짐을 실은 노새가 사고로 다치는 바람에 가던 길을 잠시 멈춰야 했다. 부득이하게도 다음날 사용할 짐수레를 하루당 3에퀴

를 주고 빌려야 했다. 수레를 운전해주기로 한 마부가 말을 네 마리 가지고 있었기 때문에, 따로 말을 빌리지는 않았다. 방엔 임 알고이 는 신성로마제국 황제에게 귀속되어 있는 작은 도시다. 이곳에서는 지금까지 단 한 번도 가톨릭교가 아닌 다른 종교를 믿는 사람이 시민으로 받아들여진 적이 없다. 이곳에서 생산되는 커다란 낫은 아주 유명해서 로렌 지방으로까지 건너가 팔리기도 한다.

다음날인 10월 12일 수요일 아침, 몽테뉴 씨는 방엔 임 알고이에서 다시 출발하여 곧바로 트렌토Trento로 향하기로 했다. 우리는 가장 많은 사람이 선택하는 가장 빠른 길을 지나가기로 했다. 그렇게 방엔 임 알고이에서 2리외 떨어진

이즈니 임 알고이Isny Im Allgäu[7]라는 작은 도시에 도착해서 점심을 먹었다. 아주 쾌적한 환경에 위치해 있는 이즈니 임 알고이시도 신성로마제국 황제의 지배를 받는다.

이곳에서 몽테뉴 씨는 늘 그랬던 것처럼 도시에 대한 정보를 얻고자 곧바로 어떤 신학 박사를 만나러 갔다. 박사는 나리들과 함께 점심을 먹었다. 몽테뉴 씨는 이즈니 사람들이 모두 루터의 개혁을 지지한다는 사실을 알게 됐다. 이곳의 루터 교회 또한 신성로마제국 황제의 지배를 받는 다른 도시에서 보았던 것과 마찬가지로 가톨릭교 교회에 건물을 빼앗긴 상황이었다. 몽테뉴 씨는 루터교와 가톨릭교가 공동으로 성찬식을 거행한다는 말을 듣고, 길에서 만난 사람들

---

6   원문에 표기된 지명: 방엔Wangen

7   원문에 표기된 지명: 이즈니Isny

가운데 칼뱅의 개혁을 지지하는 신도들이 자신에게 일러준 이야기가 생각났다. 이야긴즉슨 루디를 따르는 사람들은 그가 기존에 주장했던 내용 중에서 몇 가지 이상한 오류들에 대해 정확한 입장을 표명하고 있지 않다는 것이다. 예를 들면, 루터주의자들은 예수 그리스도의 육신이 성체뿐만 아니라 어디에서나 존재한다는 주장을 믿는다고 한다. 그리하여 비록 다른 방향이기는 하지만, 결국 루터를 지지하는 사람들도 츠빙글리주의자들이 겪었던 것과 동일한 유형의 난관에 봉착하게 됐다는 것이다. 다시 말해, 그리스도의 육신이 현존하느냐의 문제에 대해 츠빙글리주의자들은 지나치게 인색하다고 한다면, 루터주의자들은 너무 헤픈 셈이다. 실제로 이러한 이유로 두 교리에서는 성찬식이 교황청이나 주현절[8]보다 더 중요하다고 생각하지 않는다. 루터가 주장하는 내용의 핵심은 그리스도의 신성은 그의 육신과 분리될 수 없으며, 따라서 신성이 어디에나 존재하는 한 그의 육신 또한 어디에나 존재한다는 것이다. 두 번째로는 예수 그리스도는 언제나 하느님 아버지의 오른손에 붙잡혀 있으므로, 그리스도의 힘의 원천인 하느님이 어디에나 존재하는 이상 그리스도 또한 어디에나 존재한다는 것이다. 박사는 루터의 주장이 쓰고 있는 누명을 강력하게 부인하며 이는 자신들에 대한 중상모략이라

---

8 원문에서는 '세 현인의 회동'이라고 적혀 있다. '세 현인'이란 아기 예수의 탄생을 축하하기 위해 동방에서부터 건너온 동방박사 세 명, '멜카이어'와 '벨사사르', '카스파'를 가리킨다. 가톨릭교에서는 이들의 회동이 이루어진 날을 예수가 하느님의 아들로서 처음으로 세상에 모습을 드러낸 날이라고 하여 축일로 지정하고 기념하는데, 이를 '주현절' 또는 '주님 공현 대축일'이라고 부른다.

면서 변호에 나섰으나, 몽테뉴 씨가 듣기에는 설득력 있게 느껴지지 않았다.

박사는 몽테뉴 씨와 함께 아주 근사하고 화려한 어느 한 수도원을 방문했다. 수도원에서는 미사가 진행 중이었다. 수도원에 들어간 박사는 에스티삭 씨와 몽테뉴 씨가 기도를 마칠 때까지도 모자를 벗지 않고 그저 지켜보고만 있었다. 이들은 수도원에서 보관하고 있는 긴 원통 모양의 석조를 보러 지하실에 내려갔다. 석조는 어떤 기둥에서 떨어져 나온 것으로 보이지는 않았고, 그 위에는 다음과 같이 아주 읽기 쉬운 라틴어 문구가 적혀 있었다. "페르티낙스 Pertinax 황제[9]와 안토니누스 베루스 Antoninus Verus 황제[10]가 캄피도눔 Campidonum으로부터 1100보 떨어진 곳에서 길과 다리를 보수했다." 캄피도눔은 우리가 그날 밤 하루를 묵게 될 켐프텐 Kempten을 말한다. 이 석조는 아마도 공사 중이었던 길 위에 세워져 있었을 것이다. 이즈니 임 알고이는 그렇게 오래된 도시가 아니다. 우리는 이즈니 임 알고이에서 켐프텐으로 이어지는 길을 모두 직접 살펴보았으나, 다리처럼 보이는 구조물은 찾지 못했다. 또 그렇게나 많은 일

---

9   193년 1월부터 3월까지 재위한 로마제국의 황제. 169년 게르만족의 침입 당시 세운 공을 인정받고, 코모두스 황제가 사망한 후 원로원에 의해 새로운 황제로 추대됐으나, 군대의 심한 반발 속에서 반란을 일으킨 군인들에 의해 살해됐다.

10   138년부터 161년까지 로마제국을 재위한 안토니누스 피우스 황제와 161년부터 169년까지 재위한 루키우스 베루스 황제를 동시에 일컫는 것으로 추측된다. 루키우스 베루스는 마르쿠스 아우렐리우스와 함께 안토니누스 피우스 황제에게 입양됐고, 이 둘은 황제의 서거 이후 공동 황제로 즉위했다.

꾼들을 동원하여 보수공사를 한 흔적도 보이지 않았다. 산 몇 개가 길이 군데군데 끊겨 있기는 했지만, 대규모 공사를 진행할 정도는 아니었다. 이즈니 임 알고이에서 3리와 거리에 있는

켐프텐은 생트 푸아Sainte-Foy처럼 커다란 아주 아름다운 도시다. 켐프텐에는 사는 사람들도 많고 여관도 넘쳐난다. 그곳에서 우리는 '우르스'[11]라는 이름의 아주 근사한 여관에서 하루를 묵었다. 여관에서는 좋은 저택에서나 가지고 있을 법한 각양각색의 은잔을 사용하라고 내어주었다. (아주 정교하게 세공된 이 잔들은 오로지 장식용으로만 사용됐으며, 겉면에는 여러 영주들의 문장이 새겨져 있다.) 이곳 여관에서는 몽테뉴 씨가 이전에 다른 곳에서 말해준 사실을 본보기로 확인할 수 있었다. 이야기인즉슨 독일 사람들은 본인이 하찮게 여기는 것이라면 우리에게도 쓰라고 내어주지 않는다는 것이다. 여기 여관에서는 몽테뉴 씨가 그의 저택에서 사용하던 것과 비슷하게 생겼으며 윤이 나는 주석 그릇을 굉장히 많이 가지고 있음에도 불구하고, 잘 닦아낸 아주 예쁜 나무 그릇만을 사용해서 식사를 제공했다. 이쪽 지역에서는 의자 위에 깔고 앉으라고 방석을 나누어준다. 여관들의 천장에는 대부분 징두리 판들이 반달 모양의 아치 형태를 이루며 붙어 있어서 우아한 분위기를 풍긴다. 비록 여행 초기에는 리넨 제품을 구하기가 힘들어 불만이 있었지만, 그 이후로는 부족하다고 느끼지 않았다. 독일에서는 언제라도 리넨을 구해서 몽테뉴 씨를 위해 침대의 커튼을 만들어줄 수 있었다. 켐프텐에서는 밥을 먹을 때

---

11 *Ours.* '곰'이라는 뜻의 프랑스어.

냅킨 한 장으로는 충분하지 않은 사람들에게 다른 냅킨으로 여러 번 바꾸어 다시 가져다주었다.

켐프텐에는 리넨 사업으로 1년에 10만 플로린을 버는 상인이 있다. 콘스탄츠를 떠나는 길에 린다우에 가는 일만 아니었다면, 몽테뉴 씨도 이 스위스 주에 오려고 했을 것이다. 가톨릭교를 믿는 도시나 나라에서 사용하는 모든 리넨은 이 주에서 생산된다. 만약 이곳으로 바로 오고자 했다면, 호수만 4~5시간을 건넜어야 했다.

켐프텐 사람들은 루터교를 믿는다. 그런데 신기한 것은 이곳에서도 이즈니 임 알고이시에서처럼 사람들이 매우 엄숙하게 가톨릭교교회 건물을 이용한다는 점이다. 다음날 목요일은 사람들이 근무를 하는 날이었다. 오전 미사는 마치 부활절에 파리의 노트르담 교회에서 하는 것처럼 도시 바깥에 위치한 수도원에서 노래, 오르간 연주와 함께 이루어졌다. 참석자는 성직자들뿐이었다. 신성로마제국 황제의 지배를 받는 도시의 외곽에 사는 사람들은 본인이 믿고자 하는 종교를 자유롭게 바꾸지 못한다. 켐프텐 사람들은 축일에는 교회로 미사를 드리러 간다. 미사를 드린 수도원은 굉장히 아름다운 곳이었다. 수도원장은 대공의 명을 받아 이곳 수도원을 운영하며, 5만 플로린의 수입을 얻는다. 그는 슈타인Stein 가문 출신이었다. 모든 성직자는 반드시 귀족이어야 한다. 783년 카롤루스 대제[12]의 아내 힐데가르데Hildegarde가 이 수도원을 설립했으며, 그녀는 사후 성

---

12   프랑크 왕국의 국왕 샤를마뉴 Charlemagne. 동생 카를로만 Carloman 1세와 함께 왕국을 분할하여 공동 통치하다가, 771년 동생이 죽자 왕국을 하나로 통일하고 영토를 확장하는 데 힘썼다.

인의 자격으로 이곳에 묻혔다고 한다. 그녀의 유골은 원래 보관되어
있었던 지하 납골당에서 발굴되어 성골함으로 옮거졌다.

그날 목요일 아침, 몽테뉴 씨는 루터주의자들이 다닌다는 교회를
찾아갔다. 그곳은 신도석 앞쪽 제단이 세워진 곳에 긴 나무 의자들
이 팔을 기댈 수 있도록 설치되어 있다는 점을 제외하고는 루터교
의 다른 종파나 개신교에서 세운 다른 교회 건물과 구조가 비슷했
다. 나무 의자에는 늘 그렇듯이 성찬식에서 신도들이 성체를 받을
때 그 위에 무릎을 꿇고 앉을 수 있도록 팔꿈치 받침대가 설치되어
있다. 몽테뉴 씨는 이 교회에서 나이가 많은 목사 두 명을 만났다.
그중 한 명은 명수가 얼마 되지 않는 신도들에게 독일어로 설교를
하는 중이었다. 설교가 끝나자, 사람들은 프랑스에서 부르는 것과는
조금 다른 구호로 된 찬송가를 독일어로 불렀다. 노래가 한 절씩 끝
날 때마다, 최근에 들여온 것으로 보이는 아주 좋은 오르간이 연주
로 답했다. 목사가 설교를 하다가 예수 그리스도의 이름을 부를 때
마다, 목사 본인과 설교를 듣던 신도들은 모자를 벗었다. 설교가 끝
난 뒤에는 손에 책 한 권을 든 성직자가 신도들이 앉아 있는 방향을
바라보며 제단에 등을 지고 섰다. 그러자 머리에 아무것도 쓰지 않
은 채 긴 머리카락을 늘어뜨린 어떤 젊은 여인이 그의 앞으로 다가
왔고, 독일식으로 약간 무릎을 굽혀 인사를 하고는 그 자리 그대로
혼자 서 있었다. 이어서 수공업 일을 하는 한 젊은 남자가 허리에 칼
을 찬 채로 앞으로 나가더니 여자의 옆에 섰다. 목사는 두 사람에게
몇 마디 귓속말을 하고 각자 주기도문을 읊도록 한 뒤, 책의 한 부분
을 골라 읽기 시작했다. 그 내용은 결혼을 하는 남녀가 따라야 할 몇

가지 규칙들이었다. 그러고 나서 목사는 두 사람에게 입맞춤은 생략하고 서로의 손을 맞잡도록 했다.

예식이 끝났고, 몽테뉴 씨는 자리를 뜨는 목사를 붙잡았다. 둘은 오랫동안 긴 대화를 함께 나누었다. 목사는 몽테뉴 씨를 집으로 초대했고, 예쁜 가구들이 잘 구비되어 있는 본인의 작업실을 소개했다. 목사의 이름은 요하네스 틸리아누스 아우구스타누스Johannes Tilianus Augustanus이다. 몽테뉴 씨는 목사에게 루터주의자들이 새로 만들었다는 신앙선서를 보여주기를 부탁했다. 선서에는 이들을 지지하는 박사와 귀족들의 서명이 있었다. 라틴어가 아닌 다른 언어로 작성된 것이었다. 교회를 떠나는 길에 보니 신혼부부를 위해 바이올린과 드럼을 연주했던 사람들도 한쪽 구석에서 떠날 채비를 하고 있었다. 예식에서 춤을 추는 것도 허용되는지 묻자, 목사는 "안될 이유가 있나요?"라고 답했다. 목사는 오르간을 들여놓은 새로운 건물과 교회의 유리창에 예수 그리스도의 그림을 그려놓고 성상을 많이 세워놓은 이유를 묻는 질문에는 성상을 숭배하지 않는 켐프텐 시민들에게 주의를 주기 위해 일부러 금지하지 않았다고 대답했다. 그러자 몽테뉴 씨는 "그렇다면 기존의 교회에 있던 오래된 성상들은 왜 치운 것입니까?"라고 물었고, 목사는 본인들의 소행이 아니며, 자신들보다 더 일찍 이 도시에 다녀간 츠빙글리주의자들이 악한 영혼에 선동되어 성상뿐만 아니라 다른 많은 것을 파괴해버렸다고 대답했다. 사실 이전에 만난 다른 루터주의자들도 몽테뉴 씨에게 이런 똑같은 말을 한 적이 있다. 특히 이즈니 임 알고이에서 만난 박사는 몽테뉴 씨가 십자가의 형상과 조상을 싫어하냐고 묻자, 곧바로 언성을 높이면서 "기독교인에게는 너무나도 신성하고 영광스러운 존재인 십자가 형상을 싫어히디니, 제가 어떻게 감히 그런 무신론자 행세를 할 수 있겠습니까?"라고 대답하며, 그런 생각은 악마처럼 사악한 사람이나 하는 것이라고 말했다. 박사는 점심식사를 하는 중에도 칼뱅의 개혁을 지지하는 단체에 들어가느니 차라리 미사를 백번 듣겠노라고 꽤나 대담하게 말하기도 했다.

켐프텐 여관에서는 우리에게 흰토끼 고기 요리를 해주었다. 켐프텐시는 일러Iller 강가에 위치해 있다. 우리는 이곳에서 목요일 점심을 해결하고, 메마른 산길을 지나 그로부터 4리외 거리에 있는

프론텐Pfronten이라는 작은 마을에 도착해서 하루를 묵었다. 프론텐 마을도 이쪽 지역에서 오스트리아 대공의 지배를 받는 다른 마을들과 마찬가지로 가톨릭교를 믿는다.

린다우에서 겪었던 일 중에서 적는다는 것을 깜빡한 이야기가 하나 있다. 린다우로 들어가는 입구에는 엄청 오래돼 보이는 큰 벽이 하나 있었다. 아무런 글자도 쓰여 있지 않은 벽이었다. 도시의 독일어 이름의 뜻이 '오래된 벽'이라고 한다. 사람들 말로는 린다우라는 이름이 바로 이 벽에서 유래한 것이라고 했다.

금요일 아침이 밝았다. 프론텐에서 묵었던 여관은 시설이 매우 형편없기는 했지만, 먹는 것이 부족하지는 않았다. 프론텐 사람들은 잠을 잘 때 사용하는 침대 시트나 아침에 일어나서 입는 옷을 절대 따뜻하게 데우지 않는 풍습을 가지고 있다. 만약 이러한 목적으로 부엌에서 불을 피우거나 이미 피워져 있는 불을 사용한다면, 이들은 불쾌해할 것이다. 이는 실제로 여기 여관에서 지내는 동안 부딪혔던

문제들 중 하나다. 프론텐에서는 심지어 산속이나 숲속에서 불을 피우는 행위도 허용되지 않는다. 그런 곳에서 자라는 소나무는 길이가 1만 피트나 되더라도 단돈 50솔도 들지 않을 텐데 말이다.

금요일 아침, 프론텐 마을에서 다시 길을 나선 우리는 곧장 트렌토로 이어지는 산길을 제쳐두고, 지나가기에 훨씬 수월한 길을 따라 서쪽으로 이동했다. 몽테뉴 씨는 며칠을 돌아가더라도 아름다운 독일 도시들을 몇 군데 들러보고 싶어 했다. 그러면서도 또 방엔 임 알고이에서 곧장 트렌토로 가려고 했던 원래의 계획을 포기하고 다른 루트를 선택한 것을 아쉬워했다. 이 길에서도 이전에 여러 다른 지역을 지나오면서 본 적이 있는 물방아를 발견했다. 물은 물방아 위에 설치된 나무 홈통 하나만을 지나 떨어져 내렸다. 홈통은 땅에서 꽤 높은 곳에 위치해 있어서, 그 아래에서 흐르는 물줄기를 홈통의 다른 쪽 끝에서부터 시작되는 아주 가파른 경사지로 흘려보내는 구조이다. 우리는 프론텐에서 1리외 떨어진

퓌센Füssen에 도착해서 점심을 먹었다. 퓌센은 아우크스부르크의 주교에게 귀속되어 있으며 가톨릭교를 믿는 작은 도시다. 이곳에서 우리는 오스트리아 대공을 수행하는 무리들을 많이 만날 수 있었다. 대공은 바비에르Bavière 공작과 함께 근처의 한 성에 머무는 중이었다.

레히Lech 강가에서 사람들이 '뗏목'이라고 부르는 것 위에 여행 가방들을 올려놓았다. 짐들은 레히강을 따라 아우크스부르크로 보내질 예정이었고, 나와 다른 사람 몇 명이서 책임지고 함께 이동하기로 했다. 이 뗏목이라는 것은 우리가 강가에 도착하자, 원래는 널브러져 있던 나무토막 몇 개를 이어서 붙여 놓은 것이었다.

퓌센에는 수도원이 하나 있다. 수도원 사람들은 성유물함에 넣어 보관하고 있는 성배[13] 한 잔과 스톨라[14] 한 벌을 나리들에게 보여주었다. 이 물건들은 수도원에서 '대제'라고 부르는 어떤 성인의 것으로, 사람들 말에 따르면 이 대제는 스코틀랜드 왕의 아들이자 성 콜룸바누스[15]의 제자라고 한다. 페팽Pepin 왕[16]은 이 대제를 위해 여기 수도원을 세우고는 스스로 초대 수도원장을 맡았다. 신도석 위쪽의 천장에는 다음과 같은 문장이 새겨져 있다. "신성한 대제가 덕망이 높기로 명성이 자자하니, 페팽 왕께서 지대하신 너그러움으로 대제에게 머무를 곳을 하사하셨다." 문장 위에는 이를 노래로 부를 수 있도록 음표가 같이 그려져 있다. 이후 카롤루스 대제가 수도원의 사정을 더욱 풍요롭게 했고, 이 이야기도 수도원 어딘가에 적혀 있다. 우리는 점심식사를 마친 뒤, 각자 육로와 수로를 통해 그로부터 4리외 떨어진

숀가우Schongau로 가서 하룻밤을 묵었다. 숀가우는 바비에르 공작의 지배를 받으며 엄격한 가톨릭교를 믿는 작은 도시다. 바비에르 공작은 그 어떤 다른 독일 공작들보다 더욱 독립적인 관할권을 소유하고 있으며, 실제로 이를 매우 고집하는 사람이다.

---

13 예수가 최후의 만찬에서 사용한 술잔.

14 사제가 겉옷 위에 입고 목 뒤로 둘러 무릎 높이까지 늘어뜨리는 천.

15 6~7세기 아일랜드 출신의 성인. 50세가 되던 해부터 유럽 대륙을 돌아다니며 선교 활동을 펼쳤다.

16 페팽 3세. 751년부터 768까지 프랑크 왕국의 국왕으로 재위했다. 작은 키 때문에 '단구왕'이라고 불렸다.

숀가우에는 '에투알'[17]이라고 불리는 좋은 여관이 하나 있다. 이 곳에서 우리는 새로운 종교의식을 하나 알게 됐다. 그것은 바로 여기 여관에서는 정사각형 모양의 테이블 위에 대각선으로 이어지는 두 모서리에는 소금통을, 다른 쪽 두 모서리에는 촛대를 올려놓고는 성 안드레아의 십자가[18] 형상을 만들어놓은 것이다. 우리는 숀가우에서 계란으로 만든 요리를 단 한 번도 먹지 못했다. 적어도 지금까지는 신선한 허브를 곁들인 맛있는 샐러드에 완숙으로 익힌 삶은 계란을 네 등분으로 잘라 넣은 것이 전부이다. 보통 숀가우 사람들은 이제 막 만든 와인을 바로 마신다. 이들은 헛간에서 도리깨의 뭉툭한 끝부분을 사용해서 본인이 필요한 만큼만 밀을 타작해서 쓴다. 토요일에는 숀가우에서 4리외 떨어진

란츠베르크 암 레히 Landsberg Am Lech[19]에 가서 점심을 먹었다. 란츠베르크 암 레히도 바비에르 공작이 소유하고 있는 작은 도시로, 레히 강가에 위치해 있다. 도시의 크기는 꽤 큰 편이고, 시내와 변두리 구역, 성으로 이루어져 있다. 우리는 장이 열리는 날 도착했다. 시장에는 엄청난 인파가 몰려 있었다. 굉장히 큰 광장의 한가운데에서는 분수대에서 물이 100개의 파이프를 통해 1피크 높이까지 뿜어져 나온다. 이 파이프들은 제각기 다른 방향을 향하고 있어서 분수의 물줄기는 아주 부자연스럽게 흐트러진다. 시내와 변두리에는 각각 예

---

17 *Étoile.* '별'이라는 뜻의 프랑스어.

18 X자 모양의 십자가. 예수의 12사도 가운데 한 명인 성 안드레아가 처형될 때 사용됐던 십자가의 모양이라고 하여 '성 안드레아의 십자가'라고 불린다.

19 원문에 표기된 지명: 란츠베르크 Landsberg

쁜 교회가 하나씩 있는데, 두 개 모두 가파른 언덕의 오르막길에 세워져 있다. 성도 마찬가지다.

몽테뉴 씨는 란츠베르크 암 레히에서 지리적으로 아주 좋은 위치에 최신식 건물로 지어진 예수회 회관을 구경하러 갔다. 예수회에서는 예쁜 교회도 하나 지을 예정이었다. 몽테뉴 씨는 일부러 시간을 내어 예수회 사람들과 함께 시간을 보냈다. 성을 통솔하는 자는 헬펜슈타인Helfenstein 백작이다. 이곳에서는 만에 하나 로마 가톨릭교가 아닌 다른 종교를 믿는다고 해도, 그 사실을 비밀로 해야 한다.

시내와 변두리를 나누는 경계에 위치한 성문에는 1552년도에 쓰였다는 라틴어 문장이 다음과 같이 적혀 있다. "시의 원로원과 시민들은 바비에르 공작인 두 형제, 기욤 Guillaume과 루이를 기리고자 이 건축물을 지었다." 같은 성문에는 다음과 같은 표어들도 많이 적혀 있다. "군인이라면 세공한 금장식으로 치장할 것이 아니라 자신의 용기와 검을 신뢰하며 마땅히 거칠어야 한다." 성문의 맨 윗부분에는 "세상은 바보들로 가득 찬 새장이다."라고 적혀 있다. 눈에 굉장히 잘 띄는 다른 부분에도 "보이족[20]의 왕 카를로만이 마르셀루스 집정관과 싸워 그를 패배시킨 전투"라는 문구가 적혀 있었다. 이는 어느 라틴 역사가가 마르셀루스Marcellus 집정관이 이 지역을 지배하던 나라의 왕과 맞서 싸우다가 패했던 전투에 대해 쓴 글에서 발췌한 것이었다. 개인이 살고 있는 집의 문 앞에도 좋은 라틴어 격언

---

20 후기 철기 시대의 갈리아 부족. 북부 이탈리아와 동유럽의 남서부, 보헤미아 주변에 거주했다.

이 많이 걸려 있다. 이곳 사람들은 이따금씩 시내에 있는 건물과 교회에 페인트칠을 다시 하곤 하는데, 덕분에 도시와 교회에는 굉장히 생기가 돈다. 때마침 이곳을 방문한 우리를 위하듯이 우리가 다녔던 모든 장소들 중 거의 모든 곳이 지난 3~4년 동안 새로 지어진 곳이었다. 공사를 진행했던 사람들이 적어놓은 날짜를 보고 알 수 있었다. 여기 시내에 걸린 괘종시계도 이 나라의 다른 도시들에서와 마찬가지로 매 15분마다 종을 친다. 사람들 말로는 뉘른베르크의 괘종시계는 매 1분마다 종을 친다고 한다. 우리는 점심을 먹고 란츠베르크 암 레히를 떠났고, 보스Beauce 평야처럼 아주 평평하고 길게 펼쳐져 있는 어느 목초지를 지나, 그로부터 4리외 거리에 있는

아우크스부르크Augsburg에 도착했다. 슈트라스부르크Strasbourg가 독일에서 가장 힘이 센 도시라면, 아우크스부르크는 독일에서 가장 아름답다고 여겨지는 도시다.

아우크스부르크에 도착하자마자 가장 먼저 눈에 띈 것은 이곳 사람들이 얼마나 깨끗한지를 보여주는 신기한 정리정돈 방식이었다. 우리가 묵은 여관의 나선형 계단은 전부 리넨으로 덮여 있었다. 매주 토요일마다 계단을 쓸고 문질러 닦는 작업이 이제 막 끝난 상태였기 때문에, 우리는 계단을 더럽히지 않으려고 애를 쓰면서 걸어야 했다. 여관에는 거미줄이나 진흙 같은 것도 전혀 보이지 않았다. 창문에 커튼을 치고 싶은 사람들에게는 커튼이 제공됐다. 침실에는 각각의 침대 아래에 경첩으로 탁자를 연결해서 원하는 만큼 높이를 올리거나 낮출 수 있도록 한 것을 제외하고 다른 곳에 탁자를 두고 있는 경우는 거의 없었다. 침대 위에 올라갈 때 밟을 수 있는 발판은

침대의 전체 프레임보다 2~3피트 위 높이까지 올라와 있었고, 대개 머리맡에 베개를 베는 부분에 설치되어 있었다. 발판을 만들 때는 품질이 아주 좋은 나무를 정교하게 조각해서 사용한다. 사실 우리 프랑스에서 자라는 호두나무가 이쪽 지역에서 자라는 소나무보다 질은 훨씬 더 좋은 것 같다. 아우크스부르크 사람들은 백랍 접시가 아주 반짝거리는 것을 가리기 위해 그 위에 나무 그릇을 겹쳐 올려서 음식을 담아준다. 여관에서는 손님들이 벽에 침을 뱉어서 더럽히지 못하도록 종종 침대의 옆쪽 벽에는 리넨 천이나 커튼을 달아 놓는다. 독일 사람들은 문장을 굉장히 좋아한다. 실제로 모든 독일 여관에는 그곳을 다녀간 지역 귀족이 남겨놓은 문장들이 벽과 사방의 창문에 걸려 있다. 아우크스부르크에서는 식사의 코스 순서가 자주 바뀌는 편이다. 다른 도시에서는 가재 요리를 식사를 마치기 직전에 주는 반면, 이곳에서는 가장 먼저 내어준다. 이곳에서 잡히는 가재는 유별나게 커다랗다. 규모가 큰 여관에서는 모든 요리 위에 천을 덮어서 내어 준다. 이 도시의 창유리가 이렇게나 반짝거리는 이유는 창문이 우리 프랑스식으로 고정되어 있지 않고 원한다면 언제든지 창문틀을 떼어내서 닦을 수 있게 되어 있기 때문이다. 이곳 사람들은 유리로 된 물건을 굉장히 자주 닦고 광을 낸다.

다음날 일요일 아침, 몽테뉴 씨는 도시에 있는 교회들을 구경하기 위해 외출했다. 그중 다수를 차지하는 성당에서는 하나같이 아주 순조롭게 미사가 진행되는 중이었다. 아우크스부르크에는 루터교회가 6개 있으며, 그곳에서 일하는 목사는 16명이다. 그중 두 곳은 가톨릭교의 교회 건물을 뺏어 사용하고 있었고, 나머지 네 군데는 루터를 따르는 신도들이 직접 지은 것이다. 그날 오전, 몽테뉴 씨는 학교의 큰 강당처럼 생긴 루터 교회 한 곳을 구경했다. 그곳에는 성상도, 오르간도, 십자가도 없었다. 교회 내부의 벽에는 성경 구절이 독일어로 길게 적혀 있었다. 교회 안에는 연단이 두 개 설치되어 있는데, 하나는 목사가 올라가는 용도이고, 그 아래쪽에는 찬송가의 합창을 지휘하는 사람이 올라서는 다른 연단이 위치해 있다. 때마침 어떤 한 목사가 설교를 하는 중이었다. 사람들은 노래의 한 절이 끝날 때마다 지휘자가 그다음 절의 음을 던져주기를 기다렸다. 노래는 부르고 싶은 사람들끼리 엉망진창으로 불렀고, 노래를 부르는 중에는 모자를 쓰고 있는 사람들도 있었다. 노래가 끝나자 신도들 사이에 껴 있던 한 목사가 제단 앞으로 나가 긴 기도문을 책에서 발췌하여 읽어주었다. 사람들은 그중 어떤 대목에서는 자리에서 일어나 박수를 쳤으며, 예수 그리스도의 이름이 나올 때면 허리를 숙여 절을 했다. 머리에 아무것도 쓰지 않은 채로 설교를 마친 목사는 손수건 한 장과 큰 물병, 물이 담긴 그릇 하나를 제단 위에 올려놓았다. 그러자 한 여인이 몸을 배내옷으로 감싸 얼굴만 보이는 아이를 데리고 목사에게 다가갔고, 여인의 뒤로는 10~12명의 다른 여인들이 뒤따랐다. 목사는 그릇에 들어 있는 물을 손끝에 묻혀서 아기의 얼굴에 세 번 뿌리고 몇 마디 말을 읊조렸다. 그러고 나자 두 명의 남자가 아기에게 다가가더니, 각자 자신의 오른손에서 두 손가락을 아이에게 가져다 대었다. 그리고 목사가 이 두 남자에게 뭐라고 말을 하고 나면서 의식이 끝이 났다.

　몽테뉴 씨는 교회를 나오는 길에 목사와 이야기를 나누었다. 루터교 목사들은 교회로부터 아무런 수입을 얻지 않으며, 시의 원로원에서 공식적으로 지급하는 월급을 받는다. 이 루터 교회에는 가톨릭 교회 두세 군데에 모이는 사람들을 합친 것보다 훨씬 더 많은 사람들이 모여 있었다. 우리는 아우크스부르크에서 미모가 아름다운 여인은 단 한 명도 보지 못했다. 이곳 여인들은 서로 아주 다른 스타일로 옷을 입는다. 남자들은 모두가 귀족이 쓰는 벨벳 보닛을 쓰고 옆구리에 검을 차고 있어서 누가 귀족인지 가려내기 어렵다.

우리는 푸거Fuggers 가문[21]의 대저택 옆에 위치한 여관에서 묵게 됐다. 여관에는 이쪽 지역에서 '보리수'라고 부르는 나무로 만든 간판이 달려 있었다. 몇 해 전 유명을 달리한 푸거 가문의 한 사람이 본인의 유산을 상속하는 후손들에게 프랑스 돈으로 200만 에퀴를 남겼는데, 이에 상속자들은 그의 영혼을 기리고자 여기 아우크스부르크의 예수회에 3000플로린을 현금으로 기부했다고 한다. 그 덕분에 예수회는 이 도시에 아주 안정적으로 자리를 잡을 수 있었다. 푸거 가문의 대저택은 지붕이 구리로 되어 있다. 아우크스부르크에 있는 평범한 집들은 프랑스의 어느 도시에서 볼 수 있는 집들보다 훨씬 더 아름답고, 큰 규모와 높은 천장을 자랑한다. 이곳에는 길의 폭도 훨씬 넓은 편이다. 몽테뉴 씨는 아우크스부르크시가 오를레앙Orléans과 크기가 비슷하다고 생각했다.

---

21 14세기 후반 아우크스부르크에서 시작된 자본 가문. 르네상스 이탈리아를 대표하는 메디치 가문에 버금가는 규모의 가문이다. 초기에는 상업과 무역으로, 후기에는 광산업으로 온 유럽의 재산을 독차지했다.

우리는 점심을 먹은 뒤 시립 경기장으로 펜싱 경기를 보러 갔다. 엄청난 인파가 모여 있었다. 사람들은 서커스를 볼 때처럼 경기장 입구에서 돈을 내고 입장하며, 의자에 앉으려면 돈을 더 내야 한다. 선수들은 단도나 양손검, 양 끝으로 공격할 수 있는 몽둥이, 길이는 짧지만 폭은 넓은 양날검을 가지고 경기를 한다. 경기가 끝난 뒤에는 샤프하우젠의 광장보다 훨씬 더 웅장한 공간에서 상금이 걸린 석궁 경기와 장궁 경기도 보았다.

아우크스부르크에 들어오면서 지나온 입구에서부터 여기 경기장까지는 도시 바깥에서부터 흘러들어 오는 물이 큰 운하를 이루고 있다. 운하 위로는 우리가 건너온 다리가 있다. 이 다리 아래로는 사람들이 걸어 다니는 나무다리가 하나 있고, 그 아래로 흐르는 강물은 도시의 해자를 통과한다. 이 운하의 물은 엄청나게 많은 도르래를 돌아가게 하며, 그 도르래들은 또 다시 여러 개의 펌프를 작동시킨다. 그중에서 납으로 된 도르래 두 개에서는 매우 낮은 곳에서 흐르는 샘물에서부터 적어도 50피트는 되는 높이의 탑 꼭대기까지 물을 길어 올린다. 탑의 꼭대기까지 올라온 물은 돌로 만든 커다란 탱크 안으로 흘러들어 가며, 이곳에서 다시 여러 개의 관을 타고 아래로 흘러내려 가 온 도시에 분배된다. 오로지 이 장치를 통해 도시 곳곳에 있는 분수들로 물이 공급되는 것이다. 이 도르래들 중 하나를 개인적인 용도로 사용하고 싶은 사람은 시당국에 1년에 10플로린을 내면 허가를 받을 수 있고, 한 번에 200플로린을 내면 평생 사용할 수 있다. 아우크스부르크 사람들은 어느덧 40년째 이 소중한 장치 덕을 보고 있다.

가톨릭교도와 루터교도 간의 결혼은 흔한 일이며, 둘 중에서 결혼을 더 많이 바랐던 사람이 상대방의 교리를 따라야 한다. 이런 식으로 혼인을 한 부부가 아우크스부르크에만 1000쌍이다. 우리가 묵었던 여관의 주인도 본인은 가톨릭교를 믿었으나, 아내는 루터주의자였다. 아우크스부르크 사람들은 막대기의 한쪽 끝에 손잡이가 달린 먼지떨이를 사용해서 유리 제품에 쌓인 먼지를 털어낸다. 이곳 사람들 말로는 40~50에퀴로 아주 좋은 말을 살 수 있다고 한다.

아우크스부르크 시당국에서는 에스티삭 씨와 몽테뉴 씨에게 경의를 표하기 위해 이곳 지역에서 생산된 와인을 커다란 병 14개에 가득 담아 저녁식사 자리에 선물로 보내왔다. 제복을 차려입은 병장 7명과 고위 관리 한 명이 직접 와인을 가지고 왔고, 나리들은 이들을 저녁에 초대하여 함께 밥을 먹었다. 실제로 이렇게 선물을 가지고 온 사람들을 초대하여 함께 식사를 하는 것이 이곳의 풍습이다. 관습적으로는 짐꾼들에게도 무언가를 주어야 했다. 나리들은 와인을 싣고 온 짐꾼들에게 1에퀴를 주었다. 저녁식사에 함께 한 관리가 몽테뉴 씨에게 말하기를, 아우크스부르크에서는 총 3명의 관리에게 명망 높은 이방인을 존경의 마음으로 맞이하는 임무를 맡기고, 이들은 본인이 맞이할 이방인이 어떤 훌륭한 자질을 가지고 있는지 알아내기 위해 애를 쓰며 그에 걸맞은 의식들을 마땅히 준수하여 치른다고 했다. 예를 들면, 어떤 이방인에게는 다른 사람들에게 주는 것보다 와인을 더 많이 준다고 한다. 어느 한 공작에게는 시장들 중 한 명이 직접 찾아가기도 했다고 한다. 이들은 우리에게 남작이나 기사 수준의 대우를 해주었다. 몽테뉴 씨는 웬일인지 우리 일행이 각자의 계급을 숨기고 밝히지 않기를 바랐다. 그는 하루 종일 혼자서 시내 곳곳을 산책했다. 몽테뉴 씨는 본인이 그렇게 혼자 다녀야만 본인과 함께 여행하는 사람들이 다른 사람들로부터 더 존경받을 수 있다고 생각한다. 그는 독일에서만큼은 이렇게 자신을 따르는 사람들이 지역민의 존경을 받을 수 있도록 했다.

몽테뉴 씨는 노트르담 교회를 지나는 길에 갑자기 심하게 추위가 느껴져서 무심코 자신의 손수건을 코에 가져다 댔다. 그리고는 지금은 본인이 혼자 있는 데다가 옷도 아주 꾸밈 없이 입었기 때문에 아무도 자신을 신경 쓰지 않을 것이라고 생각했다. (쳄프텐을 떠난 날부터 살을 에는 듯한 추위가 시작됐다. 그전까지는 다행히도 최고로 좋은 날씨를 만끽할 수 있었다.) 하지만 이곳 사람들은 그런 몽테뉴 씨를 더욱 잘 알아봤고, 그에게 다가가 여기 노트르담 교회 사람들은 그런 행동을 이상하게 여긴다는 말도 해주었다. 몽테뉴 씨는 결국 가장 피하고 싶었던 실수, 즉 스스로도 의식하지 못했던 본인의 버릇 때문에 자기 자신을 쳐다보는 사람들의 눈살을 찌푸리게 만드는 실수를 저지른 셈이 됐다. 사실 몽테뉴 씨는 본인의 주변 환경에서 살아가는 방식에 스스로를 가능한 한 최대로 맞춰서 행동하는 편이다. 일례로 그는 아우크스부르크에서 시내에서 구입한 털모자를 쓰고 다녔다.

아우크스부르크 사람들 말로는 이곳에 몸집이 작은 생쥐는 있지만 다른 독일 도시에 득실거리는 거대한 쥐는 없다고 한다. 아우크스부르크에는 쥐와 관련하여 기적 같은 일화들이 많이 전해진다. 사람들은 도시에 큰 쥐가 없는 것이 이곳에 묻혀 있는 주교들 중 한 명의 은혜 덕분이라고 생각한다. 이들은 주교의 무덤이 묻혀 있는 땅을 헤이즐넛 한 개 크기만큼 작은 덩어리로 나누어 팔면서, 원한다면 어느 지역에서든지 간에 이 해로운 야생동물을 내쫓을 수 있다고 말했다.

월요일에는 어느 부잣집의 못생긴 여식과 푸거 가문에서 일하는 베네치아 출신 중개상의 결혼식에 참석하기 위해 노트르담 교회에 갔다. 그곳에서 미인이라고는 단 한 명도 보지 못했다. 푸거 가문 사람들은 수도 많을뿐더러 하나같이 매우 부유하고, 아우크스부르크에서도 제일 높은 직책들을 맡고 있다. 우리는 푸거 가문의 대저택에서 커다란 홀을 두 개 보았다. 그중 하나는 크기가 크고 천장이 높으며 바닥에는 대리석이 깔려 있고, 다른 하나는 천장이 낮으며 오래전부터 최근까지 받은 훈장들이 가득 걸려 있고 그 끝에는 또 다른 작은 방이 하나 딸려 있다. 이 두 홀은 나로서는 지금까지 본 것 중에서 가장 화려한 공간이었다. 그곳에서 춤추는 사람들도 볼 수 있었다. 이들은 오로지 독일식으로 삼박자에 맞춰 춤을 추었다. 노래가 한 곡 끝날 때마다 남자들은 춤을 멈춘 뒤, 홀의 사면에 각각 두 줄로 놓인 긴 의자에 앉아 있는 여인들을 홀 중앙으로 데려왔다가 다시 제자리로 데려가 앉히곤 했다. 의자는 붉은 천으로 덮여 있다. 남자들은 여인들 사이에는 절대 끼지 않는다. 잠깐의 휴식 시간이 있었고, 이후 사람들이 다시 춤을 추기 시작했다. 남자들은 본인의 손에 직접 입을 맞추어 인사를 하고, 여자들은 자신의 손에 입을 맞추지는 않고 그냥 인사를 받기만 한다. 여자는 남자의 손을 자신의 겨드랑이 아랫부분에 놓고 남자를 껴안는다. 그리고 상대방과 볼을 맞대고 본인의 오른손을 남자의 어깨 위에 올려놓는다. 이들은 모두가 보는 앞에서 춤을 추며 서로 이야기를 나눈다. 사람들이 옷을 아주 많이 껴입는 편은 아니었다.

우리는 여기 대저택 말고 다른 곳에서도 푸거 가문의 저택들을 보았다. 이 모든 건물들을 아름답게 꾸미려면 엄청난 비용이 들 것이다. 이 저택들은 푸거 가문 사람들이 여름마다 매춘을 위해 이용하는 별장 같은 곳이다. 그중 한 곳에서는 물이 시계추의 역할을 해서 그 흐름에 맞춰 괘종시계가 돌아가는 것을 보았다. 그곳에는 심지어 수조 두 개에 물고기들을 넣어 놓았다. 수조는 한 면의 길이가 20보인 정사각형 모양으로, 그 위에는 수조를 여닫을 수 있는 덮개가 달려 있다. 수조 안에는 물고기들이 가득 차 있다. 각 수조의 사면에는 여러 개의 작은 관들이 설치되어 있는데, 몇 개는 직선이고 다른 몇 개는 위쪽으로 굽은 모양이다. 수조로 들어가는 물은 이 관들을 지나 수조 안으로 아주 생동감 있게 흘러 들어가며, 한쪽에 있는 관들에서 물을 내보내면, 다른 쪽 관들에서는 물이 1피크 높이까지 솟아오른다. 두 수조 사이에는 폭이 10보 되는 공간에 널빤지들이 깔려 있고, 그 위로는 놋쇠로 만든 수도꼭지들이 바깥에서는 보이지 않게 설치되어 있다. 물고기들이 뛰노는 모습을 여인들이 구경하고 있는 동안, 수도꼭지의 태엽을 느슨하게 풀어버리면, 그 순간 모든 수도꼭지에서 가늘고 굵은 물줄기가 사람 머리 높이까지 뿜어져 나오면서 여인들의 속치마와 엉덩이를 차갑게 적시곤 한다. 또 저택 안 다른 곳에는 재미있게 생긴 분수용 호스가 하나 있다. 그 호스를 쳐다보고 있으면, 누군가가 수도꼭지를 틀어버려서 눈에 띄지 않을 정도로 조그만 다른 관들로 물이 뿜어져 나온다. 그러면 100리 외 떨어진 곳에 있는 사람들의 얼굴에도 조금이나마 물을 뿌릴 수 있다. 그곳에는 라틴어로 다음과 같은 문장이 쓰여 있다. "소소한 즐거움을 찾는 그대, 이곳에서 누려라." 이 저택에는 또 폭이 20보인 정사각형 모양의 새장이 하나 있다. 새장의 높이는 12~15피트이고, 사면은 매듭을 아주 잘 묶어서 엮어 놓은 철사로 둘러싸여 있다. 새장 안에는 소나무 10~12그루가 심어져 있고 분수도 하나 설치되어 있으며, 새들로 가득하다. 우리는 그 안에서 이곳 사람들이 인도에서 건너왔다고 믿는 폴란드 비둘기를 몇 마리 보았다. 나는 이전에 다른 곳에서도 이렇게 생긴 새들을 본 적이 있다. 이 비둘기는 몸집이 크고 자고새와 비슷한 부리를 가지고 있다. 정원사가 추위를 동반한 폭풍우가 올 것을 예상하고는 엄청난 양의 아티초크와 양배추, 상추, 시금치, 치커리, 그리고 본인이 수확한 다른 식물들을 지붕이 있는 어떤 작은 창고 같은 곳으로 옮기는 모습도 보았다. 마치 그것들을 모두 그 창고 안에서 모조리 먹어버릴 것처럼 말이다. 정원사는 식물들의 뿌리를 땅 아래로 넣어 심으면서 두세 달 동안은 신선하고 좋은 상태로 유지되기를 바랐다. 당시 정원사에게는 하나도 시들지 않은 아티초크가 100개 있었는데, 그것들은 실제로 6주도 훨씬 전에 딴 것이었다. 우리는 납을 U자 모양으로 구부러트려서 만든 도구도 하나 보았다. 이 물건은 양 쪽 끝이 뚫려 있고 속은 비어 있다. 일단 양쪽 끝을 위로 향하게 하고 그 안에 물을 가득 채운 뒤, 아주 섬세하고 재빠른 동작으로 거꾸로 뒤집으면, 한쪽 끝에서는 물이 가득 담긴 용기로부터 물을 끌어 올리며, 다른 쪽 끝에서는 바깥으로 물을 내보낸다. 이러한 흐름이 한 번 시작되면, 결국에는 내부의 진공 상태를 피하기 위해 계속해서 물이 관 안을 채우면서 쉬지 않고 흐르게 된다.[22] 푸거 가문의 문장은 가운데가 갈라져서 두 조각으로 나누어진 방패 모양이다. 왼쪽에는 금색 배경에 푸른 백합꽃이, 오른쪽에는 푸른 배경에 금색 백합꽃이 그려져 있다. 이는 샤를 퀸트 황제가 푸거 가문 사람들에게 귀족의 작위를 내리면서 하사한 것이다.

우리는 작센 공작에게 타조 두 마리를 보내기 위해 길을 가고 있는 베네치아 사람들을 만나러 갔다. 수컷 타조는 암컷보다 더 검고, 목 부분은 붉다. 암컷은 수컷보다 더 회색빛을 띠며 알을 많이 낳는다. 그들은 타조들을 끌며 걸어가는 중이었다. 이들이 하는 말에 따르면, 이 짐승들은 사람보다 체력이 더 좋아서 매번 도망쳐버린다고 한다. 하지만 타조의 허리에서부터 엉덩이까지 목줄을 두르고 또 다른 줄 하나는 타조의 어깨 위에 걸쳐서 몸통 전체를 감싸고 나면, 이 긴 줄들을 사용해서 본인들이 원하는 대로 타조들을 멈춰 세우거나 길을 돌아가게 할 수 있다고 한다.

화요일에는 아우크스부르크 귀족들이 특별한 호의를 베풀어준 덕분에 도시의 뒷문을 구경하러 갔다. 그곳에서는 걸어서 또는 말을 타고 아우크스부르크에 들어가려는 사람들을 밤새 맞이한다. 문

---

22   여기서 묘사되는 도구의 이름은 '사이펀'이다. 사이펀은 U를 위아래로 뒤집은 모양의 관으로, 한 쪽의 물이 그보다 더 높은 곳을 지나 더 낮은 쪽으로 흐르도록 하는 데 사용된다.

을 지나는 사람은 본인의 이름이 무엇인지, 아우크스부르크에서 함께 지낼 사람은 누구인지 또는 자신이 묵으려는 여관은 어디인지 밝혀야 한다. 이 입구는 시당국에서 고용한 듬직한 남성 두 명이 지키고 있다. 말을 타고 오는 사람들은 2바첸, 걸어서 오는 사람들은 1바첸을 지불한다. 문 바깥쪽은 쇠로 덮여 있고, 그 옆에 붙은 철판에는 사람이 당길 수 있는 쇠사슬이 연결되어 있다. 이 쇠사슬은 아주 길고 심하게 굽이진 길을 지나 두 문지기 중 한 사람이 지내는 아주 높은 방으로 이어진다. 누군가가 쇠사슬을 당기면 방 안에 있는 작은 종이 울리도록 설계되어 있다. 문지기는 침대에 잠옷 차림으로 있다가도, 방에서 족히 100보는 떨어져 있는 이 문을 열어주기 위해 어떤 장치를 직접 앞뒤로 움직인다. 그렇게 문 안으로 들어오면 길이가 약 40보 되는 다리가 나온다. 다리에는 전부 천이 깔려있고, 아래로는 도시의 해자가 흐른다. 이때 다리를 따라 나무로 된 관 하나가 길게 나 있는데, 바로 이 관을 통해 문지기가 방에서 문을 열어줄 때 사용하는 장치들이 작동한다. 문은 사람이 들어오고 난 뒤 곧바로 다시 닫힌다. 그 다리를 지나고 나면 작은 광장이 하나 나오고, 바로 그곳에서 첫 번째 문을 열어준 문지기가 심문을 한다. 방문객은 문지기에게 본인의 이름과 주소를 밝혀야 한다. 그러고 나면 첫 번째 문지기는 자기 방에서 1층 아래에 마련된 큰 방에 지내고 있는 동료를 부르기 위해 종을 울린다. 그러면 이 두 번째 문지기는 먼저 자신의 방 옆 복도에 있는 쇠줄을 움직여서 작은 철벽을 열고, 그 다음에는 커다란 핸들을 돌려 도개교를 위로 끌어 올린다. 이때 방문객은 이 두 번째 문지기의 움직임을 전혀 느끼지 못한다. 모든 시설이 두꺼운 벽과 문 안에 감춰져 있기 때문이다. 그러고 나면 갑자기 엄청난 굉음과 함께 모든 것이 지체 없이 닫혀버린다. 도개교를 건넌 후에는 여러 장의 얇은 철판을 덧댄 매우 두껍고 커다란 나무 문이 하나 열린다. 방문객은 그곳에서 다시 어떤 방에 들어가게 된다. 그 방까지 가는 길에는 말을 걸 수 있는 사람이 단 한 명도 나타나지 않는다. 방 안으로 들어가 갇히고 나면, 누군가가 와서 첫 번째 문과 비슷하게 생긴 또 다른 문을 하나 열어준다. 방문객은 그렇게 두 번째 방에 들어간 후에야 빛을 볼 수 있다. 그 방 안에는 천장에서부터 내려오는 쇠사슬에 놋그릇이 하나 매달려 있고, 방문객은 그 위에 통행료를 올려놓아야 한다. 그런 다음에는 문지기가 그릇을 위로 끌어 올려 돈을 가져간다. 이때 만약 돈이 충분하지 않다고 판단되면, 문지기는 방문객을 다음날 아침까지 방 안에서 기다리도록 만든다. 돈이 충분한 경우에는 다음 절차에 따라 또 하나의 다른 커다란 문이 이전에 지나온 것들과 동일한 방식으로 열린다. 그 문도 마찬가지로 사람이 지나가자마자 바로 닫히며, 그렇게 방문객은 도시에 입성하게 된다. 과연 세상에서 인간이 만들어낸 가장 기발한 장치들 중 하나라고 분명하게 말할 수 있다. 영국의 왕비는 아우크스부르크 시당국에게 특사를 보내어 문을 여닫는 이 장치들이 작동하는 방식을 알려달라고 요구했으나, 시에서 거절했다는 이야기가 있다. 또 맨 처음에 통과했던 대문 아래에는 커다란 지하실이 하나 있는데, 그곳에서는 누군가를 구조하러 가야 할 때나 전쟁에 병력을 보내야 할 때를 대비하여 시민들 모르게 말 500마리를 데려다놓고 있다고 한다.

우리는 아우크스부르크를 떠나는 길에 굉장히 아름다운 생트 크루아 Sainte-Croix 교회를 구경하러 갔다. 이 교회에서는 거의 100년 전에 있었던 어떤 기적 같은 사건을 기리기 위해 성대한 의식을 거행한다고 한다. 사건인즉슨 이렇다. 언젠가 어떤 한 여인이 고해성사하기를, 자신이 예수 그리스도의 성체를 삼키고 싶지 않아서 그것을 다시 입에서 꺼내어 밀랍으로 봉한 뒤 상자 안에 넣어놓았다고 했다는 것이다. 이후 사람들은 상자에 들어 있는 성체가 완전히 살로 변해 있는 것을 발견하게 됐다고 한다. 이에 시당국에서는 여러 장소에 이 기적의 이야기를 증언하는 글을 라틴어와 독일어로 남겼다. 생트 크루아 교회 사람들은 유리 안에 보관되어 있는 밀랍 덩어리와 살갗처럼 붉은색을 띤 작은 덩어리를 보여주었다. 이 교회도 푸거 가문의 대저택과 마찬가지로 지붕이 구리로 되어 있다. 이런 지붕은 아우크스부르크에서 심심치 않게 보인다. 생트 크루아 교회 바로 옆에는 루터주의자들이 다니는 교회가 있다. 이 루터 교회의 본관과 숙사는 다른 도시에서 본 것처럼 가톨릭교 교회의 수도원과 비슷한 양식으로 지어졌다. 루터 교회의 대문에는 예수 그리스도를 안은 성모가 다른 성인들과 몇몇 아이들과 함께 있는 모습을 조각한 성상이 세워져 있다. 그리고 그 위에는 다음과 같은 문구가 적혀 있다. "어린아이들이 나에게 오도록 하라."

우리가 묵은 여관에는 철판 여러 개를 사용해서 만든 장치가 하나 있다. 먼저, 이 장치는 수심이 아주 깊은 우물의 바닥으로 내려가 두 군데로 나뉘어서 자리를 잡는다. 그런 다음에는 우물 위에서 어떤 남자아이가 또 다른 기계를 흔드는데, 그러면 우물 안에서 철판들이 2~3피트의 범위 내에서 위아래로 움직이며 바닥의 우물물을 번갈아가면서 때리고 압력을 가하여 펌프로 밀어낸다. 그렇게 위로 솟아오르는 물줄기는 납으로 된 수도관을 지나 부엌이나 사람들이 물을 필요로 하는 어딘가로 흘러 들어간다. 여기 여관에서는 벽이 까맣게 더러워지면 곧바로 깨끗하게 만들기 위해서, 돈을 주고 일꾼을 고용한 뒤 벽을 닦아낸 후 그 위에 다시 하얗게 페인트칠을 하도록 한다. 여관에서는 색이 칠해진 도기 그릇에 각각 큰 사이즈와 작은 사이즈의 고기 파이를 담아서 주었다. 그릇은 파이의 겉면과 정확히 같은 모양이었다. 식사에 드라제[23]나 잼이 같이 나오지 않는 경우는 거의 없다. 이곳 아우크스부르크에서 먹은 빵은 지금까지 먹어본 빵 중에서 제일 맛있는 빵이었다. 와인도 맛있었다. 독일 사람들은 보통 화이트 와인을 즐겨 먹는다. 우리가 마신 와인은 아우크스부르크 주변에서 생산된 것이 아니라 다른 지역에서부터 5~6일이 걸려 공수해온 것이다. 이 도시의 여관 주인들은 와인을 구매할 때 100플로린을 지불한다. 공국에서는 와인값으로 60플로린을 요구하며, 본인이 개인적으로 마실 용도로 와인을 구매하는 사람들은 그 반값만 지불하면 된다. 아우크스부르크의 여러 여관에는 침실이나 식당에 향수를 뿌리는 풍습이 아직도 있다.

　아우크스부르크시는 원래는 완전히 츠빙글리의 교리를 따랐었다. 그러던 어느 날부턴가 가톨릭교 신도들이 다시 유입되기 시작했고, 그 뒤를 이어 루터주의자들이 자리를 잡았다. 현재로서는 가톨릭교

23　아몬드나 호두 등 견과류에 설탕이나 초콜릿 등을 입힌 과자.

가 수적으로는 훨씬 부족할지라도 더 막강한 권력을 쥐고 있다. 몽테뉴 씨는 아우크스부르크에서 예수회 사람들을 만났고, 그중에서 몇몇 지식인들을 알게 됐다.

10월 19일 수요일 아침, 우리는 아우크스부르크에서 아침을 먹었다. 몽테뉴 씨는 다뉴브Danube강 근처에서는 단 하루밖에 지내지 못하고, 또 '탄산천'이라고 불리는 온천에서는 고작 반나절밖에 보내지 못하고 떠나는 것을 굉장히 아쉬워했다. 다뉴브강과 근처에 있는 울름을 제대로 구경하지 못했다는 것이다. 탄산천은 땅이 평평한 지대에 위치하고 있으며, 수온이 차가워서 사람들은 온천물을 마실 때나 온천욕을 할 때 물을 데워서 사용한다. 이곳 온천물에서는 톡 쏘는 맛이 나서 마실 때 느낌이 좋고, 두통과 복통에도 효과가 좋다. 사람들 말로는 이 근처에도 바덴에서처럼 내부 시설이 굉장히 잘 되어 있는 숙소에서 아주 편하게 머무르면서 온천욕을 할 수 있기로 유명한 온천이 하나 있다고 한다. 하지만 겨울이 빠르게 다가오고 있었고, 그 온천까지 가는 길은 우리가 가려고 했던 길과는 완전히 정반대 방향이어서 아우크스부르크에 왔을 때 지나온 길을 다시 되돌아가야 했다. 몽테뉴 씨는 똑같은 길을 두 번 지나가는 것을 굉장히 싫어했다. 나는 몽테뉴 씨의 방패꼴 문장을 우리가 묵었던 여관의 식당 문 앞에 남겨두고 왔다. 화공은 아주 예쁘게 문장을 그려주었다. 그림에는 2에퀴가 들었고, 그림을 그릴 나무판을 조각하는 데에는 20솔이 들었다. 아우크스부르크에는 라틴어로는 '리쿠스Lycus'라고 불리는 레히강이 흐른다. 우리는 풍경이 굉장히 아름답고 밀밭으로 가득한 지역을 지나 아우크스부르크에서 5리외 떨어진 브룩Bruck[24]에 도착해서 하루를 묵었다. 바비에르 공작의 영토에 속하는 브룩은 지리적으로 아주 멋있는 위치에 자리한 큰 마을이다. 브룩 사람들은 가톨릭교를 믿는다. 우리는 바로 다음날인 10월 20일 목요일에 브룩에서 다시 길을 나섰고, 계속해서 엄청난 규모의 밀밭과 끝없이 펼쳐진 대초원을 지났다. (이쪽 지역에서는 와인이 생산되지 않는다.) 그렇게 브룩에서 4리외 거리에 있는

뮌헨München에 도착해서 점심을 먹었다. 보르도와 규모가 비슷한 뮌헨시는 바비에르 공국의 수도이다. 역대 바비에르 공작들의 저택은 주로 이자르Isar 강가에 위치해 있다. 이자르강은 '이스터Ister'강이라고 불리기도 한다. 뮌헨에는 근사한 성이 하나 있다. 뮌헨에 있는 마사馬舍는 천장이 아치형 구조로 되어 있는데, 지금까지 프랑스나 이탈리아에서 보았던 것보다 훨씬 근사하다. 보통은 말을 200마리 정도 보관할 수 있다. 뮌헨 시민들은 굳건하게 가톨릭교를 믿는다. 뮌헨은 상업이 발달하여 인구수가 많고 풍경이 아름다운 도시다.

아우크스부르크를 떠나온 다음날부터는 사람 한 명과 말 한 마리당 적어도 매일 4리브르가 들었고, 하인 1명에게는 40솔이 들었다고 할 수 있다. 뮌헨에서 묵은 여관의 침실에는 침대에 커튼이 달려 있지 않고, 대신 침대 위에 천장처럼 막혀 있는 구조가 없었다. 상태는 아주 깨끗했다. 이곳 여관에서는 바닥을 청소할 때 톱밥을 물에 넣어 삶은 것을 사용한다. 이 독일이라는 나라에서는 어느 지역에서

---

24   현재는 퓌르스텐펠트Fürstenfeld와 함께 퓌르스텐펠트브룩Fürstenfeldbruck으로 통합됐다.

든지 간에 밀을 타작할 때와 동일한 방식으로 순무와 무를 베고 열심히 손질한다. 7~8명의 사내들이 양손에 큰 낫을 들고 절도 있게 무를 자른 뒤, 마치 우리 프랑스에서 포도를 압착기에 넣는 것처럼 자른 무를 커다란 통 안에 넣는다. 양배추처럼 겨울 동안 소금에 절여놓기 위해서다. 순무와 무는 집 안의 정원에서뿐만 아니라 집 밖의 밭에서도 굉장히 많이 자라며, 그 수확량이 엄청나다.

현 뮌헨 공작은 로렌 공작의 누이와 결혼하여 건장한 사내아이 두 명과 여자아이 한 명을 낳았다. 뮌헨에서는 공작과 그의 형이 함께 지낸다. 우리가 뮌헨에 있었던 날, 이 두 사람은 각자의 부인과 다른 식구들과 함께 사냥을 떠나고 집을 비운 상태였다. 금요일 아침, 우리는 뮌헨을 떠나는 길에 공작이 소유한다는 숲을 지났고, 그곳에서 적갈색의 다마사슴[25]들이 양들처럼 엄청나게 큰 무리를 이루고 있는 모습을 보았다. 우리는 쉬지 않고 달려 그로부터 6리외 거리에 떨어진

쾨니히스도르프Königsdorf라는 작고 볼품없는 마을에 도착했다. 이곳도 뮌헨 공작의 영토에 포함된다.

이쪽 지역 일대를 장악하고 있는 예수회는 내부의 수도사들이 엄청난 스캔들을 일으키면서 사람들의 미움을 받게 됐다. 이에 수도사들은 결국 내연 관계에 있던 여인들과 강제로 헤어져야 했고, 이에 응하지 않을 경우에는 엄벌에 처해졌다. 이러한 조치를 못마땅해하는 수도사들을 보니, 과거에 너그럽게 참고 넘어가줬다고 해서 이제

---

25 두 뿔의 세 번째 가지가 넓적하게 퍼져 있는 사슴.

는 본인들의 행동이 마치 합법적으로 행사할 수 있는 권리인 양 구는 것처럼 보였다. 이들은 아직까지도 열의를 다해 뮌헨 공작에게 항변을 하는 중이었다.

이곳 쾨니히스도르프 마을에서는 독일에 넘어온 이후 처음으로 계란을 먹었다. 여기 사람들은 생선을 먹을 때 계란을 같이 먹거나 아니면 삶은 계란을 네 등분해서 샐러드 위에 올려 먹기도 한다. 또 이곳에서는 은잔을 그렇게나 많이 가지고 있으면서도 우리에게는 통나무 널빤지를 원통 모양으로 둘러서 만든 나무잔을 쓰라고 내어 주었다. 마을의 어느 귀족 가문의 한 아가씨가 몽테뉴 씨에게 와인을 몇 병 보내왔다.

우리는 토요일 아침 일찍 쾨니히스도르프를 떠났다. 오른쪽으로는 이자르강이 흘렀고, 바비에르 공국의 산기슭 아래에 큰 호수가 하나 보였다. 우리는 한 시간이 걸려 작은 언덕을 올랐다. 정상에는 백여 년 전에 어떤 바비에르 공작이 바위에 구멍을 냈다는 내용의 글이 적혀 있다. 우리는 그렇게 관리가 아주 잘 되어 있어서 수월하게 지나갈 수 있는 길을 따라 알프스산맥의 심장으로 완전히 들어가는 중이었다. 화창하고 고요한 날씨도 우리를 도와주었다.

이 작은 언덕을 내려가는 길에서 아주 아름다운 호수를 발견했다. 호수의 길이는 가스코뉴 지방의 기준으로 1리외이고, 폭은 그것보다 훨씬 넓었다. 호수 주변에는 범접할 수 없을 만큼 산들이 높게 우뚝 솟아 있었다. 우리는 계속해서 같은 길을 따라 이동했고, 때때로 산기슭 아래쪽에서 매혹적인 풍경의 초원을 마주하기도 했다. 초원 위에는 집들이 지어져 있었다. 우리는 그렇게 쉬지 않고 달려 미텐발트Mittenwalt라는 작은 마을에 도착해서 하룻밤을 묵었다. 바비에르 공작의 영토에 들어 있는 미텐발트는 이자르강을 따라 지리적으로 아주 좋은 위치에 자리 잡고 있다. 이곳에서 독일로 넘어온 이후 처음으로 밤을 먹었다. 완전히 떫은 밤이었다. 미텐발트에는 여행자들이 1.5바첸을 내고 땀을 뺄 수 있는 한증탕이 하나 있다. 나는 나리들께서 저녁식사를 하시는 동안 그곳에 다녀왔다. 탕 안에서는 독일 사람들이 부항을 뜨면서 피를 빼고 있었다.

다음날인 10월 23일 일요일 아침, 우리는 계속해서 작은 언덕들 사이에 나 있는 이 길을 따라 이동했다. 그러다가 길을 막고 있는 어떤 대문과 건물 하나를 발견했다. 오스트리아 대공의 영토인 티롤 Tirol[26]로 들어가는 입구였다. 우리는 미텐발트에서 3리외 떨어진

제펠트Seefeld[27]라는 작은 마을에 도착해서 점심을 먹었다. 제펠트 마을은 지리적으로 쾌적한 위치에 자리하고 있다. 근사하게 생긴 마을 교회는 기이한 일화로 유명하다. 이야기인즉슨, 1384년 부활절 미사에서 밀떡이 모두에게 공평하게 똑같은 크기로 배분되는 것에 어떤 한 남자가 불만을 품고 더 큰 것을 요구했는데, 남자가 밀떡을 입에 넣자 그의 발 아래로 땅이 열리더니 그를 목까지 집어삼켜 버렸다는 것이다. 이후 사제가 교회 제단의 모서리를 움켜잡고 있는

---

26 중부 유럽의 알프스에 자리한 지방. 과거에는 티롤 공작이 독립적으로 관할하는 하나의 자치 구역이었으나, 제1차 세계대전에서 오스트리아가 패하면서 오늘날과 같은 경계가 형성됐다. 지금은 동북부 쪽은 오스트리아의 티롤주를 이루며, 중남부 쪽은 이탈리아의 북부 지방에 속한다.

27 현재 지명: 제펠트 인 티롤Seefeld in Tirol

남자의 입에서 밀떡을 꺼내주었다고 한다. 교회 사람들은 그때 땅이 열리면서 생겼다는 구멍을 보여주었다. 구멍은 쇠창살로 막혀 있었다. 이들은 남자의 손가락 자국이 남아 있는 제단과 핏방울처럼 완전히 붉은색을 띠는 밀떡도 보여주었다. 우리는 이 교회에서 비교적 최근에 쓰인 것 같은 라틴어 글귀를 발견했다. 며칠 전 어떤 티롤 사람이 고기를 삼키려다가 그만 덩어리가 목구멍에 걸려버렸고 이후 사흘 동안은 그것을 삼킬 수도 뱉을 수도 없는 상태로 지냈는데, 여기 교회에 와서 기도를 드리자 갑자기 낫게 됐다는 내용이었다.

제펠트 마을에서부터는 지대가 높은 지역을 지났다. 예쁜 마을이 많이 보였다. 그렇게 한 시간 반 정도를 내려오니, 아래에는 지리적으로 아주 좋은 위치에 근사한 마을이 자리하고 있었다. 마을 위쪽에는 곳곳이 부서져 다가가서는 안 될 것처럼 보이는 암벽 위로 멋있는 성이 세워져 있다. 성에서 아래를 내려다보면, 암벽이 쪼개지면서 생긴 이 좁은 내리막길이 잘 보인다. 길은 평범한 마차가 지나갈 수 있을 만큼 충분히 넓지 않았고, 이 근처의 산들 사이사이로 나 있는 다른 길들도 사정은 마찬가지였다. 그래서인지 이쪽 산길을 다니는 마부들은 보통 한 면의 길이가 1피에밖에 되지 않는 짐수레를 사용한다.

우리는 엄청난 길이를 자랑하는 골짜기를 발견했다. 골짜기를 지나는 인Inn강은 빈Wien의 다뉴브강으로 흘러 들어간다. 라틴어로는 이 골짜기를 '에누스 Œnus'라고 부른다. 인스브루크 Innsbruck에서 빈까지는 배로 5~6일이 걸린다. 몽테뉴 씨는 지금까지 보았던 모든 풍경들 가운데 이 골짜기를 가장 마음에 들어 했다. 우리의 오른쪽으로는 강이 흘렀다. 한쪽에서는 서로 다닥다닥 붙어 있는 산들 사이의 간격이 좁아졌다가 다시 넓어지면서 그리 경사가 가파르지 않은 비탈길 위로 밭을 일구어 작물을 재배할 수 있는 지대가 형성되어 있다. 다른 한쪽에서는 두세 층으로 겹겹이 쌓인 들판이 이어진다. 그 위에는 귀족들이 사는 근사한 저택과 교회가 가득 세워져 있으며, 사방으로는 한없이 높은 산들이 벽처럼 솟아 있어서 마치 이 모든 풍경을 가두고 있는 모습이다.

우리는 강의 이쪽 편에 솟은 어느 한 바위산에서 십자가상 하나를 발견했다. 십자가상은 밧줄처럼 인위적인 도움을 받지 않고서는 그 누구도 절대로 다다를 수 없는 곳에 세워져 있었다. 설령 누군가가 거기까지 올라갔다고 하더라도 굴러떨어지기 십상인 곳이었다. 사람들 말로는 샤를 퀸트 황제의 할아버지인 막시밀리언Maximilian 황제[28]가 이 산에서 사냥을 하다가 길을 잃고 말았는데, 이런 위험한 상황에서 본인이 목숨을 건진 것을 길이 기억하기 위해 이 십자가상을 세웠다고 한다. 황제의 이야기는 아우크스부르크에서 궁수들이 경기를 했던 곳에도 그림으로 남겨져 있다. 우리는 저녁시간이 되어서야 제펠트에서 3리외 거리에 있는

인스브루크Innsbruck에 도착했다. 티롤 지방의 중심 도시인 인스브루크는 라틴어로는 '에노폰툼Œnopontum'이라고 불린다. 인스브루크

---

28   15세기 초 신성로마제국의 황제. 부르고뉴 가문과의 혼인과 수차례의 전쟁을 통해 유럽 전역으로 합스부르크 가문의 영향력을 확장했다.

에는 오스트리아 공국의 페르디난트Ferdinand [29] 대공이 거주하고 있다. 도시는 이 골짜기의 깊숙한 곳에 아주 잘 지어져 있으며, 주변의 풍경이 굉장히 아름답다. 도시 곳곳에서는 샘물과 시냇물이 흐른다. 우리가 지나온 독일과 스위스 지역에서 쉽게 볼 수 있는 풍경이다. 거의 대부분의 집에는 테라스가 설치되어 있다.

우리는 '로즈'[30]라는 아주 좋은 여관에서 묵었다. 여관에서는 음식을 백랍 접시에 담아 내어주었다. 냅킨으로 말할 것 같으면, 이미 며칠 전부터 프랑스식으로 사용하는 중이다. 침대 주위에 달린 커튼에 새겨진 아름답고 화려한 무늬는 스위스라는 나라의 특색을 잘 보여준다. 커튼은 어떤 천을 잘라 만든 것이었는데, 길이는 짧고 폭은 좁아서 우리에게는 아무런 쓸모가 없었다. 침대 위에 지어진 작은 닫집은 너비가 손가락 세 개 길이이며, 주변에는 술이 풍성하게 달려 있다. 여관에서는 몽테뉴 씨가 쓸 침대보라면서, 나에게 폭은 손가락 네 개 정도 길이에 가장자리에는 레이스 무늬가 수놓아진 하얀 천을 주었다. 여기 인스브루크에도 대부분의 다른 독일 도시에서처럼 밤마다 내 정시가 되면 길에서 시간을 외쳐주는 사람들이 있다. 우리가 지나온 독일 도시들에서는 고기를 먹을 때 생선을 같이 먹는 풍습을 가지고 있다. 그렇다고 해서 반대로 생선을 먹을 때 고기 요리가 함께 나오는 것은 아니다. 적어도 우리에게는 그랬다. 월요일에는 인스브루크에서 다시 길을 나섰다. 우리는 왼쪽에 인강을 낀

---

29 신성로마제국 황제 페르디난트 1세의 둘째 아들이자 샤를 퀸트 황제의 사촌.
30 *Rose.* '장미'라는 뜻의 프랑스어.

채로 아름다운 평야 지대를 지나, 인스브루크에서 2리외 떨어진 할Hall[31]에 도착해서 점심을 먹었다. 할은 잠깐 구경할 생각으로 들른 곳이다. 할도 인스부르크처럼 리부른Libourne과 규모가 비슷한 작은 도시이다. 도시는 인 강가에 위치해 있다. 이후 우리는 다리를 지나 다시 인강의 반대편으로 건너갔다. 할에서 생산된 소금은 독일 전역으로 공급된다. 이곳에서는 매주 900개의 빵을 생산하여 한 덩어리에 1에퀴에 판매한다. 빵의 모양은 혹스헤드[32] 술통과 비슷하며, 두께도 술통의 절반 정도 된다. 실제로 이 빵을 만들 때 틀로 사용하는 용기가 그런 술통의 모양이다. 소금과 빵을 만들어 판매하는 작업은 대공의 감독 아래 진행되며, 어마어마한 비용이 든다. 이곳의 소금 작업장에서는 지금까지 다른 곳에서 본 장작을 모두 합친 것보다 훨씬 더 많은 장작을 사용한다. 왜냐하면 이곳에서는 커다란 가마솥 여러 개에 소금물을 넣고 끓이는 방식으로 소금을 만들어내기 때문이다. 철판으로 만든 가마솥의 지름은 족히 30보나 된다. 이때 사용하는 소금물은 할에서 2리외나 떨어진 곳에 이웃한 산들 중 한 곳에서 끌어온 것이다. 할에는 근사하게 생긴 교회가 여러 개 있다. 몽테뉴 씨는 그중에서도 특히 예수회에서 운영하는 교회들을 골라 방문했다. 반면, 인스브루크에서는 외관이 화려하고 시설이 잘 갖추어져 있는 교회들을 방문했었다.

---

31 현재 지명: 할 인 티롤Hall in Tirol

32 술이나 음료 등을 담을 때 사용하는 통. 한 통의 부피는 50~60갤런으로 조금씩 달라진다.

우리는 점심식사를 마친 뒤, 강의 이쪽에서 오스트리아의 페르디난트 대공이 지내고 있다는 아름다운 저택으로 다시 향했다. 몽테뉴 씨는 대공에게 존경의 마음을 담아 인사를 드리기 위해 그날 아침 그곳에 들렀으나, 어느 한 고관을 통해 대공이 공회의 때문에 바쁘다는 이야기를 들었다. 그래서 점심을 먹은 후 다시 들른 것이다. 우리는 대공께서 정원에 있는 모습을 발견했다. 아니 적어도 어렴풋이나마 대공을 본 것 같았다. 사람들은 우리 나리들이 대공을 뵙고자 이곳에 와 있다는 사실을 대공에게 전하러 갔다. 그러나 이들은 대공께서 본인은 그다음 날이 일정이 더 여유롭다고 했다면서 나리들에게 양해를 구한다는 말을 전했다. 그래도 어떤 이유에서든지 간에 혹시라도 자신의 도움이 필요하다면 밀라노 출신의 어느 한 고관에게 알리면 될 것이라는 말도 있었다. 몽테뉴 씨는 저택을 둘러보는 것도 허락받지 못한 데다가 대공의 태도가 냉담한 것에 대해 조금 불쾌해했다. 그날 몽테뉴 씨는 대공의 저택을 관리하는 한 사람에게 본인이 이런 대우를 받은 것에 대한 불만을 호소했다. 그리고 이후 대공으로부터 대공 본인은 프랑스 사람들을 만나고 싶은 마음이 딱히 없으며 이전에 프랑스 왕가에서도 자신의 가문에게 호의적이지 않았다는 답변을 들었다. 그렇게 우리는 2리외를 지나 다시

인스브루크로 돌아왔다. 어느 한 교회에서 본 아주 예쁜 동전 18개에는 오스트리아 가문의 왕자들과 공주들의 초상화가 그려져 있었다.

그리고 잠깐이지만 오스트리아의 추기경과 부르가우Burgau 후작이 준비한 저녁식사에도 참석했다. 이 두 사람은 오스트리아 대공과

아우크스부르크 출신의 어느 한 상인의 여식인 첩 사이에서 태어난 형제시간이 있다. 자식이라곤 이 둘밖에 없는 대공은 이 두 아들이 적출과 동등한 자격을 가질 수 있도록 첩과 혼인을 올렸으나, 왕비는 같은 해 유명을 달리했다. 궁전 안에 있는 사람들은 모두 왕비의 죽음을 기리기 위해 상복을 입고 있었다. 이들이 맡고 있는 직책은 우리 프랑스의 왕자들에게 주어지는 것과 얼추 비슷하다. 궁전의 홀에는 검은 융단이 깔려 있고, 한쪽에는 연단과 의자들이 놓여 있다. 두 사람 중에서 추기경이 형이다. 추기경은 아직 스무 살도 안 된 것 같았다. 후작은 병에 들어 있는 와인만 마시고, 추기경은 물을 많이 넣어 희석을 시킨 와인만 마신다. 여기 궁전에는 요리가 담긴 접시를 덮어 놓는 뚜껑 같은 것이 따로 없다. 모든 음식을 어떤 것으로도 덮지 않은 상태로 가져다준다. 고기를 먹는 방식은 우리 프랑스와 같다. 추기경과 후작이 식탁 가까이 다가와 자리에 앉으려고 했으나, 의자가 조금 멀리 떨어져 있었다. 사람들은 두 사람 쪽으로 식탁을 밀어주었다. 식탁에는 온갖 먹을 것이 잔뜩 차려져 있었고, 상석에는 추기경이 앉았다. 이들에게 상석이란 언제나 식탁의 맨 오른쪽 끝자리를 말한다.

우리는 궁전에서 테니스 코트 몇 군데와 아주 근사하게 꾸며진 정원을 보았다. 대공은 실력이 출중한 건축가로 건물의 구조를 훤히 꿰고 있었다. 우리는 야전에서 사용하는 이동식 대포를 10~12개나 보았다. 대포 안에는 커다란 오리알 같은 큰 포탄이 여러 개 들어 있었고, 겉면은 온통 금으로 칠해져 있었다. 대포의 바퀴도 세상에서 가장 화려하게 도금되어 있었다. 대포 자체는 나무로만 만들어졌지만, 포탄이 나가는 입구 부분은 철판이 감싸고 있으며 그 안쪽에도 같은 종류의 철판이 이중으로 덧대져 있었다. 포탄 하나는 성인 남자가 등으로 짊어질 수 있는 무게다. 포탄을 자주 쏘는 것은 아니지만, 한 번 쏠 때는 대부분 거푸집만큼 커다란 포탄을 사용한다.

우리는 대공의 성 안의 잔디밭에서 엄청나게 커다란 소를 두 마리 보았다. 소들은 머리만 흰색이고 나머지 몸 부분은 회색빛을 띠었다. 대공이 페라라Ferrara 공작[33]의 누이들 중 한 명과 결혼할 때 공작으로부터 선물로 받은 것이라고 한다. 공작의 누이들 중 다른 한 명은 피렌체 공작과, 또 다른 한 명은 만투아Mantoue 공작과 결혼했다. 황제의 여식에게 왕비의 칭호를 부여하듯이, 사람들은 할에 살고 있는 이 세 자매를 '세 왕비'라고 불렀다. 나머지 다른 누이들은 소유하는 영토에 따라 백작부인이나 공작부인이라고 불렸다. 세 왕비는 신성로마제국의 황제가 다스리는 각 왕국들의 이름을 성씨로 부여받았다. 이들 중 두 언니는 죽고 셋째 왕비는 아직 살아 있었다. 그러나 몽테뉴 씨는 왕비를 만나볼 수 없었다. 왕비는 수녀처럼 성 안에 갇힌 채 명상을 하며 지내면서 예수회 사람들을 들여서 거처를 마련해주었다고 한다.

사람들 말로는 오스트리아 대공이 본인의 재산을 자식들에게 남길 수 없게 되어 그 재산이 신성로마제국의 후계자들에게 돌아가게

---

33 페라라 공국의 공작. 13세기 중반 이탈리아 북부 지방에 세워진 페라라 공국은 1471년 신성로마제국의 교황령 영토로 넘어갔으며, 1597년 교황의 직접 통치를 받기 전까지는 여러 공작들의 통치를 받았다.

됐다고 한다. 그러나 아무도 왜 그렇게 됐는지 정확한 이유는 설명해주지 못했다. 대공의 부인이 괜찮은 가문 출신이 아니었기 때문이라는 이야기는 신빙성이 떨어져 보였다. 왜냐하면 일단 대공이 그녀와 결혼한 이상 모든 사람들이 그녀를 정실로 여기고 그 사이에서 생긴 자식들도 본부인이 낳은 자식이라고 생각했기 때문이다. 아무튼 대공은 자신의 자식들에게 물려주기 위해 따로 어마어마한 양의 돈을 모으는 중이었다.

화요일 아침에는 인스브루크를 떠나 다시 길을 나섰고, 평야지대를 지나 산길을 따라 이동했다. 인스브루크에서 묵었던 여관에서 1리외를 지났을 때부터 한 시간 정도는 평탄한 길을 따라 작은 산 하나를 올랐다. 왼쪽에 솟아 있는 산들은 경사면이 훨씬 넓고 완만해 보였다. 그 위에는 작은 마을과 교회가 가득했고, 산꼭대기까지는 각종 농작물이 활발하게 재배되고 있어서 구경하는 재미가 있었다. 오른쪽에 솟아 있는 산들은 풍경이 조금 더 황량했고, 사람들도 매우 드문드문하게 집을 짓고 살고 있었다. 우리는 이리저리 굽이져 흐르는 시냇물과 여울을 건넜다. 이 길에서는 저 멀리 펼쳐진 산면에 높은 곳이나 낮은 곳 모두 굉장히 큰 마을들과 멋있는 여관들이 자리한 모습을 볼 수 있다. 그중에서도 특히 왼쪽으로 보이는 성 두 채와 귀족들이 사는 저택들이 눈에 띄었다.

인스브루크에서 약 4리외 정도 이동했을 즈음 폭이 아주 좁은 길을 걷는 중이었다. 우리는 오른쪽 길가에서 어떤 바위 위에 화려하게 세공된 동판이 붙어 있는 것을 보았다. 거기에는 라틴어로 다음과 같은 문장이 새겨져 있었다. "스페인과 이탈리아에서 황제의 왕

관을 받고 돌아오는 길이었던 샤를 퀸트 황제와 파노니아Pannonia[34]
에서 돌아오는 길이었던 그의 형제이자 헝가리와 보헤미아 왕국[35]
의 페르디난트 왕께서 8년 전에 마지막으로 만난 이후, 1530년 이
곳에서 해후하셨다. 그리하여 페르디난트 왕께서 바로 이 자리에 기
념비를 세울 것을 명하셨다."[36] 기념비에는 서로를 껴안고 있는 두
형제의 모습이 그려져 있다. 그러고 나서 얼마 지나지 않아 대문 하
나가 길을 가로막았다. 이 문에서도 샤를 퀸트 황제가 이 길을 지나
갔으며 프랑스 왕을 포획하고 로마를 점령한 이후 여기에 머물다가
갔다는 내용의 라틴어 문구를 발견했다.[37]

몽테뉴 씨는 이 좁은 길에서도 다양한 볼거리가 있는 점이 아주
마음에 든다고 했다. 산들 사이로 난 이 길을 지나면서는 도저히 참
을 수 없을 정도로 먼지가 자욱한 것 말고는 딱히 불편한 점이 없었

---

34 다뉴브강 남쪽과 서쪽에 해당하는 유럽 중부 지방. 현재는 대부분 헝가리와 유고
슬라비아 영토에 포함되어 있다.
35 12세기 말부터 19세기까지 중부 유럽 보헤미아 지역에 위치했던 왕국. 1804년
오스트리아 제국이 성립되면서 그 일부로 종속됐다.
36 당시 샤를 퀸트 황제는 이탈리아 볼로냐에서 교황 클레망Clément 7세로부터 왕
관을 수여받고 돌아가는 길이었고, 페르디난트 왕은 파노니아 왕국에서 터키와의 전
쟁을 마치고 돌아가는 길이었다.
37 여기서 샤를 퀸트 황제에 의해 포획된 프랑스 왕은 프랑수아 1세를 가리킨다. 16
세기 초 프랑스와 신성로마제국, 에스파냐 왕국 등은 이탈리아 영토의 지배권을 둘
러싸고 전쟁을 일으켰다. 프랑수아 1세가 이끄는 군대는 1525년 이탈리아 북부에
위치한 파비아에서 처참히 패배했다. 그리고 샤를 퀸트 황제가 로마를 점령한 사건
이란 1527년 샤를 3세 부르봉 공작이 이끄는 신성로마제국의 군대에서 일부 병력
이 이탈하여 로마 시내를 무차별적으로 약탈했던 사건을 말한다.

다. 먼지의 농도는 지금까지 단 한 번도 느껴보지 못한 수준으로 짙었다. 우리는 그렇게 10시간을 이동했고(몽테뉴 씨는 힘찬을 달리디가도 10시간에 한 번은 쉬어가야 한다고 말하곤 했다. 그는 중간에 길을 멈추거나 아니면 쉬지 않고 계속해서 가더라도, 아침마다 숙소를 떠나기 전에 말들에게 귀리를 먹이는 습관이 있다), 인스브루크에서 7리외 떨어진 곳에 있는

비피테노Vipiteno[38]에 밤늦게 도착했다. 몽테뉴 씨는 그때까지 아무것도 먹지 않은 상태였다. 비피테노는 티롤 공작의 영토에 속하는 작고 예쁜 도시다. 비피테노에서 북쪽으로 4분의 1리외 떨어진 곳에는 아름다운 성이 이제 막 새로 지어진 참이었다.

여관에서는 완전한 공처럼 둥근 덩어리 여러 개가 붙어 있는 모양의 빵을 내어주었다. 독일 전역에서는 머스터드소스를 액상으로 먹는다. 그 맛은 프랑스의 화이트 머스터드와 같다. 독일 어디를 가더라도 식초는 하얀색이다. 비피테노는 이런 산지에 위치해 있는 탓에 와인을 생산하지는 않지만, 주민들이 아주 충분하게 먹을 수 있을 만큼 밀이 많이 자란다. 비피테노 사람들은 맛이 아주 좋은 화이트 와인을 마신다. 이쪽 지역의 길은 모두 치안이 아주 좋다. 실제로 상인들과 짐을 옮기는 사람들, 마차를 이끄는 사람들이 굉장히 많이 지나다닌다. 이 근처는 날씨가 춥기로 악명이 높지만, 우리로서는 참을 수 없을 정도로 덥게 느껴졌다.

이쪽 지역 여인들이 천으로 만들어 쓰는 보닛은 우리 프랑스 여

---

38 독일어 지명: 슈테어칭Sterzing

인들이 쓰는 토크 모자[39]와 완전히 똑같이 생겼다. 이곳 여인들도 다른 지역 여인들처럼 많은 머리카락을 길게 늘어뜨리고 다닌다. 몽테뉴 씨는 어느 한 교회에서 어여쁜 여자아이를 마주쳤다. 그는 그 아이를 남자아이로 착각하고는 아이에게 라틴어를 말할 수 있는지 물었다.

이곳에서 우리가 묵은 여관의 침대에는 붉게 염색된 리넨 커튼이 달려 있다. 커튼은 폭이 손가락 네 개 길이이고, 한 단은 촘촘하게, 다른 한 단은 느슨하게 짜인 천이 번갈아가면서 엮여 있는 형태다. 우리는 독일을 여행하는 내내 벽에 징두리 판이 붙어 있지 않은 침실이나 휴게실은 단 한 번도 보지 못했다. 독일 여관들의 천장은 매우 낮다.

다음날 아침 몽테뉴 씨는 자신이 전날 밤 두세 시간 동안 배앓이를 했으며 무언가가 쥐어짜는 것처럼 심한 고통에 시달렸다고 말했다. 그는 아침에 일어나 중간 정도 크기의 돌멩이를 배출했다. 밖으로 나온 돌멩이는 쉽게 부서져버렸고, 바깥은 노랗고 속은 그것보다 더 희끄무레한 색이었다. 몽테뉴 씨는 그 전날 감기에 시달리기도 했다. 배앓이는 플롱비에르 온천 이후 처음이었다. 그는 이번 일로 사실 이전에 플롱비에르에서는 정작 자신이 밖으로 빼낸 것보다 더 많은 양의 모래알이 방광에 들어가게 됐으며 그것들이 거기에서 빠져나오지 못하고 서로 엉켜 붙어서 막혀 있을까 봐 두려워했던 마음을 부분적으로나마 해소할 수 있었다. 한편, 그는 이번에는 돌

---

39 모양이 둥글고 챙이 없는 모자.

멩이가 하나만 나온 것으로 보아, 어쩌면 이 돌멩이는 몸속 어딘가에 있을 다른 돌에 붙어 있었던 것일 수도 있다고 생각했다. 다시 길을 떠나려고 하자, 몽테뉴 씨가 허리 부분에서 통증을 호소했다. 그는 다른 곳에서 쉬는 것보다 말에 올라타 있는 게 더 편할 것이라고 생각했는지 이동하는 속도를 조금 늦추자고 했다. 몽테뉴 씨는 본인의 라틴어 실력에 대해 이야기를 나누고 싶은 마음에 어느 한 학교 선생님을 불렀다. 그런데 그 선생님이라는 작자가 멍청한 탓에, 그에게서 이쪽 지역 사정에 대한 정보를 얻기란 불가능했다.

다음날인 10월 26일 화요일, 우리는 아침식사를 마친 뒤 비피테노시를 떠났고, 폭이 8분의 1리외밖에 되지 않는 평지를 지났다. 오른쪽으로는 이자르코Isarco강이 흘렀다. 평지는 약 2리외 더 이어졌다. 근처에 솟은 산에서는 경작지와 집들이 한가득 보였지만, 어느 길을 지나가야 그곳으로 갈 수 있는지는 대부분 전혀 알 수 없었다. 이쪽 길가에는 성이 네다섯 채나 있다. 우리는 나무다리를 지나 강을 건넜고, 건너간 후에는 강물을 따라 이동했다. 길에 단지 돌이 많다는 이유로 수리 작업을 하고 있는 일꾼들의 모습을 보았다. 페리고르Périgord처럼 돌이 많은 곳이었다. 이후 우리는 어떤 돌문 하나를 통과한 뒤 높은 지대를 올랐다. 그 위에는 폭이 얼추 1리그 정도 되는 평지가 펼쳐져 있었다. 강 건너편에도 이곳과 같은 높이로 고지대가 솟아 있었는데, 두 군데 모두 돌이 많고 황량한 곳이었다. 아래로는 강물을 따라 굉장히 근사한 목초지가 펼쳐져 있다. 그렇게 우리는 쉬지 않고 달려 비치테노에서 4리외 떨어진 브레사노네Bressanone[40]라는 작지만 아주 아름다운 도시에 도착해서 저녁을 먹었다. 브레사노네는 이자르코강이 흐르며 그 위로는 나무다리가 하나 세워져 있다. 브레사노네시에는 주교가 살고 있다. 우리는 굉장히 멋있는 교회를 두 군데 발견했다. 이곳에서는 '에글르'라는 멋있는 여관에서 지내기로 했다. 브레사노네시를 둘러싸고 펼쳐져 있는 평야는 그렇게 넓지는 않다. 하지만 주변 곳곳에는 특히 우리가 묵었던 여관의 왼편으로는 경사가 굉장히 완만한 산들이 솟아 있다. 그 위에는 논밭이 마치 부드러운 머리카락을 빗질한 뒤 귀 바로 옆 부분까지 땋아놓은 것처럼 촘촘하게 나 있다. 산에는 꽤 높은 곳까지도 교회의 종탑과 마을들이 있다. 브레사노네시 근교에는 많은 사람들이 지리적으로 아주 좋은 위치에 예쁜 집을 잘 지어놓고 살고 있다.

몽테뉴 씨는 본인은 일평생 다른 사람들이 외국에서 어떤 점이 편리했었다고 말하는 것에 대해 불신해왔다고 말하곤 했다. 왜냐하면 사람의 취향은 각자가 가지고 있는 습관과 자신이 살아온 도시의 관습에 따라 결정되기 때문이다. 실제로 몽테뉴 씨는 여태껏 다른 여행자들이 전달해주는 정보에 대해서는 거의 신경을 쓰지 않고 지냈다. 그러는 와중에 그는 여기 브레사노네에 도착한 후, 다른 여행자들이 얼마나 어리석은지를 깨닫고는 굉장히 놀라워했다. 브레사노네를 여행했던 다른 사람들 이야기로는 이쪽 일대는 알프스산맥 한가운데에 위치해 있어서 불편한 것이 한두 가지가 아니고, 사람들의 언행은 무례하며, 길은 난잡한 데다가, 여관들은 각종 시설

---

40   독일어 지명: 브릭센Brixen

을 잘 갖추고 있지 않을 뿐만 아니라 공기 또한 참을 수 없을 정도로 불쾌하나고 했다. 하지만 몽테뉴 씨는 공기가 너무 차가운 것보다는 오히려 매우 더운 것을 선호하는 편이어서, 막상 이곳의 공기가 굉장히 온화하다고 느끼고는 하느님에게 감사하다고 했다. 이쪽 지역으로 건너온 이후 지금까지 추운 날이라고는 겨우 사흘뿐이었고, 비도 고작 한 시간 정도밖에 오지 않았다. 만약 이제 겨우 여덟 살인 몽테뉴 씨의 딸을 데려왔다 해도, 몽테뉴성의 정원에 있는 산책길을 걷는 것처럼 이 길도 즐겁게 산책할 수 있었을 것이다. 숙소의 경우, 몽테뉴 씨는 본인이 지금까지 지나온 도시들 중에서 여관의 개수가 이렇게나 많고 외관이 이렇게나 화려한 적은 처음이라고 생각했다. 그는 이번 여행에서 언제나 먹을 것과 와인을 쉽게 구할 수 있는 곳에서 지냈는데, 여기 브레사노네는 그 어떤 곳보다 가성비가 훨씬 좋았다.

우리가 묵은 여관에서는 고기를 구울 때 톱니바퀴가 달린 기계로 쇠꼬챙이를 회전시켜서 굽는다. 기계가 돌아가기 시작하면, 커다란 쇠그릇 주위로 끈 하나가 단단하게 감긴다. 그러다가 팽팽했던 끈이 느슨해지면, 기계의 회전속도를 늦춰서 끈이 약 1시간 동안 천천히 풀릴 수 있도록 한 뒤 다시 감기 시작한다. 굴뚝 안에서 회전하면서 쇠꼬챙이를 돌리는 장치는 다른 도시에서도 이미 여러 차례 본 적이 있다.

브레사노네에는 철 자원이 풍부하다. 이 도시의 모든 창문에는 각종 다양한 모양의 쇠창살이 설치되어 있다. 문이나 덧문에도 철판이 덧대어져 있다. 이곳에서 우리는 아우크스부르크를 떠난 이후로 한 동안 보지 못했던 포도밭의 풍경을 다시 만났다. 브레사노네 사람들이 사는 집들은 대부분 모든 층의 천장이 아치형으로 되어 있다. 이때 가운데가 오목하게 파인 기와를 사용해서 천장의 매우 좁은 경사면을 채우는 방식은 프랑스 기술자들은 할 줄 모르는 기술이다. 독일에서는 교회 종탑의 천장을 만들 때에도 이런 기법을 사용한다. 이곳에서 사용되는 기와는 크기가 더 작고 더 오목하며, 서로 다른 기와가 연결되는 부분에 회반죽을 바르는 경우가 많다.

다음날 아침에는 브레사노네를 떠나 이전에 지나온 광활한 골짜기를 다시 지나기 시작했다. 작은 언덕들 위에는 대부분의 땅이 예쁜 집들로 가득 채워져 있었다. 왼쪽으로는 이자르코강이 흘렀다. 그렇게 우리는 각종 분야의 장인들이 살고 있다는 치우사 Chiusa[41]를 지났고, 브레사노네에서 3리외 거리에 있는

콜마 Colma[42]라는 작은 마을에 도착해서 점심을 먹었다. 여기 콜마에는 오스트리아 대공이 매춘을 하는 별장이 하나 있다. 콜마 사람들은 은잔을 가지고 있으면서도, 우리에게는 그림이 그려진 토기 잔을 내어주었다. 이들은 토기 잔을 씻을 때 하얀 모래를 사용한다. 식사의 첫 번째 코스는 아주 깨끗한 팬에 담겨 나오는데, 이때 식탁에는 쇠로 만든 아주 작은 도구 하나가 함께 제공된다. 그 용도는 팬을 받쳐주는 동시에 팬의 손잡이를 들어 올릴 수 있도록 하는 것이다. 팬 안에는 계란에 버터를 넣고 끓인 요리가 들어 있었다.

---

41 독일어 지명: 클라우젠Klausen
42 독일어 지명: 콜만Kolmann

콜마를 떠날 때는 길의 폭이 조금 더 좁아지고 바위들도 많아서 지나가기가 어려웠다. 우리가 걸어야 했던 길과 강 사이의 간격이 굉장히 좁아서, 만약 그 사이에 장벽 같은 구조물이 없었다면 위험한 사고가 날 수도 있는 상황이었다. 구조물의 길이는 독일식으로 1리외보다 더 길고, 여러 곳에 쭉 이어져서 설치되어 있었다. 근처에 솟은 산에는 사방이 울퉁불퉁한 바위로 가득하다. 크기가 거대한 것도 있고, 급류로 인해 틈이 갈라지고 부서져 있는 것도 있다. 또 어떤 바위에서는 놀라울 정도로 엄청난 크기의 돌멩이들이 비늘처럼 떨어져 나왔다. (내 생각에 이곳은 폭풍우가 불면 위험해질 것이 틀림없다.) 그런 와중에 숲에 자라고 있는 소나무들이 뿌리째 뽑혀 있는 모습도 보았다. 뿌리에는 뽑히면서 떨어져 나온 작은 흙덩이들이 달려 있었다. 어쨌든 이쪽 일대에는 사람들이 굉장히 많이 살고 있어서, 보이는 산들 뒤쪽으로도 또 다른 산들이 더 높게 솟아 있으며 그곳에서도 사람들이 집을 짓고 밭을 일구며 살고 있다. 우리는 이 산들의 꼭대기에는 넓고 아름다운 밀밭이 있다는 사실을 알게 됐다. 그곳에서 생산된 밀은 산 아래에 있는 도시들에 공급되며, 밀밭에는 매우 부유한 농부들이 예쁜 집을 짓고 살고 있다고 한다. 우리 일행이 여러 나무다리 중 하나를 지나 강을 건너자, 강물이 왼쪽으로 흘렀다. 길을 가던 중에 갑자기 우리의 눈앞으로 높이가 산만하고 외관이 너무나도 화려해서 범접할 수 없어 보이는 성이 한 채 나타났다. 사람들 말로는 이 성은 이쪽 일대에 살고 있는 어느 남작이 소유하고 있으며, 남작은 그 높은 곳에서 아름다운 풍경과 사냥을 즐긴다고 한다. 이 산들 너머에는 바로 알프스산맥의 끝자락이 있다. 이곳에서는 알프스가 사람의 손길을 타지 않고 있는 그대로 보존될 수 있도록 이 좁은 길에서 사람들이 빠져나갈 수 있는 부분을 차단하고 있다. 그래서 이 길을 지나는 사람들은 결국에는 항상 다시 이 자르코강으로 돌아와서 물길의 다른 쪽 끝을 통해 빠져나가야 한다. 오스트리아 대공은 티롤 지역에서만 1년에 30만 플로린을 거두어들인다. 티롤의 모든 생산 활동은 이 산들 속에서 이루어진다. 대공은 이 지역에서만 자신이 관할하는 나머지 다른 지역에서보다 더 많은 수입을 얻는다. 우리는 돌다리를 지나 다시 한 번 강을 건넜고, 그로부터 4리외 거리에 떨어진

볼차노Bolzano[43]에 아침 일찍 도착했다. 볼차노시는 리부른과 크기가 비슷하며, 강가에 자리 잡고 있다. 독일의 다른 도시들과 비교하면 매력은 다소 떨어지는 편이다. 그래서인지 몽테뉴 씨는 이제야 비로소 자신이 독일 땅을 벗어나고 있는 중임을 확실히 느낄 수 있다고 말했다. 길의 폭은 더욱 좁아졌고, 광장도 더 이상 근사하지 않았다. 그래도 분수나 시냇물, 외벽에 페인트칠이 된 집들, 유리창 같은 것은 계속 보였다.

볼차노에서는 엄청난 양의 와인을 생산하여 독일 전역에 공급한다. 이쪽 산지에서는 세상에서 가장 맛있는 빵을 맛볼 수 있다. 이곳에서 우리는 세상에서 가장 아름다운 교회들 중 한 곳을 보았다. 교회 안에서는 무엇보다도 목조 오르간 하나가 커다란 제단 앞에 설치되어 있는 모습이 눈에 띄었다. 오르간은 벽에 걸려 있는 십자가

---

43   독일어 지명: 보첸Bozen

상과 가깝게 높이 위치해 있었다. 연주자는 오르간이 붙어 있는 기둥 아래에 악기보다 12피에 더 낮은 곳에 앉게 된다. 연주자의 등 뒤에서 15보 되는 곳에는 바로 교회의 벽이 있고, 그 바깥쪽에 풀무가 설치되어 있다. 풀무는 땅 아래에서부터 바람을 끌어와 악기 속으로 불어넣는 역할을 한다. 사실 볼차노가 위치해 있는 터는 도시 하나가 들어갈 만큼 충분히 넓은 곳은 아니다. 하지만 주변의 다른 산들과 특히 우리가 묵었던 여관의 오른쪽으로 솟아 있는 산이 옆으로 길게 늘어져 있어서 도시를 더 커보이게 만들어주고 있다.

이곳에서 몽테뉴 씨는 바젤에서 만났던 프랑수아 오트만 씨에게 편지를 썼다. 자신의 독일 여행은 굉장히 즐거웠으며 이제는 이탈리아로 넘어가야 해서 큰 아쉬움을 남긴 채 떠난다는 내용이었다. 그리고 물론 다른 곳에서도 사정은 마찬가지겠지만, 여기 독일에서도 여관 주인들이 부당하게 청구하는 비용 때문에 외국인으로서 고충을 겪을 수밖에 없었으나, 특정 업소에서 숙박할 것을 강요함으로써 주인과 함께 이익을 챙기려는 가이드나 통역인에게 휘둘리지만 않는다면 해결할 수 있는 문제라고 생각한다는 내용도 덧붙였다. 몽테뉴 씨로서는 이런 점들만 제외한다면 편리한 시설과 친절한 사람들, 특히 질서 있고 안전한 분위기로 풍족하게 독일을 여행할 수 있을 것처럼 보였다. 우리는 금요일 아침 일찍 볼차노에서 출발했다. 말에게 먹일 귀리도 구하고, 우리도 아침을 먹으러 그로부터 2리외 거리에 있는

브론졸로Bronzolo[44]라는 작은 마을에 도착했다. 브론졸로 아래로는 아직도 우리와 같은 방향으로 이자르코강이 흐른다. 이자르코 강물

은 여기 브론졸로에서 아디제Adige강과 만나 고요하고 광활한 물길
이 되어 아드리아해로 흘러 들어간다. 그 수많은 산들을 지나오면서
마주쳤던 시끄럽고 격렬한 물길은 이제 더 이상 보이지 않는다. 주
변의 평야는 조금씩 폭을 넓혀가면서 트렌토까지 이어진다. 어떤 곳
에서는 산의 뾰족한 뿔이 더 낮아져 있다. 그러나 이쪽 지역의 산들
은 이전에 보았던 것에 비해 땅이 덜 비옥하다. 이쪽 골짜기 길과 아
주 가까운 곳에는 늪지대가 있다. 그 밖에 골짜기의 깊숙한 곳은 땅
이 대부분 평평하여 지나가기에 어려움이 없다.

　브론졸로에서부터 2리외를 지났을 즈음에는 큰 시골 마을을 하나
발견했다. 마을에 열린 시장에는 엄청나게 많은 사람들이 모여 있었
다. 그 마을을 지나자 잘 지어진 살로르노 Salorno[45] 마을이 나타났다.
살로르노의 서쪽에는 오스트리아 대공이 소유하는 작은 성 한 채가
신기하게도 거대한 바위의 꼭대기에 세워져 있다.

44　독일어 지명: 브란촐Branzoll
45　독일어 지명: 잘루른Salurn

4

이탈리아: 로마로 가는 길

1580년 10월 29일 ~ 11월 30일

우리는 살로르노에서 5리외 떨어진

트렌토Trento에 도착해서 하룻밤을 묵었다. 아장Agen보다 규모가 조금 더 큰 트렌토에서는 독일에서의 우아한 분위기가 느껴지지 않는다. 아주 예쁜 도시는 아니다. 트렌토의 길은 대부분 폭이 좁고 구불구불하다.

트렌토에 도착하기 2리외 전부터는 이탈리아어가 들리기 시작했다. 트렌토시는 독일어를 쓰는 구역과 이탈리아어를 쓰는 구역으로 나누어져 있다. 즉, '독일 동네'라고 불리는 동네와 '독일 교회'라고 불리는 교회가 있는 것이다. 독일 교회에서는 독일어로 설교를 한다. 아우크스부르크를 떠나온 이후로 신교와 관련된 문제들은 더 이상 들리지 않았다. 트렌토시는 아디제 강가에 위치해 있다. 우리는 트렌토에서 건물이 굉장히 오래된 대성당을 발견했다. 성당과 아주 가까운 곳에 세워져 있는 탑은 바닥이 정사각형 모양을 하고 있는데, 이는 고대 로마의 흔적을 아주 잘 보여주는 부분이다. 우리는 트렌토 공의회[1]가 열렸던 노트르담 교회를 보러 갔다. 새로 지은 교회였다. 교회 안에는 어떤 사람이 기부했다는 굉장히 아름다운 오르간이 한 대 있었다. 오르간은 여러 개의 화려한 조각상들로 정교하게 꾸며진 대리석 구조물 위에 놓여 있었다. 그중에서는 특히 노래하는 남자아이들의 모습을 조각한 것이 눈에 띄었다. 이 교회는 1520

---

[1] 16세기 유럽에서 신교도 세력을 중심으로 일었던 일련의 종교개혁 요구에 대한 대응으로, 로마 가톨릭교에서 가톨릭교 교리를 재정립하여 개신교를 공식적인 이단으로 규정하기 위해 1545년에서 1563년 사이에 약 25회에 걸쳐 트렌토에서 소집한 종교 회의를 가리킨다.

년에 여기 트렌토 출신으로 당시 주교였던 베르나르도 클레지오 Bernardo Clesio[2] 추기경이 세운 것이다. 트렌토는 원래 주교의 주재와 규율로부터 자유로운 도시였다. 그러나 베네치아와의 전쟁에 대비하기 위해 티롤에 원조를 요청하게 됐고, 이후 티롤 공작은 도움에 대한 대가로 여기 도시를 통치하는 직권을 얻었다. 이후 주교와 공작 간의 마찰이 있었고, 지금은 마드루초Madruzzo 추기경이 도시의 통치권을 가지고 있다.

몽테뉴 씨는 이번에 여행을 하는 동안 어느 한 도시가 세워진 때부터 그 도시의 번영에 기여해온 인물들을 눈여겨보았다고 말했다. 일례로 아우크스부르크의 푸거 가문을 들 수 있다. 아우크스부르크는 푸거 사람들이 시내에 갈림길이 있는 곳마다 가문의 대저택을 짓고 또 여러 교회에 예술 작품들을 많이 가져다 놓은 덕분에 아름다운 도시로 거듭날 수 있었다. 클레지오 추기경도 그런 인물이라고 말할 수 있다. 추기경은 본인의 사비를 들여 트렌토의 교회와 거리를 복구했을 뿐만 아니라, 도시의 성 안에 아주 근사한 건물을 세워 올리기도 했다. 건물은 외관이 그렇게 화려하지는 않지만, 내부는 페인트칠과 각종 장식으로 아름답게 꾸며져 있으며, 그 어디에서도 찾아볼 수 없을 만큼 아주 편리한 시설을 갖추고 있다. 건물 바닥에 깔린 대리석에는 온통 화려한 그림과 문구가 양각으로 정교하게 새

---

2   1514년부터 1539년까지 트렌토의 주교로 지냈던 성직자로서 트렌토 공의회를 주최하는 데 일등공신으로 활약했다. 여기서 말하는 노트르담 교회란 산타 마리아 마조레Santa Maria Maggiore 교회를 가리킨다.

겨져 있으며 금칠도 되어 있다. 바닥의 일부는 대리석처럼 단단하고 색깔이 있는 점토로 이루어져 있다. 우리 프랑스풍으로 꾸며놓은 부분도 있고, 다른 부분은 독일식 스타일로 꾸며져 있다. 건물 안에는 난로도 몇 개 있다. 그중 한 난로는 구릿빛을 띠는 갈색 흙으로 빚은 것인데, 몸집이 거대한 사람들의 형상을 하고 있다. 이들의 팔다리에 불이 붙어 있는 모양이다. 그 밖에도 한쪽 벽면에 붙어 있는 난로들 중 한두 곳에서는 건물에서 나와 아주 멀리 내려가면 있는 정원의 분수에서부터 끌어온 물이 흐르고 있다. 이 모든 것이 마치 하나의 아름다운 작품 같았다. 또 이 건물 천장에는 여러 그림이 그려져 있는데, 그중에서 우리는 전쟁에서 승리를 거둔 자들이 밤에 횃불을 들고 있는 그림을 발견했다. 몽테뉴 씨는 이 그림을 굉장히 마음에 들어 했다. 건물에는 원형으로 된 방이 두세 개 있다. 그중 한 곳에는 1530년 성 마티아스Saint Mathias 축일[3]에 클레지오 추기경이 교황 클레망Clément 7세가 거행했던 샤를 퀸트 황제의 대관식에 황제의 형제이자 헝가리와 보헤미아 왕국의 왕이자 티롤 공작으로 지내는 페르디난트 왕의 대사大使로서 파견됐으며, 바로 그 자리에서 트렌토의 주교에서 추기경으로 임명됐다는 내용의 문구가 적혀 있다. 클레지오 추기경은 자신의 파견에 동행했던 약 50명의 귀족들의 문장과 이름을 같은 방 안의 벽에 빙 둘러 걸어놓았다. 이들은 모두 추

---

3   성 마티아스를 기리는 축일로 매년 5월 14일에 해당한다. 마티아스는 유다의 배신으로 공석이 된 사도직을 보충하기 위해 충원된 12번째 사도이다. 그는 예수의 부활 이후 합류한 탓에 예수를 직접 보지 못하고 목소리만 듣고 믿었다고 하여 가장 충직한 제자로 여겨진다.

기경이 주교로서 관할했던 지역에 속해 있는 봉신이나 공작, 남작이다. 다른 한 방에는 추기경이 방문을 열지 않고도 시내로 나갈 수 있도록 쪽문이 하나 나 있다. 그 방에서도 벽난로 두 개에 불이 활활 타오르고 있었다. 클레지오 추기경은 좋은 사람이었다. 푸거 사람들은 가문의 후손들을 위해 저택을 지은 것이었지만, 추기경은 공익을 위해 이 건물을 지었다. 그는 성 안에 10만 에퀴 이상의 값이 나가는 가구들을 들이고 본인의 후임 주교들이 사용할 수 있도록 했다. 성에서는 아직도 가구들을 보존하고 있다. 성의 금고에는 현금으로 15만 탈러[4]가 들어 있어서, 후임 주교들은 원금을 건드리지 않고도 이자만으로 충분한 생활을 누렸다. 하지만 추기경이 짓기 시작했다는 노트르담 교회는 아직도 미완성된 상태였고, 추기경의 무덤은 꽤나 초라했다. 성에서 본 것들 중에는 풍경화 몇 점과 수없이 많은 지도가 특히 기억에 남는다. 클레지오 추기경의 뒤를 이은 주교들은 성안에 가구를 추가로 더 들이지 않았다. 성의 내부 시설은 겨울과 여름 두 계절에만 사용하며, 다른 곳에 양도하는 것도 불가능하다.

　여기서부터는 이탈리아 기준으로 거리를 마일로 계산하면서 이동했다. 이탈리아에서의 5마일은 독일에서의 1마일에 해당한다. 이탈리아 사람들은 하루를 두 나절로 나누지 않고 24시간으로 계산한다. 우리는 '로즈'라는 이름의 훌륭한 여관에서 묵었다.

4　15세기에 중부 유럽의 보헤미아 지역에서 발행되기 시작하여 신성로마제국으로 건너가 독일에서는 19세기까지 사용된 은화. 탈러thaler는 훗날 미국 화폐 달러dollar 의 원형이다.

우리는 토요일 점심식사를 마친 뒤 트렌토를 떠났고, 계속해서 같은 골짜기 길을 따라 이동했다. 폭이 조금 너 넓어진 골짜기 옆으로는 산들이 높이 솟아 있고, 그 위에는 사람들이 살고 있다. 오른쪽으로는 아디제강이 흘렀다. 우리는 길 한가운데에 자리하여 통행을 막고 있는 오스트리아 대공의 성을 지났다. 이렇게 건물이 길을 막고 있어서 사람들의 통행을 방해하는 경우는 다른 지역에서도 여러 번 본 적이 있다. 시간은 이미 매우 늦은 저녁이었다. (우리는 여행 일정을 규칙적으로 세워온 덕분에 이때까지 밤이슬을 맞아본 적이 없었다.) 우리는 트렌토에서 15마일 떨어진 곳에 위치한

로베레토Rovereto에 도착했다. 로베레토는 오스트리아 대공이 관할하는 곳이다.

이곳에서 우리는 프랑스 스타일로 지어진 여관들을 보았다. 말하자면, 독일 사람들이 침실과 가구를 깨끗하게 관리하는 관습이나 독일식 창유리는 더 이상 보이지 않았다. 이뿐만 아니라 몽테뉴 씨가 굴뚝 난로보다 사용하기에 더 편하다고 생각했던 독일식 난로도 더 이상 찾아볼 수 없었다. 식사에는 가재 요리가 나오지 않았다. 몽테뉴 씨는 플롱비에르 온천에서부터 약 200리외 가까이를 이동하는 동안 매 끼니마다 가재가 나왔던 것을 굉장히 신기하게 생각했다. 로베르토 시내와 그 주변의 산지에서는 달팽이를 즐겨 먹는다. 이쪽 지역의 달팽이는 프랑스 달팽이보다 훨씬 크고 두툼하지만 맛은 그렇게 좋지 않다. 로베레토에서는 껍질을 벗긴 트러플을 매우 얇게 저며서 오일과 식초에 재워 먹는데, 맛이 나쁘지 않다. 트렌토에서는 1년 정도 숙성된 트러플을 먹었었다. 또 여기 로베레토에는 몽테

뉴 씨가 좋아하는 오렌지와 레몬, 올리브가 많이 자란다. 이곳 여관의 침대에는 리넨이나 거친 서지[5] 천으로 재단된 커튼이 달려 있다. 커튼에는 넓은 간격으로 줄무늬가 그려져 있고, 단 사이사이는 꽉 묶여 있다. 몽테뉴 씨는 독일에서 사용했던 침대도 그리워했다. 이곳의 침대는 프랑스에서 쓰는 종류의 침대는 아니었지만, 속이 매우 부드러운 솜털로 채워져 있다. 좋은 여관에서는 매트리스를 아주 하얀 퍼스티언[6]으로 감싼 뒤 사용한다. 독일에서는 침대에 누울 때 아래에 까는 침구류로 이런 종류의 천은 사용하지 않는다. 독일 사람들이 쓰는 천은 이불로 덮기에는 불편하다.

솔직하게 말하자면, 몽테뉴 씨는 만약 자신을 보필하는 사람들하고만 함께 있었다면 이탈리아를 둘러보는 대신 아마도 크라쿠프 Kraków에 가거나 육로를 통해 그리스로 갔을 것이다. 몽테뉴 씨 본인은 나이를 먹고 건강이 악화되면서 느껴지는 나약함을 잊게 해준다는 점에서 미지의 나라를 여행함으로써 얻는 즐거움이 달콤하다고 생각했다. 그래도 함께 여행하는 일행들 중 그 어느 누구에게도 이를 강요할 수는 없는 노릇이었다. 모든 사람들이 그저 집으로 돌아가는 날만을 기다렸다. 몽테뉴 씨는 본인은 전날 밤잠을 설쳤더라도 다음날 아침에는 새로운 도시나 지역을 보러 갈 생각을 하면 마음이 한껏 들뜨고 기쁘다고 습관처럼 말하곤 했다. 하지만 내가 본 몽테뉴 씨는 여느 때와 마찬가지로 피곤하고 몸이 아프다고 투덜거

5   주로 양복이나 학생복, 제복 등 실용의류로 사용되는 모직물의 한 종류.
6   한쪽에만 보풀이 세워진 무명의 한 종류.

리는 모습이었다. 그래도 몽테뉴 씨의 마음만큼은 길에서나 여관에서 새롭게 마주하게 될 것들을 향해 있었고, 낯선 사람들과 대화를 나눌 수 있는 기회가 있기를 간절하게 바라고 있었다. 내 생각에는 바로 이러한 마음이 몽테뉴 씨를 통증에서 벗어나게 해주었던 것 같다.

어쩌다 누군가가 몽테뉴 씨에게 당신은 당신 일행을 때때로 처음에 출발했던 곳과 굉장히 가까운 곳으로 다시 돌아가도록 하면서까지 너무나도 다양한 길과 지역으로 끌고 다닌다면서 항의를 한다면 (실제로 그는 무언가 볼거리가 있다는 이야기를 들으면, 또는 경우에 따라서는 단지 마음이 바뀌었다는 이유로 종종 왔던 길을 다시 돌아가곤 했다), 자신은 어쩌다 보니 그곳에 있었던 것이지 억지로 그곳에 가려고 한 것은 아니며 그곳으로 가는 길을 놓치거나 피할 수는 없었다고 대답할 것이다. 왜냐하면 그 본인으로서는 미지의 장소를 거니는 것 말고는 계획한 것이 아무것도 없었기 때문이다. 똑같은 길을 두 번 걷는다거나 같은 장소를 다시 방문한 경우는 없었기 때문에, 몽테뉴 씨로서는 본인의 목적을 달성하는 데 실패는 하지 않은 셈이었다. 다른 일행들은 로마를 최종 목적지로 생각했지만, 정작 몽테뉴 씨는 로마에 가는 것을 그다지 내켜하지 않았다. 왜냐하면 로마는 모든 사람들이 다 아는 곳이기도 했고, 그곳에는 피렌체나 페라라의 소식을 자신에게 전해줄 수 있는 하인이 없었기 때문이다. 또 몽테뉴 씨는 아주 재밌는 단편소설 몇 편이나 훌륭한 작품 한 권을 읽으면서 이야기가 곧 끝이 날까 봐 미리부터 전전긍긍하는 사람들과 본인이 비슷하다고 말하기도 했다. 그는 여행이 너무나도 즐거운 나머지 잠시 쉬어가기로 했던 도시에 가까워지는 것을 싫어했으며, 만일 그가 혼자였다면 해보고 싶었던 여행 계획을 몇 가지씩 직접 제안하기도 했다.

일요일 아침, 몽테뉴 씨는 카잘리스 씨, 마테쿨롱 씨와 함께 이 근처에서 유명한 가르다Garda 호수를 둘러보기 위해 한 마리당 20바첸씩을 주고 말 세 마리를 빌렸다. 가르다 호수에서 잡히는 물고기들은 품질이 아주 훌륭하다. 이들은 원래 타고 다니던 자신의 말을 로베레토의 여관에 맡겨두고 하인은 한 명도 대동하지 않은 채로 8마일 거리에 있는

토르볼레Torbole에 가서 점심을 먹었다. 호수의 북쪽에 위치한 토르볼레는 티롤 지방의 관할 구역에 포함되는 작은 마을이다. 호수를 두고 그 맞은편에는 또 다른 작은 마을 하나와 '라 리바'[7]라고 불리는 성이 한 채 있다. 토르볼레 마을에서 호수를 건너 그쪽까지 가는 데에는 5마일이 걸리고 돌아오는 데에도 그만큼이 걸린다. 나리들은 노 젓는 사람 5명을 대동해서 약 3시간여를 들여 라 리바에 다녀왔다. 그들은 성에서 아주 오래돼 보이는 탑 하나를 제외하고는 아무것도 보지 못했다. 나리들은 그곳에서 현 트렌토 주교인 마드루초 추기경의 형제이자 라 리바를 지키는 장수인 포르투나토 마드루초 Fortunato Madruzzo 씨를 만났다. 길이가 35마일이나 되는 호수는 성 위에서 내려다보면 그 끝이 보이지 않는다. 볼 수 있는 것이라고는 고작 5마일밖에 되지 않는 너비뿐이다. 토르볼레 마을은 티롤 공작

---

7 *La Riva.* '강가'라는 뜻의 이탈리아어.

에게 귀속되어 있는 반면, 그 아래로 호수의 측면 부분은 베네치아의 영지에 속한다. 그곳에는 멋있는 교회 건물이 많고, 올리브나무나 오렌지나무처럼 각종 과일나무들이 자라는 아름다운 공원도 많다. 천둥번개가 치는 날이면 호수의 물은 심하게 출렁거린다. 나리들의 말에 따르면, 여기 호수 주변을 둘러싸고 있는 산들은 우리가 지금까지 여행하면서 보았던 그 어떤 산들보다 더 험악하고 메마르다. 나리들은 로베레토에서 출발해서 아디제강을 건넜고, 자신들의 왼쪽으로는 베로나Verona로 가는 길이 나 있었다고 했다. 그러고 나서 어느 골짜기 깊숙한 곳으로 들어가서는 위아래로 길게 펼쳐져 있는 마을 한 곳과 작은 마을을 하나 발견했다고 했다. 토르볼레까지 가는 길은 지금까지 보았던 길들 중에서 가장 거친 길이었으며, 그 끝에는 아주 사납게 솟은 산들이 길을 막고 있었다고 했다. 이들은 토르볼레에서부터 다시 8마일 떨어진

로베레토로 돌아와 저녁을 먹었다. 나리들은 독일에서는 '뗏목'이라고 부르는 것 위에 여행 가방을 실었다. 그리고 아디제강을 따라 베로나까지 짐을 보내는 데 1플로린을 지불했다. 다음날 나는 책임지고 베로나까지 짐을 가지고 가는 임무를 맡게 됐다. 그날 저녁식사의 첫 번째 코스로는 수란이 나왔다. 이어서는 쇠꼬챙이에 온갖 종류의 살코기가 꿰어져 나왔다.

다음날 월요일, 나머지 일행들은 아침 일찍 로베레토를 나서서 골짜기를 따라 이동했다. 그 주변에는 꽤 많은 사람이 살고 있지만 땅은 전혀 비옥하지 않다. 골짜기의 측면으로 높이 솟은 메마른 산들에서는 암석이 떨어진다. 그들은 로베레토에서 15마일 떨어진 곳에

위치한

보르게토 술 아디제Borghetto Sull'Adige[8]에 도착해서 점심을 먹었다. 보르게토 술 아디제 마을도 티롤의 관할 구역에 해당한다. 티롤은 굉장히 넓은 지역이다. 몽테뉴 씨는 우리가 지나온 이 골짜기와 저 앞으로 보이는 높은 산들까지가 모두 티롤이 아닐까 하고 궁금해했다. 그런 생각은 결국 티롤에는 여러 마을 사이사이로 이렇게 크고 비옥한 산골짜기가 굉장히 많다는 생각으로 이어졌는데, 그 풍경이 마치 드레스에서 단이 주름져 있는 부분만 보이는 것과 같아서 만약 티롤이라는 드레스가 완전히 다 펼쳐진다면 엄청나게 넓은 지역이 될 것만 같았다. 우리는 계속해서 오른쪽에 아디제강을 끼고 이동했다.

우리는 보르게토 술 아디제에서 점심식사를 마친 뒤 다시 길을 나섰고, '치우사'라는 작은 요새 마을에 이를 때까지 계속해서 같은 길을 따라 이동했다. 베네치아 사람들이 장악하고 있는 치우사 마을은 아디제 강가에 지형이 움푹 패여 있는 것 같은 곳에 위치해 있다. 우리는 아디제강의 물줄기를 따라 거대한 암석으로 이루어진 가파른 경사면을 내려갔다. 말들은 조심스럽게 땅을 밟기 위해 애를 썼다. 보르게토 술 아디제에서 1~2마일 정도 지났을 즈음부터 베네치아의 영토가 시작됐다. 우리는 베네치아 병사 25명이 주둔하고 있는 치우사 마을을 지나 보르게토 술 아디제에서 12마일 떨어진 곳에 위치한

---

8   원문에 표기된 지명: 보르게토Borghetto

볼라르뉴Volargne라는 작은 마을에 도착해서 하룻밤을 묵었다. 이 곳에서 묵은 여관도 베로나로 가는 길목에 있는 모든 숙소가 그렇 듯 시설이 형편없었다. 볼라르뉴의 성에 산다는 어느 한 아가씨가 몽테뉴 씨에게 와인을 보내왔다. 그녀의 오빠인 영주는 당시 성에 자리를 비우고 없었다.

다음날 아침, 나리들이 가는 길의 오른편으로 더 이상 산들이 보 이지 않았다. 왼쪽으로는 저 멀리 언덕들이 보였다. 나리들은 오랜 시간 황량한 들판을 따라 이동했다. 아디제강과 다시 가까워지면서 는 들판의 풍경이 조금 더 나아졌는데, 그곳에는 어떤 나무 위에 기 어 올라가 있는 포도 넝쿨이 가득했다. 이탈리아에서는 이런 방식으 로 포도를 재배한다. 나리들은 만성절[9] 미사가 시작되기 전에 볼라 르뉴에서 12마일 떨어진

베로나에 도착했다. 베로나시는 푸아티에Poitiers와 규모가 비슷하 며, 도시를 지나는 아디제강에는 엄청나게 커다란 부둣가가 형성되 어 있다. 도시에 흐르는 아디제 강물 위로는 다리가 세 개 세워져 있 다. 나도 로베레토에서 맡은 짐을 가지고 베로나에 도착했다. 베로 나 시내에 들어가기 위해서는 트렌토에서 발급받고 로베레토에서 검증받은 건강진단서가 있어야 했다. 전염병의 위험은 전혀 없었지 만, 관례적으로 확인하기 위해서이거나 콰트리노[10] 몇 푼을 걷어가 기 위해서인 것 같았다.

---

9   기독교의 모든 성인을 기리는 축일. 매년 11월 1일에 해당한다.
10   15세기에서 16세기 사이에 이탈리아에서 사용된 은화의 한 종류.

우리는 베로나의 대성당을 찾아갔다. 몽테뉴 씨는 이런 중요한 날의 대미사 자리에서 사람들의 이상한 행동을 발견했다. 성당 안에 있는 사람들은 성가대 자리에서 모자를 벗지도 않고 제단에서는 등을 돌리고 선 채로 이야기를 나누고 있었다. 그들은 성체를 거양할 때를 제외하고는 미사에 그렇게 집중하는 것 같아 보이지 않았다. 미사에서는 오르간 한 대와 바이올린 몇 대를 동시에 연주했다. 우리는 그 밖의 다른 교회도 몇 군데 더 둘러보았는데, 특별히 눈에 띄는 특징은 없었다. 특히 교회 안에는 특별한 장식이나 빼어난 미인이 없었다.

나리들은 여러 장소 가운데 특별히 산 조르조 San Giorgio 교회를 방문했다. 교회에는 언젠가 여기 베로나에 독일 사람들이 한때 머물다가 갔음을 보여주는 흔적이 많이 남아 있었고, 문장이 그려진 방패도 여러 개 보였다. 그중에서도 특히 막시밀리언 황제가 베네치아에게서 베로나를 빼앗았을 때 함께했던 독일 귀족 몇 명이 여기 교회의 제단 위에 예술품들을 남겼다는 내용의 문구가 눈에 띄었다. 몽테뉴 씨는 베로나의 패배를 보여주는 증거가 시내에 보관되고 있다는 사실에 놀라워했다. 또 베로나에는 스칼리제리 Scaligeri [11]라는 몰락한 귀족 가문의 소박한 무덤들이 온전하게 보존되어 있다. 우리는 '슈발레'[12]라는 이름의 아주 좋은 여관에서 프랑스 숙박비의 4분의 1도 안 되는 가격으로 굉장히 훌륭한 서비스를 받았다. 여관의

---

11   13~14세기에 이탈리아 베로나 지역을 지배했던 귀족 가문.
12   *Chevalet.* '작은 말馬'이라는 뜻의 프랑스어.

주인은 스칼리제리 가문의 무덤들 중 하나가 자기 가족의 소유라면서 자랑했다. 우리는 베로나에서 성도 하니 보았다. 성을 관리하는 중위는 나리들을 데리고 다니면서 성안의 이곳저곳을 구경시켜주었다. 중위는 병사 60명을 거느리고 있었다. 사람들 말로는 성을 지키는 병사들이 경계하는 대상은 외부의 세력이 아니라 베로나에 살고 있는 시민들이라고 한다.

우리는 또 '성 제롬[13]의 예수아티 수도회'[14]라고 불리는 어느 수도원을 방문했다. 수도원에서 지내는 사람들은 사제가 아니기 때문에 미사를 드린다거나 설교를 하지 않았으며, 대부분 이러한 종교적 관습에 무지한 자들이었다. 이들은 본인들이 등화수[15]나 그런 비슷한 종류의 향수를 증류하는 데 뛰어난 기술을 보유하고 있다고 생각한다. 여기 베로나뿐만 아니라 다른 도시에서도 예수아티 사람들은 흰색의 작은 사각모자를 쓰고 흰 의복 위에 어두운 법복을 걸친다. 그중에는 젊고 잘생긴 청년들이 많다. 교회와 식당 건물에는 시설이 잘 갖추어져 있다. 식탁에는 이미 저녁식사에 필요한 식기가 차려져 있었다. 나리들은 여기 수도원 근처에서 고대 로마 시대에 지어진 것으로 보이는 아주 낡아빠진 건물을 몇 채 발견했다. 나리들 말로

---

13 4~5세기에 활동한 기독교 성인. 사막 한가운데에서 자신의 가슴을 돌로 내리치면서 죄를 회개한 것으로 알려져 있다.

14 1367년 복자 요한 콜롬비니가 시에나에 창립한 수도회. 자신의 집을 병원으로 만들어 병자들을 돌보던 콜롬비니를 따르는 사람들이 '예수아티'라는 별명을 얻게 된 데에서 이름이 유래한다.

15 오렌지 꽃에서 채취하여 증류시킨 향수.

는 이 건물들은 과거에는 원형 경기장이었으며, 그 지하에서 발견된 파편들을 모아 다시 쌓아 올려서 지은 것이라고 한다. 우리가 베로나 시내로 다시 돌아가려고 하자, 사람들이 우리를 위해 수도원 곳곳에 향수를 뿌려주었다. 이들은 우리에게 작은 향수병과 도기가 가득 들어 있는 어느 작은 방에 들어가도록 한 뒤, 그곳에서도 향수를 뿌려주었다. 베로나에서 구경한 장소 중에서는 여기 사람들이 '아레나'라고 부르는 곳이 가장 멋있었다. 몽테뉴 씨는 본인이 일평생 본 건물들 중에서 이곳이 가장 아름답다고 했다. 아레나는 바깥쪽에 가장 구석진 부분을 제외하고는 모든 좌석과 아치형 천장, 주변 구조물이 한눈에 내려다보이는 타원형의 경기장이다. 경기장의 형태나 사용한 흔적을 확인할 수 있는 부분이 아직까지도 꽤 남아 있었다. 베로나 시의회에서는 범죄자들에게서 걷은 과태료를 들여 경기장 전체에서 일부 면적을 수리했지만, 정작 그 작업은 경기장을 완전히 복구하는 데 필요한 공사와는 거리가 아주 멀었다. 아레나의 수리 공사가 베로나시에 무슨 의미가 있는지 사람들은 강한 의구심을 품었다. 경기장은 타원형 구조이고, 한 계단이 1보나 그보다 조금 더 긴 높이로 43줄 놓여 있어서, 꼭대기까지 높이는 약 600보나 된다. 이 지역 귀족들은 아직까지도 말을 타면서 창 시합을 하거나 다른 경기를 즐길 때 이곳 아레나를 활용한다.

우리는 유대인들도 만났다. 몽테뉴 씨는 유대교 신도들이 모인 집회에 참석하여 유대교의 종교의식에 대해 많은 대화를 나누었다. 베로나에는 굉장히 아름다운 광장과 시장이 열리는 터가 몇 군데 있다. 우리는 높은 성 위에 올라간 뒤 우리가 걸어온 길에서 오른쪽으로 20마일 거리에 위치한 만투아 평원을 내려다보았다. 여기 베로나에서는 시내나 도로가에서 작은 빗물받이 홈통 하나를 수리하더라도 작업을 진행하는 행정관이나 일꾼의 이름을 반드시 새기기 때문에, 도시 곳곳에는 각종 명문들이 넘쳐난다. 상인이나 그 밖의 다른 직업을 포함하여 모든 사람이 각자의 문장을 가지고 있는 문화는 독일과 비슷하다. 독일에서는 큰 도시뿐만 아니라 심지어는 작은 시골 마을조차도 모두가 각자의 고유한 문장을 가지고 있다.

우리는 베로나를 떠나는 길에 몇몇 기이한 사건들로 유명해진 기적의 노트르담 교회를 구경했다. 그런 사건들 때문에 교회 사람들은 교회 건물을 아주 멋있는 원형으로 새로 짓는 중이었다. 교회의 종탑은 여러 부분이 십자형 벽돌로 덮여 있다. 우리는 다양한 풍경이 펼쳐지는 기다란 평원을 지났다. 어떤 곳은 땅이 비옥했지만, 또 다른 곳은 척박했다. 길 양옆으로는 저 멀리 산들이 보였다. 우리는 그렇게 쉴 새 없이 30마일을 달려

비첸차Vicenza에 도착해서 저녁을 먹었다. 비첸차는 베로나보다 조금 더 규모가 작은 도시다. 귀족들이 사는 대저택으로 가득하다.

다음날에는 교회 몇 군데와 시내에서 열린 시장에 들렀다. 장이 열린 넓은 광장에는 물건을 사고팔 수 있도록 나무판자로 만든 부스가 여러 개 설치되어 있었다.

우리는 여기 비첸차에서도 멋있는 수도원 건물을 사용하고 있는 예수아티 수도회 사람들을 만났다. 우리는 수도회에서 만든 향수를 일반인에게 판매하는 상점에 들러 1에퀴를 주고 향수병 두 개를 구입했다. 이들은 또 온갖 종류의 병을 치료하는 약물을 만들기도 한

204

다. 예수아티 수도회는 교황 우르바노 5세가 재위하던 1367년에 시에나 출신인 복자 요한 콜롬비니에 의해 창시됐다. 지금은 펠르베 Pellevé 추기경이 수도회를 관리한다. 예수아티 수도회는 이탈리아 밖에서는 건물을 두고 있지 않으며, 이탈리아 안에서만 수도원 서른 곳을 운영한다. 수도회 자체적으로 아주 멋있는 부락도 하나 가지고 있다. 예수아티 사람들은 매일 스스로에게 채찍질을 한다고 한다. 이들은 수도원 예배당의 자기 자리에 각자 작은 사슬을 하나씩 놓고 다닌다. 이들은 하느님에게 기도를 드릴 때 노래를 부르지 않으며, 신도들은 특정한 시간이 되면 수도원에 함께 모인다.

적당히 숙성된 와인이 다 떨어져가기 시작했다. 몽테뉴 씨는 배앓이 때문에 진하면서도 맛이 좋은 와인을 마셔야 했고, 나로서는 그런 와인을 구하고 다니느라 매우 힘이 들었다. 독일에서 마셨던 와인들이 그리웠다. 비록 독일산 와인에는 각종 향이 나기는 하지만 말이다. 독일 사람들은 본인들이 마시는 와인에서 사르비아 꽃 맛이 나서 맛있다고 생각하며, 그런 와인을 '사르비아 와인'이라고 부른다. 향에 익숙해지기만 하면 그렇게 나쁜 맛은 아니다. 향이 난다는 점만 제외하면, 독일산 와인은 맛이 진하고 훌륭한 와인이다.

우리는 목요일 점심식사를 마치고 비첸차에서 다시 길을 나섰다. 직선으로 뻗은 길은 지면이 매우 평평하고 폭이 넓었다. 양쪽에는 도랑이 파져 있어서 길이 난 부분만 지대가 약간 높았다. 사방으로 굉장히 비옥한 땅이 펼쳐져 있으며, 여느 때와 다르지 않게 저 멀리에는 산들이 솟아 있다. 우리는 비첸차에서 18마일 떨어진 곳에 위치한 파도바Padova에 도착해서 하룻밤을 묵었다. 파도바에서의 숙박은 독일 여관들에서 받았던 서비스와는 어떤 방식으로도 비교할 수 없을 정도로 좋았다. 이곳의 숙박비는 독일보다 세 배 더 싸고, 프랑스와는 거의 비슷한 수준이다. 사실 파도바는 규모가 꽤 크다. 내 생각에는 적어도 보르도만큼 큰 것 같았다. 길들은 좁고 지저분하며 인구수는 굉장히 적고 예쁜 집도 거의 없다. 주변으로 아주 먼 곳까지 펼쳐진 들판 위에 도시가 있어서 지리적 위치는 괜찮은 편이다. 우리는 다음날 하루 종일 파도바에 머무르면서 펜싱이나 춤, 승마를 가르쳐주는 학교를 방문했다. 이 학교에 다니는 프랑스 귀족 가문의 자제들은 100명이 넘는다. 몽테뉴 씨는 여기 학교에서 학생들에게 출신 국가의 언어와 관습을 유지할 수 있도록 함으로써 외국에 대한 각종 지식을 습득하는 것을 허용하지 않는 것이 이곳에 다니는 프랑스 젊은이들에게는 굉장히 불리하다고 생각했다. 몽테뉴 씨는 산탄토니오 Sant'Antonio 교회가 아름답다고 생각했다. 교회의 천장은 하나로 이어져 있지 않고, 여러 개의 돔이 푹 패여 있는 모양이다. 교회 안에는 대리석과 청동으로 만들어진 희귀한 조각상이 많다. 몽테뉴 씨는 벰보 Bembo 추기경의 흉상을 따뜻한 눈빛으로 바라보았다. 흉상에서는 추기경의 인자한 품격과 말로는 설명할 수 없는 고상한 마음씨가 느껴졌다. 교회의 홀은 내가 지금까지 본 것들 중에서 가장 넓었고, 기둥이 한 개도 없었다. 여기 홀에서는 재판이 열리곤 한다. 홀의 한 쪽 끝에 위치한 티투스 리비우스 Titus Livius[15]의 야윈 두상은 학구적이면서도 쓸쓸한 그의 모습을 보여준다. 이 오래된 두상은 말만 하지 못할 뿐이지 그가 살아 있었을 때의 모습을 생생하게 닮았다. 홀 안에서는 그의 묘표도 볼 수 있다. 처음 발굴한 사람들이 그에게 경의를 표하는 도리를 다하기 위해 높은 곳에 세 워놓았다고 한다. 교회의 문 앞에는 법률가 파울루스Paulus[17]의 두상 도 세워져 있다. 몽테뉴 씨는 이 두상이 최근에 만들어진 것이라고 생각했다. 고대 아레나가 있었던 자리에 위치해 있는 저택과 정원은 둘러볼 만한 곳이었다. 귀족 가문의 자제들은 자기 자신과 하인이 지낼 방을 한 달에 각각 7에퀴와 6에퀴라는 합리적인 비용을 주고 빌린다. 이 정도면 세상에서 가장 품위 있는 기숙사라고 할 만하다.

우리는 토요일 아침 일찍 파도바를 떠났다. 강가의 아름다운 둑길 을 따라 이동했다. 길 양쪽으로 굉장히 비옥한 밀밭이 펼쳐져 있었 다. 포도 넝쿨이 자라는 밭에는 나무들이 가지런하게 심어져 있어서 그늘이 잘 졌다. 길가에는 예쁜 집들이 보기 좋게 가득 세워져 있다. 그중에서 특히 콘타리니Contarini 가문[18]의 저택이 눈에 띄었다. 저 택의 대문 앞에는 왕이 폴란드에서 돌아오는 길에 그곳에 묵었다는 내용의 글귀가 새겨져 있다.[19] 우리는 파도바에서 20마일을 이동

16   고대 로마 시대의 역사가. 파도바 출신의 티투스 리비우스는 로마 건국에서부터 아우구스투스 황제의 세계 통일에 이르기까지 로마의 역사를 기술한《로마 건국사》 를 집필했다.
17   3세기 초 로마의 법률가.
18   이탈리아에서 가장 오래된 귀족 가문들 중 하나로 베네치아 공화국 설립에 기여 했다.
19   앙리 2세와 왕비 카트린 드 메디치의 셋째 아들인 앙리 3세는 위그노 전쟁에서의 활약으로 1573년 폴란드 왕국의 왕위에 올랐다. 그러나 이듬해 형 샤를 9세가 서거 하자 폴란드 왕위에서 물러나 프랑스로 돌아와 왕위를 이어받았다.

하여

푸지나Fusina에 노착해서 점심을 먹었다. 베네치이로 들어가는 배를 탈 수 있는 곳 근처에는 여관이 한 군데뿐이다. 이쪽 강가에서는 바로 여기 푸지나에서 모든 배들이 닻을 내린다. 말 두 마리가 엔진과 도르래를 작동시키면 배가 정박할 수 있다. 기름방아가 돌아가는 것과 동일한 방식이다. 이곳에서는 아래에 바퀴가 달려 있는 작은 배를 나무 바닥 위로 굴려 가지고 와서는 운하로 띄워 보낸다. 운하는 베네치아가 위치해 있는 바다 쪽을 향해 흐른다. 우리는 푸지나에서 점심을 먹은 뒤 곤돌라[20]를 타고 그로부터 5마일 거리에 있는

베네치아에 도착해서 저녁을 먹었다. 다음날 일요일 아침, 몽테뉴 씨는 왕이 프랑스 대사로 베네치아에 파견을 보낸 페리에Ferrier 씨[21]를 만나러 갔다. 대사는 몽테뉴 씨를 반갑게 맞이하며 미사에 데려갔고 점심식사에도 초대했다. [지금까지 75년을 살아온 이 노옹老翁의 말에 따르면, 현재 본인은 마음에는 흥이 넘쳐나고 신체는 건강한 나이를 즐기는 중이라고 한다. 노옹의 언행에서는 왠지 모르게 학자의 느낌이 묻어났고, 신랄하거나 날카로운 모습은 거의 찾아볼

---

20 베네치아의 운하를 운행하는 배. 11세기부터 베네치아의 중요한 교통수단으로 사용된 곤돌라는 '흔들리다'라는 뜻의 이탈리아어 동사 'dondolare'에서 유래한다. 배의 앞머리와 뒷머리가 위로 휘어져 올라가 있으며, 오늘날에는 주로 관광객 유람용으로 사용된다.

21 아르노 뒤 페리에Arnaud du Ferrier. '툴루즈' 출신으로 파도바 대학에서 법학을 전공했다. 트렌토 공의회 때 프랑스 왕을 대표하는 대사로 파견된 바 있으며, 베네치아 대사직을 마치고 프랑스로 돌아온 후에는 개신교로 개종했다.

수 없었다. 그는 우리 프랑스의 문제에 대해서는 칼뱅의 혁신적인 사상을 확실하게 지지하는 편이었다.]

월요일에는 에스티삭 씨도 함께 대사의 집에서 점심을 먹었다. 몽테뉴 씨는 대사의 이런저런 이야기 가운데 특히 베네치아 사람들 중에서 그 누구와도 거래를 하지 않으며 이들은 의심이 너무 많은 나머지 자신에게 두 번 이상 말을 거는 사람을 수상하다고 생각한다는 이야기를 듣고 의아해했다. 또 그는 베네치아 시의회에서는 150만 에퀴의 수입을 벌어들인다는 놀라운 사실도 알게 됐다. 베네치아는 세상에 둘도 없는 독특한 곳으로 잘 알려져 있다. 몽테뉴 씨는 베네치아가 본인이 상상했던 모습하고는 달랐으며 생각보다 덜 감탄스러웠다고 말하곤 했다. 그는 매우 부지런하게 베네치아를 둘러보며 이곳에서만 살펴볼 수 있는 특이한 점들을 찾아내고자 했다. 그 결과 몽테뉴 씨에게 가장 인상 깊게 남은 것은 베네치아의 정치와 지리, 해군기지, 산 마르코San Marco 광장, 그리고 외국인 무리였다.

11월 7일 월요일, 점심식사를 하는 중에는 베네치아의 귀족 베로니카 프랑코Veronica Franco 부인이 자신이 쓴 편지 모음집 한 권을 몽테뉴 씨에게 선물로 보내왔다. 몽테뉴 씨는 책을 가져온 심부름꾼에게 2에퀴를 주었다.

화요일, 몽테뉴 씨는 점심을 먹은 뒤 2~3시간 정도 복통에 시달렸다. 내가 봤을 때 이번 통증은 아주 심한 편은 아니었다. 그는 저녁을 먹기 전에 굵직한 돌멩이 두 개를 하나씩 배출해냈다.

사람들 말로는 베네치아 여인들이 그렇게 아름답다고 했지만, 몽테뉴 씨는 실제로 이곳에서 미모가 출중한 여인은 단 한 명도 보지 못했다. 한편, 몽테뉴 씨는 최상류층 귀족들이 밀거래를 일삼는 모습을 목격했다. 그로서는 대략 150명 정도로 이렇게나 많은 수의 귀족이 가구와 화려한 옷을 사들이는 데 필요한 비용을 충당할 수 있는 자본이 오직 이 밀거래뿐이라는 사실이 굉장히 놀라웠다. 베네치아의 많은 귀족은 직접 사비를 들여 화류계 여인을 데리고 있으며, 이는 공공연하게 알려진 사실이다. 몽테뉴 씨는 약 17솔에 해당하는 2리라[22]를 주고 본인이 직접 하루 종일 타고 다닐 용도로 곤돌라 한 대를 빌렸고, 뱃사공은 고용하지 않았다. 베네치아의 먹거리는 파리만큼이나 비싸다. 하지만 적어도 이곳에서는 모든 사람이 혼자 돌아다니기 때문에 하인을 거느리고 있을 필요가 전혀 없다는 점을 고려하면, 과연 세계에서 가장 적은 생활비로 살 수 있는 곳이라고 할 수 있다. 옷값도 비싸며, 생활하는 데 말은 필요하지 않다.

11월 12일 일요일 아침, 우리는 베네치아를 떠나 5마일 거리에 있는 **푸지나**로 다시 돌아왔다. 사람도 타고 짐도 실을 용도로 2에퀴를 주고 배를 한 대 빌렸다. 몽테뉴 씨는 원래 물을 무서워하는 경향이 있었다. 그는 출렁거리는 물이 자신의 배 속을 더 울렁거리게 할 것이라고 생각했지만, 말들이 배를 끌면서[23] 강물에 생기는 평탄하고 규칙적인 움직임이 실제로 본인의 고통을 더 악화시킬 것인지 시험해보고자 했다. 그렇게 몽테뉴 씨는 본인이 배를 타는 동안에는 통증이 느껴지지 않는다는 사실을 깨달았다. 이 운하에서는 수문을 두

---

22   2002년 유로로 통합되기 이전까지 이탈리아에서 통용된 화폐.
23   말들이 강물 옆에 나 있는 길을 걸으면서 옆에서 끄는 방식.

세 개 지나야 한다. 이 문들은 여행자들이 지나갈 때마다 열렸다가 다시 닫힌다. 우리는 물길을 따라 그로부터 20마일 떨어진 **파도바**에 도착해서 하룻밤을 묵었다. 카잘리스 씨는 파도바에서부터는 우리와 따로 움직이기로 했다. 그는 파도바에서 한 달에 7에 퀴를 주고 지리적인 접근성도 좋고 서비스도 좋은 여관에 머물기로 했다. 5에퀴면 하인을 부릴 수도 있었지만, 그렇게 하지는 않았다. 이 여관은 사회적인 권위가 있는 사람들이 묵는 최고급 숙소였다. 살라냑Salagnac 씨의 아들인 밀락Millac 씨도 이곳에 묵고 있었다. 이곳에서는 보통 손님의 시중을 드는 종을 두고 있지 않으며, 하인으로는 오로지 남자아이 한 명이나 몇몇 여인들을 두어 손님을 맞이하도록 한다. 이들 각각은 침실을 하나씩 맡아서 아주 깨끗하게 관리한다. 침실에서 필요한 난롯불과 양초를 챙겨주는 것도 이들이다. 우리가 직접 지내본 결과, 이곳의 숙박 서비스는 아주 훌륭했다. 여기 파도바에서는 누구든지 꽤 합리적인 가격으로 여관에 묵을 수 있다. 내 생각에는 바로 이런 이유 때문에 파도바에는 더 이상 학생 신분이 아님에도 불구하고 계속해서 지내고 있는 외국인이 많은 것 같다. 파도바에는 길을 다닐 때 말을 타지 않으며 하인도 대동하지 않는 문화가 있다. 독일에서는 모든 사람이, 심지어는 일꾼들까지도 옆구리에 검을 차고 다니는데, 여기 이탈리아 영토에서는 그와는 정반대로 아무도 검을 차고 다니지 않는다.

11월 13일 일요일 아침, 우리는 점심식사를 마친 뒤 다시 길을 나섰고, 길에서 오른쪽 방향에 떨어져 있는 온천들을 둘러보기로 했다. 몽테뉴 씨는 곧장 아바노Abano[24]로 향했다. 아바노는 산기슭 가까이 위치한 작은 마을로, 마을에서 300~400보 거리에는 돌이 많은 고시대가 있다. 공간이 매우 넓은 그곳에는 암석에서부터 뜨거운 샘물이 펄펄 끓으며 흘러나오는 터가 여러 군데 있다. 그 주변으로 흐르는 물은 온천욕을 하거나 온천수로 마시기에는 너무 뜨겁다. 물이 흐른 자리에는 무언가 탄 후에 남은 재처럼 완전한 회색빛으로 자국이 생기며, 딱딱한 스펀지 같은 모양으로 앙금 같은 것이 잔뜩 쌓여 있다. 온천수에서는 약간의 짠맛과 유황 냄새가 난다. 이곳저곳에서 시냇물이 흐르면서 온천수의 열기와 냄새를 멀리까지 실어 나르는 바람에 그 근처는 온통 연기로 자욱하다. 그곳에는 작은 집이 두세 채 있으나, 환자들이 지낼 수 있을 만큼 시설이 잘 갖추어진 편은 아니다. 사람들은 물이 흐르는 방향을 틀어서 집 안에서도 온천을 할 수 있도록 해놓았다. 연기는 물이 흐르는 곳에서뿐만 아니라 바위의 갈라진 틈이나 바위 여러 개가 연결되어 있는 부분에서도 피어오른다. 그 결과 사방이 열기로 가득하여 사람들은 몇 군데 구멍을 뚫어놓고는 그 위로 사람이 누워서 땅에서 올라오는 열기로 찜질도 하고 땀도 흘릴 수 있도록 해놓았다. 눕기만 하면 효과가 바로 나타났다. 몽테뉴 씨는 여기 온천물을 뜬 다음 심하게 뜨거운 열기가 식을 때까지 기다렸다가 입으로 마셔 삼켰다. 그는 이곳 온천수에서는 다른 곳에서보다 짠맛이 훨씬 더 강하게 난다고 생각했다.

계속해서 길을 따라가다 보니, 오른편으로 프라글리아Praglia 수도원이 보였다. 이 수도원은 건물이 아름답고 보유하고 있는 재산이

24　현재 지명은 '아바노 온천'이라는 뜻의 '아바노 테르메Abano Terme'이다.

많으며 예의를 잘 갖추어 이방인을 맞이하고 대하기로 유명하다. 몽테뉴 씨는 이쪽 지역을, 특히 베네치아만큼은 여유로울 때 다시 들러야 한다고 생각하면서도, 프라글리아 수도원에는 가고 싶지 않아 했다. 그는 여기 수도원이 방문할 가치가 있다고 생각하지 않았다. 몽테뉴 씨가 이런 마음을 먹은 데에는 베네치아를 구경하고 싶은 강렬한 욕구가 작용했다. 그는 이탈리아에서는 베네치아를 한 번도 둘러보지 않고서는 로마나 그 밖의 다른 도시를 가더라도 마음이 편하지 않을 것이라고 말하곤 했다. 바로 이런 이유로 몽테뉴 씨는 로마로 가던 중에 목적지를 바꾸어 베네치아에 가고자 했다. 그는 베네치아에서 구입한 쿠자누스Cusanus 추기경의 책들을 파도바의 어느 한 여관 주인인 프랑수아 부르주François Bourges라는 프랑스 사람에게 남기고 길을 떠났다.

우리는 아바노 마을을 떠나 지대가 낮은 지역을 지났다. 그곳은 산 피에트로 바소San Pietro Basso라고 불렸다. 길 오른쪽으로는 아주 가까이에 산들이 솟아 있었다. 초원과 목장이 펼쳐진 그곳에는 따뜻한 온천물이 흐르고 연기가 자욱했다. 어떤 곳에서는 뜨겁게 펄펄 끓는 물이, 또 어떤 곳에서는 미지근하거나 차가운 물이 나온다. 여기 온천물은 다른 곳에서보다 훨씬 무미건조하고 감칠맛이 떨어지며, 유황 냄새도 덜하다 못해 거의 나지 않고, 약간의 짠 기가 느껴진다. 이곳에서 우리는 옛날 건물들의 흔적을 발견했다. 그 주변에는 작고 누추한 집 두세 채가 환자들이 휴식을 취하며 지내는 거처로 사용되고 있었다. 솔직한 내 생각을 말하자면, 너무나도 황량한 이곳으로 친구들을 보내고 싶은 마음은 들지 않았다. 사람들 말로는 이쪽 지역의 영주가 이곳에 크게 신경을 쓰고 있지 않으며 무엇보다도 타지 사람들이 가까이 접근하는 것을 싫어한다고 한다. 몽데뉴 씨는 여기 산 피에트로 바소 온천을 보면 닥스Dax 근처에 있는 프레샤크Préchacq 온천[25]이 생각난다고 했다. 온천물이 흐르는 곳은 완전히 붉은색으로 물들어 있다. 몽테뉴 씨는 혀끝으로 이곳의 진흙을 맛보았지만 아무런 맛도 느끼지 못했다. 그는 이곳 온천물에 평균보다 더 많은 철분이 들어 있다고 생각했다.

우리는 산 피에트로 바소에서 다시 길을 나섰고, 파도바의 어느 한 귀족이 소유하고 있다는 굉장히 아름다운 저택을 지났다. 이 저택에서는 근처의 온천을 편하게 이용할 수 있어서 통풍을 앓던 루이지 데스테Luigi d'Este 추기경이 두 달이 넘게 머물렀다고 한다. 저택과 가까운 곳에는 베네치아에서 온 여인들이 살고 있기도 했다. 우리는 바로 그 근처에 파도바에서 8마일 떨어진 곳에 위치한

바탈리아Battaglia[26]에 도착해서 하루를 묵었다. 바탈리아는 프라시네Frassine 운하에 위치해 있는 작은 마을이다. 프라시네 운하는 어떤 곳은 깊이가 2~3피에 정도밖에 되지 않을 정도로 수심이 깊지는 않지만, 그럼에도 불구하고 엄청난 크기의 배들이 지나다니는 곳이다. 이 마을에는 백랍이 풍부하지 않다. 우리는 도기나 나무 그릇으로 밥을 먹었다. 그 밖에 다른 부분은 꽤 괜찮은 편이었다.

월요일 아침, 나는 수노새를 데리고 먼저 길을 나섰다. 다른 사람

---

25   프랑스 가스코뉴 지방에 위치한 온천.
26   현재 지명은 '바탈리아 온천'이라는 뜻의 '바탈리아 테르메Battaglia Terme'이다.

들은 운하의 둑길을 따라 바탈리아에서 500보 거리에 위치한 온천을 구경하러 갔다. 몽테뉴 씨의 말에 따르면, 이곳 온천 주변에는 건물이 딱 한 채 있으며 그 안에는 침실이 10~12개가 있었다고 한다. 5월과 8월에는 굉장히 많은 사람이 온천을 하러 오지만, 그들 중 대부분은 바탈리아 마을이나 에스테 추기경이 지냈었다는 피오Pio 공작의 성에서 머무른다고 한다. 어느 작은 산등성이에서 시작된 온천물은 수로를 통해 딱 하나 있다는 건물과 그 아래까지로 흘러내려 간다. 사람들은 이곳 온천물을 절대 마시지는 않으며, 그 대신 산 피에트로 바소의 온천물을 구해서 마신다. 같은 산등성이와 연결되어 있는 인접한 물길에서는 달짝지근하고 깨끗한 물이 흐른다. 물이 내려오는 길이가 짧은지 긴지에 따라서 온도가 달라진다. 몽테뉴 씨는 이 물이 시작되는 곳을 보기 위해 산등성이의 꼭대기까지 올라갔으나, 사람들은 보여주기를 거부하면서 물이 지하에서 나오는 것이라고 변명했다. 몽테뉴 씨는 이곳 온천수 또한 산 피에트로 바소의 온천수처럼 거의 아무런 맛도 나지 않으며, 유황 냄새나 짠 기도 거의 느껴지지 않는다고 생각했다. 몽테뉴 씨는 만일 누군가가 이곳 온천수를 마신다면 산 피에트로 바소의 온천물에서 얻을 수 있는 효과와 동일한 효과를 얻을 수 있다고 생각했다. 수도관으로 물이 흐른 자리는 붉게 물들어 있다. 딱 하나 있다는 건물 안에는 온천탕이 있고 어떤 곳에서는 천장에서 온천물이 방울져 떨어져서 그 아래에 환자를 눕힐 수 있다. 사람들 말로는 두통이 있다고 하면 보통은 이마 부분에서 통증을 호소한다고 한다.

건물 안에는 사람이 들어갈 수 있는 작은 돌방이 몇 개 있고, 방

안에는 수도관이 빙 둘러져 있다. 수도관과 연결되어 있는 수도꼭지를 열면 곧바로 수증기와 열기가 느껴져서 땀을 굉장히 많이 흘릴 수 있다. 건식 한증막 같은 곳이다. 이쪽 지역에서는 이런 식으로 비슷하게 생긴 시설을 여러 군데 찾아볼 수 있다. 이곳 사람들은 주로 진흙탕을 사용한다. 이들은 건물 바로 아래쪽에 위치한 큰 야외 온천탕에 진흙을 채워 넣은 뒤, 어떤 기계를 작동시켜서 건물 안으로 진흙을 끌어온다. 탕 안에는 다리나 팔, 허벅지 또는 다른 신체 부위가 딱 맞게 들어갈 수 있도록 나무를 조각해서 만든 도구가 여러 개 있다. 사람들은 본인이 필요한 만큼 새로 진흙을 끌어와서 이 도구에 채워 넣고는 그 안에 팔이나 다리를 집어넣는다. 이곳 진흙은 바르보탕 온천의 진흙처럼 색이 까맣고, 알갱이로 잘게 으깨지지 않고 매우 기름진 편이다. 진흙의 온도는 미지근하고 거의 아무런 냄새도 나지 않는다. 이쪽 지역의 모든 온천들은 위치가 베네치아와 가깝다는 것 말고는 특별한 장점을 가지고 있지 않으며, 전반적으로 조잡하고 음산한 분위기를 풍긴다.

몽테뉴 씨 일행은 바탈리아에서 아침을 먹고 출발하여 운하를 따라 이동했다. 얼마 지나지 않아 수도교가 나타났다. 이곳 운하는 양쪽에 둑길이 각각 높게 나 있다고 해서 '2차로 운하'라고 불린다. 둑길 바깥쪽 부분에는 둑과 동일한 높이로 통행로가 나 있어서 여행자들이 지나다닐 수 있도록 해놓았다. 둑길 안쪽으로는 운하가 흐르는 높이까지 내리막으로 이어져 있다. 그 아래로 내려가면 돌다리 하나가 운하 양쪽의 두 길을 연결하면서 세워져 있고, 운하는 바로 이 부분부터 저쪽 끝까지 돌다리 위로 흐르고 있다. 그 위에는 또 다른 다리 하나가 아주 높게 세워져 있다. 위에 세워진 다리 아래로는 아래의 다리 위를 흐르는 운하의 물길을 따라 이동하려는 배들이 지나며, 상부의 다리 위로는 흐르는 운하의 한쪽 편에서 반대편으로 건너가려는 사람들이 지나다닌다. 한편, 산에서부터는 또 다른 큰 시냇물이 흘러 내려와 들판을 지나 여기 운하와 수직으로 만난다. 즉, 운하의 흐름을 중간에 끊지 않으면서 시냇물이 흐를 수 있도록 하기 위해 바로 이 돌다리를 만든 것이었다. 돌다리 위로는 운하가 흐르고, 아래로는 양쪽으로 나무판자를 덧댄 수로를 따라 시냇물이 지나가는 구조이다. 시냇물의 폭이나 돌다리의 높이는 공간이 충분해서 이 시냇물을 따라서도 배들이 지나다닐 수 있을 정도이다. 그와 동시에 돌다리 위의 운하를 따라서도 계속해서 다른 배들이 항해하고 제일 위에 세워진 다리 위로는 마차들이 지나다님으로써 총 세 개의 길이 하나 위에 다른 하나가 있는 형태로 만들어져 있는 셈이다.

우리는 오른쪽에 운하를 낀 채로 계속해서 이동했고, 그렇게 지대가 낮은 곳에 위치한 몬셀리체Monselice라는 작은 마을과 가까워졌다. 마을의 경계 부분에는 산 하나만한 높이로 성벽이 세워져 있다. 성벽은 옛날에 이곳 귀족들이 소유했다는 오래된 성 하나를 둘러싸고 있었다고 한다. 지금은 성의 폐허만이 남아 있다. 오른쪽으로는 산을 둔 채, 우리는 계속해서 왼쪽 길을 따라 나섰다. 지대가 조금 높은 곳에 나 있는 이 길은 지면이 평평하고 풍경이 근사했다. 더운 계절에는 그늘이 잔뜩 질 것 같았다. 이탈리아 어느 지역에서나 그러하듯이, 길의 양쪽으로 펼쳐져 있는 아주 비옥한 들판에는 밀밭

한가운데에 나무들이 줄지어 심어져 있고, 그 위로는 포도 넝쿨이 엮여 있었다. 이쪽 지역에서 키우는 황소들은 몸집이 굉장히 크고 털이 회색이다. 이곳에서는 이렇게 생긴 황소가 너무 흔하게 보여서 페르디난트 공작의 성에서 보았던 황소들이 더 이상 신기하게 느껴지지 않았다. 그러다가 우리는 어느 둑길에 들어섰다. 길 양쪽으로 폭이 15마일 이상은 돼 보이는 습지가 끝없이 펼쳐져 있었다. 이 습지는 옛날에는 거대한 연못이었으나, 경작을 할 수 있는 토지가 필요했던 영주들이 물을 완전히 말려버렸다고 한다. 몇몇 군데에서는 물이 바싹 말라 있었지만, 그런 부분은 전체에서 아주 일부분일 뿐이었다. 지금은 온통 진흙투성이가 되어버린 이 척박한 땅에는 갈대가 가득 심어져 있었다. 원래의 모습을 바꾸려다가 얻은 것보다 잃은 것이 더 많아져 버린 셈이다.

우리는 배를 타고 계속해서 길 오른쪽으로 흐르고 있던 아디제강을 건넜다. 배는 말을 15~20마리 정도 실을 수 있는 규모였고, 갑판 쪽에 작은 보트 두 대가 붙어 있었다. 배는 폭이 못해도 500보 이상은 되는 강의 저쪽 건너편과 밧줄로 연결되어 있었다. 밧줄을 공중에 띄우기 위해 그 사이에는 작은 보트가 여러 대 놓여 있었다. 사람들은 보트에 막대기 같은 것을 세우고 그 막대기에 밧줄을 감아서 지탱시키고 있었다. 그렇게 우리는 바탈리아에서 25마일 떨어진 곳에 위치한

로비고Rovigo에 도착해서 하루를 묵었다. 베네치아 영토에 포함되는 작은 마을이었다.

우리는 마을의 외곽으로 숙소를 잡았다. 우리가 묵은 여관에서는

소금을 통째로 주고는 설탕처럼 덜어 먹도록 했다. 사람들이 뭐라고 하든지 간에, 여기 이탈리아에는 프랑스에서만큼이나 먹을 것이 풍부하다. 이곳에서는 고기에 라드[27]를 바르지 않는데도 풍미가 사라지지 않고 거의 그대로 남아있다. 여관의 침실에는 창이 유리로 되어 있지 않고 창문을 여닫는 장치도 없다. 방은 프랑스보다는 덜 깨끗한 편이다. 침대의 품질은 더욱 훌륭하며, 매트리스를 여러 겹으로 많이 사용해서 그런지 훨씬 푹신하다. 침대에 지붕처럼 늘어뜨려 놓는 덮개는 어설프게 짜여 있으며, 사람들은 흰 시트를 내어주는 것에 매우 인색하다. 혼자 왔거나 일행이 소수라면 흰 시트는 받지 못할 것이다. 숙박비는 프랑스와 비슷하거나 조금 더 비싼 수준이다.

'로디지누스 Rodiginus'라는 별명으로 불렸던 첼리오 Celio[28]라는 학자가 태어난 곳이 바로 여기 로비고다. 아주 아름다운 로비고 마을에는 굉장히 근사하게 생긴 광장이 하나 있다. 마을의 중심으로 아디제강이 흐른다.

11월 15일 화요일 아침, 우리는 로비고 마을을 떠났고, 블루아에 있는 것과 비슷하게 생긴 둑길을 따라 이동했다. 그리고 다리를 지나 오른쪽에서 흐르고 있던 아디제강과 왼쪽으로 흐르고 있던 포 Po 강을 건넜다. 다리는 전날에 건넜던 것과 똑같은 구조였는데, 오늘

---

27 돼지의 지방에서 추출한 기름. 주로 서양에서 튀기거나 볶는 요리에 사용된다.
28 로도비코 리키에리 Lodovico Ricchieri. 15세기 이탈리아 인문주의자로, 대학에서 그리스어와 라틴어를 가르쳤으며, 당시 유럽의 많은 문인에게 영감을 주었다.

건넌 것 위에는 관리실 같은 공간이 설치돼 있었다. 그곳에 인쇄돼 있는 시침에 따르면, 이 다리를 지나는 사람들은 통행료를 내야 한다고 한다. 즉, 강을 건너는 도중에 셈을 치르기 위해 배를 잠깐 멈춰 세워서는 완전히 다 건너가기도 전에 돈을 내야하는 것이었다. 우리는 아래의 평지로 내려갔다. 비가 많이 오는 날에는 통행이 불가능해 보이는 곳이었다. 이후 우리는 저녁 시간이 되어서야 로비고에서 20마일 떨어진 곳에 위치한

페라라Ferrara에 도착했다. 도시의 입구로 들어서자, 사람들은 우리 일행을 잠시 멈춰 세우고는 여권과 건강진단서를 검사했다. 다른 여행자들도 마찬가지로 검사를 받았다. 페라라시는 투르Tours만큼 규모가 크며, 지면이 아주 평평한 지역에 위치해 있다. 이곳에는 화려한 궁전이 많고, 대부분의 길은 폭이 넓고 곧게 뻗어 있다. 인구수는 아주 적은 편이다.

수요일 아침, 에스티삭 씨와 몽테뉴 씨는 에스테 공작에게 인사를 하러 길을 나섰다. 공작은 나리들이 어떤 이유에서 본인을 찾아왔는지 이야기를 들어본 뒤, 하인들 중 한 명을 보내어 그들을 맞이하고 자신의 집무실로 데려오도록 했다. 그곳에는 공작 말고도 다른 사람 두세 명이 함께 있었다. 우리는 옷을 잘 차려입은 귀족 신사들이 있는 방을 여러 개 통과했다. 공작은 우리 일행을 모두 집무실 안으로 들였다. 그는 탁자에 기대어 선 채 나리들을 기다리고 있었다. 나리들이 방 안으로 들어오자 공작은 머리에 쓰고 있던 보닛을 손으로 잡았고, 몽테뉴 씨가 꽤 오랜 시간 이야기를 하는 동안 보닛을 계속 벗고 있었다. 공작은 먼저 몽테뉴 씨에게 이탈리아 말을 알아들

을 수 있는지 물었고, 그렇다는 답을 듣자, 프랑스의 아주 기독교적인 왕의 은혜로 공무를 수행하고 있는 이 귀한 손님들을 아주 흔쾌히 맞이한다고 굉장히 유창한 이탈리아어로 말했다. 그들은 잠시 함께 이야기를 나눈 뒤 헤어졌다. 공작은 계속해서 모자를 벗고 있는 상태였다.

우리는 어느 한 교회에서 아리오스토 Ariosto[29]의 조각상을 보았다. 그의 책에서 느껴지는 것보다 훨씬 풍채가 있는 모습이었다. 그는 1533년 6월 6일 향년 59세에 생을 마감했다.

페라라 사람들은 과일을 접시에 담아 먹는다. 도시의 거리는 온통 벽돌로 포장되어 있다. 파도바에서는 길에 회랑이 쭉 나 있어서 비바람이 불어도 몸이 젖지 않고 진흙도 밟지 않으면서 산책을 할 수 있어서 굉장히 편리했는데, 여기 페라라에서는 그런 곳을 찾아볼 수 없었다. 베네치아에도 똑같은 재질의 벽돌이 길에 깔려있지만, 경사가 가팔라서 진흙이 쌓이지 않는다. 베네치아에서 있었던 일 중에서 깜빡하고 말하지 않은 것이 하나 있다. 우리는 베네치아를 떠나던 날 선체에 깨끗한 물이 가득 채워져 있는 배를 몇 채 발견했다. 베네치아까지 배로 화물을 보내는 데에는 1에퀴가 든다. 배에 들어있던 물은 식수로 사용되거나 옷감을 염색할 때 필요한 것이었다. 푸지나에서도 말들이 쉬지 않고 도르래를 돌려 시냇물에서 물을 길어 올리면 그 물을 운하에 붓고, 운하 위에 떠 있던 배에서는 다시 운하에

---

29 루도비코 아리오스토 Ludovico Ariosto. 16세기 르네상스 시대 이탈리아의 시인으로 서사시《광란의 오를란도》를 썼다.

서 물을 끌어와 배 안에 받아놓는 모습을 본 적이 있다.

그날은 하루 종일 페라라에서만 시내면서 근사한 교회며 징원, 개인이 살고 있다는 궁전, 사람들이 눈여겨보아야 한다고 말하는 것들을 둘러보았다. 그중에서도 특히 예수아티 수도원에 심어져 있던 장미나무 한 그루가 기억에 남는다. 그 나무는 1년 열두 달 내내 꽃을 피운다고 한다. 몽테뉴 씨는 나무에 핀 장미꽃 한 송이를 선물로 받았다. 우리는 부친토로[30] 갤리선[31]도 보았다. 이 배는 페라라 공작이 본인보다 나이가 많이 어리고 미모가 뛰어난 새 부인을 태우고 포강까지 항해하기 위해 제작한 것으로, 베네치아의 부친토로호와 대항할 만한 것이었다. 우리는 공작의 무기창고도 구경했다. 그곳에는 길이가 35뼘만큼 긴 대포가 하나 있었고, 대포에 사용되는 포탄의 지름은 1피에나 되었다.

페라라에서 마신 와인은 색이 탁했고, 물 또한 강에서 끌어온 것이어서 마찬가지로 탁한 색깔을 띠었다. 몽테뉴 씨는 이런 와인과 물을 마시고 배가 아프지는 않을까 하고 걱정했다. 여관의 모든 침실에는 문 앞에 "건강 진단서를 잊지 마세요."라는 문구가 이탈리아

---

30 베네치아에서 매년 예수 승천일에 '바다와의 결혼식'을 거행하기 위해 아드리아 해로 나갈 때 사용했던 배의 이름. '바다와의 결혼식'이란 당시 해상의 패권을 장악하고 있던 베네치아에서 바다에 나가 기도를 드리며 세례를 받는 의식을 말한다. 오늘날에도 이를 기념하고자 매년 베네치아 시장이 작은 바지선을 타고 바다에 나가 똑같은 의식을 진행하는 전통이 이어지고 있다. '부친토로'라는 이름은 신화 속 괴물 '부체루스 켄타우루스'에서 따온 것이라는 설이 있다.

31 고대 그리스와 로마 시대에서부터 중세까지 지중해에서 사용되던 선박의 한 종류. 주로 돛을 사용하여 항해하며, 상선이나 전투선으로 이용됐다.

어로 적혀 있다. 페라라를 방문한 사람들은 도착하자마자 본인의 이름과 일행의 인원수를 시당국에 알려야 한다. 그래야만 묵을 곳을 찾을 수 있는 권리가 생기며, 보고하지 않은 사람에게는 숙소를 내어주지 않는다.

우리는 목요일 아침에 페라라를 떠나면서 땅이 평평하고 아주 비옥한 지역을 지났다. 비가 오면 흙이 질척거려서 지나가기에 어려운 곳이었다. 여기 롬바르디아Lombardia 지역은 흙이 심하게 기름진 편이다. 길은 양쪽이 도랑으로 막혀 있어서, 진흙을 밟지 않으려고 옆으로 비킬 수 있는 공간이 없었다. 그래서인지 이곳 사람들은 0.5피에만큼 위로 올라온 스틸트워커[32]를 신고 걸어 다닌다. 그렇게 우리는 쉬지 않고 이동하여 저녁쯤이 되어서야 페라라에서 30마일 떨어진 곳에 위치한

볼로냐Bologna에 도착했다. 크고 아름다운 볼로냐시는 페라라보다 규모가 훨씬 더 크고 인구수도 더 많은 곳이다.

이곳에서 묵기로 한 여관에는 프랑스의 젊은 귀족인 몽뤽Monluc[33] 씨가 우리보다 한 시간 일찍 도착해 있었다. 그는 볼로냐에서 펜싱과 승마를 가르쳐주는 학교에 다니기 위해 잠시 머무르는 중이었다.

금요일에는 어떤 베네치아 사람이 진행한다는 펜싱 수업에 참관하러 갔다. 그는 모든 사람을 이길 수 있는 새로운 펜싱 기술을 개발

32 　서양식 죽마. 긴 막대기 2개에 발판을 붙여 그 위에 발을 올려놓고 걸을 수 있게 만든 장치.
33 　16세기 프랑스 총사령관이자《회상록》을 쓴 블레즈 드 몽뤽의 손자일 것으로 추정된다.

했다며 한껏 자랑했다. 실제로 그의 기술은 일반적인 기술과는 다양한 부분에서 차이가 있었다. 그가 가르치는 학생들 중 최우등생은 보르도 출신으로 비네Binet라는 이름의 한 청년이었다. 우리는 여기 볼로냐에서 밑면이 정사각형 모양으로 세워진 오래된 탑을 하나보았다. 탑은 옆으로 많이 기울어져 있어서 아랫부분이 무너질 것만같았다. 또 학문을 하는 곳으로는 지금까지 보았던 것 중에 건물이가장 아름다운 학술원도 보았다.

　토요일에는 점심식사를 마친 뒤 연극배우를 몇 명 만났다. 몽테뉴씨는 이 만남에 아주 즐거워했다. 그러다가 갑자기 무슨 이유에서인지 모르겠지만, 몇 년 동안 잠잠했던 두통이 몽테뉴 씨를 다시 찾아왔다. 그런 와중에 그는 오래전부터 신장 쪽에서 느껴졌던 고통이더 이상 생생하게 느껴지지 않는다고 말했다. 그는 예전에 바네르에서 온천을 하고 돌아오는 길에 느꼈던 것처럼 배 속은 편안한 기분이라고 했다. 밤 동안 두통은 사그라졌다. 볼로냐는 넓고 근사한 회랑과 수많은 아름다운 궁전들로 풍요로운 곳이다. 여기 볼로냐에서는 딱 파도바에서처럼, 아니면 적어도 그와 비슷한 수준으로 굉장히편리하게 생활할 수 있다. 다만, 여기 볼로냐는 오래전부터 도시에살고 있던 두 가문이 사이가 좋지 않아서 평화로운 분위기는 다른곳보다 덜하다. 두 가문 중 한 곳은 언제나 프랑스 편이고, 다른 가문은 에스파냐 편이다. 볼로냐에는 에스파냐 사람들이 굉장히 많이살고 있다. 도시의 광장에는 매우 근사하게 생긴 분수가 하나 있다.
일요일이 되었다. 몽테뉴 씨는 원래는 왼쪽 길을 통해 이몰라Imola와 마르카 안코니타나Marca Anconitana, 로레토Loreto를 지나 로마에

224

가려고 계획했었으나, 어떤 독일 사람이 스폴레토Spoleto 공작의 영
지에서 자신이 강도를 당한 이야기를 들려주었다. 그러자 몽테뉴 씨
는 길의 방향을 오른쪽으로 틀어 피렌체를 지나가는 것으로 계획을
바꾸었다. 그렇게 우리는 얼마 지나지 않아 울퉁불퉁한 산길에 들어
서게 됐고, 볼로냐에서 16마일 떨어진 곳에 위치한
로이아노Loiano에 도착해서 하룻밤을 묵었다. 로이아노 마을은 아
담하지만 지내기에 꽤 불편한 곳이었다. 이곳에는 여관이 딱 두 개
있다. 이 두 곳 모두 아직 마을에 발을 들이지도 않은 여행자들에게
자기 여관에서 지내면 온갖 종류의 편리한 시설을 누리게 해주겠다
고 약속을 하지만, 막상 본인들의 손안으로 들어오면 사기를 치는
것으로 이탈리아 전국적으로 유명한 곳이다. 이와 관련하여 공공연
하게 알려져 있는 속담들도 있다.

우리는 다음날 아침 일찍 로이아노 마을에서 출발했다. 그리고 그
날 저녁까지 해서 이번 여행에서 처음으로 지나가기에 불편하다는
생각이 들 정도로 험한 길을 따라 이동했다. 지금까지 지나왔던 그
어떤 길에서보다 장애물이 많아 어려운 산길이었다. 그렇게 우리는
로이아노 마을에서 24마일 떨어진
스카르페리아Scarperia에 도착해서 하룻밤을 묵었다. 스카르페리아
는 토스카나 지방에 있는 아주 작은 마을이다. 사람들은 이곳에서
생산된 작은 케이스나 가위 같은 상품들을 많이 사가곤 한다.

몽테뉴 씨는 여기 스카르페리아에서 여관 주인들이 경쟁하는 모
습을 보고 굉장히 재밌어했다. 스카르페리아에는 여관 사람들이 마
을에서 7~8리외 떨어진 곳으로까지 여행자들을 마중 나가서는 자

신들이 운영하는 곳에 머무르라면서 호객 행위를 하는 문화가 있다. 여관 주인이 직접 말을 타고 나오기도 하며, 옷을 쫙 차려입은 남자 여러 명이 길 곳곳에서 여행자를 기다리고 있기도 한다. 몽테뉴 씨는 스카르페리아까지 오는 길 내내 그런 모습을 보며 재미있다고 생각했고, 각각의 여관에서 다양한 옵션으로 제안하는 것들을 즐기기도 했다. 이들은 손님에게 무엇이든지 다 해주겠다고 약속한다. 어떤 사람은 만약 몽테뉴 씨가 자신의 여관에 들러서 방을 둘러보기만 해도, 산토끼 한 마리를 선물로 주겠다고 했다. 여관 사람들끼리 하는 말다툼은 마을에 이르러서야 끝나며, 마을에 들어오고 나서부터는 그 누구도 더 이상 단 한 마디도 더 꺼내지 않는다. 이들은 대개 사비를 들여 손님에게 말과 가이드를 제공하여 길을 안내하도록 할 뿐만 아니라, 짐의 일부를 손님이 가고자 하는 숙소까지 실어다주도록 한다. 여기 여관에서는 이런 일에는 항상 직접 비용을 댄다. 스카르페리아에 오는 길이 위험해서 그런 것 같기도 하고, 마을 당국에서 이런 서비스를 베풀라는 지침이 있기 때문인 것 같기도 하다.

볼로냐부터 로이아노까지는 우리가 돈을 내고 받아야 하는 서비스에 대해 계속해서 흥정을 해왔다. 이전에 우리가 묵었던 여관과 그 밖의 다른 곳에서는 사람들이 하도 재촉을 하는 바람에, 몽테뉴 씨는 본인이 말에서 내리기 전에 우리 중 한 명을 보내어 모든 여관들을 찾아가 각 여관에서 제공하는 음식과 와인을 살펴보면서 조건을 파악하도록 했다. 그런 다음에야 그중에서 가장 괜찮은 곳을 골랐다. 그러나 이들의 속셈에 넘어가지 않기 위해 협상을 한다는 것은 불가능한 일이다. 어쨌든 간에 이들은 정확하게 말을 하지 않는 한 장작이나 양초, 침구류를 부족하게 준비해놓을 것이기 때문이다. 스카르페리아로 가는 길에는 여행자들이 넘쳐난다. 로마에 가려는 사람들 중 대부분이 이 길을 지난다.

여기 스카르페리아에 도착하고 나서야 나는 내 자신이 멍청한 짓을 저질렀다는 사실을 깨달았다. 로이아노에서부터는 10마일, 이 길에서부터는 2마일 떨어진 곳에 위치한 산꼭대기에 다녀온다는 것을 깜빡한 것이다. 그곳에서는 밤에 비나 폭풍우가 몰아치면 엄청나게 높은 하늘에서부터 불꽃이 내리치는 것을 볼 수 있다고 했는데 말이다. 그런 사실을 알려준 사람이 말하기를, 그 꼭대기에서는 땅이 크게 흔들릴 때마다 조그만 동전 같은 모양의 어떤 물질들이 쏟아진다고 했다. 그게 도대체 어떤 모습인지를 직접 가서 봤어야 했는데 그러지 못했다.

다음날 아침에는 여관 주인의 안내를 받아 스카르페리아 마을에서 다시 길을 나섰다. 우리는 어느 아름다운 길을 따라 이동했다. 주변 언덕에는 많은 사람이 집을 짓고 땅을 일구며 살고 있었다. 우리는 원래 가려고 했던 길로 가지 않고 방향을 틀었다. 그렇게 오른쪽 갈림길을 지나 2마일 정도를 더 이동해서 12년 전에 피렌체 공작이 지었다는 궁전을 보러 갔다. 이 궁전을 꾸미기 위해 공작은 타고난 오감을 모두 동원했다고 한다. 그곳은 마치 일부러 그런 곳을 고르기라도 한 것처럼 산속인 데다가 교통이 불편하고 땅도 척박한 곳이었다. 심지어는 샘물도 흐르지 않아서 물을 구하려면 5마일 떨어진 곳까지 사람을 보내야 했고, 모래나 석회는 거기서 또다시 5마일을 더 가야 구할 수 있었다. 그 어떤 부분도 지면이 평평하지 않았다. 이쪽 지방에서 흔히 볼 수 있는 풍경처럼 언덕들이 펼쳐져 있었다. 피렌체 공작의 궁전은 프라톨리노 Pratolino 라고 불린다. 멀리서 보면 볼품없지만, 가까이서 보면 굉장히 아름다운 건물이다. 하지만 프랑스에서는 가장 아름다운 저택이라고 부를 수는 없는 곳이었다. 사람들 말로는 여기 궁전 안에는 가구가 구비되어 있는 침실이 120개나 된다고 한다. 우리는 가장 화려한 방으로만 10~12개를 둘러보았다. 가구는 예쁘기는 했지만 호화롭지는 않았다.

  신기하게도 여기 프라톨리노 궁전에는 내부에 여러 개의 방과 공간으로 나누어져 있는 작은 동굴이 하나 있다. 이 동굴만큼은 이전에 다른 곳에서 보았던 것들보다 훨씬 인상적이었다. 동굴은 산에서 캐왔다고 하는 어떤 물질로 만들어져서 사방이 온통 그것으로 덮여 있었다. 사이사이에는 보이지 않게 못질이 되어 있었다. 물이 철썩거리는 소리는 운율과 하모니를 만들어내며, 물길이 제각기 서로 다르게 흐르는 모습이 마치 동물 여러 마리가 물을 마시려고 그 안으로 뛰어든 모습이나 그런 비슷한 모습을 빚어놓은 조각상을 보는 것 같았다. 동굴 안으로 한 번 들어온 물은 온 동굴에 가득히 차 있어서, 어디에 앉더라도 엉덩이에 물이 닿았다. 동굴에서 나오면 성의 계단을 올라가볼 수 있는데, 그 꼭대기까지는 계단을 두 칸 오를 때마다 물방울이 천 번은 떨어져서 온몸을 젖게 했다. 여기 프라톨리노 궁전의 아름답고 화려한 모습을 하나하나 자세하게 기술하기는 어려울 것 같다. 이곳에서는 특히 성 아래에 폭은 50피에고 길이는 약 500보 정도 되는 산책길이 인상적이었다. 이 길을 평평하게 만드는 데에 엄청나게 많은 돈이 들었다고 한다. 양쪽 길가에는 높이가 5~10보 정도인 돌로 만들어진 긴 난간이 아주 근사하게 설치되어 있었다. 난간을 따라 걷다 보면 벽에서 물이 뿜어져 나와서 산책길 내내 보이는 것이라곤 물줄기뿐이었다. 길 끝에는 큰 대야 같은 곳으로 물을 쏟아내는 예쁜 분수가 하나 있다. 빨래하는 여인의 모습을 한 대리석상에서는 파이프를 통해 물이 뿜어지고 있었다. 여인은 흰 대리석으로 조각된 식탁보를 쥐어짜고 있는 모습이며, 그 식탁보 끝에서 물이 뚝뚝 떨어지는 모양이다. 그리고 그 아래에는 또 다른 대야가 하나 놓여 있는데, 그것은 아마 빨래를 할 때 사용하는 끓인 물을 담아놓기 위한 용도로 보인다. 성 내부의 홀에는 대리석으로 된 테이블이 하나 있다. 테이블에는 자리가 여섯 개이고, 각각의 자리에 앉으면 고리가 달린 뚜껑을 들어 올릴 수 있도록 되어 있다. 뚜껑을 들어 올리면 테이블과 연결되어 있는 그릇이 하나 나온다. 이 여섯 개의 그릇 각각에는 깨끗한 물이 흘러나와서, 자리에 앉은 사람은 그 물로 자신의 컵을 시원하게 만들 수 있다. 테이블 한 가운데에는 물병을 담을 수 있는 큰 그릇이 하나 있다. 또 우리는 성 안에서 매년 지하에 어마어마한 양의 눈을 보관해놓는 아주 커다란 구덩이를 보았다. 눈 아래에는 금작화가 무더기로 깔려 있고, 이 모든 것은 마치 하나의 작은 헛간처럼 아주 높은 피라미드 모양의 지푸라기로 덮여 있다. 성안에는 물탱크도 굉장히 많다. 우리가 방문했을 때는 마침 거대한 크기의 물탱크 본체를 짓는 중이었는데, 한눈에 봐도 가로 폭이 150센티미터는 돼 보였고 세로 폭이나 높이도 그것과 비슷한 길이였다. 그곳으로는 엄청난 양의 샘물이 쏟아질 예정이었다. 성에는 물탱크와 연못이 굉장히 많은데, 이 모든 물은 두 군데의 샘터에서 무수히 많은 토관을 통해 길어 올린 것이다. 우리는 또 크고 근사한 새장 안에서 방울새처럼 보이는 작은 새를 여러 마리 보았다. 이 새들은 덩치가 큰 수탉처럼 꼬리에 기다란 깃털을 두 개씩 가지고 있었다. 여기 성안에는 한증막도 있다. 우리는 2~3시간 동안 성을 구경한 뒤 다시 여행길에 올랐다. 그리고 언덕을 넘어 스카르페리아 마을에서 17마일 떨어진 곳에 위치한

피렌체Firenze로 향했다. 평야 위에 자리 잡고 있는 피렌체는 페라라보다는 규모가 더 작은 곳으로, 경작 활동으로 활발한 수천 개의 언덕들이 도시를 감싸고 있는 모양이다. 피렌체에는 아르노Arno강이 지나며, 그 위로는 다리가 여러 개 세워져 있다. 피렌체를 둘러싼 성벽 주변으로 해자는 찾아볼 수 없었다.

그날 몽테뉴 씨는 돌멩이 두 개와 많은 양의 모래알을 배출했다. 그는 아랫배에서 가벼운 통증이 느껴지는 것을 제외하고는 아무런 문제도 느끼지 못했다.

우리는 같은 날 피렌체 대공의 외양간에도 들렀다. 외양간은 천장이 둥글고 굉장히 넓은 곳이었다. 값이 비싼 말은 수가 적었다. 그날은 대공이 자리를 비운 상태였다. 우리는 외양간에서 아주 이상하게 생긴 양을 한 마리 보았고, 낙타 한 마리와 사자와 곰도 몇 마리 보았다. 또 마스티프 개처럼 몸집이 굉장히 크고 생김새는 고양이와 비슷한 동물도 보았는데, 그 동물은 온몸이 희고 검은 얼룩으로 덮여 있었다. 이곳 사람들은 이 동물을 '티그레'[32]라고 불렀다. 우리는 산 로렌초San Lorenzo 교회를 구경했다. 교회에는 스트로치 총사령관

이 이끄는 우리 프랑스 군대가 토스카나에서 빼앗겼다는 깃발이 아직도 걸려 있었다. 교회 안에서는 반듯한 그림 몇 점과 미켈란젤로의 작품인 매우 아름답고 훌륭한 조각상들을 보았다. 피렌체에는 종탑 전체가 검고 흰 대리석으로 덮여 있는 거대한 교회가 하나 있다. 이 교회는 세상에서 아주 아름답고 호화로운 건물들 중 하나라고 할 수 있을 것이다.

몽테뉴 씨는 본인은 지금까지 이탈리아만큼이나 미인을 찾아보기 어려운 나라는 보지 못했다고 말했다. 그는 피렌체의 숙소가 프랑스와 독일의 여관들보다 지내기가 훨씬 덜 편안하다고 생각했다. 이곳에는 식재료가 독일에서 누렸던 것의 절반만큼도 풍부하지 않으며, 그렇게 맛있게 요리되지도 않기 때문이다. 독일과 이탈리아에서는 모두 요리에 라드를 넣지 않는다. 하지만 독일 음식은 양념이 훨씬 더 잘 되어 있고, 독일에서 먹는 소스나 수프의 종류도 다양하다. 이탈리아 여관이 훨씬 더 형편없다고 말할 수 있는 이유는 이곳에서는 모든 방에서 커다란 창문을 완전히 열어놓고 지내며 낮에 햇볕이나 바람을 차단하고 싶을 때에는 큰 나무 덧문만 닫아놓기 때문이다. 몽테뉴 씨는 사실 이런 환경이야말로 독일에서 침대 커튼이 부족했던 것보다 견디기도, 해결하기도 더욱 어렵다고 생각했다. 게다가 여기 피렌체에서 사용하는 침대에는 전부 볼품없는 덮개가 달려 있어서 작은 오두막 같은 모양이며, 각각의 침실에는 그런 침대가 기껏해야 하나씩밖에 없다. 침대 아래쪽에는 바퀴가 달려서 굴

---

34   *Tigre.* '호랑이'라는 뜻의 이탈리아어.

릴 수 있는 작은 침대가 하나 같이 놓여 있다. 딱딱한 곳에 눕는 것을 싫어하는 사람이라면 완전히 피하고 싶을 그런 종류의 침대이다. 리넨 천은 독일만큼이나 아니면 그보다도 더 부족하다. 피렌체에서 산 와인은 평균적으로 더 맛이 없고, 특히 이런 계절에 느글거리는 단맛을 싫어하고 견디지 못하는 사람에게는 더욱 그렇게 느껴질 것이다. 사실 피렌체 숙박비는 조금 싼 편이다. 사람들 말로는 피렌체는 이탈리아에서 생활비가 가장 많이 드는 도시라고 한다. 나리께서는 안젤로[35] 여관에 도착하시기 전에, 하루 숙박비로 사람 한 명과 말 한 마리는 7레알[36]로, 말을 타지 않고 걸어온 사람은 4레알로 흥정을 보았다.

같은 날 우리는 피렌체 공작이 동양에서 가져온 돌들을 모조하고 수정을 깎는 작업을 직접 하면서 시간을 보낸다는 대저택을 보러 갔다. 실제로 대공은 연금술과 기계 작동에 관심이 있으며, 무엇보다도 실력이 출중한 건축가였다.

다음날 몽테뉴 씨는 본인이 직접 앞장을 서서 성당의 꼭대기에 올랐다. 그곳에서는 아래 부분의 너비가 공 하나만 한 청동에 금박을 입힌 구체를 볼 수 있다고 했다. 구체는 사람을 40명이나 수용할 수 있는 크기이다.[37] 몽테뉴 씨는 성당 꼭대기에서 성당 내부의 벽을 덮고 있는 대리석들 중에서 심지어는 색깔이 검은 것들이 서리

---

35 *Angelo.* '천사'라는 뜻의 이탈리아어.

36 14세기 중반부터 19세기까지 스페인에서 사용된 은화.

37 원문에는 40명이라고 되어 있으나, 현대의 여러 번역본에서는 이를 4명이 잘못 표기된 것으로 추정한다.

와 햇빛 때문에 여러 군데가 부서지고 갈라지는 것을 보았다. 실제로 성당 건물은 온통 얼룩이 져 있는 데다가 곳곳이 패여 있어서, 몽테뉴 씨는 사용된 대리석이 자연산이 아닐 수도 있다고 생각했다. 몽테뉴 씨는 피렌체에서 스트로치 가문과 곤디Gondi 가문의 대저택들을 구경하고 싶어 했다. 그곳에는 아직도 스트로치 총사령관과 곤디[38] 총사령관의 친척들이 살고 있었다. 또 우리는 피렌체 공작의 대저택도 구경했다. 공작의 아버지인 코시모Cosimo 씨는 시에나 점령 사건과 우리 프랑스가 패배했던 전투를 그림으로 그려 저택에 걸어놓았다. 여기 피렌체시의 여러 곳에서는 백합꽃이 제일 높은 지위의 명예를 상징하는데, 이는 특히 오래된 성벽으로 둘러싸여 있는 피렌체 공작의 대저택에서 확인할 수 있었다.

에스티삭 씨와 몽테뉴 씨는 피렌체 대공의 저녁식사 자리에 초대됐다. 대공은 함께 저녁을 먹기 위해 나리들을 부른 것이었다. 대공의 부인이 상석에 앉았고, 대공은 그 아랫자리에 앉았다. 대공의 아래에는 부인의 올케가, 그 아래에는 올케의 남편, 즉 부인의 오빠가 앉았다. 이탈리아 사람들 기준에서 부인은 미인이었다. 부인은 얼굴이 상냥하면서도 도도하고 상체는 큰 편이며, 이탈리아 사람들이 선호하는 스타일의 가슴을 가졌다. 몽테뉴 씨가 보기에 대공의 부인은 공작으로 하여금 오랜 시간 동안 넋이 나간 채로 자신에게 헌신을 다하도록 만들기에 능력이 충분한 것 같았다. 공작은 키가 나와

---

38 알베르토 곤디Alberto Gondi. 16세기 이탈리아 출신으로 프랑스 총사령관직을 맡았으며, 왕비 카트린 드 메디치의 두터운 신임을 받은 것으로 유명하다.

비슷하고 체격이 건장하며, 피부색은 어두운 편인 데다가 팔다리는 길쭉하다. 공작의 얼굴과 태도에서는 예의가 묻어 났다. 공작은 자신을 따르는 훌륭한 신하들 무리의 사이를 지날 때면 언제나 모자를 벗는다. 그는 마흔 살 남성의 건강한 풍모를 가졌다. 식탁 반대편에는 공작의 두 형제와 추기경, 그리고 18살 즈음으로 보이는 청년이 한 명 앉아 있었다. 사람들은 공작과 부인을 위해 유리잔에 와인을 가득 따라서 그 위에 아무것도 덮지 않은 채로 각각 한 잔씩, 그리고 물이 가득 담긴 유리병 하나를 큰 쟁반 위에 올려 내어왔다. 공작과 부인은 와인 잔을 들고는 본인이 마시지 않을 만큼 그릇에 따라내고 잔에 직접 물을 채워 넣은 뒤, 술을 따라주는 하인이 들고 있는 쟁반 위에 다시 올려놓았다. 공작은 물을 꽤 많이 부었고, 부인은 거의 넣지 않았다. 독일에서는 터무니없이 커다란 잔을 사용하는 악습이 있는 반면, 여기 이탈리아에서는 그와 반대로 잔의 크기가 너무 작다.

나는 이 피렌체라는 도시가 특별히 '아름다운 도시'라는 별명으로 불릴 만한 이유가 있는지에 대해서는 잘 모르겠다. 분명히 아름다운 곳이기는 하지만, 볼로냐보다 훨씬 더 특별한 무언가를 가지고 있지도 않고, 페라라보다 뛰어난 점도 거의 없으며, 베네치아와는 비교가 안 될 정도로 못난 곳이라고 생각한다. 여기 피렌체 종탑에 올라오면, 도시 주변에 족히 2~3리외 거리까지 솟아 있는 언덕 위로 집들이 셀 수 없이 많이 모여 있고 도시가 위치해 있는 평야가 2리외나 먼 곳까지 펼쳐져 있는 멋있는 풍경을 볼 수 있기는 하다. 집들은 서로 아주 빽빽하게 붙어 있다. 도시에는 납작한 돌들이 어떤 특정한 규칙이나 질서 없이 조각조각 깔려 있다. 나리 넷은 저녁식사를 마친 뒤 가이드 한 명과 함께 역마를 타고 피렌체 공작의 별장에 다녀왔다. 사람들은 이 별장을 '카스텔로Castello'라고 부른다. 별장에는 값진 물건은 없지만, 다양한 물건들이 정원을 꾸미고 있다. 별장 건물 전체는 언덕의 경사면에 위치해 있어서 쭉 곧게 뻗어 있는 길들도 모두 기울어져 있다. 하지만 기울어진 정도가 완만해서 걷기에는 쉬운 편이다. 샛길마저도 곧게 뻗어 있으며 지면이 평평하다. 몽테뉴 씨는 그곳에서 삼나무나 사이프러스나무, 오렌지나무, 레몬나무, 올리브나무 등의 각종 나무들이 향기를 풍기며 아주 빽빽하게 자라고 있는 아케이드를 여러 군데 발견했다. 나뭇가지들이 서로 엉기고 붙어 있어서 그 아래로 햇빛이 아주 쨍쨍하게는 들어오지 못하고 있었다. 사이프러스나무와 다른 나무들 옆에는 잡목이 가지런하게 붙어 있는데, 너무나도 가까이 붙어 있는 나머지 그 사이로는 3~4명의 사람들만 겨우 지날 수 있었다. 별장에서는 무엇보다도 큰 저수지 하나가 눈에 띄었다. 저수지 한가운데에는 자연바위인 것처럼 보이는 인공바위가 하나 놓여 있다. 바위에는 공작이 프라톨리노 궁전의 동굴을 덮을 때 사용했던 것과 동일한 물질이 덮여 있어서 전체가 완전히 얼어 있는 것처럼 보인다. 바위 위에는 머리가 하얗게 센 노인이 바닥에 엉덩이를 대고 앉은 채 팔짱을 끼고 있는 모습을 한 동상이 하나 세워져 있다. 노인의 턱수염과 이마, 머리카락에서는 물이 한 방울씩 쉴 새 없이 떨어지는데, 꼭 노인이 흘리는 땀과 눈물처럼 보인다. 그 세 부위를 제외하고 다른 부분에서는 물이 나오지 않는다. 한편, 나리들은 앞에서 이야기했던 카스텔로 별장의 정원을 구경하면서 아주 즐거운 경험을 했다. 정원사는 나리들이 정원을 거닐면서 진기한 물건들을 구경할 수 있도록 내버려두었다. 나리들은 어느 곳에 멈춰 서서는 대리석상 몇 개를 가만히 바라보고 있기도 했다. 대리석상의 두 발 아래와 두 다리 사이에서는 아주 작은 수많은 구멍들 사이로 물줄기가 새어나왔다. 물줄기는 너무나도 가느다란 나머지 눈으로는 거의 보이지 않아서, 마치 가랑비가 흩뿌려지는 모습과 똑같았다. 그 물은 정원사가 그곳에서부터 200보 이상 떨어진 곳에서 땅을 갈아엎어 나오는 지하수가 뿜어져 나오는 것이었다. 정원사는 물줄기의 높낮이를 마음대로 조절하기도 하고 물이 빙글빙글 돌거나 이리저리 움직이도록 기교를 부릴 수도 있었다. 이런 물장난치기는 정원 안이라면 여러 다른 곳에서도 가능했다. 나리들은 아주 커다란 동상 두 개에 연결된 수도관을 따라 굵은 물줄기를 뿜어내는 분수도 보았다. 두 동상들 중 아래쪽에 있는 사람이 위쪽에 있는 다른 사람을 두 팔 안에 가두고 힘껏 조르는 모습이었다. 위쪽에 있는 동상은 고개가 뒤로 꺾인 채 반쯤 실신한 것 같은 모습이었다. 입에서 뿜어져 나오는 물줄기는 그 힘이 너무도 강력한 나머지, 높이가 적어도 20피에는 되는 두 동상들보다 37길만큼이나 더 높은 곳까지 솟아올랐다. 또 카스텔로 별장에는 어떤 나무 아래에 나뭇가지들 사이로 작은 공간이 하나 만들어져 있다. 사시사철 푸르른 나무는 지금까지 나리들이 보았던 그 어떤 나무들보다도 더욱 풍성한 가지들을 가지고 있었다. 공간을 가득 덮고 있는 가지들은 푸릇푸릇한 생기가 넘쳤고 덕분에 사방이 푸른 잎으로 가득했다. 나뭇가지를 여기저기로 벌리면서 치워야만 군데군데에서라도 하늘을 볼 수 있었다. 공간의 중앙에는 대리석으로 된 작은 테이블이 하나 놓여 있는데, 그 안에 숨겨져 있는 수도관을 통해 물줄기가 솟아오르고 있었다. 이곳에서도 물이 흐르면서 부르는 노래를 들을 수 있다. 하지만 시간이 늦어 나리들이 다시 피렌체로 돌아가야 해서 노래를 직접 들어볼 수는 없었다. 또 나리들은 별장으로 들어가는 입구의 대문 위에서 공작의 문장이 그려진 방패가 걸려 있는 것을 발견했다. 비록 어렴풋하게 보이는 것이지만, 대문은 잔가지가 자연 그대로의 풍성한 힘을 유지하고 있는 나뭇가지들로 아주 잘 꾸며져 있었다. 나리들이 이 별장을 방문한 때는 내부 정원이 1년 중에서 가장 음침해지는 시기였다. 하지만 나리들로서는 그런 분위기에 더욱 감탄스러워했다. 여기 카스텔로 별장에도 근사한 동굴이 하나 있다. 동굴 안에는 온갖 종류의 동물이 마치 살아있는 것처럼 생동감 넘치게 조각된 분수들이 있다. 물줄기는 동물의 부리나 날개, 발톱, 귓구멍, 콧구멍으로 뿜어져 나왔다.

공작의 궁전에 있는 넓은 방들 가운데 하나에서 어느 기둥 위에 세워져 있는 조각상에 대해 적는다는 것을 깜빡했다. 청동에 네 발 달린 동물의 모습을 양각으로 새긴 조각이었다. 동물은 마치 살아있는 것처럼 보였다. 얼굴에는 온통 비닐이 덮여 있고 등에는 뿔같이 보이는 무언가가 달려 있는 이상한 생김새였다. 사람들 말로는 이 동물은 몇 년 전 이쪽 일대의 산속에서 어느 한 동굴 안에서 발견됐으며 여기 궁전으로 산 채로 옮겨졌다고 한다. 한편, 우리는 대왕대비[39]가 태어난 곳이라는 궁전도 구경했다.

몽테뉴 씨는 다른 도시에서도 그랬던 것처럼 이번에도 피렌체에 있는 온갖 편의시설을 경험해보고 싶은 마음에 임대로 내놓은 방의 상태와 하숙집의 환경이 어떤지 살펴보러 갔다. 하지만 특별히 가치 있다고 할 만한 부분은 찾지 못했다. 몽테뉴 씨가 듣기로는 오로지 여관에서만 셋방을 구할 수 있다고 한다. 그가 둘러본 방들은 상태가 깨끗하지 않았고 가격은 파리보다, 그리고 심지어는 베네치아보다 훨씬 더 비쌌다. 보잘것없는 하숙집의 경우에도 집주인에게 한 달에 12에퀴 이상을 주어야 한다. 피렌체에는 특별하게 기억할 만한 관습이 없고, 무기나 승마술, 학문에서도 뛰어난 인물이 없다. 이쪽 지역에서는 주석이 귀하기 때문에 색이 칠해진 도기에 음식을 담아 제공한다. 그릇의 상태는 아주 더러웠다.

우리는 11월 24일 목요일 아침에 피렌체를 떠났고, 땅이 적당히 비옥하면서도 사람들이 꽤 많이 살고 있으며 어디에나 논밭이 펼쳐져 있는 지역에 들어서게 됐다. 길은 울퉁불퉁했고 온통 돌투성이였다. 그렇게 우리는 굉장히 긴 거리를 쉬지 않고 한 번에 이동해서 피렌체에서 32마일 떨어진

시에나Siena에 아주 늦은 시간에 도착했다. 피렌체와 시에나 사이에는 역이 네 개 있다. 이탈리아에서는 역을 8마일마다 설치하는데, 이는 우리 프랑스에서 일반적으로 두는 역참 간 거리보다 조금 더 긴 편이다.

금요일에 몽테뉴 씨는 시에나를 주의 깊게 둘러보았다. 그는 특

---

39 카트린 드 메디치 왕비를 가리키는 것으로 추정된다.

히 우리 프랑스가 겪었던 전쟁과 관련된 장소들을 살펴보았다.[40] 시에나시는 언덕의 한쪽 등줄기에 자리 잡고 있으며 지면이 평평하지 않은 곳이다. 대부분의 길들도 이 언덕 위에 위치해 있다. 언덕의 두 경사면에는 길들이 층층으로 나 있는데, 그중에는 더 높은 곳까지 이어지는 길들도 있다. 시에나는 이탈리아에서 아름답기로는 몇 손가락 안에 들지만 제일가는 정도는 아니며, 도시의 규모도 피렌체만큼 크지는 않다. 외관상으로는 아주 오래된 도시처럼 보이는 편이다. 시에나에는 분수가 굉장히 많고, 사람들은 대부분 개인적으로 사용할 용도로 분수에서 물을 퍼 간다. 이곳에는 시원하고 기능이 좋은 지하저장고도 있다. 피렌체 성당과는 감히 비교가 되지 않는 시에나 성당은 건물 안팎으로 거의 전체가 정사각형 모양의 대리석 조각으로 덮여 있다. 어떤 조각들은 두께가 1피에나 되고, 다른 것들은 그보다는 덜 두껍다. 이탈리아에서는 보통 벽돌을 사용해서 건물을 짓는다. 시에나 성당도 벽돌로 지어지기는 했지만 그 위에 징두리돌 같은 것이 덧대어 있다. 시에나에서 가장 근사한 곳은 바로 엄청난 규모를 자랑하는 원형 광장이다. 굉장히 아름다운 시에나 광장은 사방이 궁전이 있는 쪽을 향해 굽어 있다. 궁전은 광장이 이루는 원 모양의 한쪽 구석을 차지하고 있는데, 그 부분은 나머지 부분보다 원의 곡선이 덜 굽어 있는 모양이다. 궁전의 정반대편에 해당

---

40 1554년 에스파냐 왕국에서 시에나를 포위하자, 프랑스 왕은 블레즈 드 몽뤽을 총사령관으로 보내 사태를 진압하도록 했다. 프랑스 군대는 1554년 7월부터 이듬해 4월까지 에스파냐 왕국과 맞서 싸웠으나 끝내 패배했다.

하는 광장의 위쪽 끝부분에는 아주 근사한 분수가 하나 놓여 있다. 분수의 물줄기는 여러 개의 수도관을 통해 뿜어져 나와 큰 대야 하나를 가득 채우며, 모든 사람들이 이 대야에서 아주 깨끗한 물을 길어 가곤 한다. 층층의 돌계단을 따라 난 길들은 여기 광장으로 모여든다. 시에나에는 굉장히 오래된 거리와 저택이 많이 있다. 그중에서 가장 눈여겨볼 만한 곳은 피콜로미니Piccolomini, 치아야Ciaia, 톨로메이Tolomei, 콜롬비니Colombini, 체레타니Cerretani 가문의 궁전들이다. 그곳에서 우리는 300~400년이라는 세월의 흔적을 볼 수 있었다. 여러 기둥에 새겨져 있는 시에나의 문장은 로물루스Romulus와 레무스Remus에게 젖을 물리고 있는 암늑대의 그림이다.[41]

피렌체 공작은 우리 일행에게 호의를 베풀어준 귀족들에게 사례를 했다. 공작은 그중에서도 특히 자신의 오른팔인 실비오 피콜로미니Silvio Piccolomini 씨와 가까운 사이였다. 피콜로미니 씨는 지금 시대에 존재하는 온갖 종류의 학문과 무술을 섭렵하고 있으며 그 실력도 아주 출중한 사람이다. 공작은 본인부터가 자신이 다스리는 백성들로부터 스스로를 지켜내야 했기 때문에, 자신이 관할하는 도시들도 자체적으로 수비를 할 수 있는 힘을 기르도록 했으며 요새에는 무기를 갖춰놓고 온갖 비용과 노력을 들여 경비를 세우는 데 열중했다. 그런 영향으로 시에나의 요새에는 아주 몇 안 되는 사람들

---

41 로물루스와 레무스는 고대 로마를 건국한 쌍둥이 형제이다. 두 형제는 태어나자마자 테베레강에 버려져 암늑대의 젖을 먹고 자랐다. 시에나는 훗날 로물루스에게 살해된 레무스의 두 아들이 세웠다고 알려져 있다.

만 접근이 허락된다는 소문이 돈다.

시에나 여인들은 대부분 머리에 모자를 쓰고 있다. 우리는 미사에서 성체를 거양할 때 여인 몇 명이 경의를 표하기 위해 남자들처럼 모자를 벗는 모습을 보았다. 우리는 코로나[42]라고 불리는 아주 좋은 여관에서 묵었다. 하지만 이곳에도 여전히 창유리나 창틀은 보이지 않았다. 시에나의 입구를 지키는 문지기는 몽테뉴 씨에게 프라톨리노 궁전의 아름다움을 보고 놀라지 않았냐고 물었고, 몽테뉴 씨는 그랬다고 하면서 몇 마디 칭찬을 덧붙였다. 동시에 그는 프라톨리노는 큰 소나무 판자를 사용하여 문이나 창문을 아무렇게나 만들어 놓아서 볼품없어 보인다는 점과 그런 문과 창문을 여닫는 자물쇠마저도 우리 프랑스 도시에서 쓰는 것만큼은 세련되지 않고 멋이 없다는 점을 강하게 피력했다. 또 프라톨리노의 지붕이 속이 텅 비어 있는 기와들로 덮여 있다는 점도 비난했다. 몽테뉴 씨는 슬레이트나 납, 놋쇠를 구할 방도가 없었다면 적어도 그런 기와는 건물 안으로 넣어서 감추는 편이 나았을 뻔했다는 말을 덧붙였다. 문지기는 이 모든 이야기를 상사에게 그대로 전달하겠다고 했다.

피렌체 공작은 시에나시의 오래된 흔적과 신조가 여전히 건재할 수 있도록 하는 동시에 어느 곳에서나 자유로운 분위기가 풍길 수 있도록 했다. 하지만 시에나 사람들은 교회의 건물과 외관을 더 좋게 한다는 핑계를 대면서 전쟁 때 목숨을 잃은 프랑스 사람들의 무덤과 묘비를 궁전에서 가지고 나와 도시의 어딘가에 숨겨놓았다. 우

---

42   *Corona*. '왕관'이라는 뜻의 이탈리아어.

리는 26일 토요일 점심식사를 마친 뒤, 이전과 풍경이 비슷한 지역을 지나 다시 길을 나섰고, 그렇게 시에나에서 12마일 떨어진 **부온콘벤토**Buonconvento에 도착해서 저녁을 먹었다. 토스카나 지방의 요새인 부온콘벤토는 도시라고 부르기에는 규모가 작아서 성벽 마을이라고 불린다.

우리는 일요일 아침 아주 일찍 부온콘벤토를 떠났다. 몽테뉴 씨는 길의 방향을 오른쪽으로 틀어 프랑스 사람들이 잘 찾아간다는 몬탈치노Montalcino를 보러 가고자 했다. 에스티삭 씨와 마테쿨롱 씨, 오투아 씨도 함께 향했다. 몬탈치노는 크기가 생테밀리옹Saint-Emilion 만 하지만 겉으로는 별 볼 일 없어 보이는 도시다. 이쪽 일대에서 고도는 가장 높지만 충분히 접근할 수 있는 산들 중 한 곳에 위치해 있다. 나리들은 몬탈치노에서 대미사가 진행되고 있을 때 도시에 도착해서 미사에 참석했다. 도시의 한쪽 끝에는 피렌체 공작이 수비대를 주둔시키고 있는 성이 하나 있다. 하지만 몽테뉴 씨가 생각하기에는 성의 한쪽 부분에서 불과 100보밖에 떨어져 있지 않은 곳에 또 다른 산이 딱 붙은 채로 더 높이 솟아 있어서 성의 수비 시설이 그렇게 강력해 보이지는 않았다. 피렌체 공작의 영토에서는 프랑스 사람들을 위한 기념비가 굉장히 정성스러운 관리를 받으며 보존되고 있다. 기념비를 보면 목숨을 바쳤던 사람들이 떠올라 도저히 눈물을 흘리지 않을 수가 없다. 이곳 사람들은 어떤 방식으로든 자유를 가져다주기만 한다면, 폭군 아래에서 누리는 평화보다 전쟁이 더 좋다고 생각한다. 몽테뉴 씨가 몬탈치노에도 프랑스 사람들의 무덤이 있는지 묻자, 사람들은 성 아우구스티누스 교회에 몇 개가 있었지만 공작의 요청으로 매장됐다고 대답했다.

이날 걸었던 산길에는 돌이 많이 깔려 있었다. 그 길을 따라 우리는 부온콘벤토에서 23마일 거리에 있는

발 디 팔리아 Val di Paglia[43]에 저녁이 다 되어서야 도착할 수 있었다. 발 디 팔리아는 땅이 메마르고 으스스한 분위기를 풍기는 산들의 아래에 자리 잡고 있는 아주 작은 마을이다. 마을에는 집이 5~6채 뿐이다.

우리는 다음날 아침 일찍 온통 돌투성이인 웅덩이를 따라 다시 길을 나섰고, 길을 따라 흐르는 급류를 100번이 넘게 건너고 또 건넜다. 그러다가 현 그레고리오 Gregorio 교황이 세웠다는 거대한 다리를 발견했다. 바로 그 지점에서부터 피렌체 공작의 영토가 끝나고 교황청의 영토가 시작됐다. 그렇게 우리는 아쿠아펜덴테 Acquapendente라는 작은 도시에 입성했다. 내 생각에는 여기 근처에 있는 암벽에서부터 아래에 펼쳐진 평야로 급류가 떨어져 내린다고 하여 도시의 이름을 그렇게 지은 것 같다. 우리는 아쿠아펜덴테에서 다시 길을 나섰고, 두 개의 성벽 마을로 산 로렌초 누오보 San Lorenzo Nuovo와 볼세나 Bolsena를 지났다. 볼세나 마을 옆에는 '볼세나'라고 불리는 호수가 있다. 볼세나 호수는 길이는 30마일에 폭은 10마일이고, 호수 가운데에는 암석 두 개가 섬처럼 솟아 있다. 사람들 말로는 각각의 암석 위에는 수도원이 세워져 있다고 한다. 그렇게 우리는 이 메마른 산길을 쉬지 않고 계속 달려서 발 디 팔리아에서 26마

---

43 원문에 표기된 지명: 라 팔리아 La Paglia

일 떨어진

몬테피아스코네Montefiascone에 도착했다. 몬테피아스코네는 이쪽
지역 일대에서 가장 높은 산들 중 한 곳의 꼭대기에 위치한 작은 마
을이다. 마을의 규모는 작지만 오래된 세월의 흔적을 엿볼 수 있는
곳이었다.

우리는 다음날 아침 몬테피아스코네에서 다시 길을 나섰고, 땅이
비옥하고 풍경이 아름다운 들판을 가로질러 비테르보Viterbo에 도
착했다. 비테르보의 일부는 산마루 위에 위치해 있었다. 비테르보는
상리스Senlis와 비슷한 규모의 아름다운 도시다. 이곳에서 우리는 예
쁜 집들과 엄청난 수의 일꾼들, 아름답고 매력적인 길들을 보았다.
비테르보에는 세 개의 서로 다른 장소에 근사하게 생긴 분수가 각
각 하나씩 놓여 있다. 몽테뉴 씨는 비테르보의 아름다움에 반한 나
머지 잠시 머물렀다 가고자 했으나, 그보다 앞서 걷는 노새가 이미
도시를 완전히 빠져나가버린 뒤였다. 우리는 높은 산 중턱을 오르기
시작했다. 산 아래에는 '비코Vico'라고 불리는 작은 호수가 하나 보
였다. 우리는 나무들이 울창한 숲을 이루고 있는 작은 언덕과 비코
호수로 둘러싸여 있어 풍경이 굉장히 매력적인 골짜기를 지났다. 이
쪽 지역에서는 조금 보기 드문 풍경이었다. 그렇게 우리는 몬테피아
스코네에서 19마일 떨어진 곳에 위치한

론칠리오네Ronciglione에 아침 일찍 도착했다. 론칠리오네는 파르마
Parma 공작이 소유하고 있는 작은 도시이며, 시내에는 공작의 성이
있다. 론칠리오네까지 오는 길에는 저택들을 여러 채 볼 수 있었고
파르네제Farnese 가문이 소유하고 있는 땅도 보였다.

론칠리오네로 가는 길목에는 원래 역이 설치되어 있었다. 그래서 인지 길가에 있는 여관들은 시설이 굉장히 훌륭했다. 이곳에서는 말 한 마리를 하루 빌리는 데에는 5쥴리오[44]를, 역참 하나를 이동하는 데에는 2쥴리오를 받는다. 역참을 두세 개 이동한다거나 말을 여러 날 빌린다고 해서 별도로 할인을 받을 수 있는 것은 아니지만, 말을 돌보는 데 필요한 비용은 들지 않는다. 왜냐하면 이쪽 지역에서는 여관 주인들끼리 동맹을 맺어서 손님이 이곳저곳으로 이동할 때마 다 한 군데에서 빌렸던 말을 다른 곳에서도 책임지고 돌봐주기 때 문이다. 실제로 만약 당신이 타고 가던 말이 제 구실을 하지 못한다 면, 여관 주인이 길을 가다가 어딘가에서 또 다른 말 하나를 구할 수 있도록 해줄 것이다. 우리는 시에나에서 만난 어떤 플랑드르 사람에 게 우리가 빌렸던 말 한 마리를 로마까지 데려가 달라고 부탁한 경 험이 있다. 그는 혼자 여행을 하는 중이었고, 우리로서는 전혀 모르 는 낯선 사람이었다. 단, 여기에는 조건이 하나 있는데, 그것은 바로 말을 빌리는 값은 출발하기 전에는 우리가 내지만 출발한 이후로는 그 사람의 몫이며, 정해진 장소에 말을 데려다 놓겠다는 약속을 꼭 지켜야 한다는 것이다.

몽테뉴 씨는 여기 론칠리오네 사람들이 점심과 저녁을 늦게 먹는 문화를 아주 마음에 들어 했다. 이곳 사람들은 오후 2시가 되어서 야 집에서 점심을 먹고, 저녁은 9시에 먹는다. 이런 문화 때문에 우 리는 론칠리오네에서 연극을 하는 배우들을 만나보지 못했다. 왜냐

---

44 1쥴리오giulio는 약 5솔에 해당한다.

하면 이곳에서는 저녁 6시가 되어서야 횃불을 켜고 연극을 시작하고, 그렇게 두세 시간 동안 이어지는 연극이 끝나고 나야 사람들이 저녁을 먹으러 가기 때문이다. 몽테뉴 씨는 이곳에서는 아침에 아주 늦게 일어나도 되기 때문에 게으른 사람들이 살기에 좋은 지역이라고 말하곤 했다.

우리는 다음날 동이 트기 세 시간 전부터 길을 나섰다. 몽테뉴 씨가 로마의 포장도로를 하루라도 빨리 보고 싶어 했기 때문이다. 몽테뉴 씨는 해가 저문 이후에는 공기가 축축해지기 때문에 아침에도 저녁만큼이나 아니면 저녁보다는 조금 덜한 정도로 배가 아프다고 생각했다. 그런데 몽테뉴 씨는 어젯밤에는 하늘이 맑았는데도 불구하고 오늘 아침까지 계속해서 배앓이를 했다. 론칠리오네에서 15마일 지나온 곳에서부터는 로마 도시가 어렴풋하게나마 보이는 것 같았으나, 이내 한동안은 다시 보이지 않았다. 길가에는 몇몇 작은 마을과 여관들이 있었다. 지대가 높은 길 위로 매우 커다란 포석이 깔려 있는 모습을 보니 마치 오래된 무언가를 보는 것 같은 기분이 들었다. 로마에 더 가까워져서는 분명히 아주 오래전에 세워진 것으로 보이는 누옥들과 교황이 고대 로마 시대에 경의를 표하기 위해 세워 올렸다는 비석들이 보였다. 누옥들 대부분은 벽돌로 지어져 있었고, 그중에서도 특히 고대 로마의 황제 디오클레티아누스 Diocletianus[45]의 목욕탕이 눈에 띄었다. 황제의 목욕탕을 이루고 있는

---

45 3세기 말에 로마를 집권했던 황제. 로마 제국의 행정 구역을 4개의 도都, 12개의 주州, 101개의 현縣으로 분할하여 통치함으로써 중앙집권적인 국가 체제를 강화했다. 퇴위 이후에는 현재 크로아티아 영토에 해당하는 스플리트에 궁전을 짓고 살았다.

벽돌은 프랑스나 다른 곳에서 볼 수 있는 유물과 오래된 폐허에서 사용된 벽돌과는 크기와 두께가 같지 않았고, 우리 프랑스에서 온천탕을 만들 때 사용한 것처럼 크기가 작고 단순하게 생긴 것이었다. 이 길에서는 로마가 아주 잘 보이지는 않았다. 왼쪽으로는 저 멀리 아펜니노Apennino산맥[46]이 보였다. 그 일대는 산들이 혹처럼 툭 튀어나와 있어서 보기에 썩 좋은 풍경은 아니었다. 길 곳곳에는 깊은 균열이 잔뜩 나 있어서 전투 대형을 한 군대가 지나가기란 불가능했다. 땅은 나무 한 그루 없이 텅 비어 있었고, 상당히 많은 부분이 황량했다. 주변으로 10마일 이상까지 시야가 확 트이는 풍경이 계속해서 이어졌다. 집들이 아주 많이 보였다. 우리는 그렇게 론칠리오네에서부터 30마일을 이동하여 포폴로Popolo 문[47]을 지나 저녁 8시가 되어서야

로마Roma에 도착했다. 그날은 성 안드레아 축일인 11월의 마지막 날이었다.

---

46   알프스산맥에서 갈라져 나와 이탈리아반도의 세로축을 이루는 산맥.
47   로마의 북쪽에 위치한 문. 포폴로 문을 통과하면 포폴로 광장이 펼쳐지며, 아우구스투스 황제 시절 이집트에서 가져온 거대한 오벨리스크가 정면으로 보인다.

이탈리아: 로마에서

1580년 11월 30일 ~ 1581년 4월 19일

제노바 Genova에서 도는 흑사병 때문에 다른 곳에서 그랬던 것처럼 여기 로마에서도 시내로 들어가는 데 약간의 어려움이 있었다.

우리는 오르소[1] 여관에 방을 잡았고, 다음날에도 같은 곳에 머물렀다. 12월의 둘째 날에는 어떤 스페인 사람의 집에서 방을 빌려 묵었다. 집의 바로 맞은편에는 산타 루치아Santa Lucia 교회가 있다. 우리는 이 집에서 예쁜 침실 세 개를 빌려 아주 잘 지냈다. 집 안에는 식사를 하는 공간과 식료품 저장실, 마구간, 부엌이 마련되어 있었고, 한 달에 20에퀴를 냈다. 여기에다가 부엌에는 요리사가 한 명 고용되어 있었고 불도 제공됐다. 로마의 여관은 파리보다 시설이 조금 더 좋다. 이곳에는 금박을 입힌 가죽이 굉장히 풍부한데, 가격대가 조금 있는 방들은 모두 완전히 그 가죽으로 덮여 있다. 우리는 스페인 사람의 집과 꽤 가까운 곳에 있는 바조 도로[2] 여관에서도 똑같은 가격으로 방을 빌릴 수도 있었다. 그곳에는 왕이 지내는 침실처럼 금색 천과 비단이 깔려 있었다. 하지만 각각의 방들이 분리되어 있지 않기도 할 뿐만 아니라, 몽테뉴 씨는 이런 화려함은 아무짝에도 쓸모가 없으며 가구들을 깨끗하게 쓰는 일도 성가시다고 생각했다. 침대는 한 대에 400~500에퀴짜리였다. 대신 묵기로 한 오르소 여관에서는 프랑스에서 사용하는 것과 비슷한 리넨 천을 제공받기로 하고 흥정에 성공했다. 여기 이탈리아 사람들은 돈을 조금 더 잘 아끼는 편이다.

---

1 *Orso.* '곰'이라는 뜻의 이탈리아어.
2 *Vaso d'oro.* '금색 꽃병'이라는 뜻의 이탈리아어.

몽테뉴 씨는 본인이 여기 로마 길에서 마주친 그 많은 프랑스 사람들 가운데 단 한 명도 자신에게 모국어인 프랑스어로 인사해주지 않는 것에 화를 냈다. 몽테뉴 씨로서는 그렇게나 큰 공간에 성직자와 신도로 가득 차 있는 풍경이 새로웠다. 그가 보기에 여기 로마에는 그가 다녀본 그 어떤 곳보다도 부유한 사람과 마차, 말이 많은 것 같았다. 몽테뉴 씨는 여기 로마 거리를 보고 있으면 자신이 다녀본 다른 도시들보다도 파리가 더 많이 생각난다고 말하곤 했다. 여러 가지 이유가 있겠지만, 그중에서도 특히 사람이 아주 많다는 점에서 로마는 파리와 굉장히 닮았다.

로마의 신시가지는 테베레Tevere강을 따라 위치해 있다. 구시가지가 있었던 곳인 언덕진 동네에는 교회 몇 개와 추기경들이 살고 있다는 집 몇 채, 그리고 정원들이 있다. 몽테뉴 씨는 매일 구시가지 동네에 건너가 수천 번을 산책했다. 몽테뉴 씨는 구시가지 동네가 겉으로는 모습도 깨끗하고 낡은 집들도 높은 곳에 위치해 있는 것으로 보건대 저 많은 언덕과 경사지는 과거에는 지금과는 완전히 다른 모습이었을 것이라고 생각했다. 몽테뉴 씨는 우리가 걸을 때 발을 디디는 곳이 집들의 지붕 위에 해당하는 장소가 여러 군데 있을 것이라고 확신했다. 세베루스Severus 개선문을 보면, 오늘날 로마 사람들은 고대 로마의 길바닥에서보다 2피크 더 높은 위치에 서 있다는 사실을 쉽게 알 수 있다. 실제로 로마에서는 어떤 동네를 지나다니더라도 오래된 성벽 위를 걷는 것과 마찬가지다. 이런 성벽들은 비나 바퀴 자국에 그대로 노출되어 있다.

몽테뉴 씨는 로마와 베네치아 중에서 어디가 분위기가 더 자유로

운지 비교를 하는 사람들에게 다음과 같은 근거를 들며 주장을 펼쳤다. 첫째, 로마는 집 사체기 그렇게 안진하지 못해서, 수입이 꽤 좋은 사람들은 보통 시당국에서 일하는 은행업자에게 자금을 맡겨야 한다고 조언을 받는다. 그렇게 하면 많은 사람이 당했던 것처럼 누군가가 금고를 부숴서 열려고 하는 일은 없을 것이라는 것이다. 둘째, 밤에 돌아다니기에 로마는 전혀 안전한 곳이 아니다. 셋째, 우리가 로마에서 첫 번째로 맞이하는 달인 12월에는 성 프란체스코 수도회의 교구장이 설교를 하던 도중에 갑자기 직위에서 해임되어 감금된 일이 있었다. 교황과 추기경들이 참석해 있는 자리에서 교회의 고위 성직자들이 특별히 하는 일 없이 허영심에만 사로잡혀 있음을 비난했다는 이유였다. 무언가 구체적인 문제를 언급한 것도 아니고, 단지 그런 주제에 대해 사람들 사이에 비일비재하게 오고가는 상투적인 말들을 퉁명스러운 목소리로 말한 것뿐이었는데 말이다. 넷째, 우리가 로마에 들어올 때 세관에서는 몽테뉴 씨의 짐을 수색하면서 아주 사소한 물건까지도 샅샅이 뒤졌다. 이탈리아의 다른 도시에서는 이런 조사를 할 때면 대부분 단순히 가방을 보여주는 것이 전부였는데 말이다. 이뿐만 아니라, 세관 사람들은 짐을 검사하면서 발견한 책들을 모두 가져가버렸는데, 다시 돌려받기까지 시간이 너무 오래 걸려서 책을 읽는 것 말고는 달리 할 것이 없는 사람이라면 책들을 잃어버렸다고 생각했을 것이다. 심지어 로마의 법률은 매우 이상해서《성모 기도서》가 로마가 아니라 파리에서 쓰였다는 이유로 의심을 받는가 하면, 독일 출신의 몇몇 의사들이 이단에 반대하여 쓴 책에서 이교도의 의견을 반박하기 위해 가톨릭교에서 저지른 잘못을 언급해야 했던 것을 수상쩍게 여겼다. 그런 와중에 몽테뉴 씨는 본인은 운이 좋았다며 감사하게 생각했다. 왜냐하면 비록 본인에게 이런 일이 일어날 것이라고는 전혀 생각지도 못하기는 했지만, 그리고 궁금함을 참지 못하고 독일 땅을 지나와버리기는 했지만, 자신의 가방 안에서 금서가 발견되지는 않았기 때문이다. 하지만 로마에 사는 몇몇 귀족들은 만에 하나 우리의 짐에서 금서가 몇 권 발견되었다 해도 그것들을 뺏기는 일은 면했을 것이라고 말했다.

로마에 도착한 지 12~15일이 지났을 무렵, 몽테뉴 씨의 건강이 안 좋아졌다. 몽테뉴 씨의 옆구리가 너무 심하게 부어 있어 궤양의 조짐이 보였다. 그는 랑부예Rambouillet 추기경의 주치의인 어느 한 프랑스 의사가 내려준 처방과 그와 함께 일하는 약제사의 훌륭한 솜씨의 도움을 받아, 하루는 큰 조각으로 자른 계피를 물에 약간 적셔서 먹어보기로 했다. 몽테뉴 씨는 계피를 아주 쉽게 삼켜 넘겼고, 그리고 나서 두세 번 대변을 보았다. 다음날 그는 베네치아에서 산송진을 먹었다. 티롤 지방의 산지에서 자란 소나무에서 채취한 것이었다. 둥근 빵 같은 것 안에 송진을 큰 조각으로 두 개 넣고 감싼 뒤 은수저 위에 올리고, 그 위에 좋은 향이 나는 시럽을 한두 방울 떨어트려 먹었다. 오줌에서 3월에 피는 제비꽃의 향기가 난다는 것 말고는 별다른 효과는 없었다. 그리고 나서 곧바로는 아니지만 시간이 조금 지난 뒤에 몽테뉴 씨는 아몬드유와 똑같은 냄새와 색깔을 띠는 음료를 세 번에 걸쳐 나누어 마셨다. 의사는 몽테뉴 씨에게 별로 특별한 효과는 없을 것이라고 했지만, 몽테뉴 씨는 음료 안에 네 가지 종류로 성질이 각기 다른 차가운 씨앗이 들어가 있다고 생각했다. 그 음료를 마지막으로 마실 때에는 아침 이른 시간에 마셔야 했던 것 말고는 특별하게 불편한 점은 없었다. 음료는 반드시 식사 시간보다 세 시간 전에 마셔야 했다. 몽테뉴 씨는 이 음료가 어떤 효과를 가져다주는지 전혀 알 수 없었고, 실제로 그 이후에도 상태는 계속해서 나아지지 않았다. 이후 23일, 몽테뉴 씨는 배앓이를 매우 심하게 했다. 그는 그날 정오쯤 침대에 몸져누워서는 저녁이 되어서야 일어났고, 이후 많은 양의 모래알을 배출했다. 크고 딱딱하며 모양이 길고 평평한 돌멩이가 하나 빠져나온 이후 네다섯 시간 동안은 요도를 통해서는 아무것도 나오지 않았다. 몽테뉴 씨는 본인이 온천을 시작한 이후로 지금까지 배 속이 편안했다고 생각했다. 그는 온천이 자기 자신을 더 심각한 상황으로부터 보호해준다고 생각했다. 이즈음에 그는 자주 식사를 걸렀다. 어떤 때는 점심을 건너뛰었고, 또 어떤 때는 저녁을 먹지 않았다.

우리는 크리스마스 당일에 교황의 미사를 듣기 위해 산 피에트로 San Pietro(성 베드로) 대성당으로 향했다. 몽테뉴 씨는 모든 의식을 편하게 관전할 수 있는 편안한 자리에 앉았다. 크리스마스 미사에는 특별한 절차가 몇 개 있다. 먼저 복음과 사도 서한을 라틴어로 읽고, 그다음에는 그리스어로 읊는다. 이는 부활절과 성 베드로 축일에 하는 미사에서도 마찬가지다. 교황은 몇 명에게 영성체를 나눠주었고, 파르네제와 메디치, 카라파 Caraffa, 곤자가 Gonzaga 가문의 추기경이 교황과 함께 성찬식을 집행했다. 성배를 마실 때 그 안에 독이 들어 있지 않은지를 확인할 수 있는 도구 같은 것이 있었다. 이번 미사뿐만 아니라 다른 미사에서도 의식을 집행하는 내내 교황과 추기경들, 다른 고위 성직자들이 거의 자리에 앉아서 모자를 벗지 않은 채 서로 이야기를 나누며 떠드는 모습은 몽테뉴 씨로서는 새로운 풍경이었다. 의식의 분위기는 경건하다기보다는 웅장했다.

그 밖에도 몽테뉴 씨는 로마의 여인들은 전 세계의 모든 다른 도시들과 비교했을 때 이 도시에게 주어진 탁월한 명성에 비해서는 미모가 특출난 편은 아니라고 생각했다. 파리에서도 그렇듯이 여기 로마에서도 미모가 가장 빼어난 여인은 몸을 팔러 나온 여자들 중에 있었다.

12월 29일에는 루이 샤테그너Louis Châteigner 씨가 몽테뉴 씨에게 교황[3]의 발에 입맞춤을 하는 게 어떠냐고 조언을 했다. 샤테그너 씨는 몽테뉴 씨의 오래된 친구이자 학문에 뜻이 깊은 귀족 신사로, 당시 로마에서 프랑스 대사로 지내는 중이었다. 에스티삭 씨와 몽테뉴 씨는 대사의 역마차에 올라탔다. 교황을 알현할 수 있는 곳에 도착한 뒤, 대사는 교황의 시종에게 나리들의 이름을 부르도록 했다. 그렇게 그들은 교황을 만났다. 대사는 로마의 관습에 따라 교황의 옆에 혼자 서 있었다. 교황에게는 누군가 자신에게 오도록 하고 싶을 때 울릴 수 있는 작은 종이 하나 주어진다. 대사는 교황의 왼쪽 자리

3 　몽테뉴의 일행이 로마에서 알현한 교황은 그레고리오 13세다. 그레고리오 13세의 본명은 '우고 본콤파니'다. 볼로냐 출신의 그는 1572년 5월 13일 제226대 교황으로 선출됐고, 1585년 4월 10일 서거하기 전까지 12년 10개월 28일 동안 교황직을 맡았다. 재위 기간 내내 가톨릭교 내부의 개혁 작업을 추진하는 데 힘썼던 것으로 알려져 있다.

에 모자를 벗고 앉아 있었다. 실제로 교황은 그 누구의 앞에서도 모자를 벗지 않으며, 그 어떤 나라의 대사라고 하더라도 모자를 쓴 상태로는 교황과 가까운 곳에 있을 수 없다. 먼저 에스티삭 씨가 들어갔고, 그 뒤로 몽테뉴 씨가, 그 뒤로는 마테쿨롱 씨와 오투아 씨가 따라 들어갔다. 방 안으로 한두 발짝 들어가니 한쪽 구석에 앉아 있는 교황의 모습이 보였다. 방에 들어가는 사람은 누구든지 간에 한쪽 무릎을 땅에 굽히고 교황이 은총을 내려주기를 기다려야 했다. 교황이 은총을 내리자, 나리들은 다시 몸을 일으켜 방의 정중앙 쪽으로 걸어 나갔다. 실제로 대부분의 사람들은 곧장 방을 가로질러서 교황이 있는 곳으로 향하지 않고, 입구 옆의 벽면을 따라 걸은 뒤 구석지에 다다르고 나면 방향을 돌려 직선으로 나아간다. 이렇게 가는 도중에 나리들은 무릎을 한 번 더 땅에 꿇고서는 두 번째 은총을 받았다. 이 모든 절차를 마치고 난 뒤에는 교황의 발 앞으로 7~8보 길이로 펼쳐져 있는 벨벳 카펫을 따라 교황에게 다가간다. 카펫의 끝에서는 두 무릎을 모두 꿇고 앉는다. 그러고 나자 나리들을 데리고 온 대사가 한쪽 무릎을 바닥에 대고는 교황의 오른발이 보일 수 있도록 가운을 끌어 올렸다. 교황은 흰 십자가가 박혀 있는 붉은 실내화를 신고 있었다. 두 무릎을 모두 꿇고 있던 사람들은 그 자세 그대로 교황의 발이 있는 곳까지 다가가서 바닥으로 몸을 숙여 그 위에 입맞춤을 한다. 몽테뉴 씨는 교황이 발끝을 조금 높이 들어 올려주었다고 말했다. 그들은 차례대로 각각 다음 사람이 입맞춤을 할 수 있도록 한쪽으로 자리를 비켜주었다. 여전히 똑같은 자세였다. 입맞춤이 모두 끝나자, 대사는 교황의 발에 가운을 내려 덮고는 다시 자기 자리로 돌아갔고, 교황에게 에스티삭 씨와 몽테뉴 씨에게 말해주면 좋을 것 같은 내용을 전달했다. 교황은 온후한 표정을 지으면서 에스티삭 씨에게는 계속해서 학문과 덕목을 쌓아나가기를, 몽테뉴 씨에게는 가장 기독교적인 왕으로부터 받은 임무와 교회에 대한 헌신을 계속 이어나가기를 조언했다. 그리고 자신이 할 수 있다면 언제든지 그들을 기꺼이 돕겠노라고 말했다. 이 모든 대화는 이탈리아어로 이루어졌다. 나리들은 교황에게 아무 말도 하지 않았고, 교황은 또 다시 은총을 내린 뒤 이만 물러가게 하라는 뜻으로 자리에서 일어났다. 나리들은 방으로 들어왔을 때 지나온 쪽으로 방을 나갔다. 방을 나갈 때에는 각자 본인이 생각하는 대로 다른 방법을 사용했다. 하지만 교황의 방을 나갈 때 가장 보편적으로는 뒷걸음질을 치면서 나가며, 아니면 적어도 교황을 정면으로 계속 응시하면서 옆으로 걸어 나가기도 한다. 나리들은 중간쯤 가서는 방에 들어왔을 때와 마찬가지로 한쪽 무릎을 땅에 꿇고 한 번 더 은총을 받았고, 문 앞에서도 다시 한 번 무릎을 꿇어서 마지막 은총을 받았다.

교황은 이탈리아어로 말했다. 교황의 말투에서는 이탈리아에서도 억양이 제일 심한 볼로냐 사투리가 느껴졌다. 더군다나 교황은 선천적으로 말을 더듬거렸다. 교황은 평균 정도의 키에 허리가 굽지 않은 아주 잘생긴 노인이었다. 얼굴에는 장엄함이 가득했고, 흰 수염이 길게 나 있었다. 여든 살 이상은 되어 보였으나, 누구라도 부러워할 정도로 나이에 맞지 않게 건강하고 풍채가 정정했다. 교황은 통풍을 앓는다거나 신장이나 배가 아프지도 않았으며, 그 어떤 질병도 가지고 있지 않았다. 태생적으로 성격이 온화한 교황은 세상사에 그렇게 관심이 많지 않았다. 하지만 훗날 교황이 로마를 떠난 후에는 그가 재위 기간 동안 도시 곳곳에 세운 위대한 건물들 덕분에 사람들은 그를 기억하면서 경의를 표할 것이다. 그 밖에도 교황은 아픈 사람들을 돌보기를 좋아했다고 한다. [그도 그럴 것이 특히 로마에는 출신이 천하고 아직 혼인을 올리지 않은 여자들 가운데 생계를 이어나가는 데 있어 교황의 도움을 받지 않는 사람이 단 한 명도 없다고 한다. 이러한 이유로 사람들은 교황의 관대함을 믿어 의심치 않는다.] 또 교황은 그리스 사람들과 영국 사람들, 프랑스 사람들, 독일 사람들, 폴란드 사람들을 위한 학교를 각각 지어주기도 했다. 그는 학교 건물을 짓는 데 필요한 비용을 직접 지불했을 뿐만 아니라, 각각의 학교에 1년에 1만 에퀴 이상을 기부하면서 이러한 교황청의 지원이 앞으로도 영원히 이루어지도록 했다. 이는 가톨릭교 교회에 반하는 악한 이념들로 부패해버린 이 나라들의 아이들이 교회에 올 수 있게 하기 위함이었다. 학교에서는 아이들을 재워주고 먹여주고 입혀주고 교육해주는 등 모든 것을 제공해준다. 무엇이 됐든지 간에 단 1카트리노라도 아이들이 직접 내는 경우는 없다고 한다. 사회의 보호를 필요로 하는 골칫거리 같은 사람들의 경우, 교황은 다른 사람들에게 기꺼이 그들을 도우면서 더불어 살라고 조언함으로써 수고를 덜고자 했다. 교황은 본인과 이야기를 나누고자 하는 모든 이들에게 귀를 기울였다. 교황의 대답은 간결하고 확실했다. 혹시라도 교황의 말에 새로운 근거를 들어 반박한다면 시간 낭비일 뿐이었다. 교황은 본인이 올바르다고 생각하는 것에 대해서는 자기 자신을 신뢰했다. 심지어는 자신이 굉장히 사랑하는 아들에 대해서도 본인이 생각하는 올바름을 위해서라면 조금도 꿈쩍하지 않았다.[4] 교황은 친척들에게 도움을 베풀기도 했다. [그러나 그럴 때에도 불가침의 영역으로 지키고자 했던 교회의 권리는 침해하지 않았다. 그는 공공건물을 세우고 도시의 도로 상태를 개선하는 데 훌륭한 업적을 남겼다.] 사실 어떤 관점에서 보더라도 현재 교황의 삶과 품행에는 좋은 쪽으로든 나쁜 쪽으로든 특별하다 할 것이 아무것도 없었다. [하지만 굳이 한 쪽을 고르자면, 교황의 재위 기간 동안 로마는 훨씬 더 좋아졌다고 말할 수 있다.]

12월의 마지막 날, 몽테뉴 씨와 에스티삭 씨는 상스Sens 추기경의 집에서 점심을 먹었다. 상스 추기경은 로마에서 이루어지는 종교 의식을 그 어떤 프랑스인보다도 더 많이 지켜본 사람이다. 교회에서 두 명의 사제가 서로 번갈아가면서 말을 하는 것처럼, 이들은 축복과 은혜를 담은 말들을 서로 길게 주고받았다. 점심식사 중에는 그날의 복음 말씀 중 한 문단을 이탈리아어로 읽었다. 식사 전후에 성경 말씀을 통해 정신을 깨끗하게 하기 위해서였다. 입과 두 손을 닦을 수 있는 냅킨이 모두에게 제공됐다. 여기 로마에서는 식사 자리에 초대를 받은 것에 대해 특별히 경의를 표하고자 하는 손님은 집주인의 옆자리나 맞은편에 앉는다. 이곳에서는 손님의 자리 앞에 정사각형 모양의 큰 은쟁반을 두고 그 위에 소금통을 세워 놓는다. 은

---

4   그레고리오 13세에게는 사제가 되기 전에 자신의 집에서 시종을 드는 한 여인과 관계를 가져 낳은 아들 '자코포 본콤파니'가 있었다. 그는 소라와 아키노, 아르체, 아르피노의 공작으로 지냈다.

쟁반은 프랑스에서 귀족들 자리 앞에 두는 것과 같은 종류이다. 쟁반 위에는 네 겹으로 접은 냅킨이 놓여 있으며, 냅킨 위에는 빵과 나이프, 포크, 수저가 놓여 있다. 그 위쪽으로는 사용할 수 있는 냅킨이 한 장 더 있지만, 만지지 않고 원래 있던 상태 그대로 놔두어야 한다. 이곳에서는 사람들이 식탁에 앉으면 이 쟁반 말고도 은그릇이나 도기를 하나 가져다준다. 식탁에 모든 식기구가 차려지고 나면 하인은 앉아 있는 순서대로 사람들에게 고기를 썰어 내어준다. 여기 하인들은 접시에 손을 직접적으로 가져다 대지 않으며, 특히 주인의 접시에는 절대 손을 대지 않는다. 추기경의 집에서도 몽테뉴 씨가 대사의 집에 초대받아 식사를 했을 때와 동일한 방식으로 마실 것을 내어주었다. 다시 말해, 와인 잔 하나와 물이 가득 담긴 작은 병 하나가 은그릇에 담겨 나왔다. 물병은 잉크를 담는 병과 같은 크기였다. 이곳 사람들은 오른손으로는 와인 잔을 들고 왼손으로는 물병을 든 다음, 와인 잔에 본인이 원하는 만큼 물을 따른다. 그러고 나서는 그릇 위에 물병을 다시 올려둔다. 몽테뉴 씨가 와인을 마시기 시작하자 와인과 물을 내어온 하인은 몽테뉴 씨의 턱 아래쪽으로 그릇을 가져다 댔다. 몽테뉴 씨는 와인을 마신 뒤 잔을 그 위에 직접 내려놓았다. 이러한 의식은 기껏해야 집주인의 바로 아랫자리에 앉은 한두 명에게만 행해진다. 식사를 마치며 감사 기도를 드린 뒤에는 식탁이 바로 정리되면서 의자들도 곧바로 방의 한쪽 면을 따라 배열됐다. 추기경은 본인이 먼저 의자에 앉은 다음 다른 사람들에게도 앉으라고 권했다. 그러고 나자 교회에서 일하는 사람 두 명이 옷을 잘 차려입고서는 뭔지 모를 악기를 들고 나타났다. 이들은 추기경 앞에 무릎을 꿇고 앉은 채 알아들을 수 없는 말을 중얼거렸다. 이는 어느 교회에서 진행하는 의식이라고 했다. 추기경은 두 사람에게 아무런 말도 하지 않았다. 이들이 말을 끝낸 뒤 자리에서 일어나 방을 나가려고 하자, 추기경은 의자에서 일어나 머리에 쓰고 있던 모자를 조금 들어 올렸다.

잠시 뒤 상스 추기경은 나리들을 마차에 태우고 다른 추기경들이 저녁 예배에 가기 위해 모여 있는 추기경 회관의 홀에 데려갔다. 교황도 갑자기 회관에 찾아와 함께 예배에 가기 위해 옷을 갈아입고 있었다. 추기경들은 교황의 은총을 받을 때 시민들처럼 무릎을 꿇는 대신에 고개를 깊게 숙여서 받는다.

1581년 1월 3일, 우리가 지내는 집의 창문 앞으로 교황이 지나갔다. 교황의 앞으로는 교황청 사람들이 서로 다른 법의를 입고 약 200마리의 말에 나누어 올라타 있었다. 교황의 옆에는 메디치 가문의 추기경이 있었다. 그는 모자를 벗은 채 교황에게 자신의 집에서 함께 점심식사를 하시지 않겠냐고 권했다. 교황은 붉은색 모자를 쓰고 있었고, 여느 때처럼 붉은색의 벨벳 모자가 달린 흰 옷을 입고 있었다. 그는 새하얀 작은 말을 타고 있었는데, 말에는 금색의 장식 술과 레이스가 달린 붉은 벨벳 천이 덮여 있었다. 교황은 81세의 나이에도 불구하고 마부의 도움을 받지 않고 스스로 말에 올라탈 수 있었다. 그는 말이 15보씩 움직일 때마다 거리의 사람들에게 은총을 내렸다. 교황의 뒤로는 추기경 세 명이 뒤따랐고, 그 뒤로는 병사 100명이 허리에 긴 창을 차고 머리를 제외한 온몸에 온갖 종류의 무기를 무장한 채 따라가고 있었다. 행렬에는 교황이 타고 있는 말과 똑같은 장식을 하고 있는 말이 한 마리 더 있었고, 노새도 한 마리 있었다. 새하얀 잘생긴 군마가 가마를 이끌었다. 교황과 추기경의 외투를 받드는 시종 두 명이 타고 있는 말들의 안장 앞쪽에는 여행 가방이 실려 있었다.

그날 몽테뉴 씨는 몸이 피곤하다는 것 말고는 특별한 이유가 없는데도 송진을 먹었다. 그러고 나서 모래를 많이 배출했다.

1월 11일 아침, 몽테뉴 씨는 은행에 가기 위해 말을 타고 숙소를 나서는 길에 유명한 강도이자 도둑 집단의 두목이 카테나catena 감옥에서 끌려 나오는 모습을 보았다. 이 도둑은 이탈리아 전역을 두려움에 떨게 했던 극악무도한 살인 사건을 저질렀다. 그중에서도 특히 성 프란체스코 수도회의 수도사 두 명에게 목숨을 구해준다는 조건으로 신의 존재를 부인하도록 하고는 이후 잔인하게 살해해버린 사건이 유명하다. 그들을 죽이면 본인이 이익을 얻는다거나 어떤 이유로 복수를 하기 위해 죽인 것이라는 명분도 없었다. 몽테뉴 씨는 가던 길을 멈추고 구경했다. 형을 집행하는 형식적인 절차들은 프랑스나 여기나 동일하다. 그런 공통적인 부분을 제외하면, 여기 로마에서는 특이하게도 사람들에게 죄인의 앞에서 걷도록 한다. 이들은 리넨 천으로 만든 옷을 입고 가면을 쓰고 있으며, 맨 앞에서는 검은색 커튼으로 덮인 큰 십자가상을 들고 이동한다. 들리는 말로는 이 행렬을 이루는 사람들은 로마에서 귀족이거나 이름이 널리 알려진 자들이며, 죄인에게 형벌을 내리는 일에 동참하여 죽은 자의 시체를 처리하는 일에 책임감을 가지고 참여한다고 한다. 일종의 형제애 같은 것이다. 그중에는 수도승 두 명이 수레에 실린 죄수를 향해 설교를 하고 있었다. 이들도 다른 사람들과 똑같은 옷을 입고 모자를 쓰고 있다. 그중 한 명은 죄수의 얼굴 앞으로 그리스도의 초상화 그림을 계속 들이밀면서, 죄수에게 그림에 쉬지 않고 입맞춤을 하도록 한다. 그래서 거리에서는 죄수의 얼굴이 보이지 않았다. 지지대 역할을 하는 두 기둥 위에 대들보가 올라가 있는 구조의 교수대에 도착한 이후에도, 수도승들은 죄수의 목이 졸리기 직전까지 계속해서 그의 얼굴 앞에 그리스도의 그림을 들이밀었다. 죄수는 아무런 움직임도 아무런 말도 없이 시시한 죽음을 맞았다. 서른 살 내외되어 보이는 남자로 피부색이 검었다. 사람들은 목이 매여 죽은 죄수의 몸을 네 토막으로 잘랐다. 로마에서는 죄수를 절대로 단순하게 죽이는 법이 없다. 이곳에서는 죽은 죄수의 시체를 잔혹하게 처리한다. 이곳에서 몽테뉴 씨는 본인이 언젠가 했던 이야기를 다시 한 번 확인할 수 있었다. 내용인즉슨 사람들은 시체에 가혹한 행위가 행해지는 것을 굉장히 무서워한다는 것이다. 실제로 로마 사람들은 죄수의 목이 매달리는 것을 볼 때는 아무렇지도 않아 보였으나, 이후 시체를 토막 낼 때마다 끔찍한 소리를 내면서 울부짖었다. 로마에서는 죄수가 죽고 나면, 곧바로 예수회나 다른 수도회의 수도사들이 한 명 또는 여러 명이서 어딘가 높은 곳에 올라가서는 한 명은 이쪽 방향으로 다른 한 명은 저쪽 방향을 향해 무어라고 소리를 친다. 사람들에게 이를 본보기로 삼으라고 설교하는 것이다.

우리는 이탈리아에서는 교회의 의식을 진행할 때 종탑을 거의 사용하지 않는다는 사실을 깨달았다. 특히 로마의 경우 더욱 그렇다. 프랑스에서 가장 작은 도시에 있는 것보다 로마에 설치된 종탑의 개수가 더 적다. 또 아주 최근에 지어진 것이 아니라면, 그나마 있는 송탑에는 그림도 걸려 있지 않다. 로마에 있는 그 많은 오래된 교회들에도 그림은 단 한 점도 걸려 있지 않다.

1월 14일, 몽테뉴 씨는 송진을 한 번 더 먹었지만 특별하게 눈에 띄는 효과는 없었다.

그날 나는 교황청에서 일하는 비서관이 예전에 하인으로 부렸던 두 형제가 처형되는 현장을 목격했다. 이들은 며칠 전 밤에 시내에서 교황의 아들인 자코포 본콤파니 씨의 대저택 안에서 비서관을 살해했다고 한다. 형을 집행하는 사람들은 두 형제를 불로 달군 집게로 고문한 뒤 사건이 일어난 저택 앞에서 손을 잘라버렸다. 그리고 방금 막 죽인 수탉의 배를 갈라 이들의 손이 잘려나간 상처 위에 올려두었다. 이후 두 형제는 참수형을 선고받았는데, 먼저 큰 나무 몽둥이로 매질을 당한 뒤에 참수를 당했다. 사람들 말로는 때때로 로마에서는 이런 방식으로 형을 집행한다고 한다. 어떤 사람들은 이 두 형제는 자신들이 따르던 주인을 죽인 아주 나쁜 짓을 저질렀기 때문에 그 죄질에 알맞게 형벌이 집행된 것이라고 말하기도 하였다.

몽테뉴 씨는 비록 로마에서 성벽으로 둘러싸여 있는 부분에서 3분의 2 이상이 빈터이기는 하지만, 파리 주변의 모든 교외 지역에 벽을 둘러야만 고대와 지금의 로마 땅을 합친 크기와 맞먹을 만큼 로마의 규모가 어마어마하다고 말했다. 하지만 도시의 규모를 그 안에 사람들이 살고 있는 집이 얼마나 많은지 그리고 집들이 얼마나 밀집되어 있는지를 기준으로 계산한다면, 로마는 파리의 3분의 1에도 미치지 못할 것이라고 생각했다. 공공 광장이 얼마나 많고 넓은

지 그리고 길거리와 집이 얼마나 아름다운지로 계산하면, 단연코 로마의 승리이다.

한편, 몽테뉴 씨는 여기 로마의 겨울은 가스코뉴 지방만큼이나 춥다고 생각했다. 크리스마스 즈음에는 서리가 많이 내렸고, 어떤 날에는 도무지 견딜 수 없을 정도로 차가운 바람이 불었다. 실제로 로마에는 겨울에도 천둥 번개가 굉장히 자주 치고 우박이 내린다.

교황청에는 수없이 많은 방들이 연속으로 줄지어 있다. 제일 큰 방에 가기 위해서는 다른 방을 서너 개는 지나가야 한다. 몽테뉴 씨는 교황청에서 열린 저녁식사 예식에 참석했다. 식사를 하는 방과 뷔페가 차려져 있는 방이 달라서, 먼저 뷔페에 들렀다가 방을 이동해야 했다. 사람들이 마실 것을 요청하면, 일하는 하인들도 뷔페가 있는 방에 가서 음료를 가져와야 했다. 은그릇이 진열되어 있는 곳도 그곳이었다.

1월 26일 목요일, 몽테뉴 씨는 테베레강 건너편에 있는 지아니콜로Gianicolo 언덕에 올라가 그곳에서만 볼 수 있다는 특별한 풍경을 구경했다. 그는 이틀 전에 붕괴된 오래된 성벽이 있었던 자리를 마음에 들어 했다. 몽테뉴 씨는 로마의 구석구석을 조용히 바라보았다. 이 언덕에서만큼이나 이렇게 로마 시내가 한눈에 훤히 보이는 곳은 없다. 언덕에서 내려온 몽테뉴 씨는 벨베데레Belvedere 정원에 세워져 있는 동상들과 교황이 이탈리아 전역에서 수집해온 그림들을 전시하기 위해 공사가 진행 중인 아름다운 갤러리를 구경하기 위해 바티칸으로 향했다. 갤러리 공사 작업은 거의 마무리 단계였다. 몽테뉴 씨는 바티칸으로 내려가는 길에 그만 지갑을 잃어버렸고, 지갑 안에 들어 있던 것들도 전부 잃어버리게 됐다. 그는 길에서 동냥을 하는 사람들에게 두세 번 정도 돈을 주었는데, 비가 많이 내려서 날씨가 찝찝한 상황에서 지갑을 바지 뒷주머니에 넣는다는 것을 모르고 바지가 찢어진 부분 사이로 넣는 바람에 아래로 빠져버린 것이라고 생각했다.

최근 들어 몽테뉴 씨는 오로지 로마를 탐구하는 일에만 전념하고 있다. 처음에 그는 프랑스인 가이드를 한 명 고용했었다. 그런데 가이드가 갑자기 마음이 바뀌었다면서 일을 그만두자, 이제는 본인이 스스로 공부해서 로마의 낱낱을 배워나가겠다고 자부했다. 그는 저녁마다 여러 지도를 살펴보고 책을 읽으면서 도움을 받았다. 낮에는 본인이 공부한 것을 실전에 써먹기 위해 그 장소에 직접 가보기도 했다. 그렇게 며칠이 지나고 몽테뉴 씨는 가이드를 되려 본인이 다시 안내할 수 있는 지경에 쉽게 이르렀다.

몽테뉴 씨가 말하기를 로마에서는 로마가 세워져 있는 땅 위로 펼쳐진 하늘과 그 하늘 아래 자리하고 있는 땅을 보면 무엇 하나 빠지지 않고 다 구경한 것이라고 했다. 그는 로마 도시에 대해 본인이 가지고 있는 지식은 추상적이고 사색적이어서 감각으로 직접 느낄 수 있는 것은 아무것도 없으며, 다른 것은 몰라도 적어도 유적지만큼은 둘러봐야 하지 않느냐고 말하는 자들은 허풍을 떠는 것이라고도 말했다. 왜냐하면 이렇게 엄청났던 국가가 몰락하고 남은 유적이란 그 과거를 떠올리는 사람들에게 더욱 큰 경의와 존경의 마음을 가지게 해줄 수는 있지만, 결국 한낱 그 국가의 무덤에 지나지 않기 때문이다. 세상은 로마가 오랫동안 제패하는 것에 대해 적대감을 가지고 이렇게나 아름다운 심장부를 산산조각을 내고 부숴버렸다. 비록 도시는 무너지고 일그러져서 숨이 완전히 끊겨버리기는 했지만, 세상은 아직도 로마를 두려워하면서 그 폐허마저도 매장시켜 버렸다. 그래도 이렇게 로마의 파멸을 보여주는 작은 흔적들은 여전히 관 위로 모습을 드러내고 있다. 이런 흔적들이 영원할 것만 같았던 로마의 위대함을 보여주는 증거로서 아직까지도 보존되고 있는 것은 행운이다. 오랜 세월을 지나오는 동안 수없이 많은 화재가 발생하고 로마를 몰락시키려는 세계로부터 수많은 음모가 있었지만, 그 위력을 완전히 꺼버리기란 불가능했다. 그러나 훼손된 이후 오늘날까지 남아 있는 부분은 사실 값어치가 가장 떨어지는 것들이다. 적들은 로마가 누리는 불멸의 영예에 반감을 품고 그 분노의 마음으로 로마에서 가장 아름답고 가치 있는 것들을 먼저 훼손했다. 지금은 더 이상 옛날의 순결했던 상태가 아닌 이곳에는 과거의 몰락을 연상시키는 건물들이 남아 있다. 비록 오늘날 이 건물들은 사람들의 사랑을 받으며 기쁜 시절을 누리고 있기는 하지만, 몽테뉴 씨는 이 건물들을 보고 최근에 프랑스에서 위그노들이 파괴했던 교회들의 둥근 천장과 벽에 매달려 있는 참새와 까마귀의 둥지들을 떠올렸다. 몽테뉴 씨는 고대 로마의 무덤이 차지하고 있는 자리를 바라보면서, 사실 우리는 옛날 로마에 대해 전부 알고 있다고 말할 수 없다고 생각했다. 그리고 그 묘지의 대부분이 매장되어 있다는 생각에 두려워했다. 몽테뉴 씨는 기와 조각이나 깨진 도자기처럼 보잘것없는 이 돌무더기가 옛날에는 실제로 솟아 있는 산 여러 개의 높이나 너비와 맞먹을 정도로 엄청난 규모로 쌓여 있었을 것이라는 점으로 미루어보건대, [몽테뉴 씨는 이 돌무더기의 높이가 귀르송Gurson 에 있는 언덕만 하고, 너비는 두 배 더 넓을 것이라고 생각했다.] 이 는 운명의 여신이 이 도시의 어마어마했던 규모를 신선하게 보여주 는 특별한 전략을 취함으로써 결국 로마가 누렸던 영광과 고결함에 세상도 협력했었음을 알리기 위해 긴급 처방을 내린 것이라고 생각 했다. 몽테뉴 씨는 로마에 있는 일곱 개 언덕 중에서도 가장 유명한 카피톨리노Capitolino 언덕과 팔라티노Palatino 언덕이 고작 이렇게나 좁은 공간을 차지하고 있는 것으로 보아, 같은 자리에 건물이 이렇 게나 많이 자리하고 있었을 것이라는 점에 대해 사람들은 쉽게 동 의하지 않을 것이라고 말했다.[5] 포룸 로마눔[6] 옆에 세워져 있는 평 화의 신전은 마치 커다란 산 하나가 여러 개의 무시무시한 바위들 로 부서진 것처럼 잔해로 남아 있어서 로마의 몰락을 아주 생생하 게 보여주고 있다. 카피톨리노 언덕이 포룸 로마눔과 평화의 신전 으로 꽉 차 있었던 것으로는 보이지 않았다. 카피톨리노 위에는 사 람들이 살고 있는 집 여러 채 말고도 사원이 25~30개 있다. 사실 이 오래된 도시를 머릿속으로 그려보면 많은 것을 상상해볼 수 있지

---

5   테베레강 동쪽의 로마 구시가지에는 '아벤티노', '첼리오', '카피톨리노', '에스퀼리 노', '팔라티노', '퀴리날레', '비미날레'라는 이름으로 언덕이 일곱 개 있다. 고대 로마 에서는 이 언덕들을 중심으로 포럼이 형성되거나 장이 들어서는 등 작은 촌락이 형성 됐다. 그중에서 카피톨리노 언덕은 고도가 가장 높았지만 실제로는 해발 50m밖에 되 지 않는 작은 구릉에 불과했다.
6   로마에서 가장 오래된 포룸. '포룸'이란 고대 로마의 시민들이 다녔던 신전이나 공 회당과 같은 시설들이 모여 있는 도시 광장을 가리키는 라틴어이다.

만, 실제로 진짜로 그랬을 확률은 거의 없다. 심지어 도시의 지형마저도 완전히 바뀌었다. 예전에는 골짜기였고 지대가 가장 낮은 땅이었던 부분에 지금은 물이 차 있다. 예를 들어, 지대가 낮은 곳에 위치해 도시의 하수가 모여들어 호수를 형성했던 벨라브룸Velabrum의 자리에는 지금은 주변에 있는 다른 진짜 산들과 똑같은 높이로 언덕이 올라와 있다. 이는 거대한 건물들이 무너져 내린 잔해가 무더기처럼 쌓인 결과이다. 또 사벨로Savello 언덕이라고 불리는 것은 마르첼로Marcello 극장의 일부가 무너져 내리면서 만들어진 것에 불과하다. 몽테뉴 씨는 옛날 로마 사람이 오늘날의 로마를 보면 본인이 살았던 도시를 알아보지 못할 것이라고 생각했다. 땅을 깊숙이 파내면 그 아래에서 아직까지도 굳건하게 서 있는 아주 높은 기둥의 머리 부분을 마주하게 되는 경우가 종종 발생한다. 로마 사람들은 집을 지을 때 낡아서 무너진 건물이나 궁륭 위에 기반을 잡으며, 이 외에 다른 방식으로는 짓지 않는다. 이는 로마에 있는 지하저장고에 내려가 보면 확인할 수 있다. 그러면서도 집을 짓고자 하는 자리에 있었던 옛날 건물이나 벽을 받침대로 삼지는 않는다. 이곳 사람들은 낡은 건물이 완전히 부서져서 금이 간 곳에 본인들의 운명이 머물러 있다고 생각한다. 궁전을 새로 지을 때는 건물의 하부를 단단하고 튼튼한 암석들로 이루어진 넓은 땅 위에 세워 올린다. 많은 거리들이 옛날에는 오늘날의 높이보다 30피에 이상 더 아래에 위치해 있었다는 것은 쉽게 확인할 수 있는 사실이다.

1월 28일, 몽테뉴 씨는 배탈이 났다. 하지만 그는 평상시에 하던 일들 중에서 무엇 하나도 놓치지 않았다. 그는 아주 굵직한 돌멩이 하나와 그보다 더 작은 크기의 돌멩이를 여러 개 배출했다.

30일, 몽테뉴 씨는 남자를 위해 열린다는 가장 오래된 종교의식을 보러 갔다. 그는 아주 편안한 마음으로 세심하게 구경했다. 그것은 바로 유대인들의 할례였다.

어느 토요일 아침엔가 몽테뉴 씨는 유대교도들이 모여 있는 집회소를 한 번 본 적이 있다. 집회소에서는 신도들이 칼뱅교 교회에서처럼 무질서하게 찬송가를 부르며 기도를 올렸다. 가사는 오늘날에 맞게 히브리어 성경을 변형하여 거기에서 몇몇 구절을 따온 것이었다. 신도들은 계속 똑같은 리듬으로 노래를 불렀지만, 온갖 연령대의 목소리가 섞여 있어서 완전한 불협화음을 이루었다. 그중에는 가장 어린아이들도 섞여 있었다. 그곳에 모여 있던 아이들은 한 명도 빠뜨리지 않고 모두가 히브리어를 이해했다. 우리는 기도를 드릴 때 집중을 하지만, 유대교도들은 집중해서 기도를 하지는 않는다. 이들은 기도를 하는 중간에도 다른 일에 대해 이야기를 나눈다. 자신들의 종교의식을 아주 많이 존경하는 것처럼 보이지는 않는다. 신도들은 집회소 안으로 들어가는 입구에서 손을 씻는다. 그곳에서 모자를 벗는 행위는 저주를 받을 일이다. 이들은 예배에서 시키면 머리와 무릎을 숙이기는 한다. 이들의 어깨나 머리 위에는 술 장식이 달린 천 같은 것이 얹혀 있다. 이들의 모습을 모두 묘사하기에는 이야기가 너무 길어질 것 같다. 점심식사를 마친 후에는 유대교 박사들이 한 명씩 차례대로 돌아가면서 그날 읊었던 성경 구절에 대해 이탈리아어로 설교를 한다. 설교가 끝나면 그 자리에 있던 다른 박사들 중 몇 명은 가끔씩 청중 중에서 두세 명을 연속으로 고른 뒤 설교자가 말한 것에 대해 함께 논쟁을 펼친다. 우리는 어떤 한 신도가 하는 토론을 들었다. 그의 논증은 굉장히 유창했고, 많은 사유가 담겨 있는 주장이었다.

한편, 할례 의식은 할례를 받을 남자아이 집의 가장 편안하고 밝은 방에서 개별적으로 진행된다. 몽테뉴 씨가 구경하러 갔던 집에서는 집 안의 시설이 불편하여 집 안으로 들어가는 입구에서 의식이 진행됐다. 이곳 로마의 유대인들은 우리 프랑스에 살고 있는 유대인들처럼 남자아이에게 대부와 대모를 정해준다. 아이의 이름을 지어주는 것은 대부의 몫이다. 이들은 아이가 태어난 지 8일째 되는 날 할례를 진행한다. 대부가 테이블에 앉아 자신의 무릎 위에 베개를 올려놓고 있으면, 대모가 아이를 데리고 와 베개 위에 눕히고는 자리를 떠난다. 아이는 우리 프랑스에서 하는 것과 마찬가지로 포대기로 감싸져 있다. 대부가 아이의 발에서부터 포대기를 풀면 할례를 집행하는 사람과 의식에 참석한 사람들이 모두 노래를 부르기 시작한다. 약 15분가량 의식을 진행하는 동안 노래는 끊이지 않는다. 의식을 집행하는 사람은 랍비가 아니어도 되고, 의식에 참석한 사람들 중 누구라도 집행을 맡을 수 있다. 이곳 로마에서는 할례를 치루는 것을 큰 축복이라고 여기기 때문에 모두가 그 역할을 맡고 싶어 한다. 실제로 로마 사람들은 할례 의식에 초대받기 위해 비용을 지불하기도 하는데, 어떤 사람은 옷을 한 벌 내기도 하고, 또 어떤 사람은 아이가 쓸 수 있는 물건을 주기도 한다. 또 로마에서는 살아서 할례 의식을 몇 번 집행해본 사람이 죽으면 기생충들이 시체에서 입부분만은 절대로 파먹지 않는다고 믿는다. 대부가 앉아 있는 테이블에는 할례 수술에 필요한 모든 도구가 잔뜩 준비되어 있다. 그 옆에는 한 남자가 와인을 가득 채운 작은 유리병과 유리잔을 손에 들고 있다. 바닥에는 화로가 놓여 있는데, 집행자는 먼저 화로에 자신의 손을 가져다 대서 따뜻하게 한다. 그리고 아이를 감싸고 있던 포대기가 전부 벗겨지면, 대부는 아이의 머리를 자신의 몸 쪽으로 향하게 하여 무릎 위에 눕힌다. 그러면 집행자는 한 손으로 아이의 음경을 잡아들고는 그 위를 덮고 있는 살갗을 자기 쪽으로 잡아당기며, 다른 한 손으로는 그 안으로 귀두와 음경을 밀어 넣는다. 그리고 칼날이 귀두와 피부에 상처를 입히지 않도록 하기 위하여, 자신이 잡아당기고 있던 살갗의 끝을 은으로 된 도구를 사용하여 귀두의 방향으로 고정시킨다. 그러고 나서 살갗을 칼로 잘라내는데, 잘라낸 살갗은 의식을 위해 준비된 물건들 중 하나인 무명천에 싸서 땅 어딘가에 바로 묻어버린다. 이후 집행자는 자신의 맨 손톱으로 귀두에 붙어 있던 다른 살점들을 집어서 강제로 찢어내며 귀두 뒤쪽으로 밀어낸다. 이런 작업에는 굉장히 많은 수고와 고통이 따를 것처럼 보이지만, 이곳 로마 사람들은 전혀 위험하다고 생각하지 않는다. 아이의 상처는 대개 4~5일이 지나면 낫는다. 아이가 울부짖는 소리는 프랑스에서 아이들이 세례를 받을 때 내는 소리와 비슷하다. 귀두를 덮은 살갗이 벗겨지고 나면, 사람들은 집행자에게 재빨리 와인을 가져다준다. 그러면 집행자는 입안에 와인을 조금 머금은 채 피가 철철 흐르는 아이의 귀두를 빨아낸다. 그렇게 빨아올린 피를 뱉은 후에는 마셨던 만큼의 와인을 세 번 들이마신다. 여기까지 끝내고 나면 사람들은 집행자에게 '용의 피'라고 불리는 붉은색의 분말을 종이컵에 담아 건넨다. 집행자는 소금을 뿌린 분말을 귀두 위에 상처 전체가 덮이도록 바른 뒤, 의식을 위해 특별히 재단된 천으로 아이의 음경을 깔끔하게 감싼다. 이 모든 절차가 끝나고 나면 사람들은 집행자에게 유리잔에 와인을 가득 따라 한 잔 건넨다. 이곳에서는 그 와인에 집행자의 기도가 담겨 있다고 하여 축복이 내려졌다고 믿는다. 집행자는 와인을 한 모금 삼킨 후에 자신의 손가락을 와인 잔에 넣어 적시고는 아이의 입으로 세 방울 떨어트려서 삼키도록 한다. 이후 이들은 집 안의 다른 공간에서 기다리고 있던 아이의 엄마와 여인들에게 이 와인 잔을 그대로 가져다주고 남은 것을 마시게 한다. 그러고 나면 누군가가 긴 자루에 테니스공처럼 둥근 모양의 은기구가 달려 있는 도구를 가져온다. 공 모양 부분에는 프랑스의 작은 향 케이스처럼 작은 구멍들이 뚫려 있다. 그 남자는 먼저 집행자의 코에, 그다음은 아이의 코에, 그다음은 대부의 코에 차례대로 도구를 가져다 댄다. 사람들은 이 향기가 이들의 정신을 더욱 굳건하게 하고 예수를 향한 마음을 밝혀줄 것이라고 믿는다. 그러는 동안에도 아이의 입은 여전히 온통 붉게 물들여 있다.

몽테뉴 씨는 8일과 12일에도 또 배가 아프다고 했다. 통증이 심하지는 않았고, 이후 그는 돌멩이 몇 개를 배출했다.

교황의 허가 아래 올해 로마의 사순절 축제[7]는 지난 몇 년 동안 열렸던 것보다 더욱 방탕하게 진행됐다. 하지만 우리가 보기에는 그렇게 대단하다고 할 만한 정도는 아닌 것처럼 보였다. 로마에는 물줄기가 길게 이어지는 것처럼 생겼다고 하여 '코르조'[8]라고 불리는 길이 있다. 축제기간 동안 남자아이 네다섯 명이나 유대인들 아니면 알몸의 노인들이 이 길의 한쪽 끝에서 다른 쪽 끝까지 달리는 경주를 한다. 이 경주에서는 지금 서 있는 곳 앞으로 참가자들이 뛰면서 지나가는 것을 보는 것 말고는 특별하게 즐길 거리는 없다. 이 길에서의 달리기 경주는 어린 남자아이가 말에 올라타 채찍질을 하며 말을 몰거나 성인 남자가 당나귀나 물소에 올라타 긴 막대기 같은 것으로 말을 모는 식으로도 이루어진다. 매 경주마다 벨벳이나 천 조각으로 된 작은 깃발이 상으로 주어진다. 이곳에서는 이 깃발을 '팔로palo'⁹라고 부른다. 또 거리의 어떤 곳에서는 젊은 귀족 신사들이 멋있는 말에 올라타 달리면서 창의 과녁을 던지는데, 아주 품위 있는 경기라고 할 수 있다. 여인들은 거리와 가까운 곳에서 경기를 관전한다. 실제로 이런 귀족 계급의 남자들이 말에 올라탄 경기를 잘 해내는 것은 아주 당연한 일이다. 몽테뉴 씨가 구매한 관람석은 3에퀴짜리였다. 덕분에 그는 거리에서 경기가 아주 잘 보이는 곳에 앉을 수 있었다.

---

7   사순절이란 부활절 전까지 여섯 번의 주일을 제외한 40일의 기간을 말한다. 사순절 동안에는 예수 그리스도의 고난을 생각하며 회개와 절제의 시간을 보내는 의미가 있다. 약 8세기경 사순절이 시작되는 첫날 미사에서 사제가 신도를 속죄하는 행위의 상징으로 신도의 머리에 재를 뿌린 데에서 유래하여, 그날을 '재의 수요일' 또는 '성회례 축일'이라고 부른다. 그리고 사순절이 시작되기 전 사흘간인 일요일, 월요일, 화요일에는 화려한 축제를 여는데, 흔히 '사육제' 또는 '카니발'이라는 명칭으로 알려져 있다.

8   Corso. '흐름'이라는 뜻의 이탈리아어.

9   이탈리아에서 경마 경주의 승자에게 수여되는 깃발을 '팔로palo' 또는 '팔리오 pàlio'라고 부른다. 전자는 '막대기'라는 뜻을 가지고 있고, 후자는 때때로 경마 경주 그 자체를 의미하기도 한다.

축제 기간 동안에는 로마에 사는 아름다운 귀족 여인들을 마음껏 볼 수 있다. 왜냐하면 이때 이탈리아에서는 여인들이 프랑스에서처럼 가면은 쓰지 않고 얼굴을 완전히 드러낸 채로 지나다니기 때문이다. 몽테뉴 씨는 로마에는 보기 드물 정도로 미모가 완벽한 여인들이 프랑스보다는 많지 않으며, 이곳에서 서너 명을 제외하고는 빼어난 미인은 보지 못했다고 말했다. 하지만 평균적으로는 로마 여인들이 프랑스 여인들보다 더 매력적이며, 못생긴 사람이 많지 않다. 로마 여인들은 프랑스 여인들과는 비교할 수 없을 정도로 완벽하게 머리를 장식하며, 허리띠 아랫부분의 의상도 화려하다. 몸매는 프랑스 여인들이 더 좋다. 왜냐하면 여기 로마 여인들은 프랑스의 임신부들처럼 허리띠 부분을 굉장히 느슨하게 차고 다니기 때문이다. 이곳 여인들의 태도에서는 프랑스 여인들보다 더욱 위풍당당하며 부드럽고 다정한 분위기가 넘쳐흐른다. 이들이 입는 옷은 프랑스 여인들이 입는 옷과는 비교할 수 없이 화려하며, 온통 진주와 보석이 가득 달려 있다. 로마 여인들은 마차나 축제, 극장과 같이 사람들의 눈에 띄는 곳이라면 어디가 됐든지 간에 남자들로부터 멀리 떨어져 있다. 하지만 춤을 출 때는 남녀가 꽤나 자유롭게 섞여서 서로 대화를 나누거나 손을 잡기도 한다.

로마 남자들은 어떤 상황에서도 피렌체산産 검은색 서지 천으로 만든 옷으로 아주 간결하게 입는다. 이들은 우리 프랑스 남자들보다는 피부색이 조금 더 어두워서 그런지는 모르겠지만, 실제로 공작이나 백작, 후작이라고 해도 그렇게 보이지 않으며, 조금 못된 인상을 가지고 있다. 또 평범한 프랑스 남자들은 어떨지 모르겠지만, 로마 남자들은 굉장히 예의 바르고 기품이 있다. 하지만 프랑스 남자들은 본인들의 방탕하고 기만한 특성을 견디기 어려워하는 자들을 품위 있다고 부르지 않을 것이다. 지금 우리는 여기 로마에 대해 할 수 있는 악평이란 악평은 모두 하고 있는 중이다. 한편, 우리 프랑스에서는 로마 사람들이 적어도 존재할 가치가 있고 다른 사람을 공격하지 않으며 스스로 절제할 줄 아는 사람들이라고 생각한다. 이들은 우리 프랑스가 자신들을 아주 존중해주고 환영해준다는 것을 알고 있으며, 우리에 대해서도 오래된 애정과 존경의 마음을 가지고 있다.

몽테뉴 씨는 사순절 전 목요일에 교황청의 축하연에 다녀왔다. 파티에는 먹거리가 아주 잘 준비되어 있었고, 특히 기마 창 시합 경기에 사용될 원형 경기장을 아주 다채롭고 풍성하게 꾸며놓은 것이 눈에 띄었다. 경기는 저녁식사를 하기 전 늦은 시간에 이루어졌고, 정사각형 모양의 공간 한가운데에 타원형으로 울타리를 쳐놓은 곳에서 진행됐다. 그중에서는 무엇보다도 포장도로에 붉은색으로 다양한 그림들을 눈 깜짝할 사이에 그려내는 풍경이 인상적이었다. 이곳에서는 도로에 회반죽이나 석회 같은 것을 먼저 바른 다음, 그 위에 제각기 원하는 대로 다양한 방법으로 가공된 양피지나 가죽 조각을 깐다. 그리고는 그 위에 붉은 페인트에 살짝 적신 붓을 휘둘러 교황청의 입구에서부터 그림을 그리면서 안으로 들어온다. 이 작업은 굉장히 빨리 진행됐고, 두 시간 만에 신도석이 위치해 있는 중앙홀이 전부 칠해졌다.

로마 여인들은 저녁식사에서 자신의 남편으로부터 시중을 받는다. 남편은 아내 옆에 서서 아내가 마실 것이나 부탁하는 것을 가져다준다. 축하연에서는 어마어마한 크기의 닭고기가 마치 살아 있는 것처럼 실제 깃털로 장식된 채 구워져 나왔다. 통째로 구워진 수탉은 유리병 안에 담겨 나왔고, 산토끼나 집토끼, 날짐승의 살코기로 만든 파이는 리넨 천으로 정성스럽게 싸여 나왔다. 여인들이 앉은 테이블에는 요리가 네 개 나왔고, 접시는 차례대로 하나씩 치워졌다. 테이블 아래편에는 과일을 설탕에 절여 만든 잼을 올려놓은 테이블이 또 하나 있다.

로마 남자들은 어떤 곳을 방문할 때에는 가면을 쓰지 않는다. 이들은 시내에서 사람들 앞에 모습을 드러내고 걸을 때나 팀으로 창시합 경기를 할 때에는 가격이 비싸지 않은 가면을 착용한다. 사순절 전 월요일에는 잘생기고 부유한 귀족 신사들로 이루어진 두 팀이 가면을 쓰고 기마 창 시합을 했다. 이들은 매우 잘빠진 말을 타고 떼를 지어 빠르게 몰려와 우리를 앞서 지나갔다.[10]

지금까지 이렇게나 훌륭하게 기록을 맡아서 해준 하인에게 휴가를 주었다. 글이 꽤 많이 진행됐다. 그러니 힘들기는 하겠지만 이제는 내가 이 작업을 계속해서 이어나가고자 한다.

2월 16일, 교회에서 돌아오는 길에 어느 작은 예배당에서 한 사제가 악령에 홀린 남자를 치유하는 일에 몰두하고 있는 모습을 보았다. 남자는 반쯤 죽은 사람처럼 안색이 어두웠다. 사람들은 남자를 제단 앞에 무릎 꿇어 앉히고는 남자의 목을 천으로 빠르게 묶어 붙

10　이 문단까지는 몽테뉴의 하인이 작성한 것이고, 바로 다음 문단부터는 몽테뉴가 직접 작성했다.

잡았다. 사제는 남자 앞에 서서 악령에게 이 몸을 떠나라고 명령하는 기도문과 퇴마 주문을 길게 외웠다. 사제의 성무일과서[11]에 들어 있던 것이었다. 그러고 나서 사제는 말하는 대상을 남자에게로 옮겨 갔고, 이후 때로는 남자에게, 때로는 악령에게 대상을 바꿔가며 말을 걸곤 했다. 악령에게는 욕과 함께 주먹질을 하면서 얼굴에 침을 뱉기도 했다. 남자는 사제가 던지는 질문들에 어눌하게 몇 마디 대답할 뿐이었다. 한 번은 남자 본인의 입장에서 자신의 몸속에 흐르는 악한 기운이 어떻게 느껴지는지에 대해 이야기했고, 그러다가 악령의 목소리로 본인이 얼마나 신을 두려워하는지, 그리고 사제가 외는 퇴마 주문이 자신에게 어떤 영향을 끼치는지를 이야기했다. 퇴마 의식은 그렇게 오랫동안 진행됐다. 이후 마지막 단계로 사제는 제단으로 돌아가 왼손으로 성체가 담긴 용기를 들어 올렸다. 그리고 다른 손으로는 불이 붙은 양초를 들고 위아래를 거꾸로 뒤집어서 초가 녹아 닳아지도록 했다. 그러는 와중에도 사제는 계속해서 기도문을 읊었으며, 끝에 이르러서는 본인이 낼 수 있는 한 가장 크고 엄중한 목소리로 악령을 향해 가차 없이 으름장을 놓았다. 처음에 불을 붙인 초가 초를 잡고 있던 손가락 쪽으로 가깝게 닳아져 오자, 사제는 양초를 하나 더 꺼냈다. 그 후로도 세 번째, 네 번째 초가 더 사용됐다. 여기까지 마친 사제는 성체가 들어 있는 투명한 용기를 제단에 가져다 놓고 다시 남자에게 다가갔다. 사제는 남자를 악령이 아

---

11 가톨릭교에서 사제가 매일 일곱 번에 나눠서 올리는 기도를 행할 수 있도록 필요한 찬송가와 전례문, 기도 등을 수록해놓은 책.

닌 사람으로 대하면서 남자의 목에 묶여 있는 천을 풀어주었다. 그리고 남자를 사람들에게 보내어 집으로 돌아갈 수 있도록 했다. 사제 말로는 이번 악령은 고집이 센 최악의 유형이었고, 어쩌면 남자의 몸에서 악령을 내쫓는 것이 굉장히 수고로웠을 수도 있었다고 한다. 사제는 그 자리에 있던 10~12명의 귀족 신사들에게 퇴마의 기술에 대한 여러 일화와 자신이 일상적으로 겪곤 하는 경험담을 들려주었다. 특히 그 전날에는 어떤 한 여인의 몸에 들어간 엄청난 악령을 쫓아냈는데, 그 악령은 여자의 몸에서 나가면서 여자의 입으로 못과 뾰족한 핀 여러 개, 그리고 자신의 털을 뭉친 것을 내보냈다고 했다. 누군가가 그 여인이 아직 완전히 회복하지 못했다고 말하자, 사제는 오늘 아침 이전보다 더 순하고 덜 해로운 또 다른 혼령이 여인의 몸속으로 들어갔으며, 이번 것은 쫓아내기가 쉬웠다고 말했다. (사제는 다양한 혼령들의 이름을 외우면서 서로 다른 종류를 구분할 줄 알았고, 각각의 혼령이 어떤 점에서 두드러지는 특징을 가지고 있는지도 알고 있었다.) 이것이 내가 본 전부이다. 사람들이 성체를 보여주자, 내 시종은 이를 갈고 입술을 삐죽거리기만 할 뿐 별다른 표정은 짓지 않으면서, 이따금씩 소리는 내지 않고 입 모양으로만 "운명이 그러하다면"이라고 말하곤 했다. 공증인으로 일했던 시종은 라틴어를 조금 알고 있었다.

3월 1일에는 산 시스토 San Sisto 수도원에 다녀왔다. 수도원의 대제단이 있는 홀에서는 제단 뒤쪽에서 사제가 미사를 드리고 있었다. 사제의 얼굴은 신도들을 향해 있었고, 사제의 뒤에는 아무도 없었다. 같은 날 교황도 이곳에 다녀갔다. 교황은 여기 수도원이 바티칸과 조금 심하게 동떨어져 있다고 생각하여, 며칠 전 이곳의 수녀들이 다른 곳으로 옮겨가도록 했다. 그리고 도시 곳곳에서 구걸을 하는 모든 가난한 사람들을 이곳 수도원에 수용하여 질서 있는 사회를 만들고자 했다. 이러한 작업을 진행하기 위해 추기경들은 각각 20에퀴씩을 기부했고, 몇몇 다른 사람들이 굉장히 후한 액수의 헌금을 보내오기도 했다. 교황은 이곳 보호시설에 매달 500에퀴씩을 기부하기로 했다.

로마에서는 예배 모임이나 신도회가 굉장히 많다. 그런 자리에서는 사람들의 신앙심을 잘 엿볼 수 있다. 내가 보기에 여기 로마에서는 프랑스에서보다 실제로 더 많은 종류의 종교의식들이 과하게 치러지고 있기는 하지만, 로마 사람들 전체적으로 보면 프랑스의 대도시에 사는 사람들보다는 덜 독실한 것 같다. 이와 관련하여 나는 믿음에 구애받지 않고 이 기록을 남기고자 한다. 로마에는 두 가지 일화가 있다. 첫 번째는 한 남자가 창녀와 함께 침대에 누워 자유를 만끽하던 중에 시간이 자정이 되어 아베 마리아 기도가 들리자, 매춘부가 곧바로 침대에서 뛰쳐나와 두 무릎을 바닥에 꿇고는 기도를 했다는 이야기다. 또 다른 일화는 매춘부와 함께 있던 어떤 한 남자에게 갑자기 이모가 찾아와 문을 두드린 이야기다. (이곳에서는 젊은 청년들이 집에 늙은 가정부를 두고 지내면서 어머니나 이모처럼 여기곤 한다.) 화가 난 이모는 분노의 눈물을 흘리면서, 매춘부의 목걸이에 달려 있는 조그만 성모 마리아의 메달이 추잡한 죄로 더럽히지 않도록 목걸이를 낚아채버렸다. 습관적으로 목걸이를 하고 있었던 이 어린 여인은 목걸이를 빼는 것을 깜빡한 잘못을 크게 뉘우쳤다고 한다.

그날 이곳 수도원에는 모스크바의 대사도 찾아왔다. 대사는 금색 천으로 만든 예복과 진홍색 망토를 입고 있었고, 털이 달린 금색 모자를 쓰고 있었다. 밤에 잘 때 쓰는 것처럼 생긴 모자였다. 그리고 그 아래에는 은색 천으로 만든 베레모를 썼는데, 테두리 부분은 없는 모양이었다. 모스크바에서 교황에게 보낸 대사는 이번이 두 번째다. 첫 번째 대사는 교황 바오로Paolo 3세가 재위하던 시절 로마에 왔었다. 사람들 말로는 모스크바에서 로마에 첫 번째로 파견한 대사의 임무는 폴란드 왕이 모스크바 대제를 상대로 시작한 전쟁에 교황이 개입해주기를 촉구하는 것이었다고 한다. 대사의 주장은 소위 터키의 최초 공격을 견뎌낸 곳이 바로 모스크바인데, 만약 폴란드가 모스크바를 무력화시킨다면 모스크바는 터키와의 전쟁에 대처할 수 없게 될 것이고, 이는 우리 유럽을 향해 세력을 확장해오는 터키에게 두 문을 활짝 열어주는 셈이 될 것이라는 것이었다. 대사는 모스크바가 로마의 가톨릭교회와 종교적으로 다른 부분은 기꺼이 한 발짝 물러나줄 수 있다고 제안했다. 이번 대사는 이전에 바오로 교황 시절에 왔던 대사가 그랬던 것처럼 교황청에 마련된 저택에서 묵었으며, 대사가 지내는 데 필요한 비용은 교황청에서 지불했다. 그는 교황의 발이 아닌 오로지 오른손에만 입맞춤을 하겠다고 강하게 고집을 피웠고, 첫 번째 모스크바 대제도 교황의 발에 입맞춤하는 의식에 순응했었다는 이야기를 듣기 전까지 굴복하지 않았다. 다른 나라의 왕들도 다 한 것이라고 말해도 대사에게는 소용이 없었다. 그는 자신의 모국어 말고는 다른 언어를 구사할 줄 몰랐으며, 그렇다고 해서 통역인과 함께 온 것도 아니었다. 대사를 수행하는 사람들은 고작 서너 명뿐이었다. 이들은 변장을 한 채로 폴란드를 지나오다가 큰 난관에 부딪쳤다고 했다. 모스크바에서는 이쪽 세계의 사정을 너무도 모르고 지내는 나머지, 대사는 자신이 섬기는 대제가 베네치아 영토의 지도자에게 보내는 서한을 베네치아로 직접 가지고 갔다고 한다. 사람들이 어떤 의미에서 서한을 보낸 것인지 묻자, 대사는 모스크바에서는 베네치아가 교황의 통치를 받고 있으며 그리하여 교황이 볼로냐 등의 다른 도시들과 마찬가지로 베네치아에도 총독을 보냈을 것이라고 생각한다고 대답했다. 이들이 얼마나 무지한지 신께서는 아실 것이다. 대사는 베네치아와 교황에게 흑담비와 흑여우의 털을 선물로 주었다. 흑여우의 털은 흑담비의 털보다 훨씬 더 풍성하고 희귀하다.

3월 6일에는 바티칸 도서관을 구경하러 갔다. 바티칸 도서관에는 대여섯 개의 방들이 일렬로 배치되어 있다. 방 안에는 여러 줄의 책장에 책들이 아주 많이 꽂혀 있다. 금고 안에도 책이 들어 있으며, 사람들은 내가 모든 금고를 열어볼 수 있도록 허락해주었다. 손으로 직접 쓴 책이 많았고, 특히 세네카[12]의 작품 한 권과 플루타르코

---

12   고대 로마의 후기 스토아 철학을 대표하는 정치가이자 철학자. 세네카는 스토아 철학의 이념 중에서도 도덕적 지도자의 역할과 올바른 이성적 판단을 강조했으며, 당시 로마를 집권하던 네로 황제에게 성군과 폭군을 대비하며 이상적인 제정 정치란 무엇인지 알리기 위해 《자비에 대하여》를 집필했다. 그는 한때는 네로 황제의 스승이었으나, 훗날 황제를 암살하려는 음모에 가담했다는 의심을 받고 반역죄로 자살을 명령받았다고 알려져 있다.

스의《윤리론집》[13]이 눈에 띄었다. 도서관 안에서는 무엇보다도 잘 생긴 민머리에 턱수염이 두텁고 이마는 넓으며 점잖고 장엄한 분위기가 흘러넘치는 위대한 아리스테이데스Aristeides 장군의 조각상이 인상적이었다. 동상 아래의 아주 오래된 받침대에는 장군의 이름이 쓰여 있었다. 그곳에는 또 중국에서 가져온 책도 한 권 있었다. 책은 희한하게 생긴 문자로 쓰여 있었고, 책에 사용된 종이는 우리가 사용하는 것보다 훨씬 더 부드럽고 반투명한 재질이었다. 이런 종이에서는 잉크가 잘 번지기 때문에, 종이의 한쪽 면에만 글자가 쓰여 있었다. 낱장 하나하나는 전부 종이를 두 장씩 겹쳐서 만든 것인 데다가 바깥쪽 끝부분이 안쪽으로 접혀 있었다. 도서관 사람들은 이 종이가 어떤 나무의 껍질로 만들어졌다고 생각했다. 또 나는 고대 파피루스 문서도 몇 장 보았다. 알 수 없는 글자들이 쓰여 있었고, 이것 또한 나무껍질로 만든 것이었다. 그곳에서 나는 수기로 작성된 성 그레고리오스의 성무일과서도 보았다. 작성된 연도는 책 어느 곳에도 적혀 있지 않았으나, 사람들은 이 책이 성 그레고리오스에서부터 이 손 저 손을 거쳐 오늘날까지 내려왔다고 믿었다. 이 책은 우리 프랑스의 성무일과서와 마찬가지로 일종의 기도서 같은 것이었다. 성 그레고리오스의 성무일과서는 트렌토 공의회의 마지막 회담에서 우리 프랑스의 종교의식들을 보여주는 증거 자료로서 제출되기도 했다. 또 성 토마스 아퀴나스Saint Thomas Acquinas[14]의 저서도 한

---

13   원제는《모랄리아Moralia》이다. 총 78편의 에세이로 구성된 이 책은 몽테뉴가 쓴 《수상록》의 교본이 됐다는 평가를 받는다.

권 보았다. 그 책에는 악필인 저자가 자신의 손으로 직접 수정한 흔적이 남아 있었는데, 내가 쓴 것보다 알아보기가 더 어려웠다. 또한, 양피지에 인쇄되어 있는 성경책도 보았다. 이는 플랑탱Plantin[15]이 아주 최근에 네 개의 언어로 인쇄한 것들 중 하나로, 책의 표지에 쓰여 있는 것처럼 펠리페 2세가 지금의 교황에게 보내온 것이었다. 원본은 영국의 왕[16]이 루터의 주장에 반하여 작성한 것이라고 한다. 그 왕은 약 50년 전 교황 레오Leo 10세에게 이 성경책을 보내왔는데, 책에는 왕의 서명과 함께 다음과 같은 라틴어 시구가 아주 우아한 필체로 직접 새겨져 있다.

영국의 국왕 헨리가 레오 10세에게 신의와 우의를 맹세하며 이 책을 보냄.

나는 성경책에서 영국의 왕이 교황과 독자에게 각각 바치는 두 개의 서문을 읽었다. 영국의 왕은 자신의 군대가 점령하고 있는 사실과 본인의 기량이 부족한 점에 대해 용서를 구하고 있었다. 책에

---

14 13세기 중세 이탈리아를 대표하는 신학자. 나폴리 대학에서 논리학과 아리스토
    텔레스의 자연철학을 공부했으며, 졸업 이후 도미니코 수도회에 들어가 신부로 활동
    했다. 당시 스콜라 철학에서 성 아우구스티누스와 양대 산맥을 이루었으며, 주요 저
    서로는 《대이교도대전》과 《신학대전》이 있다.

15 크리스토프 플랑탱Christophe Plantin. 16세기 프랑스의 활판 인쇄업자로서 주
    로 벨기에 안트베르펜에서 활동했다.

16 헨리 8세. 1543년 수장령을 발표하여 스스로 영국 교회의 수장이 되면서 로마 가
    톨릭교회에서 이탈했다. 왕비를 수없이 바꾸고 측근의 수많은 사람들을 처형했던 폭
    군으로 알려져 있다.

쓰인 라틴어는 라틴어를 공부할 때 참고하기에 적절해 보였다.

도서관을 둘러보는 데 큰 문제는 없었다. 바티칸 도서관은 모든 사람들에게 개방되어 있으며, 누구라도 본인이 원하는 책을 꺼내서 볼 수도 있다. 건물은 거의 오전에만 열려 있지만 어느 한 신사가 알려주기를 나는 원한다면 언제라도 도서관을 이용할 수 있다고 했다. 프랑스 대사는 여기 도서관을 구경하지 못한 채 로마를 떠나야 했다. 그는 도서관을 둘러보려면 관장인 시를레토 Sirleto 추기경에게 잘 보여야 했던 것에 불만을 표현하곤 했다. 대사는 육필로 된 세네카의 책을 정말 보고 싶었지만 볼 수 있는 기회가 단 한 번도 없었다고 했다. 대사의 말을 듣고 나니 나에게도 도서관을 구경할 수 있는 기회가 주어지지 않을 수 있었다는 생각이 들었다. 행운이 따랐던 것 같다. 이렇게 무슨 일이든지 간에 어떤 점에서는 수월한 것처럼 보여도 또 다른 관점에서 보면 접근하기 어려워 보인다. 때때로 시의적절한 때에 찾아오는 갑작스러운 기회는 왕에게는 금지되는 일을 평범한 사람들에게는 특별히 가능하게 만들어주곤 한다. 권위나 권력 또한 마찬가지다. 때로는 호기심 자체가 방해될 때가 있는 것이다.

또 나는 손으로 직접 작성된 베르길리우스[17]의 작품도 한 권 보았

17　고대 로마 시대의 시인. 주로 전원시나 농경시를 썼고, 그중에서도 특히 로마의 시조로 추앙받는 아이네아스의 일대기를 담은 서사시 《아이네이스》가 가장 유명하다. 고대 그리스의 호메로스와 함께 최고의 서사 시인으로 불리며, 영어나 프랑스어, 이탈리아어, 독일어 등으로 쓰인 문학에서 모범이 되는 라틴어 작품으로서 큰 영향력을 끼쳤다는 평가를 받는다.

다. 책의 활자는 크기도 엄청나게 클뿐더러, 고대 로마에 황제가 군림하던 시절에 쓰인 글에서 살펴볼 수 있는 것처럼 길이가 길고 넓이는 좁은 모양이었다. 실제로 황제 콘스탄티누스Constantinus 1세 시대부터는 고딕체 같은 글자가 사용되기 시작했으며, 너비와 높이가 동일한 정사각형 비율의 글자는 더 이상 사용되지 않았다. 그런 글자는 이제는 이렇게 오래된 라틴어 글에서만 보인다. 베르길리우스의 작품을 통해 나는 항상 생각만 해왔던 것을 분명하게 확인할 수 있었다. 그것인즉슨 《아이네이스》를 시작하는 시행 네 개가 사실은 다른 작품에서 따온 것이라는 것이다. 여기서 발견한 판본에는 그 부분이 빠져 있었다. 여기 바티칸 도서관에는 매우 아름다운 금색의 그리스 문자로 쓰인 〈사도행전〉[18]도 있는데, 오늘날 쓰인 것처럼 상태가 깨끗해서 꼭 새 책 같았다. 사도행전의 활자는 크기가 굉장히 크고 굵으며 두껍게 쓰여 있어서, 그 위를 손으로 만지면 글자의 굵기가 느껴졌다. 오늘날에는 이런 방식으로는 더 이상 글을 쓰지 않는다.

3월 13일. 안타키아[19]에서 온 늙은 아랍인 원로가 신장결석에 도움이 된다면서 무언가를 섞어 만든 혼합물을 나에게 선물로 주었다. 노인은 이 약을 복용하는 방법도 글로 적어 주었다. 그는 그쪽 세계에서 사용되는 대여섯 가지 언어에는 아주 조예가 깊지만, 그리스어

---

18   예수가 승천한 이후 사도들이 성령의 인도를 받아 예루살렘에서부터 로마까지 복음을 전파하는 행적을 적은 책. 총 2부 28장으로 구성되어 있는 이 책은 신약성서 중에서 유일한 역사서이다.

19   터키 남동부 지방에 시리아와 국경을 맞닿고 있는 도시.

나 우리가 쓰는 언어들 중에서는 어느 하나도 구사하지 못했다. 노인과 나는 꽤 친한 사이가 됐다. 노인은 어떤 작은 용기에 약을 담아주면서 10년에서 20년까지도 보관할 수 있다고 이야기했다. 그리고 이것을 한 번 복용하는 것만으로 병이 완전히 낫기를 바란다고 했다. 노인이 써준 처방전을 혹시나 잃어버릴 때를 대비하여, 만에 하나 그럴 경우 이 글에서 찾기 위해 여기에 적어놓고자 한다. "저녁식사를 가볍게 한 뒤 잠자리에 들기 전에 약을 완두콩 두 알 크기만큼 떼어서 손가락으로 으깬 후 미지근한 물에 섞어서 드십시오. 이틀에 한 번 마시며, 총 다섯 차례 복용하십시오."

하루는 로마에서 우리 프랑스 대사와 함께 점심을 먹었다. 식사 자리에는 뮈레Muret[20] 선생님과 다른 학자들도 함께 했다. 나는 플루타르코스의 작품[21]의 프랑스어 번역본에 대해 이야기를 꺼냈다. 나는 번역본의 번역 수준이 내가 번역한 것보다 훨씬 떨어진다고 평가하는 사람들에게, 그 번역가는 실제로 몇몇 부분에서는 플루타르코스가 의미하고자 했던 것을 놓치기는 했지만, 적어도 앞뒤 문맥을 잘 유지하면서 그럴듯한 다른 문장으로 대체하는 대처를 보여주었다고 주장했다. 다른 사람들은 내가 이 번역가의 실력을 과대평가

---

20 마르크 앙투안 뮈레Marc Antoine Muret. 당시 유럽에서 유명한 라틴어 학자로, 보르도 중학교에서 몽테뉴를 가르쳤다.

21 《영웅전Vitae parallelae》. 원제를 직역하면 《생애 비교》이지만, 흔히 《영웅전》이라는 제목으로 알려져 있다. 이 책에서 플루타르코스는 그리스와 로마의 위인들 중에서 생애가 비슷한 인물들을 쌍으로 구성하여 총 23쌍, 즉 총 46명의 인물들의 삶을 비교하고, 이에 그리스인 4명의 단독열전을 덧붙여 총 50편의 이야기를 꾸렸다.

하고 있다면서 그의 번역본에서 두 대목을 인용하며 예로 들었다. 그중 첫 번째는 〈솔론의 생애〉의 중간 부분에서 '솔론은 자신이 아티카 일대의 부채를 탕감해주고 상속받은 토지를 여러 구획으로 나눠버린 경계석들을 제거한 업적에 대해 의기양양했다'는 대목이다. 이는 망고Mangot 씨의 아들이 비판한 부분이다. 파리 고등법원에서 변호사로 일하는 그는 이제 막 로마를 떠난 상태였다. 여기 원문에서 '경계석'을 나타내기 위해 사용된 그리스어 단어는 저당으로 잡혀 있거나 누군가가 소유하고 있는 토지를 표시하여 그 땅을 사고자 하는 사람들이 그러한 사실을 알 수 있도록 하기 위해 세워두는 표지를 의미하므로, 번역이 잘못됐다는 것이다. 왜냐하면 그 번역가는 '경계석' 대신 '경계선'이라는 단어를 사용했는데, 이는 토지를 소유하는 주체가 개인이 아니라 국가라는 뉘앙스를 풍길 수도 있다는 점에서 적절하지 않기 때문이다.[22] 오히려 에스티엔느Estienne[23]의

---

22   이 첫 번째 대목에서 잘못된 번역으로 제기된 두 프랑스어 단어는 *borne*와 *limite*이다. 본 역자는 이를 각각 '경계석境界石'과 '경계선境界線'으로 구분하여 번역했다. 두 단어는 모두 어떤 경계를 나타낸다는 점에서는 동일한 의미를 갖는다. 그러나 프랑스어 사전에서는 단어 *borne*의 정의 중 하나로 '어떤 영역이나 소유하고 있는 토지의 범위를 설정하기 위해서 그 경계에 세우는 표석이나 표지'를 제시하고 있으며, 단어 *limite*는 '인접하고 있는 두 개의 영역을 구분하는 선'으로 정의된다. 이러한 개념 차이를 반영하기 위해 두 단어를 각각 '경계석'과 '경계선'으로 번역했다. 스탠퍼드대학교 출판부에서 출판한 도널드 프레임Donald M. Frame의 영어 번역본에서는 이를 각각 'boundary'와 'limit'으로 번역하고 있다.

23   앙리 에스티엔느Henri Estienne. 그리스 · 로마 시대의 고전을 연구했던 프랑스 인문학자이다.

라틴어 번역이 원문의 의미와 더 가깝다고 할 수 있다. 두 번째로 제기된 대목은 〈아이의 교육에 대한 개론〉의 제일 마지막 부분에서 번역가가 '이러한 규칙들을 관찰하는 것은 권고되기보다는 기대되는 사항이다.'라고 번역한 부분이다. 사람들 말로는 원문의 그리스어 문장은 다른 글에서도 찾아볼 수 있는 일종의 격언구로서 '기대되기보다는 갈망되는 것'을 의미한다. 그런데 그 번역가는 의미가 이렇게나 분명하고 간결한 문구를 두고 괴상하고 힘없는 표현으로 대체해버렸다. 나는 결국 플루타르코스의 언어가 마땅히 나타내야 하는 의미에 대한 사람들의 생각을 듣고 나서 이들의 결론이 옳다고 믿게 됐다.

로마의 교회들은 대부분의 이탈리아 대도시에서 볼 수 있는 것보다 건물이 덜 예쁘다. 보통 이탈리아나 독일의 교회는 프랑스 교회보다는 덜 아름답다. 산 피에트로San Pietro 광장에 새로 지어진 교회의 입구에는 깃발들이 트로피처럼 걸려 있다. 거기에 적혀 있는 글에서 유추하건대, 프랑스 왕이 위그노들에게서 빼앗아온 깃발이었다. 언제 어디서 가져온 것인지는 적혀 있지 않았다. 그레고리오 교황의 예배당 벽에는 사람들이 봉헌한 물건이 엄청나게 많이 걸려 있다. 그중에서도 특히 작은 정사각형 모양의 판에 몽콩투르Moncontour 전투[24]를 아주 볼품없게 그린 그림이 눈에 띄었다. 산 시스토 수도원의 예배당 앞에 위치한 홀에는 돈 후안 데 아우스트리

---

24   1569년 10월 3일 브르타뉴 지방의 몽콩투르에서 제3차 위그노 전쟁의 일환으로 당시 프랑스의 왕 샤를 9세가 이끄는 가톨릭 세력과 위그노들 간에 벌어진 전투.

아Don Juan de Austria가 승리를 이끌었던 해전[25]과 같이 교황청에 타격을 입힌 역사적인 사건들을 그린 그림이 여러 점 걸려 있다. 그중에는 교황이 자신에게 사죄하는 의미로 발에 입맞춤을 하기 위해 찾아온 황제의 머리를 짓밟고 있는 그림도 있다.[26] 역사책에 따르면, 그림에 등장하는 교황과 황제는 당시 아무런 대화도 나누지 않았다고 한다. 그곳에는 또 샤티옹Châtillon[27] 장군이 부상을 당하는 장면과 죽음을 맞는 장면을 매우 사실적으로 그린 그림이 두 군데에 걸려 있다.

3월 15일. 몽뢰 씨가 꼭두새벽부터 나를 데리러 왔다. 전날 같이 계획했던 것처럼 오스티아Ostia[28]에 가기 위해서였다. 우리는 성모 마리아 다리를 지나 테베레강을 건넜고, 옛날에는 '포르투엔시스 Portuensis'라고 불렸던 델 포르토Del Porto 문을 지나 로마를 빠져나왔다. 그곳에서부터는 와인과 밀이 아주 풍족하게 생산되는 일대를 지나 지면이 평평하지 않은 길을 따라 이동했다. 그렇게 8마일 정도

---

25   지중해 연안에 위치한 베네치아와 에스파냐 왕국, 교황청 등이 형성한 신성 동맹이 1571년 10월 7일 그리스의 파트라스만에서 오스만 제국에 맞서 싸워 승리한 레판토 해전.

26   교황 알레산드로 3세와 신성로마제국 황제 프리드리히 1세 바르바로사의 일화를 가리킨다. 프리드리히 1세는 1154년부터 총 6차례에 걸쳐 대규모 이탈리아 원정에 나섰다. 이에 북부 이탈리아의 도시들은 롬바르디아 지역에서 동맹을 맺고 신성로마제국의 세력 확장에 맞서 저항했다. 결국 프리드리히 1세가 이끄는 군대는 1176년 레냐노 전투에서 패배하고, 그 결과 롬바르디아 동맹에 속했던 이탈리아 도시들은 1183년 콘스탄츠 강화조약을 통해 자치권을 얻었으며, 프리드리히 1세는 교황 알레산드로 3세에게 굴복했다.

를 이동한 뒤, 다시 테베레강 쪽으로 방향을 틀어 목초지와 목장이 가득 펼쳐져 있는 넓은 들판으로 내려왔다. 들판의 끝에는 예전에 큰 마을 하나가 위치해 있던 곳에 지금은 티레니아Tyrrhenia해가 범람하면서 생긴 트라얀Trajan 호수가 있었다. 호숫가를 따라 여러 곳에서 거대한 크기의 아름다운 유적들이 보였다. 트라얀 호수에는 때때로 배들이 드나든다. 호수 안으로는 아주 조금 바닷물이 흘러 들어온다. 티레니아 바닷물은 트라얀 호수 너머에 있는 또 다른 호수로도 약간 흘러 들어가는데, 사람들은 그곳을 클라우디우스Claudis 항이라고 부른다. 우리는 오스티아에서 지내고 있던 페루지아Perugia

---

27 가스파르 드 콜리니Gaspard de Coligny. 샹트르 발 드 루아르 지역에 위치한 샤티옹 마을에서 태어나 '샤티옹'이라고 불린다. 1572년 당시 프랑스의 왕후 카트린 드 메디치는 구신교 간의 평화를 위해 자신의 막내딸인 마르게리트 드 발루아 공주를 나바르 왕국의 국왕이자 신교도 세력을 지지하는 앙리와 결혼시키기로 한다. 그리고 이 둘의 결혼을 축하하기 위해 인파가 몰리는 틈을 타, 몽모랑시 가문 출신으로 위그노들의 대표 지도자 격이었던 콜리니 장군을 암살하려는 계획을 세운다. 결혼식 당일, 콜리니 장군이 왼팔에 총상을 입는 것으로 사건은 일단락되는 듯 보였으나, 이후 8월 24일 성 바르톨로메오 축일의 밤에 샤를 9세로부터 파리에 있는 모든 위그노들을 학살하라는 명령이 떨어지게 되고, 기즈 공작은 온 병력을 동원하여 콜리니 장군의 저택에 쳐들어가 장군을 살해한다. 당시 로마 바티칸에서 이러한 대학살 소식을 들은 교황 그레고리오 13세가 가톨릭교에 반하는 이단 세력들을 처단한 것을 기념하여 축가를 부르고 축포를 쏘아 올리도록 했으며, 이날을 기념하는 주화까지 제작했다. 훗날 1997년 8월 교황 요한 바오로 2세는 약 4세기 전에 있었던 성 바르톨로메오의 대학살 사건에 로마 가톨릭교회가 개입했었음을 인정하며 공식적으로 사과하기도 했다.

28 로마에서 남서쪽으로 35km 정도 떨어진 곳에 위치한 마을. 고대 로마의 항구로 기능했다.

의 추기경과 함께 점심을 먹었다. 사실 여기 로마에서 만난 귀족들이나 그들이 부리는 하인들만큼 예의 있는 사람들은 처음 본다. 귀족 출신 페루지아 추기경은 마침 근처를 지나던 나의 하인들 중 한 명을 통해 나에게 하소연할 일이 있다고 전해왔다. 심지어 하인은 나와 친하지도 않고 교류도 없는 이 추기경에게 초대를 받아 지하 저장고에서 술도 한잔 마시고 왔다. 이쪽 일대에서는 보통 어느 정도 교양을 갖춘 이방인이라면 이런 방식으로 대접을 해준다. 그나저나 테베레강의 양쪽 연안을 구경할 생각으로 일정을 길게 미뤄놓았는데, 햇빛이 너무 강한 나머지 하고 싶었던 구경을 못하게 될까 봐 걱정됐다. 우리는 배를 타고 테베레강의 작은 지류를 건너 거룩한 섬[29]으로 들어갔다. 섬은 가스코뉴 지방 단위로 길이가 1리외 정도 되며, 목초지로 가득 덮여 있었다. 섬 안에는 고대 도시 트라얀이 있었던 자리로 지금은 '포르토Porto'라고 불리는 곳에서 볼 수 있는 것처럼 유적과 대리석 기둥이 여러 개 있었다. 교황은 이 섬에 있는 유적들 중 일부를 파헤쳐서 매일 로마로 가져오도록 했다. 섬을 쭉 가로지르자 다시 테베레강이 나타났다. 하지만 우리는 말을 타고 있었기 때문에 강을 건너갈 만한 적절한 방법이 없었고 그대로 발길을 돌려 왔던 길을 되돌아가야 했다. 그런데 바로 그때 우연히 벨레Bellay 공작과 차사이Chasai 남작, 마리보Marivaut 남작 및 그 밖의 몇

---

29 테베레강에 떠 있는 테베레섬. 동쪽으로는 파브리키우스 다리로, 서쪽으로는 케스티우스 다리로 로마의 다른 지역과 연결되어 있다. '거룩한 섬' 또는 '두 다리의 섬'으로도 불린다.

몇 다른 사람들이 다른 쪽 연안에 도착해 있는 모습을 보았다. 타고 있던 말들을 이쪽에 남겨둔 채 강을 건너가서 그들에게 우리는 당신들의 말을 타고 가고 당신들은 우리가 섬에 남겨둔 말을 타고 가는 것이 어떨지 제안했고, 타협에 성공했다. 이들은 우리가 지나온 길을 따라, 우리는 이들이 지나온 길을 따라 로마에 도착했다. 이들이 로마에서 지나온 길은 오스티아 마을까지 곧장 이어지는 길이었다. 로마에서 15마일 떨어진 곳에 위치한

오스티아는 테베레강의 옛 물가에 위치해 있다. 실제로 테베레강의 물길은 시간이 지나면서 조금씩 바뀌고 있어서 옛날의 물길과는 매일 조금씩 달라지고 있다. 우리는 어느 작은 식당에서 아주 간단하게 아침을 먹었다. 저 멀리 크기는 작지만 방비가 아주 견고한 라 로카La Rocca성이 보였다. 성에는 아무도 보초를 서고 있지 않았다. 역대 교황들과 그중에서도 특히 지금 교황을 맡고 있는 그레고리오 13세는 오스티아 해안가에 커다란 탑처럼 망을 볼 수 있는 곳을 1마일 간격으로 설치함으로써 종종 있는 터키의 급습에 대비하고자 했다. 포도를 수확하는 시기가 되면, 때때로 터키 사람들이 여기까지 내려와 소나 사람을 약탈해가곤 했다. 탑에서는 포탄을 발사하여 엄청나게 빠른 속도로 서로에게 소식을 알릴 수 있고, 그 신호는 곧바로 로마까지 전달된다. 오스티아 주변에 있는 염전에서는 교황이 다스리는 모든 영토에 소금을 공급한다. 그곳은 사실 바닷물이 흘러들어와 거대한 늪지대가 형성된 곳이다.

오스티아에서 로마로 가는 여기 오스티아로路에는 폐허가 된 수도교나 둑길과 같이 아름다웠던 옛 시절을 보여주는 거대한 표지가

아주 많이 남아 있다. 대부분의 길가에는 유적들이 보이고, 3분의 2 이상에는 옛날 로마 사람들이 길을 포상하기 위해 사용했던 검은색의 커다란 정사각형 판들이 아직도 깔려 있다. 테베레강의 이쪽 연안을 바라보면, 로마에서 오스티아로 가는 방향의 이 대로의 양쪽으로 주택가가 자리 잡고 있는 것을 쉽게 확인할 수 있다. 로마까지 가는 길이 거의 절반 정도 남았을 때, 우리는 여러 유적들 가운데에서도 특히 왼쪽 길가에 어느 한 집정관의 무덤이라는 아주 멋있는 무덤을 발견했다. 묘석에 적힌 글귀도 아직 남아 있었다. 대부분의 로마 유적들은 건물이 견고하고 두꺼워서 쉽게 알아볼 수 있다. 옛날 로마 사람들은 벽돌로 튼튼한 벽을 세운 뒤, 그 위에 대리석이나 다른 종류의 흰 돌로 만들어진 얇은 판이나 시멘트, 또는 바깥 부분이 코팅되어 있는 큰 타일을 덮어놓았다. 그 위에 글귀가 새겨져 있는 부분은 어떤 유적이든지 간에 오랜 세월이 지나면서 손상되어 있는 상태다. 그러면서 그런 유적에 대해 남기고자 했던 이야기들도 대부분 소실되고 말았다. 두껍고 커다란 돌로 벽을 세워 올린 건물에서는 아직도 그런 글귀를 쉽게 찾아볼 수 있다.

로마 주변의 땅은 거의 대부분이 경작되지 않고 있으며 척박한 상태다. 그 이유는 아마도 흙이 경작하기에는 적절하지 않거나 아니면 더 그럴듯한 이유로 도시에 직접 손을 사용해서 일하는 사람이나 인부가 거의 없기 때문이다. 나는 처음 로마에 도착했을 때 로마로 들어가는 길목에서 그리종이나 사보이아 공국에서 온 무리를 여럿 보았다. 이들은 이쪽 지역의 포도밭이나 정원에서 일손이 필요할 때 일을 하면서 돈을 벌러 온 사람들이었다. 그들은 자신들은 매년 이렇게 벌이를 한다고 말했다. 로마에서 궁정과 귀족을 빼면 아무것도 남지 않는다. 모두가 기독교 특유의 할 일 없이 한가하게 지내는 분위기에 가담하고 있다. 상점가라곤 보이지 않으며, 있더라도 상점의 개수는 작은 도시에 있는 것보다 더 적다. 오로지 궁전과 정원뿐이다. 아르프 Harpe 거리나 생 드니 Saint-Denis 거리 같은 곳은 보이지 않고, 개인적으로는 어디에서나 파리의 센 Seine 거리나 오귀스탱 Augustins 거리에 있는 기분이다.[30] 로마는 일을 하는 평일이나 휴일의 모습이 크게 다르지 않다. 사순절 기간 동안 역참에는 사람들이 끊이지 않고 드나든다. 평일이라고 해서 다른 날보다 덜 붐비는 것은 아니다. 우리가 들렀던 시간에는 역마차나 고위 성직자, 귀족 부인뿐이었다. 우리는 15마일을 지나 다시

로마로 돌아와 그날 밤 잠을 청했다. 3월 16일에는 로마의 한증막을 경험해보고 싶어서 가장 고급스러운 곳이라고 평이 나 있는 산 마르코 San Marco 목욕탕을 찾아갔다. 그곳에서 나는 사람들의 존경과 함께 아주 좋은 대접을 받았다. 여기 목욕탕의 관습에 따르면, 원한다면 여자인 친구들을 데리고 와서 목욕탕 직원의 때밀이 서비스를 함께 받을 수 있다. 이곳에서 나는 잿물에 섞은 웅황과 석회를 3:2 비율로 혼합하여 만든 연고를 피부에 바르고 7~8분 정도 기다리고 나면 제모가 된다는 사실을 배웠다.

17일에는 대여섯 시간 동안 배가 아팠지만, 참을 수 있는 정도였

---

30   파리의 아르프 거리와 생 드니 거리에는 상점들이 많이 위치해 있으며, 센 거리와 오귀스탱로는 파리에서 대표적으로 세련된 거리라고 할 수 있다.

다. 시간이 조금 지나자, 커다란 잣과 모양과 크기가 비슷한 돌멩이가 하나 나왔다.

요즘 로마에는 장미와 아티초크가 핀다. 하지만 나로서는 날이 특별히 따뜻하다고는 전혀 느껴지지 않아서 집 안에 있을 때도 옷을 껴입고 모자를 쓴 채로 지냈다. 로마에서는 프랑스에서보다 생선이 덜 잡힌다. 특히 강에서 잡히는 고기는 아주 맛이 없어서 평민에게 돌아가곤 한다. 이곳에서는 가자미나 송어가 귀하고, 보르도에서 잡히는 것보다 몸집이 훨씬 더 큰 돌잉어가 잡힌다. 하지만 가격은 비싼 편이다. 도미도 값이 매우 많이 나간다. 숭어는 우리 프랑스에서 잡히는 것보다 크기도 더 크고 조금 더 단단하다. 로마에서 생산된 오일은 맛이 굉장히 훌륭하다. 프랑스에서 오일을 너무 많이 먹을 때 목구멍에서 나던 따끔따끔한 느낌이 여기서는 단 한 번도 느껴지지 않았다. 로마 사람들은 1년 내내 싱싱한 포도를 먹는데, 심지어는 1년 중에서 이렇게 늦은 계절까지도 덩굴에 아주 신선한 포도들이 달려 있는 모습을 볼 수 있다. 반면 로마의 양고기는 맛이 아주 형편없으며, 대부분 품질이 좋지 않다.

18일에는 포르투갈 대사가 펠리페 왕을 대신해서 자신의 왕국을 위해 교황에게 절을 했다. 대사는 예전에 돌아가신 세바스티앙 Sebastião 왕에게서 명을 받아 한 번, 펠리페 왕을 반대하는 입법부의 지시를 받아 또 한 번 로마에 파견된 적이 있었다. 나는 산 피에트로에서 집으로 돌아가는 길에 어떤 한 남자를 만났다. 남자는 두 가지 재미있는 이야기를 들려주었다. 첫 번째는 포르투갈 사람들은 사순절의 마지막 주간 동안 절을 한다는 이야기였고, 두 번째는 바로 그날 산 조반니 포르타 라티나San Giovanni Porta Latina 교회에서 설교가 있는데 몇 년 전 포르투갈 사람 몇 명이서 이상한 신도회를 이루어 이 교회에 들어온 적이 있다는 이야기였다. 이들은 당시 미사가 진행되던 중에 남자들끼리 혼인을 올렸는데 우리 프랑스에서 결혼을 할 때처럼 동일한 의식을 진행했고, 일반적인 결혼식에서 읊는 복음을 똑같이 읽고 나서는 바로 잠자리에 들어 같이 살았다는 것이다. 로마 사람들의 재치 있는 농담에 따르면, 남자와 여자가 만나서 하는 결혼에서는 꼭 이렇게 결혼식을 치러야만 혼인 관계를 법적으로 인정받을 수 있기 때문에, 이 영리한 포르투갈 사람들은 본인들의 결혼이 비록 보통의 결혼과 다르기는 하지만 교회의 의식과 믿음을 통해 인정을 받는다면 똑같이 합법화될 수 있을 것이라고 믿었다고 한다. 이런 종파를 따르는 포르투갈 사람 8~9명은 화형에 처해졌다.

나는 포르투갈이 에스파냐 왕국에 편입되는 것을 기념하는 의식에 잠깐 들렀다. 교황청과 산탄젤로Sant'Angelo성에서는 축포를 쏘았고, 교황청에 소속되어 나팔을 불고 북을 치며 활을 쏘는 사람들이 포르투갈 대사를 안내했다. 엄숙한 연설을 듣거나 의식을 보려고 참석한 것은 아니었다. 의식을 구경하기 위해 화려한 창가에 서있던 모스크바 대사가 말하기를, 비록 본인은 초대를 받고 이 엄청난 군중을 구경하러 오기는 했지만, 자기 나라에서는 보통 말이 2만 5000마리에서 3만 마리 정도 모인 것을 가리켜 군단이라고 한다고 말했다. 모스크바 대사의 통역을 맡은 사람으로부터 전해 들은건데, 대사는 이렇게 야단법석으로 의식을 치루는 것을 비웃었다고 한다.

종려주일[31]에는 교회에서 저녁 기도를 드리다가, 제단 옆 의자에 앉아 있는 한 남자아이를 발견했다. 아이는 파란 태피터[32] 천으로 만들어진 크고 헐렁한 새 옷을 입고 있었고, 머리에는 올리브나무 가지로 만든 왕관을 쓰고 있었다. 아이의 손에는 흰 밀랍으로 만든 횃불이 들려 있었다. 15살쯤 되어 보이는 아이는 다른 남자아이를 살인한 죄로 감방에서 지내다가 그날 교황의 명령을 받아 여기 교회로 옮겨진 것이었다.

산 조반니 인 라테라노San Giovanni in Laterano 교회에서는 투명한 대리석을 구경할 수 있다.

종려주일 다음날 교황은 일곱 교회를 순회했다. 교황이 신은 부츠의 안감은 털로 되어 있으며, 하얀 신발에는 양쪽 모두 그것보다 더 새하얀 가죽으로 만든 십자가가 달려 있다. 교황이 이동할 때는 언제나 스페인에서 자란 말 한 마리와 해크니[33] 한 마리, 노새 한 마리, 그리고 온갖 장식으로 꾸민 가마 한 대가 동원된다. 그날은 스페인 말이 빠져 있었다. 교황의 시중을 드는 마부의 손에는 도금된 박차가 두세 켤레 들려 있었다. 마부는 산 피에트로 성당 아래에 서서 교황이 내려오기를 기다렸다. 교황은 박차는 필요하지 않으니 가마를 내오라고 했다. 가마에는 거의 똑같은 스타일로 생긴 빨간 모자두 개가 못에 걸려 있었다.

그날 저녁에는 박학다식한 수도사들의 의견을 통해 다듬어진《수

---

31 부활절 한 주 전 일요일. 예수가 예루살렘에 입성할 때 사람들이 종려나무 가지를 흔들면서 맞이했다는 데에서 붙여진 이름이다.
32 드레스나 블라우스의 안감에 사용되는 광택이 나는 얇은 견직물.
33 주로 마차를 끄는 데 쓰이는 말의 품종.

상록》 판본이 도착했다. 교황이 지내는 궁궐의 궁정 장관은 프랑스어를 전혀 이해하지 못했기 때문에 오로지 프랑스 출신의 수사들의 보고를 통해서만 책을 검토할 수 있었다. 장관은 본인을 대신해서 프랑스 출신의 수사가 이의를 제기한 항목들 각각에 대해 내가 주장하는 반박을 굉장히 마음에 들어 했다. 그는 수사들이 안목이 부족하여 지적할 수밖에 없었던 부분을 바로잡는 일은 나의 양심에 맡겼다. 오히려 내가 장관에게 수사의 의견을 그대로 받아들여 달라고 부탁했다. 단어 '운명'을 사용한 것,[34] 이교도 시인들의 이름을 언급한 것, 율리아누스Julianus 황제[35]를 용서한 것에 대해서는 나로서도 잘못됐다고 생각한다. 이뿐만 아니라, 기도를 하는 사람은 기도를 하는 그 순간만큼은 악한 기질에서 벗어날 수 있다고 생각한 것, 목숨이 끊어진 시체에 형벌을 추가적으로 집행하는 행위를 잔인하다고 여긴 것, 어린아이들은 무엇이든지 경험해볼 수 있도록 길러야 한다고 믿은 것에 대한 반박도 수용할 수 있었다. 이는 내가 개인적으로 그렇게 생각해서 적은 것일 뿐이지 잘못된 내용이라고 생각하지는 않는다. 다른 한편으로는 이러한 부분을 지적한 사람이 내 생각을 이해했다고는 생각하지 않는다. 눈치가 빠른 궁정 장관은 나에

34　몽테뉴는《수상록》에서 '섭리'를 말하고자 하는 부분에서 단어 *providence*를 사용하는 대신 '운명'을 뜻하는 단어 *fortune*를 빈번하게 사용했다.

35　3세기 로마의 황제 율리아누스는 가톨릭교가 아닌 다른 모든 종교들을 공식적으로 인정할 뿐만 아니라 가톨릭교 내부에서 이단으로 간주되는 여러 종파들에게 자유를 부여하는 등 반기독교 정책을 펼침으로써 '배교자 율리아누스'라는 별명으로 불렸다.

게 용서를 구하면서, 본인은 이러한 검토 의견들에 대해 아주 깊게 공감하지는 않았다는 것을 알아주기를 바랐다. 장관은 내 생각에 반대했던 또 다른 이탈리아 사람에게 굉장히 능수능란한 솜씨로 내가 보는 앞에서 나를 변론해주기도 했다. 수도사들은 스위스의 역사에 대한 책을 프랑스어로 번역한 판본은 돌려주지 않았다. 이유는 단지 책에 이름조차 적혀 있지 않은 번역가가 이교도였기 때문이었다. 나로서는 이들이 우리 프랑스 사람들에 대해 이렇게나 잘 알고 있다는 사실이 놀라웠다. 사람들 말로는 세봉Sebon의 책은 그 서문이 적절하지 못하다고 하여 지탄을 받았다고 한다.

같은 날 산 조반니 인 라테라노 교회에서는 산 시스토 수도원의 추기경이 한쪽 구석에 앉아서는 손에 들고 있는 긴 지팡이로 여인들을 포함하여 지나가는 사람들의 머리를 툭툭 치는 모습을 보았다. 보통 대부분의 교회에서는 내사원장이 교황으로부터 사면권을 위임받아 이런 직무를 수행하곤 한다. 추기경은 얼굴에 미소를 띠고 있었고, 계급이 높은 신도나 미모가 훌륭한 여인들에게는 차별적으로 더욱 예의를 갖추곤 했다.

성주간[36]의 수요일에는 점심을 먹기 전에 푸아Foix 씨와 함께 교회를 일곱 군데나 방문했다. 꼬박 5시간이 걸렸다. 나는 몇몇 특정한 성직자들이 저지른 악행이 공공연하게 알려지면서 공개적으로 비난을 받는 모습을 보면서 사람들이 도대체 왜 분개를 하는지 이해할 수가 없었다. 실제로 그날 나는 산 조반니 인 라테라노 교회와

---

36 부활절 전의 일주일.

예루살렘의 성 십자가 성당 두 군데에서 아주 잘 보이는 곳에 교황 실베스테르Sylvester 2세에게 있었던 이야기가 길게 적혀 있는 것을 보았다. 상상할 수 있는 한 세상에서 가장 무례하고 모욕적인 글이었다.

나는 포르타 델 포폴로에서 출발해서 포르타 산 파올로Porta San Paolo까지 가는 코스로 여러 차례 로마 도시를 둘러보았다. 짐을 적게 하고 가볍게 걸어도, 한 번 둘러보는 데 족히 서너 시간이 걸렸다. 테베레강의 저쪽 편은 길어도 한 시간 반 정도밖에 걸리지 않는다.

로마에서의 사순절 기간 동안 즐겼던 것 중에는 설교가 있다. 로마에는 훌륭한 설교 솜씨를 가지고 있는 사람들이 있는데, 특히 트리니타 데이 몬티Trinità dei Monti 성당에서는 매주 토요일 오후에 유대인들에게 설교를 하는 랍비가 한 명 있다. [그는 가톨릭교로 개종을 했다고 한다.] 성당에는 언제나 60명 정도 되는 유대인들이 강제로 동원되어 설교를 듣는다. 랍비는 유대인들 사이에서 아주 유명한 박사였다. 그는 유대교에서 주장하는 논거나 다른 랍비들의 사례, 성경의 구절을 활용하여 설교를 통해 유대교 신도들의 믿음에 맞서 싸우곤 한다. 그가 설교를 할 때 사용하는 전략이나 구사하는 언어는 과연 감탄이 절로 나오는 실력이다. 또 로마에는 교황과 추기경들에게 설교를 하는 사람이 있다. 그의 이름은 파드레 톨레도Padre Toledo라고 한다. [지식의 깊이나 논리의 타당성, 준비성의 측면에서 그는 매우 보기 드문 실력자다.] 그 밖에도 예수회 사람들을 대상으로 설교를 하는 사람도 한 명 있다. 이 설교자는 웅변술이 아주 좋고 예수회 사람들 사이에서 인기가 많으며 거드름 피우지 않는 훌륭한 말투를 가지고 있다. 두 사람 모두 예수회에 소속되어 있는 사람들 이다.

전 세계 기독교에서 예수회는 놀라우리만큼 굉장히 큰 비중을 차 지한다. 개인적으로 프랑스에서는 예수회만큼이나 특별한 지위를 가지고 있다거나, 요컨대 이곳 로마의 예수회 소속 설교자들에게서 볼 수 있는 것처럼 결국에는 엄청난 파장을 불러일으키는 교단은 단 한 번도 보지 못했다. 물론 그러한 사람들의 계획이 계속되고 있 다는 것을 전제로 하는 말이다. 예수회에서는 조만간 온 기독교 세 계를 장악할 것이다. 이들은 각종 중요한 분야에서 훌륭한 인재들을 양성해내고 있다. 우리 기독교의 한 일원으로서 우리 시대의 이단들 을 가장 위협하는 존재가 바로 예수회다.

어떤 설교자는 사람들이 마차를 아스트롤라베[37]처럼 쓰고 있다면 서 농담을 했다. 로마 사람들이 가장 많이 하는 일 중 하나가 바로 길거리를 산책하는 것이다. 이들은 한 번 밖에 나가려고 마음을 먹 었다면, 보통은 중간에 잠시 쉬었다 갈 곳을 특별히 염두에 두지 않 고 그저 이곳저곳을 걸어 다닌다. 이렇게 사람들이 정처 없이 헤매 려고 만든 길도 있다. 사실 이런 방식의 산책에서 얻을 수 있는 가 장 큰 장점은 창문에 나와 있는 여인들이나 특히 창문의 블라인드 사이로 교태를 부리는 매춘부들을 구경할 수 있다는 것이다. 로마 의 매춘부들은 얼마나 요망하게 몸을 움직이던지, 때때로 나는 이들 이 어떻게 하면 우리의 두 눈을 이렇게나 자극할 수 있는지 경탄하

---

37 고대에 천체의 높이나 각거리를 재는 데 사용한 기구.

곤 했다. 가끔씩은 곧바로 말에서 내려 안으로 들어간 적도 있다. 나는 이 여인들이 어떻게 하면 이렇게 실제 생긴 것보다 훨씬 더 아름답게 보일 수 있는지 궁금했다. 이들은 본인이 가장 매력적으로 보일 수 있는 방법을 알고 있으며, 오로지 얼굴의 윗부분이나 아랫부분 또는 측면만을 보여주면서 자신의 모습을 감추거나 드러내곤 한다. 못난 부분은 단 한 군데도 보여주지 않는다. 남자들은 그런 사창가를 지날 때면 모두 모자를 벗고 허리를 깊숙이 굽혀 인사하면서 여인들의 추파를 받는다. 로마에서는 1에퀴나 4에퀴를 주고 함께 하룻밤을 보내고 나면, 그다음 날 다른 사람들이 보는 앞에서 지난밤을 함께 보낸 여인에게 구애를 해야 한다. 창가에는 미모가 빼어난 여인들이 몇 명 보였다. 이들은 다른 여인들과는 아주 쉽게 구별되는 특별한 스타일과 몸매를 가지고 있었다. 말 위에서 더욱 잘 보이기는 하지만, 나처럼 별 볼 일 없는 사람들이거나 직접 말을 몰면서 으스대는 젊은 사람들이나 그렇게 하지, 계급이 높은 사람들은 마차를 탄 상태로 지나다닌다. 그중에서도 아주 음탕한 사람들은 더 높은 곳에서 창가를 내려다볼 수 있기 위해 마차의 지붕을 양쪽으로 열어 그 위로 나올 수 있게 구조를 바꾸곤 한다. 설교자가 아스트롤라베에 빗대어 말한 마차가 바로 이것이다.

부활절 전 목요일 아침에는 산 피에트로 성당의 제일 앞 주랑 현관의 두 번째 계단 위에서 교황이 완전히 정식으로 의복을 갖춰 입고 서 있는 모습을 보았다. 옆에는 추기경들이 함께 서 있었고, 교황은 자신의 손에 직접 횃불을 들고 있었다. 한쪽에서는 산 피에트로 성당 소속의 참사원이 엄청나게 많은 수의 사람을 파문한다는 내용의 라틴어 교서를 큰 목소리로 읽어 내려갔다. 그중에는 단지 위그노라는 이유로 잡혀간 위그노들과 교황령 영토의 일부를 무단으로 침입한 왕자들이 포함되어 있었다. 왕족들을 호명하는 차례가 되자, 교황 옆에 서 있던 메디치 가문과 카라파 가문의 추기경이 자지러질 듯이 웃었다. 교서 낭독은 약 한 시간 반 동안 진행됐다. 참사원이 읽는 라틴어 조항 하나하나에 대해, 다른 한쪽에서는 모자를 쓰지 않은 곤자가 가문의 추기경이 이탈리아어로 따라 읽어나갔다. 낭독이 끝난 뒤, 교황은 횃불의 불을 본인 아래쪽에 있는 군중들에게 전달했고, 마치 시합이라도 하는 듯 곤자가 가문의 추기경도 또 다른 횃불의 불을 사람들에게 전달했다. 총 세 개의 횃불에 불이 붙어 있었다. 불꽃은 그렇게 군중들에게 전달됐다. 저 아래에서는 조금이라도 불을 가져가려는 자들이 난동을 피우면서 주먹이나 막대기로 거친 몸싸움을 벌였다. 파문 교서를 낭독하는 동안 교황의 맞은편에 위치한 발코니의 난간에는 커다란 검정색 태피터 천이 걸려 있었다. 파문 선고를 마친 뒤, 사람들은 이 검은 천을 걷어냈고, 그러자 그 뒤로 다른 색의 천이 나타났다. 교황은 자리에 모인 사람들에게 은총을 내렸다.

표정이 일그러진 성녀 베로니카[38]의 얼굴을 어둡고 칙칙한 색으로 그린 그림이 요즘 들어 자주 보인다. 그림은 큰 거울처럼 생긴 정

---

[38] 십자가를 진 예수가 골고다 언덕으로 가는 길에 만난 성녀. 베로니카가 내민 천으로 예수가 얼굴에 흐른 피땀을 닦자, 천에 예수의 얼굴이 그림처럼 그대로 찍혔다는 이야기가 전해진다.

사각형 액자 안에 들어 있다. 베로니카 그림은 보통 성대한 의식을 치를 때 폭이 5~6보 정도 되는 설교단의 높은 곳에 걸려 있다. 그림을 거는 사제는 손에 붉은색 장갑을 끼고 있으며, 그를 도와주는 사제가 두세 명 더 있다. 이 그림만큼이나 사람들이 이렇게나 열렬히 숭배하는 그림도 없을 것이다. 땅에 엎드린 사람들의 두 눈에는 대개 측은지심의 눈물이 가득 고여 있다. 사람들 말로는 옛날에 몸에 악령이 들어간 한 여자가 그림 속 성녀의 얼굴을 보더니 정신이 나간 채로 소리를 지르고 자신의 두 팔을 펼쳤다가 꼬았다가를 반복했다고 한다. 사제들이 설교단 주변을 거닐면서 이쪽저쪽으로 그림을 보여주면 그 동작 하나하나에 사람들은 울부짖었다.

같은 의식에서는 성녀 베로니카의 그림뿐만 아니라 수정처럼 투명한 유리병에 창의 끝부분이 담겨 있는 것도 볼 수 있다. 이날에는 이런 식의 전시가 수차례 반복됐다. 사람들이 어찌나 많이 모였는지 교회 밖으로는 아주 먼 곳까지도 이 설교단이 보이는 곳이라면 남녀 할 것 없이 엄청나게 많은 사람들이 모여 있었다. 로마의 성대함과 위대함이 숭배를 받는 이곳이야말로 교황청의 안마당이라고 할 수 있다. 요즘 같은 시대에 이렇게나 셀 수 없이 많은 사람들이 종교에 열광하는 모습을 볼 수 있다는 것은 굉장한 기회다. 로마에는 평범한 신도들끼리 모여 만든 단체가 백여 개 이상이 있으며, 괜찮은 사람치고 이런 모임 하나에 속해 있지 않은 사람은 거의 찾아보기 어렵다. 외국인을 위한 신도회도 있다. 우리 프랑스의 왕들은 곤팔론Gonfalon 신도회 소속이다. 이런 사적인 단체들은 여러 가지 형태로 종교 모임을 가지는데, 이는 주로 사순절 기간 동안 이루어진다.

같은 날 이들은 리넨 옷을 차려입고 무리를 지어 다녔다. 각각의 무리는 흰색이나 빨간색, 파란색, 초록색 또는 검은색과 같이 저만의 색과 서로 다른 스타일을 가지고 있으며, 대부분 가면을 쓰고 있다.

그동안 여기 로마와 다른 이탈리아 도시에서 목격한 것 중 가장 고귀하고도 감명 깊었던 장면은 바로 이날 예배를 드리기 위해 믿을 수 없을 만큼 수없이 많은 사람들이 무리를 지어 도시 곳곳에 어수선하게 있던 모습이다. 실제로 밤이 되자 산 피에트로 성당에는 낮에 보았던 것만큼 더 많은 사람들이 찾아왔다. 온 도시가 불길에 휩싸인 모습이었다. 산 피에트로 성당을 향해 줄지어 행렬을 하는 신도 무리들은 모두 횃불을 하나씩 들고 있었다. 횃불은 거의 대부분 하얀 밀랍으로 만들어진 것이었다. 적어도 1만 2000개의 횃불이 내 앞으로 지나갔다. 거리는 저녁 7시부터 자정까지 온통 신도들의 횃불 행진으로 가득 찼다. 행진은 너무나도 질서정연하고 침착하게 진행됐고, 각자 서로 다른 곳에서 온 다양한 집단과 무리가 모여 있는 자리임에도 불구하고 단 한 번의 싸움도 일어나지 않았으며, 중간에 행렬이 중단되지도 않았다. 각각의 무리에서는 자기들만의 합창곡을 가지고 있었고, 행진을 하는 동안 계속해서 노래를 불렀다. 행렬 중간에는 회개하는 사람들의 무리가 일렬로 모여 있었는데, 이들은 스스로에게 밧줄로 채찍질을 했다. 적어도 500명은 돼 보였다. 이 사람들의 등에서는 온통 피부가 벗겨져서 피가 철철 흐르고 있었다.

이 무리의 채찍질은 개인적으로 아직까지도 이해할 수 없는 수수께끼로 남아 있다. 몸에는 사방 군데가 찢어져서 잔혹한 상처가 나 있었는데도 불구하고, 이들은 자기 스스로를 때리면서 고문하기를 멈추지 않았다. 이들의 침착한 발걸음과 단호한 말투(실제로 이들이 채찍질을 하면서 말을 하는 것을 여러 번 들었다), 얼굴을 보고 있으면(상당수는 가면도 쓰고 있지 않았다), 정말로 고통스럽고 치명적인 행동을 하고 있는 사람들로 보이지 않았다. 그중에는 심지어 12~13살 정도 되는 어린아이도 몇 명 있었다. 내 바로 앞으로 나이가 아주 어린 아이 한 명이 기쁜 표정을 하면서 지나갔다. 어떤 젊은 여인은 그 아이가 자신의 몸에 상처를 내는 모습을 보면서 흐느끼기도 했다. 그러자 아이는 우리 쪽을 돌아보더니 여인에게 미소를 지으며 이렇게 말했다. "그만 우세요. 이건 저의 죄가 아니라 당신의 죄를 위해서랍니다." 이들은 이런 행동을 하는 데 있어서 전혀 괴로워하지도 거북해하지도 않았고, 오히려 즐기는 것처럼 보였다. 심지어는 아주 태연한 표정으로 다른 주제에 대해 서로 이야기를 나누면서 웃기도 했고, 길에서 소리를 지르면서 달리거나 뛰기도 했다. 계급 간의 구분이 허물어지고 군중 속에서 이들도 일정 부분을 차지하고 있었다. 사람들 중에는 와인을 들고 다니면서 이들에게 마시라고 권하는 사람들이 있었다. 그중에서 몇 명은 와인을 받아 한 모금씩 마시기도 했다. 이들에게 드라제를 주는 사람들도 있었다. 와인을 가지고 온 사람들은 자기 입에 직접 와인을 몇 모금 머금은 뒤 입 밖으로 내뿜어서 이들이 휘두르는 채찍의 끝부분이 젖게 만들었다. 밧줄로 만든 채찍에는 피가 심하게 엉겨 붙어 있었는데, 그것을 풀려면 무언가에 적셔야만 했기 때문이다. 또 어떤 사람들은 입안에 머금은 와인을 이들의 상처를 향해 내뿜기도 했다. 이 사람들의 신발과 바지를 보면, 적어도 그중 대부분은 수입이 변변하지 못해서 돈을 벌기 위해 이런 행동을 하는 것이 틀림없어 보였다. 사람들 말로는 실제로 이들의 어깨 위에는 무언가가 발라져 있었다고 한다. 하지만 내가 보기에 이들의 상처에는 살이 너무 심하고 깊게 벗겨져 있어서 그런 통증을 없애줄 만한 약은 존재하지 않을 것만 같았다. 이런 행위가 단지 꾸며낸 것에 불과하다면, 이들을 고용한 자들은 도대체 무엇을 위해 이런 짓을 시키는 것이란 말인가?

군중 행렬에서는 눈여겨볼 만한 부분이 또 하나 있다. 그것은 바로 산 피에트로 성당에 도착한 신도 행렬은 그리스도의 얼굴을 보는 것 말고는 아무것도 하지 않으며, 그런 다음에는 그 자리를 곧바로 떠나서 뒤에 오는 사람들이 들어올 수 있도록 자리를 내어준다는 것이다.

이날 여인들은 엄청난 자유를 누리게 된다. 밤새도록 길거리에는 여인들로 가득하며, 그들 중 대부분은 직접 걸어서 다닌다. 한편, 로마 사람들은 정작 이런 종류의 방탕한 행실에 있어서는 매우 정숙한 편인 것 같다. 성적으로 추파를 던지는 풍경은 더 이상 보이지 않았다.

로마에서 가장 아름다운 무덤은 산타 로톤다Santa Rotonda의 무덤이다. 무덤에 설치되어 있는 조명 장식 덕분이다. 이 무덤에서는 수많은 전등들이 천장에서 바닥까지 나선형 모양을 이루면서 쉬지 않고 감아져 있는 모습이 인상적이다.

부활절 전날 밤에는 산 조반니 인 라테라노 교회에서 성 바오로와 성 베드로의 머리가 전시된 것을 보았다. 머리에는 마치 이들이 아직 살아 있기라도 하는 것처럼 살점과 머리카락이 남아 있었고 안색도 보였다. 성 바오로는 얼굴 모양은 살짝 기다랗고 피부는 하얀색이며 안색은 발그레하다 못해 거의 붉은색에 가까웠다. 성 바오로의 회색 머리카락은 두 갈래로 갈라져 있었고, 머리에는 사제들이 쓰는 모자가 쓰여 있었다. 성 베드로는 넓고 통통한 얼굴에 피부색은 어둡고 머리 크기는 성 바오로보다 더 크며 두꺼운 머리카락은 회색이었다. 두 사람의 머리는 전시를 위해 특별하게 준비된 공간에서 높은 곳에 놓여 있었다. 나란히 놓여 있는 두 머리를 공개할 때는 먼저 종을 울려서 사람들을 불러 모은 다음 그 앞으로 내려져 있는 커튼이 걷어 올렸다. 머리를 구경할 수 있는 시간은 아베 마리아 기도를 한 번 읊을 동안뿐이며, 기도가 끝나면 곧바로 커튼이 내려진다. 그렇게 동일한 방식으로 커튼을 걷어 올렸다 내리기가 총 세 차례 이루어졌으며, 그날 하루 동안 그런 절차를 총 네다섯 번 반복했다. 머리가 전시되어 있는 곳의 높이는 땅에서부터 1피크 정도 되며, 주변에는 두꺼운 쇠창살이 설치되어 있어서 그 너머로 구경해야 했다. 바깥쪽에는 촛대를 여러 개나 밝혀 놓았음에도 불구하고 두 얼굴의 세세한 특징들까지 모두 정확하게 파악하기란 어려웠다. 나는 두 성인의 머리를 두 번인가 세 번 보았다. 이들의 얼굴에서는 우리 프랑스에서 쓰는 가면처럼 광택이 났다.

부활절의 다음 수요일에는 당시 로마에서 지내고 있던 말도나도 씨가 여기 도시의 관습과 그중에서도 특히 종교 문제에 대해 어떻게 생각하느냐고 물어왔다. 그는 자신의 의견과 내 의견이 딱 일치한다고 생각했다. 예를 들자면, 우리는 평범한 일반인의 경우에는 프랑스 사람들이 로마 사람들과는 비교할 수 없을 만큼 훨씬 더 독실하지만, 부자이거나 궁궐에서 일하는 신하의 경우에는 프랑스 사람들의 신앙심이 조금 더 약하다고 생각했다. 말도나도 씨가 덧붙여 말하기를, 프랑스가 완전히 이단에 빠져버렸다고 주장하는 사람들과 특히 자신이 몸담고 있는 신도회에서 다수를 차지하고 있는 에스파냐 사람들에게, 자기 생각에는, 파리 도시만 하더라도 온 에스파냐 제국을 다 합친 것보다 신실한 신도들이 더 많다고 주장했다고 한다.

이곳에서는 테베레강을 거꾸로 거슬러 올라갈 때 물소를 두 마리씩 짝을 지어 서너 쌍에 밧줄을 연결하여 배를 끌고 가도록 한다.

다른 사람들은 로마의 공기가 어떻다고 느끼는지 모르겠지만, 개인적으로는 이곳 공기가 매우 쾌적하고 깨끗하다고 생각한다. 비아라르Vialard 씨는 로마에서 지내면서 불편했던 편두통을 더 이상 느끼지 않게 됐다고 한다. 이는 다른 사람들의 말처럼 로마 도시의 환경이 발 건강에는 아주 나쁘지만 머리 컨디션에는 아주 좋다는 것과도 일치하는 부분이다. 개인적으로는 무료하거나 나태한 것만큼이나 건강을 해치는 것은 아무것도 없다고 생각한다. 나는 로마에서 계속해서 무언가 해야 할 일이 있었다. 바랐던 것만큼이나 즐거운 일은 아니었지만, 적어도 지루함을 견디기에는 충분했다. 나는 이곳에서 골동품 상점이나 포도밭을 방문하곤 했다. 나에게 포도밭은 재미있는 놀 거리도 있고 아름다운 풍경도 구경할 수 있는 정원 같은 곳이었다. 그곳에서 나는 지면이 고르지 않을 뿐만 아니라 바위투성이인 경사지를 적절하게 이용하여 예술을 만들어낸다는 것이 무엇을 의미하는지 깨달았다. 실제로 여기 지형은 우리 프랑스의 평평한 땅에서는 느낄 수 없는 매력을 가지고 있는데, 로마 사람들은 이러한 다양성을 굉장히 예술적으로 잘 활용하고 있다. 그중에서도 특히 몬테 카발로Monte Cavallo에 있는 에스테 추기경의 포도밭과 팔라티노 언덕에 있는 파르네제 가문의 포도밭, 오르시니Orsini, 스포르차Sporza, 메디치Medici 가문의 포도밭, 그리고 교황 율리오Giulio의 포도밭, 마다마Madama 저택의 포도밭, 트라스테베레Trastevere에 있는 파르네제 가문과 리아리오Riario 추기경의 정원, 포르타 델 포폴로 바깥쪽에 위치한 체시Cesi 정원이 가장 아름다웠다. 이 모든 곳은 모든 사람들에게 열려 있으며, 어떤 목적이든지 간에 누구든지 찾아와서 아름다운 풍경을 즐길 수 있는 곳이다. 가령, 주인이 자리를 비운 틈을 타서 무리를 지어 숙박을 할 수도 있다. 실제로 정작 이곳 주인들은 자신들의 포도밭이나 정원을 그렇게 좋아하지는 않는다. 포도밭을 가지 않을 때는 아무 때나 설교를 들으러 가기도 했고, 다른 사람들과 함께 신학적인 논쟁을 펼치기도 했다. 그것도 아니면 가끔은 매춘부를 만나러 갈 수도 있었지만, 나로서는 남자가 그런 목적을 가지고 방문할 때 이 여인들은 고작 아주 간단한 대화를 몇 마디 나누는 것만으로 돈을 그렇게 많이 받는다는 사실이 불쾌하게 느껴졌다. (비록 나 개인적으로는 언젠가 이들이 담소를 나누는 것을 듣고 그 섬세한 대화를 함께 나누고 싶은 마음으로 일부러 찾아간 것이기는 했지만 말이다.) 그녀들은 가격을 흥정하면서 굉장히 치사하게 굴기도 했다. 결과적으로 로마에서는 이 모든 유희를 즐기려다 보니 일정이 꽤 바빴다. 나에게 우울한 기분을 느끼는 것은 죽음과도 같다. 로마에서는 집 안에서든지 바깥에서든지 화가 나는 일도 없었다. 그렇기 때문에 여기 로마는 참 살기 좋은 곳이라고 주장할 수 있다. 만약 더 사적인 목적으로 로마를 즐길 수 있었다면 얼마나 더 재밌었을까 하는 생각이 든다. 비록 로마에서 예술도 즐기고 사람들의 보살핌도 받기는 했지만, 이는 오로지 공무를 통해서였을 뿐만 아니라 이 도시가 한낱 보잘것없는 외국인에게 보여주는 모습에 불과하기 때문이다.

3월의 마지막 날에는 밤새 내내 배가 아팠지만 충분히 참을 만했다. 배 속에서 무언가가 콕콕 찌르면서 성가시게 하는 게 느껴졌다. 소변에서도 톡 쏘는 냄새가 평소보다 더 강하게 났다. 두꺼운 모래 알갱이와 돌멩이 두 개가 빠져나왔다.

부활절 다음 일요일에는 처녀들을 위해 마련된 자선행사를 구경하러 갔다. 교황 앞으로는 말이 25마리 배치됐다. 평상시 행렬에 동원되는 것보다 더 많은 숫자였다. 화려하게 치장된 말들의 등에는 아주 풍성하게 장식한 금색 천으로 만든 안장깔개가 얹어져 있었다. 그 밖에도 진홍색 벨벳의 안장깔개를 얹은 노새가 10~12마리 정도 보였다. 이 모든 행렬의 앞에는 교황을 지키는 경호원들이 걸으면서 행진을 이끌었다. 교황의 마차도 진홍색 벨벳 천으로 덮여 있었다. 교황의 바로 앞에 있는 네 마리 말에는 남자가 한 명씩 타고 있었다. 이들은 긴 부분은 붉은 벨벳 천으로 감싸져 있으며 손잡이와 끝부분에는 금칠이 되어 있는 막대기 같은 것을 들고 있었는데, 그 끝에는 붉은색 모자가 하나씩 걸려 있었다. 교황은 노새를 타고 있었고, 교황을 따르는 추기경들도 각자 노새에 올라타 있었다. 추기경들이 탄 노새들도 의식을 위해 제작된 가운을 입고 있었는데, 옷의 끝 자락은 노새의 머리에서 재갈까지 걸쳐 있는 굴레와 끈으로 연결되어 있었다. 처녀들은 총 107명이었고, 한 사람마다 나이가 많은 여자 친척 한 명이 동행했다. 이들은 미사가 끝난 뒤 교회에서 나와 긴 행렬을 이루었다. 이들은 교회에서 집으로 돌아가는 길에 산타 마리아 소프라 미네르바Santa Maria sopra Minerva 성당의 성가대를 지나면서 한 명씩 돌아가며 교황의 발에 입맞춤을 했다. 그러면 교황은 은총을 내리고는 흰 다마스크 천으로 만든 주머니를 직접 하나씩 나누어주었다. 주머니 안에는 증서가 한 장씩 들어 있었다. 이들이 남편감을 찾고 나면 한 사람당 35에퀴와 결혼식 당일에 입을 5에퀴짜리 흰 드레스를 지급하겠다는 내용이었다. 처녀들의 얼굴에는 리넨 천으로 된 베일이 씌워져 있었고, 앞을 볼 수 있도록 눈 부분만 트여 있었다.

로마에서 편하게 지낼 수 있는 데에는 여러 가지 이유가 있지만, 개인적으로는 그중에서도 특히 전 세계에서 가장 보편적인 특징을 띠는 이 도시에서는 살고 있는 사람들의 국적이 서로 다르다는 것이 전혀 이상하게 여겨지지 않는다는 것을 꼽을 수 있다. 실제로 태초부터 로마에서는 외국인들이 마치 자기 고향인 것처럼 정답게 어울려서 살고 있다. 로마를 다스리는 자의 권위는 전 세계에서 기독교를 믿는 모든 나라에 미치며, 교황이 외국인에 대해 가지고 있는 사법권은 로마뿐만 아니라 각각의 외국인들의 출신 국가에서도 적용된다. 왕이나 교황청의 고위직을 뽑는 선거에서도 선거권자의 출신지는 거의 고려되지 않는다. 베네치아도 도시의 분위기가 자유롭고 활발한 무역으로 인해 외국인이 많다. 그럼에도 불구하고 베네치아에 사는 외국인들은 본인이 타지에 살고 있다고 생각한다. 여기 로마에 사는 외국인들은 본인의 사무실과 재산, 지켜야 할 의무 같은 것을 가지고 있는데, 대부분 성직자의 지위에 있기 때문이다. 베네치아에서 보이는 외국인들은 여기 로마에서만큼이나 아니면 이보다 훨씬 더 많다. (프랑스나 독일 등에 살러 오는 외국인들은 여기 이탈리아와는 감히 비교할 수 없을 정도로 적다.) 그러나 베네치아에 실제로 살고 있는 외국인들은 로마에서보다 훨씬 적다. 로마에서 태어나 자란 사람들은 우리 프랑스나 에스파냐, 독일 사람들이 옷을 입는 스타일에 크게 놀라지 않으며, 우리를 보고 프랑스어가 아닌 다른 언어로 구걸하는 거지는 거의 없다.

이러한 이유 때문에 개인적으로는 로마 시민의 자격을 얻기 위해 오감을 총동원하면서 애를 썼다. 설령 그 자격이 로마의 권위에 대한 빛바랜 영광과 종교적인 기념품에 지나지 않는다고 할지라도 말이다. 로마 시민권을 얻는 과정은 꽤 힘들었다. 하지만 다른 프랑스인의 도움이나 기술을 빌리지 않고 오로지 나만의 힘으로 극복해냈다. 나는 교황의 궁정집사 필리포 무소티Filippo Musotti 씨를 통해 교황의 권위를 빌릴 수 있었다. 나를 특별히 마음에 들어 한 무소티 씨는 내가 로마 시민권을 얻을 수 있도록 엄청나게 애를 써주었다. 발급된 시민증에는 '1581년 3월 13일'이라고 적혀 있었고, 실제로는 4월 5일에 전달받았다. 시민증은 교황의 아들이자 소라 공국의 대공인 자코포 본콤파니 씨의 것과 똑같은 모양이었다. 적혀 있는 문구도 똑같았다. 한낱 하나의 자격에 불과하지만, 어쨌든 이걸 취득하는 과정에서 즐거운 일이 많았다.

4월 3일에는 아침 일찍 포르타 산 로렌초 티부르티나Porta San Lorenzo Tiburtina를 지나 로마를 떠났다. 지면이 꽤 평평한 길을 따라 이동했고, 주변에는 대부분 밀이 잘 자라는 풍경이 이어졌다. 로마로 이어지는 모든 길이 그러하듯이 이쪽 길목도 사람이 거의 살지 않는 곳이었다. 우리는 옛날에는 '아니오 Anio'라고 불렸다는 아니에네Aniene강을 건넜다. 처음에는 맘몰로Mammolo 다리를 통해 건넜고, 그다음에는 루카노Lucano 다리를 건너갔다. 두 다리는 옛날에 지어진 이름을 그대로 유지하고 있었다. 다리 위에는 오래된 문구가 적혀 있는데, 제일 크게 쓰인 문장은 아직도 아주 또렷하게 남아 있었다. 길가에는 로마 사람의 무덤도 두세 개 있었다. 고대 로마의 흔적은 전혀 보이지 않았고, 포장도로도 거의 남아 있지 않았다. 이 길이 바로 티부르티나Tiburtina로다. 그렇게 우리는 로마에서부터 15마일을 이동하여

티볼리Tivoli에 도착해서 점심을 먹었다. 산맥의 뿌리 부분에 자리하고 있는 티볼리의 옛 명칭은 '티부르툼Tiburtum'이다. 티볼리는 산맥 중에 제일 앞으로 튀어나와 있는 부분에 경사면이 꽤 가파른 곳에 펼쳐져 있다. 도시가 위치해 있는 곳도 도시에서 내려다보이는 풍경도 아주 풍성한 곳이다. 실제로 티볼리에서는 사방으로 끝없이 펼쳐지는 평지와 이 광활한 로마 도시가 내려다보인다. 앞으로는 바다가 있고, 뒤로는 산들이 펼쳐져 있다. 티볼리에 흐르는 아니에네 강은 근사한 폭포를 이루고 있는데, 산에서 내려오는 폭포수는 그보다 500~600보 아래에 있는 바위에 구멍을 내고 그 사이로 사라지

며, 다시 평지로 흘러 들어와 이리저리 굽이치면서 티볼리 조금 위쪽에서 흐르는 테베레강과 만난다.

여기 티볼리에서는 페라라 추기경의 유명한 궁전과 정원이 보인다. 아주 아름다운 곳이기는 하지만 많은 부분이 아직 완성되지 않은 상태다. 현재 추기경직을 맡고 있는 사람이 공사를 이어나가지 않고 있다고 한다. 나는 이 도시의 모든 것을 아주 세심하게 관찰했다. 이곳에서 내가 보고 느낀 것들을 묘사해볼 수도 있겠지만, 이미 시중에서 티볼리에 대해 적은 책과 티볼리를 그린 그림을 쉽게 찾아볼 수 있으니 굳이 적지는 않겠다. 셀 수 없이 많은 물줄기가 단 한 번 튀어 오르는 것만으로 서로 이리저리 뒤섞여 우뚝 솟아올라 아주 먼 곳까지 콸콸 쏟아져 내린다. 이런 풍경은 이번 여행을 하는 동안 피렌체와 아우크스부르크에서도 본 적이 있으며, 그에 대해 이 글에서도 적은 바 있다. 물줄기는 천장이 아치형 모양으로 둥근 동굴 안으로 아주 맹렬하게 떨어져 내린다. 그렇게 동굴 안의 공기를 뒤흔든 물줄기는 마치 오르간 파이프에 공기가 흐르는 것처럼 동굴 사이사이로 공기를 빼내면서 온 힘을 다해 바람을 만들어 불어넣는다. 이로써 비록 계속 똑같은 멜로디이기는 하지만 자연이 연주하는 진짜 오르간 소리를 들을 수 있다. 또 다른 곳에서는 흐르는 물이 톱니가 여러 개 달린 바퀴를 작동시키면서 마치 오르간 건반을 일정한 순서대로 누를 때 나는 소리를 낸다. 트럼펫을 흉내 낸 것 같은 소리도 들린다. 또 다른 곳에서는 새들이 지저귀는데, 꼭 파티에서 청동으로 만든 작은 플루트 여러 개를 연주해서 나는 소리처럼 들린다. 마치 어린아이가 물이 가득 채워져 있는 작은 항아리의 주둥이를 불어서 내는 소리 같기도 하다. 물줄기가 오르간 소리를 내는 것과 비슷한 원리다. 또 다른 샘물에서는 높이 솟아 있는 바위 위에 갑자기 부엉이 한 마리가 나타나 화음을 깨트린다. 이에 다른 새들은 화들짝 놀라고, 이내 부엉이는 새들에게 다시 노래할 자리를 내어준다. 이곳에서는 이런 식으로 반복되는 연주를 원하는 만큼 들을 수 있다. 어딘가에서 포탄을 쏘는 소리가 들리고, 또 다른 곳에서는 화승총을 쏠 때 나는 것처럼 더 세차면서도 짧은 소리가 들린다. 이는 물이 갑자기 지류로 떨어지면서 나는 것인데, 지류 위에서 흐르고 있던 공기가 공간을 빠져 나가려고 하면서 이런 소음을 만들어 내는 것이다. 이렇게 자연이 들려주는 연주는 다른 곳에서도 비슷하게나마 들어본 적이 있다.

　페라라 추기경의 궁전에는 연못이나 저수지같이 생긴 곳이 있다. 그 주변으로는 약간의 여백을 두고 돌들이 난간처럼 쌓여 있고, 그 너머로는 높이나 높은 석재가 기둥을 이루고 있다. 난간과 석재 기둥 사이의 간격은 네 발자국이다. 기둥의 꼭대기에서는 물이 굉장히 세게 흘러나온다. 물줄기는 위쪽으로 솟아오르지 않고 아래쪽의 연못을 향해 떨어져 내린다. 물이 나오는 입구는 연못 안쪽을 향해 있는 동시에 맞은편에 난 또 다른 기둥의 입구를 마주보고 있다. 물이 어찌나 세게 뿜어져 나오던지, 서로 다른 기둥에서 나온 물줄기들은 공중에서 만나 부딪히면서 계속해서 굵은 빗줄기를 만들어 연못으로 쏟아 내린다. 연못 바닥과 공중, 그리고 그 주변으로는 햇빛이 떨어지면서 아주 자연스럽고 강렬한 무지개를 만들어낸다. 실제 하늘에서 보이는 무지개와 다를 바 없었다. 이런 무지개는 다른 곳에서는 본 적이 없다. 여기 궁전 바닥에는 일부러 커다란 구멍들을 뚫어 놓았다. 지하에서부터 차가운 수증기가 뿜어져 나와 궁선의 아랫부 분을 완전히 시원하게 해주는 환기창 같은 장치였다. 그러나 이 부 분도 공사가 아직 덜 끝난 상태였다. 이곳에도 훌륭한 조각상이 많 이 있다. 그중에서도 특히 잠자는 님프 요정과 죽은 님프, 천상의 아 테나를 조각한 동상이 눈에 띄었다.

아키노 주교의 저택에서 본 아도니스[39] 조각상, 청동으로 만든 암 늑대상, 카피톨리노 언덕에 세워진 것으로 남자아이가 가시를 뽑는 모습을 조각한 동상, 벨베데레 정원의 라오콘[40] 군상과 안티누스[41] 입상, 카피톨리노 언덕에서 본 것으로 희극의 뮤즈 탈리아[42] 조각상, 스포르차 언덕의 포도밭에서 본 것으로 최근에 제작된 사티로스[43] 조각상, 그리고 빈콜리Vincoli 성당의 묘지에서 본 모세 조각상, 새로

---

39 그리스 신화에서 아프로디테의 연인으로 나온 미소년. 아도니스는 사냥을 하다가
    멧돼지의 이빨에 찔려 죽게 된다. 아도니스가 흘린 피에 아프로디테가 신의 음료 넥
    타르를 붓자 핏빛의 꽃이 피었다는 이야기가 전해진다.
40 아폴로 신을 섬기는 트로이의 제관. 트로이 전쟁 때 목마를 성안으로 들이는 것을
    반대했다는 이유로 포세이돈이 보낸 커다란 뱀 두 마리에 의해 두 아들과 함께 살해
    됐다. 라오콘 군상은 라오콘과 그의 두 아들이 뱀에게 감겨 몸부림치고 있는 모습을
    조각한 것이다.
41 고대 로마의 하드리아누스 황제의 총애를 받았던 미모의 청년.
42 그리스 신화에 등장하는 아홉 명의 뮤즈들 중 한 명으로, 우스꽝스럽게 생긴 가
    면과 목자들이 들고 다니는 지팡이를 손에 쥐고 있으며 넝쿨로 만든 관을 쓰고 있다.
43 그리스 신화에 등장하는 반은 사람이고 반은 짐승인 괴물. 술의 신 디오니소스를
    추종한 것으로 알려져 있으며, 늘 술에 취해 있다는 증거로 음경이 항상 발기되어 있
    는 모습이다.

지어진 산 피에트로 성당에 세워져 있던 것으로 교황 바오로 3세의 발에 입을 맞추고 있는 아름다운 여인의 모습을 조각한 동상. 이것이 바로 로마에서 가장 내 마음에 들었던 조각들이다.

피렌체의 프라톨리노 궁전은 바로 여기 티볼리에 있는 에스테 추기경의 페라라 궁전과 경쟁하기 위해 지어진 것이다. 작은 동굴들의 외관이 아름답고 개수도 많다는 점에서는 피렌체가 앞서지만, 물이 넘쳐흐를 정도로 풍족하다는 점에서는 단연코 티볼리의 승리다. 물로 할 수 있는 경기나 놀 거리가 다양하다는 점에서는 두 도시 모두 비슷하다. 프라톨리노 궁전의 중앙 부분이 배치와 질서의 측면에서 페라라 궁전보다 조금 더 우아하다는 것만 빼면 말이다. 티볼리에는 피렌체보다 오래된 조각상이 더 많고, 피렌체에는 티볼리보다 궁전이 훨씬 더 많다. 도시의 위치와 풍경은 티볼리가 훨씬 더 훌륭하다. 모든 자연환경을 고려한다면 피렌체보다 티볼리가 더 좋다고 말할 수 있을 것이다. 물론 언제나 저 높은 위치에 자리 잡고 있는 분수를 제외하고 티볼리에 흐르는 모든 물은 전부 아니에네강에서 흘러나온 것이어서 엄청난 불편을 야기한다는 점만 빼면 말이다. 그 분수는 페라라 궁전 안에 있는 침실들 중 한 곳에서 내려다보인다. 에스테 추기경은 아니에네강의 지류 하나를 자기 것으로 만들고는 개인적인 용도로 사용하기 위해 물이 별도의 수도관으로 흐르도록 방향을 바꿔놓았다. 만약 여기 페라라 궁전에 흐르는 물이 더럽고 냄새나는 물이 아니라 깨끗하고 마시기에도 좋은 물이었다면, 세상에는 이곳과 견줄 만한 다른 궁전은 존재하지 않았을 것이다. 한편, 페라라 궁전에 있는 대분수와 주변에 설치된 다른 부속품들은 정원이

나 다른 장소에서 볼 수 있는 다른 종류의 장식들보다 훨씬 더 보기 좋고 아름답게 만들어진 작품이라고 할 수 있다. 반대로 프라톨리노 궁전에 흐르는 물은 모두 먼 곳에서부터 샘물을 끌어온 것이다. 아니에네강의 근원지는 생각보다 훨씬 더 높은 산에 있어서 여기 티볼리에 사는 사람들은 본인이 원하는 만큼 강물을 끌어다 사용한다. 그런 방식으로 여러 사람들이 아니에네 강물을 사용하고 있는 모습을 보면, 추기경이 지류의 방향을 바꿔버린 것쯤은 놀랍지도 않은 일이다.

나는 다음날 점심을 먹은 뒤 다시 로마로 돌아가기 위해 길을 나섰다. 길의 오른편에는 거대한 유적이 하나 보였다. 사람들 말로는 둘레가 6마일이나 되는 이 대저택은 고대 로마의 황제 하드리아누스의 별장이었다고 한다.

티볼리에서 로마로 가는 길가에는 유황이 들어있는 물줄기가 흐른다. 물길의 가장자리는 유황으로 인해 온통 하얗게 변해 있으며, 유황 냄새는 0.5리외 떨어진 곳까지도 전해진다. 이곳 사람들은 이 유황물을 약으로 사용하지는 않는다. 이 물에는 거품이 뭉치면서 만들어진 작은 덩어리들이 떠 있는데, 우리 프랑스 사람들이 먹는 드라제와 아주 비슷하게 생겨서 착각하는 사람들이 더러 있을 수 있다. 티볼리 사람들은 이 거품덩어리를 재료로 활용해서 각종 다양한 방법으로 사탕 같은 것을 만든다. 나는 7.5솔을 주고 사탕 상자 두 개를 구매했다.

티볼리에는 아주 오래된 형태의 온천탕이 두 군데 있고, 기둥 몇 개는 아직 온전하게 남아 있는 신전 등과 같은 고대 로마 시대의 유적도 있다. 사람들 말로는 이 신전은 옛날에 시빌레[44]가 사용했던 것으로 전해진다고 한다. 신전의 처마 부분에는 큰 글자 대여섯 개가 띄엄띄엄 쓰여 있다. 글자 뒤로 이어지는 벽 부분은 아직까지도 옛날 상태 그대로 남아 있다. 분명히 훼손의 과정이 있었을 것이기 때문에, 과거에 어떤 글자가 쓰여 있었는지 정확히는 알 수 없을 것이다. 그래도 보이는 부분만 읽어보면, "*CE ⋯ ELLIUS L. F.*"라고 적혀 있다. 무슨 의미인지는 모르겠다. 그렇게 우리는 15마일을 이동했고, 저녁이 되어서야

로마에 도착했다. 평소와 달리 마차를 타고 돌아오는 내내 몸이 하나도 불편하지 않았다.

로마 사람들은 길을 가꾸는 데 있어서 다른 도시 사람들보다 훨씬 더 주의를 기울인다. 실제로 이들은 서로 다른 거리를 구분해서 생각하고, 시내는 여러 동네로 나누며, 심지어는 집 안에서도 다양한 공간을 구분 짓는다. 이러한 구분을 고려하여 계절의 변화에 따라 주거 환경을 바꾸기 위해서다. 심지어 집을 임대해서 사는 사람들 중 몇몇은 엄청난 비용을 들여서 집을 두세 채 임대한 뒤 의사의 처방에 따라 각각의 계절에 맞게 머물 곳을 바꾸어 지낸다.

4월 15일에는 교황청의 궁정 장관과 그의 동료 수사에게 작별인사를 하러 갔다. 이들은 본인들이 《수상록》을 교정해서 준 판본을 사용하지 말아달라고 부탁했다. 왜냐하면 해당 판본에 표시를 해놓

44　그리스 신화에 등장하는 무녀. 원래는 아폴론으로부터 예언을 하는 능력을 물려받은 여인의 이름이었으나 시간이 지나면서 무녀를 총칭하는 고유명사로 사용됐다.

은 것 중에는 다른 프랑스 사람들의 입장에서 볼 때 이상한 내용이
라고 생각되는 부분이 여러 군데 있을 것이기 때문이다. 두 사람은
내가 가톨릭교회에 대해 가지고 있는 봉사심과 애정뿐만 아니라 나
의 능력을 존경한다고 했다. 본인들은 나의 솔직하고 양심적인 마음
을 너무 잘 알고 있다면서, 《수상록》을 다시 인쇄하게 된다면 그때
는 내 기준에서 글이 너무 잡스럽게 느껴지는 부분이 있을 경우 과
감히 삭제하는 작업은 내 몫이라고 했다. 여러 부분이 있겠지만, 그
중에서도 특히 단어 '운명'을 사용한 것과 같은 부분을 두고 하는 말
이었다. 두 사람은 내가 꽤 마음에 든 모양이었다. 이들은 본인들이
내 책을 구석구석 너무 심하게 살펴본 나머지 세밀한 부분까지 지
적해야만 했던 점에 대해 용서를 구하기 위해 오늘날 명성이 좋게
나 있는 추기경이나 성직자가 쓴 많은 책들을 언급했다. 그 책들도
작품 전체가 문제가 되거나 아니면 저자의 이름에는 조금도 영향을
주지 않을 몇 가지 오류 때문에 검열된 적이 있었다는 것이다. 두 사
람은 나에게 훌륭한 글솜씨로 가톨릭교회에 기여를 하면서(이는 관
례적으로 하는 말이다) 로마에 지내는 동안 본인들을 신경 쓰지 않고
평화롭게 지내기를 바란다고 말했다. 둘은 엄청난 권력을 가지고 있
으며 미래에는 추기경이 될 사람들이었다.

3월 중순 즈음에는 아티초크와 강낭콩, 완두콩을 먹었다. 4월에는
새벽 5시가 되면 날이 밝았고, 낮이 가장 긴 날에는 새벽 4시부터
세상이 훤해졌다.

이 무렵에는 새로운 사람들을 많이 사귀었는데, 그중에서도 특히
호시우스Hosius 추기경의 가장 친한 친구라는 어느 폴란드 사람을

알게 됐다. 그는 호시우스 추기경의 죽음에 대해 자신이 직접 손으로 쓰고 교정한 책 두 권을 나에게 선물해주었다.

로마에서 지내는 재미는 사람들을 알아가면서 더욱 커져갔다. 개인적으로 이전에는 이렇게나 온화하고 내 체질에도 잘 맞는 공기를 마셔본 적이 없다.

4월 18일에는 조반니 조르지오 세자리니Giovanni Giorgio Cesarini 씨 저택의 내부를 구경하러 갔다. 저택에는 희귀한 골동품이 셀 수도 없이 많았다. 그중에서도 특히 제논[45]과 포시도니우스,[46] 에우리피데스,[47] 카르네아데스[48]의 진짜 두상이 아주 오래된 그리스어 문구의 설명과 함께 전시되어 있는 것이 인상적이었다. 그 밖에도 저

---

45 고대 그리스에는 '제논'이라는 이름을 가진 유명한 철학자 두 명 있었다. 먼저, 헤라클레이토스가 모든 것은 흐른다고 주장한 것에 반대하면서 자신의 스승인 파르메니데스의 사상이 옳다는 것을 증명하기 위해 일명 '제논의 역설'의 논리를 펼쳤던 엘레아 출신의 제논이 있다. 다음으로, 삶에 있어서 절욕과 견인의 중요성을 피력했던 스토아학파의 수장으로 활동한 키티온 출신의 제논이 있다.

46 고대 그리스 출신의 스토아학파 철학자. 지중해 해안의 여러 나라를 돌아다니며 과학 실험을 수행하기도 했고, 달의 주기와 썰물의 관계에 대한 가설을 세우기도 했다. 훗날 키케로와 플루타르코스 등의 철학자들과 티투스 리비우스와 같은 역사학자에게 큰 영감을 주었다는 평가를 받는다.

47 고대 그리스의 3대 비극 작가 중 한 명. 전통적인 형식에 구애받지 않고 사실주의나 합리주의 등과 같은 새로운 기법을 계속해서 시도했다는 점에서 당대에는 좋은 평을 받지 못했다. 총 92편의 작품을 남겼으나 현재까지 전해지는 것은《메데이아》,《타우리스의 이피게네이아》 등의 19편뿐이다.

48 고대 그리스 출신의 회의주의 철학자. 인간의 인식은 상대적인 것이므로 참과 거짓의 기준이란 존재하지 않으며 절대적으로 타당한 진리란 존재하지 않는다고 주장했다.

택에는 로마에 현존하는 가장 아름다운 여인들의 초상화와 함께 집 주인의 아내인 클렐리아 파시아 파르네제Clelia-Fascia Farnese 씨의 초상화도 있었다. 그녀는 로마에서뿐만 아니라 세상 어디에도 없는 가장 사랑스럽고 아름다운 여인이다. 저택의 주인인 조반니 조르지오 세자리니 씨는 본인이 고대 로마 황제의 피를 물려받았으며 그렇기 때문에 당연히 로마 귀족의 깃발을 가지고 있는 것이라고 했다. 그는 부자였다. 그의 문장은 기둥에 곰 한 마리가 붙어 있고 아래에는 독수리가 날개를 펼치고 있는 그림이다.

로마가 자랑하는 아름다운 풍경들 중 하나가 바로 포도밭과 정원이다. 두 장소가 제일 아름다움을 발하는 계절은 여름이다.

6

이탈리아: 로마에서 루카로

1581년 4월 19일 ~ 5월 6일

4월 19일 수요일. 우리는 점심식사를 마친 뒤 로마를 떠났다. 누아르무티에Noirmoutier 씨와 트레무유Trémouille 씨, 벨레Bellai 씨, 그리고 다른 귀족 신사들이 폰테 몰레Ponte Molle까지 나와 우리 일행을 배웅해주었다. 폰테 몰레 다리를 건넌 다음 길의 방향을 오른쪽으로 틀었다. 왼쪽으로는 비테르보로 가는 큰 길이 나 있었다. 우리가 처음 로마에 왔을 때 지나온 길이었다. 오른쪽으로는 테베레강이 흐르고 언덕이 여러 개 솟아 있었다. 우리는 폭이 넓고 지면은 울퉁불퉁한 길을 따라 이동했고, 땅이 그리 비옥하지도 않고 아무도 살고 있지 않는 지역을 지났다. 그렇게 로마에서 7마일 지나왔을 즈음 '프리마 포르타Prima Porta', 즉 '첫 번째 문'이라고 불리는 곳을 통과했다. 누군가가 고대 로마에는 여기까지 성벽이 세워져 있었다고 말했지만, 내가 보기에는 전혀 그럴싸해 보이지 않았다. 옛 플라미니아Flaminia로인 이 길 위에는 정체를 알 수 없는 희귀한 고대 유적들이 있다. 그렇게 우리는 로마에서 16마일 떨어진

카스텔누오보 디 포르토 Castelnuovo di Porto[1]에 도착해서 하루를 묵었다. 이곳은 콜로나Colonna 가문이 소유하고 있는 작은 성벽 마을로 언덕들 사이에 파묻혀 있다. 우리 프랑스의 피레네산맥에 위치한 오쇼드Eaux-Chaudes로 이어지는 비옥한 길이 떠올랐다.

다음날 4월 20일에도 계속해서 동일한 풍경의 지역을 지났다. 이쪽 지역에는 산이 많지만 볼 것이 풍부하고 땅이 비옥하며 사람들이 많이 살고 있다. 우리는 테베레강을 따라 이동하다가 골짜기 깊

---

1   원문에 표기된 지명: 카스텔 누오보Castel Nuovo

은 곳에 위치한

보르게토Borghetto에 도착했다. 보르게토는 오타비오 파르네제 Ottavio Farnese 공작이 소유하는 작은 성벽 마을이다.

우리는 보르게토에서 점심을 먹고 다시 길을 나섰고, 언덕들 사이로 난 아주 멋있는 작은 골짜기를 따라 이동하다가 물 위에 떠있는 밧줄을 잡고 테베레강을 건넜다. 건너고 나니 아우구스투스 황제가 사빈족 사람들의 나라와 교류하기 위해 만들었던 다리가 파괴되고 남은 흔적으로 큰 돌무더기가 보였다. 계속해 앞으로 가면 사빈족 사람들이 살던 곳이 나오고, 거꾸로 길을 돌아서 뒤쪽으로 가면 팔리스키Falisci족 사람들이 살던 곳이 나온다. 그러다가 페루지아 추기경이 관할하는 오트리콜리Otricoli라는 작은 마을에 들어서게 됐다. 마을 앞쪽으로는 지리적으로 근사한 위치에 몸집이 거대하고 중요한 유적들이 있었다. 이쪽 지역에는 혹처럼 툭 튀어나와 있는 언덕이 많아서 풍경이 다채롭고, 온 지역이 땅이 아주 비옥해서 사람들이 빽빽하게 모여 살고 있다. 이 길을 걷는 사람이라면, 교황이 본인의 이름을 따서 본콤파니Boncompagnie로라는 길을 만들고 그 지면을 평평하게 했다는 내용의 문구를 발견할 것이다. 이런 식으로 이탈리아와 독일에서처럼 무언가를 짓고 난 다음 그에 대한 증거로 글을 남기는 문화는 사람들에게 아주 좋은 자극제가 된다고 생각한다. 왜냐하면 공공사업에 별로 관심이 없는 사람일지라도 이렇게 자신의 이름을 남기기 위해 좋은 일을 하고 싶은 마음이 들 수 있도록 자극이 될 수 있기 때문이다. 실제로 이 길의 대부분은 옛날에는 걷기 어려웠으나, 지금은 심지어는 마차들도 로레토Loreto까지 쉽게 지나다

닐 수 있도록 다져져 있다. 그렇게 우리는 보르게토에서 10마일 떨어져 있는

나르니Narni에 도착해서 하룻밤을 묵었다. 라틴어로 '나르니아 Narnia'라고 불리는 나르니는 로마 교황청에 소속되어 있는 작은 도시로, 바위 꼭대기에 위치해 있다. 그 아래로는 라틴어로는 '나르 Nar'라고 불리는 네라Nera강이 흐른다. 도시 측면으로는 아주 매력적인 풍경의 들판이 내려다보이는데, 그 위로는 네라강이 놀라우리만큼 자유자재로 굽이치는 모습을 볼 수 있다. 시내의 광장에는 아주 아름다운 분수가 하나 있다. 나는 대성당을 찾아갔다. 그곳에서 장식융단에 옛날 프랑스어로 어떤 글귀가 운율에 맞게 쓰여 있는 것을 보았다. 이 융단이 어떻게 해서 여기까지 오게 됐는지는 알 수 없었다. 나르니 사람들은 이쪽 지역의 조상들이 아주 오래전부터 프랑스에 좋은 감정을 가지고 있었다고 알려주었다. 예수의 수난 그림이 그려진 융단은 신도석의 한쪽 부분 전체를 덮고 있었다. 플리니우스Plinius[2]의 저서에 쓰여 있기를 나르니에는 열을 가하면 부드러워지고 비가 내리면 메말라버리는 흙이 있다고 하여 사람들에게 수소문했지만 이들은 그런 흙에 대해서는 알고 있는 것이 하나도 없었다. 나르니에서 1마일 떨어진 곳에서는 우리 프랑스의 뜨거운 샘물과 동일한 효과를 내는 차가운 샘물이 흐른다. 이 샘물은 몸이 아

---

2   가이우스 플리니우스 세쿤두스Gaius Plinius Secundus. 고대 로마의 역사가이자 박물학자. 79년에 폼페이를 매몰시켰던 베수비오 화산 폭발 때 시찰을 갔다가 질식사했다. 티투스 황제에게 헌정한《박물지》는 총 37권에 달하는 대백과전서로서 천문학과 지리학, 인문학, 자연학 등의 분야의 다양한 정보를 담고 있다.

픈 사람들이 사용한다고 들었는데, 이마저도 잘 알려져 있지 않았다. 나르니에서 묵었던 여관은 이탈리아 기준으로는 시설이 좋은 편에 해당한다. 하지만 침실에는 여전히 양초가 마련되어 있지 않았다. 다행히도 어디에나 등잔불이 놓여 있었다.

우리는 21일 아침 일찍 네라강이 지나는 아주 멋있는 골짜기로 내려왔다. 전날 지났던 테르니Terni 대문의 근처에 세워진 다리를 지나 강을 건넜다. 우리는 나르니 광장에서 아주 오래된 기둥 하나가 오늘날까지도 잘 서 있는 것을 보았다. 기둥에는 아무런 글귀도 쓰여 있지 않았고, 옆면에 사자 한 마리가 양각으로 그려져 있었다. 조각상 아래에는 오래된 언어로 넵투누스[3]에게 바치는 글이 쓰여 있었다. 대리석 부분에는 넵투누스와 그가 항상 함께 가지고 다니는 삼지창과 그를 따라다니는 돌고래들이 양각으로 조각되어 있었다. 또 광장에는 아주 잘 보이는 위치에 다음과 같이 폼페이우스Pompeius 장군[4]에게 바치는 글귀가 새겨져 있었다. "인테람나 Interamna[5]라고 불리는 여기 도시의 주민들이 자신들을 보살펴준 장군을 기리기 위해 동상을 세웠다." (나르니의 한쪽은 네라강이 둘러싸고

---

3   로마 신화에 등장하는 바다의 신. 뾰족한 끝이 세 개 달린 창을 들고 있는 모습으로 묘사된다.

4   고대 로마 공화정 말기에 활동한 장군. 기원전 82년 시칠리아와 북아프리카에서 일어난 반란을 진압하고 지중해에서 뱃사람들을 공격하는 해적을 소탕한 업적을 크게 인정받았다. 폼페이우스의 독단을 경계한 원로원 보수파에서는 카이사르와의 대립 구도를 통해 그의 지지층을 무너뜨리고자 했다.

5   라틴어로 '두 강 사이에'라는 뜻이다.

있고, 다른 쪽으로는 또 다른 강이 둘러싸고 있다고 하여 붙여진 이름이다.) 글귀가 있는 자리에 동상은 비록 남아 있지 않았지만, "periculeis"[6] 와 같은 단어에서 모음 두 개를 겹쳐서 쓰고 있다는 점을 통해 글귀가 쓰인 시점을 파악할 수 있었다. 나르니는 지리적으로 독특한 매력을 가진 곳에 위치해 있는 아름다운 곳이다. 우리가 처음 나르니에 들어왔을 때 지나온 길 뒤쪽으로는 여기 골짜기 사이로 아주 비옥한 평지가 펼쳐져 있는 풍경이 보였다. 그 너머에 이어져 있는 언덕들 위에서는 경작 활동이 굉장히 활발하게 이루어지고 있었고 사람들도 아주 많이 살고 있었다. 언덕들 사이로 솟은 아주 높은 산들의 꼭대기에서는 각종 과일이 자라는 모습을 볼 수 있었다. 그중에서는 특히 올리브나무가 제일 아름다웠다. 나는 그날 하루 종일 배앓이를 아주 심하게 했다. 몸속에 들어 있던 돌멩이들이 거의 다 빠져나온 것 같은 느낌이었다. 그러는 와중에도 여기 나르니의 아름다운 풍경을 즐기는 것은 포기할 수 없었다.

　우리 일행은 나르니를 지나 아펜니노산맥 안으로 조금 더 깊게 들어갔다. 그곳에서는 교황이 새롭게 만든 이 길이 굉장히 아름답고도 훌륭하고 고귀한 보수작업을 통해 완성됐으며, 비록 비용이 많이 들기는 했지만 덕분에 사람들이 지나다니기에 굉장히 편리해졌다는 사실을 알게 됐다. 이쪽 지역 근처에 사는 사람들은 이 길을 보수하는 노동에 강제로 동원됐으나, 그에 대해 딱히 엄청난 불만은 없었다. 왜냐하면 만약 경작하기에 안성맞춤인 밭이나 과수원이 펼

6　'위험'을 뜻하는 라틴어 단어 *periculis*의 옛 표기.

쳐져 있는 곳이라거나 아니면 지리적으로 그런 비슷한 환경인 곳에 살았다 해도 이 길을 공사하는 작업을 위해서라면 아무런 대가 없이 무언가를 징수당할 것이었기 때문이다. 길 오른쪽으로는 예쁜 언덕의 꼭대기에 아주 조그마한 마을 하나가 보였다. 사람들은 그 마을에 '콜레 시폴리Colle Scipoli'라는 이름을 붙여주었다. 사람들 말로는 고대에는 '카스트룸 스키피오니스 Castrum Scipionis'[7]라고 불렸다고 한다. 그 밖에 다른 산들은 고도가 훨씬 높고 땅은 메마르며 돌투성이였다. 우리는 겨울에 흘렀던 급류가 남기고 간 물길의 바닥면과 이 산들 사이를 지나 나르니에서 18마일 떨어진 곳에 있는

스폴레토Spoleto에 도착했다. 스폴레토시는 이 산들 사이에 지대가 낮은 곳에 위치해 있으며 편안한 생활을 누릴 수 있기로 유명한 곳이다. 이곳에서는 건강진단서를 보여주라는 요청을 받았다. 이쪽 이탈리아 지방에서는 전염병이 돌지 않기 때문에 그것이 이유는 아니었고, 혹시나 우리가 여기 스폴레토 출신인 페트리노Petrino라는 사람과 관련 있지 않을까 하는 의심에 확인하는 것이었다. 페트리노는 이탈리아에서 가장 악명 높은 강도로서 아주 유명한 일화로 잘 알려진 인물이다. 여기 스폴레토와 그 주변에 있는 도시들에서는 이 남자가 불시에 습격해오지 않을까 하는 두려움에 떨고 있었다.

이쪽 지역에는 작은 식당 여러 개가 뿔뿔이 흩어져 있다. 식당 건물이 세워져 있지 않은 곳에는 나뭇가지로 덮인 정자가 있다. 테이

---

7 '스키피오의 기지'라는 뜻이다. 스키피오는 기원전 2세기 로마에서 활동했던 장군으로 제2차 포에니 전쟁에서 카르타고군과 한니발 부대를 격파한 것으로 유명하다.

블에는 삶은 달걀과 치즈, 와인이 차려져 있었다. 이곳 사람들은 요리에 버터를 쓰지 않으며, 모든 재료를 소스와 함께 기름에 넣고 익혀 먹는다.

그날 점심식사를 마치고 스폴레토를 떠나는 길에 스폴레토 골짜기를 마주쳤다. 산들 사이에 위치해 있는 골짜기는 너비가 가스코뉴 지방 단위로 2리외나 되며 풍경이 굉장히 아름다운 들판이었다. 우리는 가까운 산등성이에 많은 사람들이 집을 짓고 살고 있는 모습을 보았다. 이곳 평지에 난 길은 방금 전에 이야기한 것처럼 교황이 만들었다는 길의 연장선상에 있다. 경마장의 트랙처럼 쭉 뻗은 일직선 모양이다. 길 양쪽으로는 여러 도시가 자리 잡고 있었다. 그중에서도 특히 오른쪽으로 보이는 트레비Trevi가 눈에 띄었다. 세르비우스Servius[8]는 베르길리우스의 작품에 주석을 달면서 제7권에서 여기 트레비를 '올리브나무가 자라는 무투스카Mutusca[9]'라고 표현하기도 했다. 이를 부인하는 사람들은 사실은 무투스카를 올리브나무가 자라는 트레비라고 말하는 편이 맞다고 주장했다. 어쨌든 여기 트레비는 산 높은 곳에서부터 산중턱까지 이어지는 경사면을 차지하고 있다. 산에는 사방으로 올리브나무가 자라고 있어서 풍경이 아주 근사하다. 3년 전에 복구됐다는 새로운 길은 지금까지 본 길들 중에서 가장 멋있는 길이었다. 그렇게 우리는 그 길을 따라 스폴레토에서

---

8 마우루스 세르비우스 호노라투스Maurus Servius Honoratus. 4세기 후반에서 5세기 초반 사이에 활동한 이탈리아 문법학자이다.

9 고대에 사빈족 사람들이 이루었던 나라의 한 도시. 위치는 현재 이탈리아 중부 지방의 몬텔레오네 사비노에 해당한다.

12마일 떨어진 곳에 위치한

폴리뇨Foligno에 저녁이 되어서야 도착했다. 폴리뇨는 스폴레토 골짜기 위치해 있는 아름다운 곳이다. 폴리뇨에 도착하자마자 생트-포이-라-그랑드Sainte-Foy-la-Grande[10]의 풍경이 떠올랐다. 물론 생트-포이-라-그랑드가 훨씬 더 잘사는 도시이며, 다른 도시들과는 비교할 수 없을 정도로 굉장히 아름답고 인구수도 더 많기는 하다. 폴리뇨에는 토피노Topino라고 불리는 작은 강물이 흐른다. 이 도시는 플라미니움Flaminium 광장이 있던 자리에 지어졌다고 하여 과거에는 '풀리니움Fulignium' 또는 '풀치니아Fulcinia'라고 불리기도 했다.

이 길가에 있는 여관들 대부분은 말에게 먹일 것이라곤 건초밖에 없다는 점을 제외하고는 프랑스 여관들과는 비교할 수 없을 정도로 훌륭한 시설을 갖추고 있다. 이곳 사람들은 생선을 양념에 재워서 먹기 때문에 생선 상태가 거의 신선하지 않은 편이다. 이탈리아 전역에서는 강낭콩이나 완두콩, 덜 익은 녹색 아몬드를 생으로 먹으며, 아티초크도 대개 익혀 먹지 않는다. 여관 바닥에는 타일이 깔려 있다. 폴리뇨 사람들은 황소에게도 물소처럼 콧구멍 사이를 뚫어 쇠코뚜레를 달아놓았다. 짐을 나르는 용도로는 아주 잘 자란 노새들이 굉장히 많이 사용된다. 노새의 앞발에는 우리 프랑스식으로는 아니지만 발굽 주변으로 발굽보다 더 큰 둥근 신발이 신겨져 있다. 폴리뇨에서는 수도승이 행인에게 성수를 주면서 동냥을 하는 모습을 자주 볼 수 있다. 아이들은 본인에게 돈을 주면 손에 적어놓은 주기도

---

10 1255년 프랑스 남서부 도르도뉴 지방에 있는 성곽 도시.

문 10개를 외워주겠다고 하면서 구걸을 한다. 여기서 마셨던 와인은 그렇게 맛있는 와인은 아니었다.

　다음날 아침에는 이 아름다운 들판을 떠나 또다시 산길을 따라 이동했다. 어떤 곳은 산꼭대기에, 또 어떤 곳은 산 아래 자락에 근사한 평원이 펼쳐져 있었다. 오늘 아침에는 동이 트는 찰나의 순간에 수천 개의 서로 다른 언덕들이 만들어내는 아주 멋있는 풍경도 보았다. 언덕 위에는 사방으로 온갖 다양한 종류의 과일나무가 자라고 있고, 나무들이 그늘을 드리우고 있는 모습이 아주 아름다웠다. 세상에서 가장 멋있는 밀밭도 보인다. 이쪽 산길은 말이 지나갈 수 있다는 것이 기적처럼 느껴질 정도로 대부분 경사가 아주 가팔랐다. 아주 아름다운 골짜기와 수없이 흐르는 강줄기, 이곳저곳에 세워져 있는 집들과 도시들을 보니 피렌체로 가는 중에 지났던 길이 떠올랐다. 물론 이곳에는 그 길에서처럼 궁전이나 특별한 저택 같은 것이 보이지 않기는 하지만 말이다. 또 피렌체로 가는 길은 땅이 대부분 메마르고 황량했던 반면, 이쪽 지역의 언덕은 쓸모없는 땅이라곤 눈곱만큼도 없는 곳이었다. 지금은 봄이고 피렌체에 갔던 때는 겨울이었기 때문에 계절의 영향도 작용한 것 같다. 이따금씩 사람들의 머리보다 훨씬 위쪽으로는 아름다운 마을이 하나씩 보이곤 했고, 발 아래 저 멀리에는 마치 지구의 정반대에 위치하는 대척점 같은 또 다른 마을이 보였다. 두 마을 모두 각각 다양한 볼거리를 가진 곳이었다. 이 비옥한 산들을 지나 아펜니노산맥의 정상까지 이르는 길이 경사가 굉장히 가팔라서 감히 접근할 수 없어 보인다고 해서 이 두 마을마저 위험해 보이지는 않는다. 아펜니노산맥의 꼭대기에 올라가 아래를 내려다보면 수많은 급류가 이곳 골짜기로 흘러 들어와 서는 원래의 맹렬한 기세를 잃고 매우 온화하고 부드러운 물줄기로 변해 흐르는 모습을 볼 수 있다. 산맥의 꼭대기들 사이사이에는 지대가 높은 곳이나 낮은 곳 모두 비옥한 고원이 생겨 있었다. 어떤 부분은 특정한 각도에서 보면 너비를 가늠할 수 없을 정도로 굉장히 넓었다. 그 어떤 화가라도 이렇게나 다채로운 풍경을 하나의 그림으로 완벽하게 담아낼 수는 없을 것이다. 이곳에서부터는 길이 때때로 아주 다양한 형태로 나타나기는 하지만 지나가기에는 언제나 아주 편안했다. 그렇게 우리는 폴리뇨에서 20마일 떨어진 곳에 위치한

무차 Muccia[11]에 도착해서 점심을 먹었다. 무차는 키안티Chienti 강가에 위치한 아주 조그만 마을이다.

우리는 무차에서 다시 출발해서 산맥 사이를 지나 지대가 낮고 평탄한 길을 따라 이동했다. 나는 우리 일행의 마차를 몰아주는 마부가 트레지냐노Tresignano 대공을 죽이는 장면을 목격하여 그의 따귀를 때렸다. 이쪽 지역 관습상 하인의 따귀를 때리는 것은 절대 허용되지 않는다. 그는 결국 우리를 안내하지 않게 됐다. 개인적으로는 혹시나 그가 나를 고소한다거나 다른 문제를 일으키지는 않을까 하고 조금 걱정스러웠다. 그래서 원래 토렌티노Tolentino로 가려고 했던 계획과는 달리 무차에서 8마일 떨어진

발치마라 Valcimarra에 가서 저녁을 먹기로 했다. 발치마라도 무차처럼 키안티 강가에 자리하고 있으며 역참으로 사용되는 곳이다. 우

---

11   원문에 표기된 지명: 라 무차La Muccia

리는 다음날 일요일에도 비옥한 땅에 경작 활동이 활발한 산들 사이로 계속 골짜기를 지나 토렌티노라는 아주 작은 마을을 향해 이동했다. 토렌티노를 지난 이후로는 지면이 점점 더 평평해졌고, 길 옆으로는 높이가 낮아서 오르기 쉬울 것 같아 보이는 언덕들이 보였다. 가론강을 따라 풍경이 가장 아름다운 곳에 위치해 있는 아주네Agenais 지방이 강하게 떠오르는 곳이었다. 물론 스위스와는 달리 이곳에는 성이나 귀족의 저택 같은 것이 한 채도 보이지 않는 반면, 아주네의 언덕 위에는 마을이 많다는 것이 다른 점이다. 키안티강을 따라 나 있는 길은 아주 예뻤다. 도로에는 강물이 끝나는 지점까지도 벽돌이 깔려 있었다. 그렇게 우리는 발치마라에서 18마일을 이동하여

마체라타Macerata에 도착해서 점심을 먹었다. 마체라타는 리부른과 규모가 비슷한 아름다운 곳으로 고지대에 위치해 있다. 도시는 거의 원형에 가깝고, 가장자리 부분이 모두 동일한 높이로 도시의 중심을 향해 솟아 있는 모습이다. 근사한 건물은 많지 않았다. 마체라타에서는 돌로 지은 궁전을 한 채 보았다. 궁전의 외부는 에스테 추기경의 페라라 궁전처럼 뾰족한 정사각형 다이아몬드 모양으로 조각되어 있었다. 시각적으로 아주 매력적인 구조이다. 도시로 들어가는 입구에는 최근에 문이 하나 새로 지어졌는데, 그곳에는 '포르타 부온콤파니Porta Buoncompagni'라는 글씨가 금색으로 새겨져 있었다. 마체라타로 들어갈 때 지나야 하는 길도 교황이 다시 만들었다는 길의 일부이다. 마체라타에는 마르카Marca주의 총독이 주재하고 있다. 마체라타로 들어가는 길에서는 이쪽 지역 사람들이 직접 만든

와인을 끓여서 나누어준다. 이들은 술의 맛을 더 좋게 만들기 위해서 양이 절반 이상 줄어들 때까지 와인을 끓인다. 여기저기로 오가는 사람들로 가득한 모습을 보니 로레토로 가는 길 위에 있다는 것이 실감이 났다. 혼자 다니는 사람도 있고 일행과 함께 걸어서 이동하는 부자도 많았다. 이들은 모두 순례자처럼 옷을 입고 있었다. 그중 몇몇은 자기 앞에 깃발이나 십자가 같은 것을 들고 다녔고, 모두 각자의 가문을 상징하는 옷을 입고 있었다.

우리는 점심식사를 마친 뒤 풍경이 그저 그렇게 평범한 지역을 지나 들판과 강을 가로질렀다. 이어서는 완만한 언덕들이 이어졌다. 이쪽 지역은 사방으로 땅이 비옥하고, 길 대부분에 벽돌이 비스듬하게 놓여 있다. 우리는 지대가 높은 곳에 위치해 있으면서 언덕을 따라 길쭉하게 펼쳐져 있는 르카나티Recanati를 지나 마체라타에서 15마일 거리에 있는

로레토에 저녁이 되어서야 도착했다. 로레토는 터키의 기습에 대비하여 외곽을 요새처럼 성벽으로 둘러싸놓은 작은 마을이다. 지대가 살짝 높은 곳에 위치해 있으며, 마을에서는 아주 아름다운 들판이 내려다보이고 바로 근방에는 아드리아해와 베네치아만이 펼쳐져 있다. 사람들 말로는 날씨가 좋을 때는 베네치아만 너머로 슬라보니아의 산들까지도 보인다고 한다. 한 마디로 말해서 로레토는 아주 아름다운 곳이다. 로레토에는 여관의 주인이나 상인, 더 정확히 말하자면 밀랍이나 그림, 주기도문, 하나님의 어린양이나 구세주 모양의 메달과 같은 이런저런 상품을 파는 사람들 말고는 일반인들은 거의 살지 않는다. (숙소의 상태는 조금 더러운 편이긴 하다.) 그래서인지

마을에는 화려하게 꾸며놓은 예쁜 가게가 굉장히 많다. 여기 로레토에서 개인적인 용도로만 거의 50에퀴를 지출했다. 여기에서는 사제들과 교회 사람들, 예수회 단체가 낡지 않은 어떤 공간에서 함께 예배를 드린다. 그런 자리에서는 교회 사람들 중 한 명이 교황이 보낸 특사나 교황의 권위에 기대어 주재자로서 모든 일을 관할한다.

예배를 드리는 장소는 넓이보다 높이가 더 긴 벽돌로 지어진 아주 작은 건물로 매우 오래되어 볼품없어 보였다. 건물의 상부에는 칸막이를 하나 만들어놓고 양쪽으로 쇠문을 설치해놓았는데, 두 문 사이에는 쇠창살이 설치되어 있다. 이 건물의 구조는 전부 투박하고 낡았으며 화려함이라곤 단 한 군데도 보이지 않는다. 쇠창살은 한쪽 문과 또 다른 쪽 문 사이의 공간을 차지하고 있으며, 쇠창살을 통해서는 이 작은 건물의 안쪽 깊은 구석까지 들여다볼 수 있다. 건물 전체 크기에서 5분의 1 정도를 차지하는 이곳에는, 예배를 드리는 공간에서 핵심이라고 할 수 있는 성지가 있다. 칸막이 안에는 벽 높은 곳에 나무판에 그린 성모의 그림이 걸려 있으며, 그 밖의 나머지 부분은 여러 대공들이 봉헌한 수많은 액자들로 굉장히 화려하게 장식되어 있다. 온 벽면에는 심지어 바닥까지도 비어 있다거나 은판이나 금판으로 덮여 있지 않은 부분이 단 한 군데도 없다. 이곳에서 나는 교회 사람들의 호의를 받아 삽화 네 점을 담은 액자를 걸 수 있는 공간을 아주 어렵사리 얻을 수 있었다. 네 개의 그림은 바로 성모의 그림과 나와 내 아내, 그리고 내 딸의 초상화다. 내 초상화 아래에는 은판 위에 다음과 같은 글귀를 송곳으로 새겨놓았다. "미셸 드 몽테뉴, 가스코뉴 지방 출신의 프랑스인, 왕의 훈장을 받은 기사, 1581

년" 아내의 초상화 아래에는 "프랑수아즈 드 라 샤새뉴, 몽테뉴의 아내", 딸의 초상화 아래에는 "레오노르 드 몽테뉴, 몽테뉴의 하나뿐인 딸"이라고 적었다. 우리의 그림 세 개는 액자 안에 일렬로 나란히 배치했고, 그 위에 가장 잘 보이는 위치에 성모의 그림을 걸어놓았다. 이 예배당으로 들어가는 입구로는 아까 말했던 두 개의 쇠문 사이를 통과해서 바깥으로 이어지는 입구 말고도 다른 곳이 하나 더 있다. 건물 모퉁이에 위치해 있는 두 번째 입구로 예배당에 들어가면, 바로 왼쪽 벽에 내 액자가 걸려 있다. 사람들에게 못을 사용해서 아주 조심스럽게 액자를 고정해달라고 부탁했다. 개인적으로는 작은 쇠사슬과 은고리를 하나씩 만들어서 액자에 달아 걸기를 바랐지만, 이곳에서는 액자만 거는 것을 더 선호했다. 이 작은 공간에는 벽난로도 있었다. 벽난로에는 오래된 커튼이 덮여 있었다. 여기 예배당에는 아주 소수의 사람들만이 들어갈 수 있다. 실제로 문 앞에 걸려 있는 아주 섬세하게 제작된 금속 간판에 따르면(더군다나 이 문 앞에는 쇠창살까지 설치되어 있다), 이곳을 주재하는 총독의 허가를 받지 않은 사람은 들어올 수 없다는 조건이 쓰여 있다. 예배당에서 보관하고 있는 귀중한 보물들 중에는 희귀성으로 따졌을 때 최근에 어떤 터키 사람이 보내왔다는 양초가 눈에 띄었다. 이는 그 남자가 본인이 극도로 궁핍한 상황에 처했을 때 살기 위해 아무런 밧줄이라도 잡고 싶은 심정으로 로레토의 성모상에 맹세를 하고 보내온 것이었다.

작은 막사처럼 생긴 이 공간에서 조금 더 넓은 다른 방도 예배실로 사용된다. 그 방에는 낮에는 빛이 전혀 들어오지 않고, 제단은 아까 설명했던 칸막이의 반대편에 설치되어 있는 쇠창살의 아래쪽에 위치해 있다. 이 예배실은 아무런 장식이 되어있지 않고, 신도들이 앉을 수 있는 의자나 기댈 수 있는 난간도 없으며, 벽에는 그림도 걸려 있지 않고 융단도 깔려 있지 않다. 오로지 성유물을 보관해놓는 곳으로만 사용하는 방이었다. 이 안에서는 그 누구도 칼을 차고 있거나 무기를 소지할 수 없으며, 높은 계급이라고 해서 특권이 주어진다거나 배려를 받는 경우도 없다.

우리는 여기 예배당에서 열린 부활절 성찬식에 참석했다. 아무에게나 참석이 허락되는 것은 아니었다. 실제로 영성체를 받기 위해 엄청나게 많은 인파가 몰려오는 바람에 성찬식을 하기 위한 장소가 따로 마련됐다. 굉장히 많은 사람들이 계속해서 찾아오기 때문에, 자리를 잡으려면 일찍 도착해야 했다. 독일 출신의 예수회 사제가 미사를 드리고 성찬식을 진행했다.

이곳 예배당의 벽에서 무언가를 긁어서 가져가는 행위는 금지된다. 만약 무언가를 뜯어가도 된다고 허락했다면, 사흘이면 아무것도 남아나지 않았을 것이다. 이곳에서는 기적 같은 일들이 셀 수도 없이 많이 일어났다고 한다. 그 이야기들을 책에서 읽은 적이 있다. 아주 최근에 일어났던 사건들 중에는 어떤 사람들이 교황의 허락을 받고 이 건물에서 예배를 드린 뒤 무언가를 가지고 나오면서 생긴 경미한 사건사고도 있다. 트렌토 공회의가 열리던 날 누군가가 떼어간 작은 벽돌 조각이 훗날 다시 제자리로 돌아왔다는 일화도 있다.

이 막사 같은 건물의 외벽에는 네 면 모두 굉장히 화려하고 정교하게 조각된 칸막이벽이 덮여 있다. 일종의 강화벽 같은 셈이다. 이 벽은 세상 어디에서도 찾아볼 수 없는 가장 질 좋은 대리석으로 만들어진 것이었다. 이보다도 더 정교하고 훌륭한 솜씨로 세공된 대리석은 거의 찾아볼 수 없을 것이다. 건물의 주변에는 북쪽으로 크고 아름다운 교회가 하나 있고, 그 교회 주변에도 멋있는 예배당이 많다. 무덤도 많이 보인다. 그중에서는 특히 아르마냑Armagnac 추기경이 이곳에 만들라고 했던 앙부아즈Amboise 추기경의 무덤이 눈에 띄었다. 어떤 작은 건물 하나는 다른 교회들에서 성가대로 사용하는 곳 같았다. 한쪽 모퉁이에는 노래를 부르는 자리가 마련되어 있었다. 거대한 교회 한 곳에는 각종 액자와 그림, 문장이 건물 내벽을 덮고 있었다. 이 교회에서는 화려한 장식품을 많이 구경했다. 굉장히 오래전부터 유명했던 이 교회에는 명성에 비해서는 볼거리가 그렇게 많지 않다는 사실이 놀라웠다. 내 생각에 여기 교회에서는 오래된 물건을 녹여서 새로운 무언가를 만들어내는 것 같다. 이들은 헌금으로 은화를 1만 에퀴나 보유하고 있었다.

여기 로레토 마을에서는 내가 다녔던 그 어떤 곳에서보다도 종교 행사가 훨씬 더 많이 열린다. 로레토에서 누군가가 무언가를 분실했다고 하자. (여기서 말하는 무언가란 돈이거나 아니면 이런 종교적인 직업에 종사하는 사람들에게서 걷어가거나 빼앗을 가치가 있는 것을 의미한다.) 분실된 것을 찾은 자는 마을에서 이를 목적으로 특별히 마련한 장소에 되돌려놓아야 하며, 주인은 아무런 문제없이 그 물건을 다시 그대로 돌려받을 수 있다. 로레토에서 지내는 며칠 동안 주기도문이나 손수건, 주인을 알 수 없는 지갑 등과 같은 다양한 물건들이 먼저 손에 넣은 사람에게 돌아가는 경우를 많이 보았다. 만약 당신이 교회를 위해 무언가를 구입해서 바치고 싶은 것이 있다면, 그것을 만들어주는 장인들은 본인의 노동에 대한 대가로 절대 아무것도 바라지 않을 것이다. 그들 말로는 하나님의 은총을 함께 나누기 위해서라고 한다. 오로지 재료가 되는 은이나 나무의 값만 지불하면 되고, 이들에게 자선을 베푼다거나 기부할 수는 있지만 실제로는 거절될 것이다. 교회에서 일하는 사람들은 가능한 한 모든 일에 은혜를 베풀어야 한다. 고해성사를 하거나 영성체를 나누어줄 때, 아니면 그 어떤 다른 일을 한다고 하더라도 아무것도 취해서는 안 된다. 여기 로레토에서는 신도가 본인이 직접 선택한 사제에게 돈을 내면서 자기가 세상을 떠날 때 자신의 이름으로 가난한 사람들을 돕도록 할 수 있는 관습이 있다. 내가 예배당 안에 있었을 때, 어떤 한 남자가 들어와서는 그날 처음으로 만난 사제에게 은잔 하나를 내면서 맹세를 했다. 남자는 12에퀴를 내겠다고 했는데 은잔의 값은 그보다 적었다. 그는 결국 12에퀴에서 부족한 만큼을 사제에게 지불했다. 사제는 남자가 본인의 약속을 온전하고 양심적으로 지킬 수 있도록 돕고자 추가로 얼마를 더 지불해야 하는지를 아주 정확하게 짚어주었다. 그리고 나서 사제는 남자를 예배당 안의 성역으로 들여보내고 본인이 직접 성모에게 은잔을 바치도록 했다. 그런 다음 남자는 아주 짧게 기도를 올린 뒤 공용 자선함에 돈을 넣었다. 이곳에서 이런 풍경은 매일같이 볼 수 있으며, 이에 사람들은 무덤덤한 편이다. 무언가를 바치고 싶다고 해서 모두가 손쉽게 돈을 낼 수 있는 것은 아니다. 자선이 받아들여진다는 것도 은혜가 있어야만 가능한 일이다.

나는 여기 로레토에서 월요일과 화요일, 수요일 아침까지 머물렀고, 수요일 미사를 마친 뒤 다시 길을 떠났다. 로레토에서 보낸 시간이 너무 좋았기 때문에 마지막으로 한 마디를 덧붙이고자 한다. 이곳에서 지내는 동안에는 라 샤펠La Chapelle 지방 출신의 귀족인 미셸 마르토Michel Marteau 씨도 함께 있었다. 그는 파리에 사는 아주 부유한 젊은 청년으로 많은 수행원을 거느리고 있었다. 나는 마르토 씨와 그의 수행원들 중 몇몇으로부터 여기 로레토에서 지내는 동안 마르토 씨 한쪽 다리의 상태가 좋아졌다는 특별하고도 신기한 이야기를 전해 들었다. 기적이 있다면 그것이 일으킬 수 있는 효과를 이보다도 더 확실하게 보여주는 일은 없는 것 같다. 파리와 이탈리아의 모든 외과 의사들은 마르토 씨의 다리를 치료하는 데 실패했었다. 마르토 씨는 다리를 낫게 하는 데에만 3000에퀴 이상을 썼다고 한다. 한쪽 무릎은 부어 있어서 제대로 기능도 하지 못하고 통증도 아주 심한 편이었다. 3년도 훨씬 더 전부터 상태는 점점 악화됐고, 무릎의 피부는 더욱 붉어지고 염증도 더욱 심해졌으며 열이 날 정도로 온몸이 부어올랐다고 한다. 그러던 중에 그는 로레토에서 지내는 며칠 동안 다른 모든 약과 치료를 중단했는데, 어느 날 갑자기 잠을 자다가 자신의 다리가 다 나은 꿈을 꾸면서 섬광 같은 것이 번쩍이는 것을 보았다는 것이다. 꿈에서 깬 마르토 씨는 다리가 다 나았다고 외치면서 사람들을 부르고 자리에서 일어나 주변을 걸어 다녔다. 다리가 아픈 이후로는 절대로 불가능한 일이었다. 그 이후 마르토 씨는 계속해서 아무런 치료도 받지 않았는데도 불구하고, 무릎의 부기는 가라앉고, 무릎 주변의 피부는 완전히 메말라버려서 사실상 거의 죽은 것이나 다름없었던 것이 상태가 좋아지기 시작했다. 지금은 이제는 완전히 다 나은 무릎으로 다시 로레토를 방문한 것이라고 한다. 마르토 씨가 여기 로레토에서 지내면서 아팠던 무릎이 낫게 된 것은 한두 달 전의 일이다. 그는 이전에 로마에서 우리와 함께 지내기도 했다. 마르토 씨와 다른 사람들의 입을 통해 직접 들은 이야기인 만큼 신빙성은 확실했다.

로레토 사람들은 예수 그리스도가 나사렛에서 태어났다는 작은 집에 기적이 있었다고 믿는다. 즉, 그 집이 처음에는 슬라보니아로, 그다음에는 여기 로레토와 가까운 곳으로, 마지막으로는 바로 이곳으로 옮겨졌다는 것이다. 이 이야기는 교회 벽면에 기둥을 따라 붙어 있는 커다란 대리석 명판에 이탈리아어와 슬라브어, 프랑스어, 독일어, 스페인어로 적혀 있기도 하다. 교회 성가대 자리에는 우리 프랑스 왕들의 깃발이 걸려 있는 반면 다른 나라 왕들의 깃발은 보이지 않는다. 마을 사람들 말로는 슬라보니아에서 사람들이 단체로 무리를 지어 로레토로 기도 드리러 오는 모습을 종종 볼 수 있다고 한다. 이들은 바닷가에 도착해서 저 멀리 로레토 교회가 보이기 시작할 때부터 소리를 지르고, 교회에 도착한 후에는 성모를 향해 자신들에게 돌아올 것을 약속해달라고 항의를 하면서 성모가 슬라보니아를 떠나버리도록 기회를 내어준 것이 후회스럽다고 말한다고 한다. 정말 놀라운 일이 아닐 수 없다.

로레토 마을에서부터 해안가를 따라 쉬엄쉬엄 걸으면 8일이면 나폴리Napoli에 도착할 수 있다는 사실을 알게 됐다. 한 번쯤 해보고 싶은 여행이다. 그러려면 페스카라Pescara와 키에티Chieti를 지나가야 하며, 이 두 마을에는 매주 일요일마다 나폴리로 떠나는 우편배달원이 있다고 한다.

이곳에서 나는 사제 여럿에게 돈을 기부했다. 그들 중 대부분은 완강히 고집을 부리면서 거부했고, 적은 액수를 기꺼이 받아든 사제들은 세상 곳곳의 형편이 어려운 곳에 베풀었다.

로레토 사람들은 땅 아래에 있는 지하저장고에 곡물을 보관한다. 4월 25일에는 로레토 교회에 봉헌물을 바쳤다.

로마에서 로레토까지는 4일 반이 걸렸고, 돈은 6에퀴가 들었다. 그중에는 말 한 마리마다 내야했던 50푼이 포함되어 있다. 말을 빌려준 사람은 말뿐만 아니라 우리 사람들에게도 먹을 것을 제공해주었다. 이런 비용을 흥정하는 일은 까다로울 수밖에 없는데, 왜냐하면 그런 업자가 본인이 지출해야 하는 비용을 아끼기 위해 우리에게 여정을 하루 정도 서두르도록 하거나 가능한 한 가장 형편없는 음식을 내어줄 수도 있기 때문이다.

4월 26일에는 로레토에서 3마일 거리에 있다는 멋있는 항구를 구경하러 갔다. 항구에서는 르카나티 영토에 소속되어 있는 요새를 하나 보았다.

성직에 있으면서 월급을 받고 생활하는 사제 돈 루카 조반니Don Luca-Giovanni 씨와 교회에서 물건을 보관하는 곳을 관리하는 조반니 그레고리오 다 칼리Giovanni Gregorio da Cagli 씨는 나와 다른 사람들이 혹시나 볼일이 있으면 본인들에게 편지를 쓸 수 있도록 자신의 이름을 알려주었다. 이들은 나를 아주 정중하게 대접해주었다. 사제는 로레토의 작은 예배당을 관리하는 일을 하고 있었다. 그는 나로부터 그 어떤 것도 취하려고 하지 않았다. 호의를 베풀어주고 예의를 차려 말을 건네준 이들에게 감사할 따름이다.

로레토를 떠나는 수요일에는 점심식사를 마친 뒤, 땅이 비옥하고 풍요로운 넓은 전원 지대를 가로질렀고, 그로부터 15마일 떨어진 곳에 있는

앙코나Ancona에 도착해서 저녁을 먹었다. 앙코나는 마르카주의 중심 도시이다. 라틴 사람들은 마르카 지역을 '피케눔 Picenum'이라고 불렀다. 앙코나에는 사람들이 아주 밀집해 살고 있으며, 그중에는 특히 그리스와 터키, 슬라보니아에서 온 사람들이 많다. 앙코나는 무역이 매우 발달했으며, 바다로 이어지는 커다란 곶 두 개를 옆에 끼고 있어서 지리적으로 아주 좋은 위치에 있다. 한쪽 곶에는 우리가 이곳에 도착하면서 지나왔던 커다란 요새가 세워져 있다. 별로 멀리 떨어져 있지 않은 나머지 다른 곳에는 교회가 하나 있다. 두 곳 사이에 난 경사면 양쪽으로 도시가 위치해 있고, 도시의 중심 부분은 바다 쪽을 향해 골짜기의 아랫부분에 위치해 있다. 그리고 바로 그곳에 아주 멋있는 항구가 있다. 항구에서는 고대 로마의 트라야누스 황제[12]와 그의 아내, 누이를 기리는 대형 아치 구조물을 볼 수 있다. 앙코나 사람들 말로는 본인들은 가끔씩 8~10시간 또는 12시간을 배를 타고 슬라보니아로 건너가곤 한다고 한다. 6에퀴나 아니면 거기서 돈을 조금 더 보태주면 우리를 베네치아까지 데려다줄 작은

배를 구하는 것도 가능했다. 우리는 앞으로 8일 동안 루카Lucca까지 가는 데 필요한 말 8마리를 빌리면서 33피스톨레[13]를 지불했다. 말을 빌려주는 사람이 말의 먹이를 제공해야 한다는 조건이었다. 만약 예정된 8일보다 4~5일이 더 걸리는 경우에는 따로 더 내는 것 없이 말과 마부에 대해서만 추가 비용을 지불하고 계속해서 말을 사용할 수 있었다.

이쪽 지역에는 훌륭한 사냥개가 많다. 사냥개는 한 마리당 6에퀴에 팔리곤 한다. 이 근처에 사는 메추라기는 너무 야위어서 먹을 수 있는 부위가 많지 않다.

27일에는 점심을 먹을 때까지 앙코나에 머물러 있었다. 오전에는 이곳에서 아름다운 명소로 꼽힌다는 산 치리아코San Ciriaco에 갔다. 두 곳 중 한쪽에 위치해 있는 교회였다. 이곳에서는 전 세계의 그 어떤 다른 교회들보다 유명한 유물을 더 많이 보관하고 있다고 한다. 교회 사람들은 우리에게 유물을 구경시켜주었다.

엄청나게 많은 메추라기들이 슬라보니아에서부터 여기 앙코나까지 날아서 건너온다. 우리는 앙코나 사람들이 매일 밤 이쪽 곳의 해안가에 그물망을 펼쳐놓고는 메추라기 소리를 흉내 내어 하늘을 날던 새들이 땅으로 내려오도록 유인하는 것을 보았다. 사람들 말로는 이 메추라기들은 9월이 되면 다시 바다를 건너 슬라보니아로 돌아간다고 한다.

밤중에 아브루초Abruzzo에서 포탄이 발사되는 소리를 들었다. 나

---

13   옛 스페인과 이탈리아 지역에서 사용된 금화.

폴리 왕국과 도시 외곽에는 1리외 간격으로 탑이 세워져 있는데, 제일 앞에 위치해 있는 탑에서 해적선을 한 대 발견하고 그다음 두 번째로 위치한 망루로 포탄을 날려서 이 사실을 알리는 소리였다. 그런 식으로 두 번째 탑에서는 다시 세 번째 탑으로 포탄을 날렸고, 그 속도가 어찌나 빠른지 이탈리아의 끝에서 베네치아까지 소식이 닿는 데 고작 한 시간이 소요됐다.

앙코나라는 이름은 여기 바닷물이 구석진 모퉁이 모양을 만들어 낸다고 하여 고대 그리스어 단어에서 따온 것이다.[14] 왜냐하면 이곳에는 뿔처럼 생긴 두 개의 곶이 쭉 뻗어서 형성하는 깊은 만에 도시가 위치해 있어서, 앞쪽으로는 두 개의 곶과 바다가 내다보이고 뒤쪽으로는 예전에는 요새로 사용됐던 높은 산등성이가 자리하고 있기 때문이다. 앙코나에는 그리스 사람들이 다니는 교회도 하나 있다. 교회의 대문에는 오래된 돌에 (내 생각에는) 슬라브어로 보이는 문구가 적혀 있다. 앙코나 여인들은 전반적으로 미모가 아름다운 편이고, 체격이 건장한 남성들과 솜씨 좋은 장인들도 많다.

앙코나에서 점심식사를 마친 뒤, 프랑스에서 대서양으로 이어지는 해안보다 분위기가 훨씬 더 조용하고 걷기에도 무리가 없는 해안가를 따라 다시 길을 나섰다. 이어지는 길도 계속해서 바닷가와 닿아 있었다. 그렇게 앙코나에서 20마일을 지나

세니갈리아 Senigallia에 도착해서 하루를 묵었다. 세니갈리아는 바닷가 바로 옆에 위치한 굉장히 근사한 들판에 있는 작고 아름다운

---

14 그리스어 앙콘ἀγκών은 '팔꿈치'를 의미한다.

도시다. 세니갈리아의 항구도 멋있는 곳이다. 실제로 도시 한쪽에서는 산자락에서부터 강물이 내려와 바다로 흐른다. 사람들은 널찍한 나무판자를 겹쳐서 수로를 만들어 그 아래 배들이 정박할 수 있도록 해놓았다. 그 안으로 들어가는 입구는 닫혀 있는 상태였다. 세니갈리아에서는 아무런 유적도 보지 못했다. 우리가 묵게 된 어느 멋있는 여관도 도시 외곽에 있는 것으로 세니갈리아에서 유일하게 존재하는 숙소였다. 예전에 카밀루스Camillus 장군의 점령으로 세니갈리아에 정착했던 우리 프랑스 조상들은 이곳을 '세노갈리아Senogallia'라고 불렀다. 도시를 관할하는 사람은 우르비노Urbino 공작이다.

몸상태가 썩 좋지 않았다. 로마에서 출발했던 날, 옷사Ossat 씨와 함께 걷던 중에 어떤 다른 귀족 신사에게 인사를 하려다가 부주의한 동작으로 인해 오른손 엄지로 내 오른쪽 눈가에 상처를 내고 말았다. 바로 피가 났고 오랫동안 심한 충혈이 유지됐다. 그러나 오른쪽 눈의 상처가 나아가자, "그 험악한 손톱에서 고통이 느껴지기 시작했다."[15]

앙코나의 산 치리아코 교회에는 10~12년 전부터 매장되어 있는 낮은 무덤이 하나 있다고 말한다는 것을 깜빡할 뻔했다. 무덤의 주

---

15 원문에서 해당 문장은 일종의 인용구처럼 라틴어로 쓰여 있다. 이 문장에서 몽테뉴는 라틴어 *sinistrum*이 동음이의어로서 '왼쪽의'와 '험악한'이라는 서로 다른 의미를 나타낸다는 것을 활용하여 언어유희를 선보였다. 문장의 뜻은 본인의 서툰 몸짓으로 인해, 오른손의 엄지가 '험악해졌다', 다시 말해, '왼손처럼 험악한 손이 돼버렸다'는 것이다. 서양에서도 전통적으로 왼손잡이에 대한 부정적인 인식이 존재했다.

인은 포르투갈 출신 부모 사이에서 우르비노Urbino에서 태어난 파치오코Paciocco와 결혼한 앙투아네트 로슈모르Antoinette Rochemaure 였다. 프랑스 가스코뉴 지방 출신의 아버지와 발레타Valletta 출신의 어머니 사이에서 태어난 여인이었다.

우리는 아침 일찍 세니갈리아를 떠나 아주 멋있는 해안가를 따라 이동했다. 점심시간이 가까워지던 즈음, 넓은 나무다리를 지나 옛날에는 '메타우루스Metaurus'라고 불렸던 메트로Metro강을 건넜고, 그렇게 세니갈리아에서 15마일 거리에 있는

파노Fano에 도착해서 점심을 먹었다. 파노는 바닷가 바로 옆에 땅이 아주 비옥하고 아름다운 평야에 위치한 작은 도시다. 풍경이 예쁘지는 않지만 튼튼한 요새 시설이 잘 지어져 있는 곳이다. 파노에서는 빵과 와인, 생선 요리로 아주 풍족한 식사를 했다. 숙소는 시설이 그다지 좋지 않았다. 세니갈리아나 페사로Pesaro처럼 이 해안가에 위치하고 있는 도시들은 다른 지역보다도 깨끗한 물이 풍족하고 공공분수와 개인이 사용하는 우물이 많다는 장점을 가지고 있다. 다른 지역에서는 물을 길으려면 산까지 가야 하니 말이다. 여기 파노에서는 고대에 지어진 커다란 아치형 구조물을 하나 보았다. 그 위에는 아우구스투스 황제의 이름과 함께 '도시에 성벽을 하사하심'이라는 문구가 적혀 있었다. 옛날에 파노는 '운명의 신전'이라는 의미를 나타내는 '파눔Fanum'이라고 불리기도 했다.[16]

이탈리아에서는 밀가루를 체에 거를 때 대부분 어느 지역에서든지 방아를 사용한다. 이탈리아 제빵업자들은 프랑스 제빵업자 네 명이 하는 것보다 더 많은 분량의 작업을 한 시간 만에 끝낸다. 이탈리

아의 대부분의 여관에서는 그 자리에 있는 사람들에게 딱 들어맞는 시를 즉석으로 지어주는 시인들을 찾아볼 수 있다. 모든 상점과 심지어는 길모퉁이에 있는 수선집마저도 즉흥적인 시를 연주할 수 있도록 악기를 구비해놓고 있다.

파노는 이탈리아에서도 여인들이 가장 아름답기로 유명한 곳이다. 하지만 정작 우리는 미인은 한 명도 못 보고 아주 못생긴 여인들만 보았다. 한 청년에게 물어보니 그는 이제 그런 시절은 다 지나갔다고 대답했다. 이쪽 지역에서는 한 끼니에 약 10푼 정도가 든다. 하루에 사람 한 명이 지내는 데에는 20푼이, 말 한 마리를 빌려서 사용하는 데에는 30푼이 들어서, 합치면 총 50푼이 된다. 파노는 교황청이 관할하는 영토에 속해 있다.

계속해서 해안을 따라 이동하면 아름다운 페사로와 그다음에는 리미니Rimini, 그다음에는 오래된 도시 라벤나Ravenna를 구경할 수 있었지만 그러지 않기로 했다. 특히, 페사로에는 우르비노 공작이 지리적으로 희한한 위치에 근사한 건물을 지은 것이 있다고 전해 들은 적이 있는데 말이다. 이 길의 끝에는 결국 베네치아가 나오게 될 것이었기 때문이다. 해안 지역에서 벗어난 우리는 메타우루스강이 흐르는 넓은 평야 지대를 따라 왼쪽으로 뻗어 있는 길을 선택했다. 이 길에서는 어디에서든지 간에 양쪽으로 굉장히 아름다운 언덕들이 펼쳐져 있다. 카스티용Castillon 지방의 블레냑Blaignac 평야와 굉장히 비슷한 풍경이었다. 강의 저쪽 편에 펼쳐져 있는 들판은 로

---

16 라틴어에서 단어 *fanum*은 '신전'을 뜻한다.

마 집정관 살리나토르Salinator와 클라우디우스 네로Claudius Nero가 하스드루발 Hasdrubal[17]에 맞서 싸웠던 전투[18]가 펼쳐진 곳으로, 하스드루발이 죽임을 당한 곳이기도 하다. 이 평야의 맨 끝에서 마주할 수 있는 산자락의 입구 바로 앞에는

포솜브로네Fossombrone가 있다. 우르비노 공작이 관할하는 포솜브로네시는 산의 비탈진 경사면에 위치해 있으며, 산 아래로는 아주 좋은 위치에 매우 곧고 지면이 평평한 예쁜 길이 한두 개 정도 나 있다. 포솜브로네 사람들은 파노 사람들이 본인들보다 훨씬 더 잘 산다고 이야기했다. 포솜브로네의 광장에는 트라야누스 황제 시대에 이곳에 살았던 어떤 한 사람을 기리기 위해 만들어진 것으로 보이는 커다란 대리석 받침이 하나 놓여 있다. 그 위에는 굉장히 긴 문구가 적혀 있고, 벽에는 어느 시대에 쓰였는지는 알 수 없는 또 다른 글귀 하나가 새겨져 있다. 이 광장은 옛날에는 '포룸 셈프로니Forum Sempronii'라고 불렸다. 포솜브로네 사람들은 이 도시가 원래는 평야가 펼쳐진 쪽으로 더 멀리 위치해 있었다고 믿고 지리적으로 훨씬 더 아름다운 그곳에는 여전히 옛 도시의 흔적이 남아 있다고 생각

---

17   하스드루발 바르카Hasdrubal Barca. 기원전 3세기 초 카르타고 왕국의 장군 한니발 바르카Hannibal Barca의 동생으로, 제2차 포에니 전쟁 당시 카르타고 군대를 이끌고 북이탈리아로 진격했으나 로마군에 의해 전사하고 참수됐다.

18   메타우루스 전투. 기원전 3세기 초 로마와 카르타고 왕국 사이에 발생했던 제2차 포에니 전쟁 중 벌어진 전투이다. 이 전투에서 집정관 네로는 왼쪽으로는 메타우루스강이 흐르고 오른쪽으로는 언덕이 위치한 평야의 지형적인 특징을 활용하여 하스드루발이 이끄는 카르타고 군대를 기습하여 승리를 거두었다. 한니발의 이탈리아 원정이 실패로 끝을 맺는 데 결정적으로 작용한 전투로 꼽힌다.

한다. 포솜브로네에는 메타우루스강을 건널 수 있는 돌다리가 하나 있다. 이 다리를 건너면 로마로 가는 플라미니아로路가 나온다. 이 곳에 일찍 도착한 덕분에, 예의바른 사람들 여러 명과 이야기를 나눌 수 있었다. (파노에서 포솜브로네까지는 거리가 짧아서 기껏 해봐야 하루에 7~8시간 정도 말을 타면 된다.) 이들은 본인이 포솜브로네 도시와 그 주변에 대해 알고 있는 것들을 이야기해주었다. 이곳에서 우리는 우르비노 추기경의 정원을 구경했다. 수많은 포도나무들이 서로 엉겨 붙어 있었다. 나는 여기 포솜브로네 출신으로 책을 인쇄하는 일을 하는 빈켄티우스 카스텔라니Vincentius Castellani라는 청년과 대화를 나누기도 했다.

우리는 다음날 아침 포솜브로네를 떠나 3마일을 이동한 뒤, 왼쪽으로 길을 틀어 다리 위를 지나 메타우루스강으로 이어지는 칸딜리아노Candigliano강을 건넜다. 그러고 나서는 폭이 좁고 지나가기에는 다소 까다로운 길을 지나 사람의 손길이 닿지 않은 산지와 암석 지대를 따라 3마일을 더 달렸고, 그 끝에서 너비가 족히 50보는 되는 통로를 만났다. 높게 솟은 암석들 중 하나를 쪼개어 만들어진 통로였다. 이 엄청난 공사 작업을 처음으로 시작했던 아우구스투스 황제의 이름이 새겨져 있었다지만, 세월이 지나 지워진 상태였다. 길이 끝나는 지점에는 베스파시아누스Vespasianus 황제를 기리는 문구가 적혀 있다. 주변에는 길 아래로 흐르는 강물의 굉장히 깊은 밑바닥에서부터 커다란 암벽들이 높게 솟아 있으며, 평평한 암석들은 엄청난 두께로 여러 조각으로 쪼개져 있다. 로마로 향하는 플라미니아로의 일부인 이 길에는 거대한 포장도로의 흔적이 남아 있지만, 그중 대부분은 묻혀서 보이지 않았다. 이전에는 40피에에 달했다는 도로의 너비가 지금은 고작 4피에였다.

단지 이 통로의 풍경을 보고 싶어서 원래 가려고 했던 길의 방향을 튼 것이었다. 우리는 산자락 아래로 땅이 기름지고 지나가기도 쉬운 원래의 길로 다시 돌아가기 위해 발걸음을 돌렸다. 그렇게 한참을 이동하자 언덕들을 올랐다가 내려가는 구간이 시작됐다. 그렇게 우리는 포솜브로네에서 16마일 떨어진

우르비노에 도착했다. 우르비노는 그저 그런 높이의 산꼭대기에 위치해 있으면서 별다른 특징은 딱히 없는 도시다. 사방이 비탈길이어서 평평한 지대가 없고, 어딜 가든지 간에 오르막길과 내리막길뿐이다. 우리가 우르비노에 도착한 날은 토요일이었기 때문에, 시내에는 장이 열리고 있었다. 이곳에서는 아름답기로 굉장히 유명한 궁전을 구경했다. 궁전은 산의 맨 아래까지 펼쳐져 있을 정도로 규모가 굉장히 컸다. 궁전에서부터는 주변에 솟아 있는 수천 개의 다른 산들이 보였지만, 아주 매력적인 풍경은 아니었다. 건물 자체도 내부나 바깥 모두에 마음을 사로잡는 부분이 한 군데도 없었다. 폭이 25보 정도 되는 아주 작은 정원이 하나 있을 뿐이었다. 궁전 사람들은 궁전 안에는 1년 365일 동안 매일 다른 곳에서 잘 수 있을 정도로 침실의 개수가 많다고 자랑했다. 실제로 방이 굉장히 많았다. 티볼리와 같은 이탈리아 도시에서 볼 수 있는 다른 궁전들과 마찬가지로, 문에 서면 똑같은 방향으로 줄지어 나 있는 다른 문들이 수십 개가 보이며 그 반대 방향으로도 문들이 그만큼 또는 그보다 더 많이 보이는 구조였다. 건물에서는 오래된 느낌이 나기는 했지만, 중

앙 부분은 1476년에 페데리고 마리아 델라 로베레Federigo Maria della Rovere[19]가 지은 것이다. 그는 건물 안쪽 곳곳에 자신의 칭호와 함께 본인이 전쟁에서 이뤄낸 위대한 업적들을 두꺼운 글자로 새겨놓았다. 그중에는 이 궁전이야말로 세상에서 가장 아름다운 건물이라는 내용의 문구도 있었다. 궁전은 이탈리아에 있는 대부분의 건물들과 마찬가지로 벽돌로 지어졌으며, 바닥재로는 나무가 사용되지 않았고, 천장은 전부 아치형 구조를 띠고 있었다.

현재 우르비노 공작의 궁전은 로베레 씨 조카의 아들이 맡고 있었다. 이들은 혈통이 고귀한 가문 출신이어서 신하들이 많이 따랐다. 이 가문은 아버지부터 아들까지 모두 문필가이기 때문에 궁전 안에도 훌륭한 서재가 있었지만, 서재의 열쇠를 찾지 못해 들어가지는 못했다. 이들은 에스파냐 왕국을 동경한다. 궁전 안에는 에스파냐 왕들의 문장이 애호하는 순서대로 걸려 있으며, 영국의 훈장과 황금양털 훈장[20]도 있지만 프랑스 왕국의 문장은 없다. 사람들은 제1대 우르비노 공작의 초상화를 제작하여 궁전에 걸어놓았다. 그는 불의에 의해 젊은 나이에 자신의 부하들에게 죽임을 당했다고 한다. 현재 우르비노 공작과 같은 혈통은 아니었다. 지금의 공작은 페라라 공작의 누이와 결혼했다. 자기보다 10살 더 많은 여인이다. 두 사람은 사이가 좋지 않아서 별거 중이며, 사람들 말로는 그 이유가 단지

---

19   16~17세기 이탈리아에서 활동한 용병대장이자 마지막 우르비노 공작.
20   가톨릭 신앙 전파에 특별히 공헌했거나 무훈이나 저작 등의 기타 활동으로 가톨릭교의 영광에 기여한 사람에게 교황이 수여하는 기사 훈장.

부인이 시기가 많기 때문이라고 한다. 부인의 나이가 45세인 만큼 후손을 가질 수 있을 것이라는 기대는 거의 없었다. 들리는 말로는 후손이 없다는 이유로 부인은 교황청으로 유배를 가게 될 것이라고 했고, 우르비노 사람들은 이를 유감스럽게 생각했다.

궁전에는 피코 델라 미란돌라 Pico della Mirandola[21]를 실제 모습과 똑같이 그려놓은 초상화 작품도 있었다. 그는 피부색이 창백하고 얼굴은 매우 잘생겼으며 수염은 없었다. 나이는 17~18살쯤 되어 보이고, 코는 길쭉하고 눈빛은 부드러우며, 얼굴은 다소 수척하고 금발 머리칼은 어깨까지 떨어지며, 이상한 옷을 입고 있었다. 이탈리아에는 계단을 나선형으로 만들어놓은 곳이 많다. 이런 계단은 심할 때는 경사가 매우 가파르고 폭이 좁아서 꼭대기까지는 오로지 말을 탄 채로만 올라갈 수 있다. 또 바닥이나 벽면의 타일을 비스듬하게 붙이는 것이 유행이다. 궁전의 내부는 쌀쌀한 편이어서, 사람들 말로는 공작은 오로지 여름에만 이곳에서 지낸다고 한다. 여러 개의 침실들 중 두 군데에서는 한쪽 모퉁이에 서면 정사각형 모양의 다른 방들이 보인다. 내부의 온도가 낮기 때문에 방에는 빛이 들어오는 창문 하나를 제외하고는 사방을 닫아놓았다. 그중에서도 보안 시설을 완전하게 구축해놓은 방 안에 궁전의 주인이 잠을 자는 침대가 놓여 있었다.

---

21   15세기 르네상스 시대의 이탈리아 철학자. 피코의 연설문《인간의 존엄성에 대하여》에서는 인간을 신의 창조물 가운데 최고의 작품으로 규정했다고 하여, 당시 페트라르카에 의해 싹을 틔웠던 종교적 인문주의를 공식적으로 선언한 작품이라는 평가를 받는다.

우리는 점심식사를 마친 뒤, 오래전부터 '하스드루발의 무덤'이라
고 불렸다는 곳을 구경하기 위해 원래 가려던 길의 방향을 틀어 또
다시 5마일을 이동했다. 그곳은 몬테 델체Monte d'Elce라고 불리는
매우 높고 경사진 언덕의 위에 위치하고 있었다. 그곳에는 작고 볼
품없는 집 네다섯 채와 작은 교회가 하나 있었고, 직경이 25보 정도
에 높이도 25피에 정도 되는 건물 하나가 넓은 벽돌이나 타일 같은
것으로 지어져 있었다. 건물 주변에는 똑같은 종류의 벽돌로 만든
버팀대가 3보 간격으로 세워져 있었다. 이런 구조물을 석공들은 뭐
라고 부르는지 모르겠지만, 새의 부리 같은 형태를 띤 버팀대는 건
물을 지지하기 위해 만들어놓은 것처럼 보였다. 아래쪽으로는 건물
안으로 들어갈 수 있는 입구가 없어서, 위에까지 올라가야 했다. 위
쪽에는 아치형으로 된 공간이 하나 있는데, 그 안에는 아무것도 없
었다. 석재나 새겨진 문구 같은 것도 없었다. 근처에 사는 사람들 말
로는 예전에 이곳에는 어떤 표식이 새겨진 대리석이 하나 있었는데
최근에 누군가가 가져가버렸다고 한다. 이 건물이 왜 하스드루발의
무덤이라고 불리는지는 알 수 없었다. 실제로 그의 무덤이 있었던
것으로 보이지는 않았다. 확실한 사실은 하스드루발이 이곳과 굉장
히 가까운 곳에서 싸우다가 패배하고 죽임을 당했다는 것뿐이다.

그러고 나서는 산악 지대의 도로를 지났는데, 한 시간 정도 비가
내린 탓에 길이 완전히 진흙탕이 되어 있었다. 우리는 메타우루스
강을 한 번 더 건넜다. 급류가 생겨 배로는 지나갈 수 없어서 여울물
쪽으로 걸어서 건너갔다. 그날 점심을 먹고 나서 하스드루발의 무덤
을 보러 갈 때도 같은 길을 지나 건너갔었다. 그렇게 우리는 지대가

낮고 지나기에 수월한 길을 따라 이동하다가 그날 해가 저물 무렵이 되어서야 우르비노에서 15마일 떨어진 곳에 위치한 우르바니아Urbania[22]에 도착했다. 우르바니아는 메타우루스 강가에 펼쳐진 들판 위에 위치한 작은 마을로 우르비노 공작이 관할하는 영토에 속한다. 마을 사람들은 모닥불을 피우면서 공작의 누이인 비시냐노 Bisignano 공주가 아들을 출산한 것을 축하하는 중이었다.

우리가 고용한 마부들은 말에게 굴레를 벗겨줄 때마다 어떤 상황에서든지 안장도 함께 벗기며 특별한 이유가 없더라도 물을 마시게 한다. 여기 우르바니아와 우르비노에서는 술을 더욱 부드럽게 만들기 위해 와인에 물을 섞어 마셨다.

일요일 아침에는 언덕들로 둘러싸여 있는 비옥한 평야 지대를 따라 이동했다. 제일 먼저 산탄젤로 인 바도Sant'Angelo in Vado[23]라는 작고 아름다운 도시가 나왔다. 우르비노 공작이 소유하는 산탄젤로 인 바도시는 메타우루스 강가에 자리하고 있으며 도시로 들어가는 길목의 풍경이 굉장히 멋있는 곳이었다. 우리는 이곳에서 5월 1일 축일을 기념하여 어린 여자아이들이 사순절 제4주일의 의복을 입고 돌아다니는 모습을 보았다. 산탄젤로 인 바도에서부터 다시 계속해서 똑같은 평야 지대를 따라 이동하니, 동일한 관할구역에 속하는 메르카텔로 술 메타우로Mercatello sul Metauro[24]라는 조그만 마을이 나

22 원문에 표기된 지명: 카스텔 두란테Castel Durante
23 원문에 표기된 지명: 산탄젤로Sant'Angelo
24 원문에 표기된 지명: 메르카텔로Mercatello

왔다. 그러다가 점점 아펜니노산맥의 모습이 조금씩 보이기 시작했고, 그렇게 산탄젤로 인 바도에서 10마일 거리에 있는

보르고 파체 Borgo-Pace에 도착해서 점심을 먹었다. 보르고 파체는 산자락의 한쪽 모퉁이에 위치해 있는 작은 마을이다. 점심을 먹었던 여관은 밥을 먹기에는 시설이 형편없었다.

그렇게 점심식사를 마친 뒤에는 사람의 손길이 닿지 않아 돌이 많고 폭이 좁은 길을 따라 먼저 이동했다. 그런 다음에는 높이는 2마일에 경사면 길이는 4마일 정도 되는 높은 산을 올라야 했다. 오르막길에는 돌멩이들이 굴러다녀서 성가셨지만, 지나가기에 무섭거나 위험한 길은 아니었다. 벼랑의 경사가 그다지 가파르지 않아서 눈이 어지럽지는 않았다. 그렇게 우리는 산속에 메타우루스강의 근원지라는 곳 바로 앞에 도착했다. 그곳에서 메타우루스 강물이 세니갈리아의 해안가로 떨어지는 모습을 보니 강물의 탄생과 끝을 동시에 마주하는 셈이 됐다. 산에서 내려오는 길에는 풍경이 굉장히 아름답고 넓게 펼쳐져 있는 들판이 보였다. 들판에는 테베레강이 흐르고 있었다. 테베레강의 근원지로부터 8마일 정도밖에 떨어져 있지 않은 위치였다. 그 너머로는 다른 산들이 펼쳐져 있었다. 만약 클레르몽 페랑이 있는 방향으로 퓌 드 돔 Puy de Dôme산을 따라 내려가 본 적 있다면, 그때 보았던 오베르뉴Auvergne 지방의 리마뉴 Limagne 대평원과 이곳의 풍경이 아주 비슷하게 느껴질 것이다. 우리가 올라온 산의 꼭대기까지가 우르비노 공작이 관할하는 영토였고, 그다음부터는 피렌체 공작의 관할 구역이 시작됐다. 또 거기서 왼쪽은 교황청 담당이다. 그렇게 우리는 보르고 파체에서 13마일을 이동하여

산세폴크로Sansepolcro[25]에 도착해서 저녁을 먹었다. 산세폴크로는 여기 평원 위에 자리 잡고 있는 작은 도시로 피렌체 공작의 관할 구역에 속한다. 특별하게 눈에 띄는 특징은 없는 곳이었다. 우리 일행은 5월의 첫날 산세폴크로를 떠났다.

산세폴크로에서 1마일 정도 떨어진 곳에서 돌다리를 지나 테베레강을 건넜다. 이곳에 흐르는 테베레강은 물이 여전히 맑고 깨끗한 것을 보니 로마에 흐르는 테베레강이 더러운 흙탕물 색을 띠며 이를 본 사람들이 테베레강을 '누런 강'이라고 부르게 된 이유는 다른 강물과 섞였기 때문이라는 사실을 깨달았다. 길이가 4마일이나 되는 평원을 가로지르자 언덕이 하나 나왔다. 언덕의 꼭대기에는 작은 마을이 하나 있었다. 이곳저곳 길가에서는 여자아이들 몇 명이 우리를 보러 다가와 타고 있던 말들이 하고 있는 굴레를 잡아당겼다. 아이들은 그날의 축제를 핑계로 무언가를 달라고 요구하면서 어떤 노래를 부르기도 했다. 우리는 돌투성이인 언덕의 아래로 다시 내려갔다. 그리고 나서는 오랜 시간 강의 하류를 따라 이동했고, 또 다시 돌이 아주 많고 황량한 산을 넘어야 했다. 산의 오르막과 내리막의 길이는 3마일 정도였다. 그다음에는 또 다른 평원이 광활하게 펼쳐져 있었다. 그곳에서 우리는 돌다리를 지나 키아사 Chiassa강을 건넌 다음 또다시 굉장히 크고 근사한 돌다리를 지나 아르노강을 건넜다. 그리하여 결국 강의 이쪽 편에 있는

폰테 보리아노Ponte Boriano라는 여관에서 하루를 묵게 됐다. 이곳

---

25   원문에 표기된 지명: 보르고 산 세폴크로Borgo San Sepolcro

은 산세폴크로에서 18마일 떨어진 곳에 있는 아주 조그마한 집이었다. 직전에 묵었던 여관들 세 군데나 이쪽 지역의 길가에서 보았던 대부분의 다른 여관들과 마찬가지로 시설은 형편없었다. 건강한 말을 건초가 없는 이쪽 지역으로 데리고 온다는 것은 아주 미친 짓임이 틀림없다.

우리는 다음날 점심식사를 마친 뒤, 강물이 희한한 방식으로 흐른 결과 암석에는 사방으로 금과 무시무시한 균열이 나 있는 길쭉한 평원을 지났다. 이곳의 풍경은 겨울이 되면 분명히 더욱 흉측해질 것이라는 생각이 들었는데, 다행히도 길을 재정비하는 공사가 진행 중이었다. 점심을 먹고 다시 길을 나선 직후에는 우리가 있는 곳에서부터 왼쪽으로 약 2마일 정도 거리에 아레초 Arezzo시가 보였다. 아레초가 펼쳐져 있는 지대는 조금 높아 보였다. 이후에는 아주 높게 세워져 있는 근사한 돌다리를 지나 암브라 Ambra강을 건넜고, 그렇게 우리는 폰테 보리아노 여관에서 10마일 떨어진 곳에 위치한 레바넬라 Levanella 마을에 도착해서 저녁을 먹었다. 이곳에서 하룻밤을 묵게 될 여관은 마을에서 1마일 정도 떨어진 곳에 위치해 있었다. 실제로 여기 토스카나 지방에서 시설이 가장 좋기로 유명한 곳이었다. 그도 그럴 것이 이탈리아의 평범한 여관들과 비교하면 가히 가장 좋은 곳이라고 불릴 만한 곳이었다. 이곳 여관의 평판은 아주 높은 나머지, 파리의 르 모르 Le More나 아미앵 Amiens의 기요 Guillot에서처럼 종종 지역의 귀족들이 모이는 곳으로 여관이 활용되곤 한다. 레바넬라 사람들은 굉장히 구하기 어려운 납 그릇에 음식을 담아 내주었다. 여관의 건물은 평원에서도 지리적으로 아주 좋은 위치에 자리하고 있으며, 마음껏 사용할 수 있는 분수도 하나 딸려 있었다.

다음날 아침에는 레바넬라를 떠나 아주 평평하고 곧게 뻗은 길을 따라 다시 평원을 가로질렀고, 몬테바르키Montevarchi, 산 조반니 발다르노San Giovanni Valdarno,[26] 피글리네 발다르노Figline Valdarno,[27] 피글리네 에 인치자 발다르노Figline e Incisa Valdarno[28]라는 네 개의 작은 성곽마을을 통과했다. 그렇게 레바넬라에서부터 12마일을 이동하여 피안 델라 폰테Pian Della Fonte라는 꽤 볼품없는 여관에 도착해서 점심을 먹었다. 아르노 골짜기에 위치한 피글리네 에 인치자 발다르노 마을에서 조금 위쪽에는 샘물이 하나 있다. 사람들은 시인 페트라르카Petrarca[29]가 이 마을이나 아니면 이곳에서 1마일 거리의 근교의 어느 집에서 태어났다고 주장하는데, 이를 보여주는 증거로는 별 감흥이 느껴지지 않는 폐가 말고는 아무것도 없었다. 그럼에도 불구하고 마을 사람들은 그 폐가를 가리키면서 바로 이곳에서 페트라르카가 태어났다고 말했다. 이곳에서는 이전에 이미 씨를 뿌려놓은 덕분에 지금은 한창 자라고 있는 멜론들 사이로 새로운 멜론 씨를 뿌리는 중이었다. 사람들은 8월에는 또다시 멜론을 수확할 수 있을 것이라고 예상했다.

오늘 아침에는 오래전에 앓았던 두통이 재발하는 바람에 머리가

---

26 원문에 표기된 지명: 산 조반니San Giovanni

27 원문에 표기된 지명: 피글리네Figline

28 원문에 표기된 지명: 인치자Incisa

29 프란체스코 페트라르카Francesco Petrarca. 14세기 이탈리아 토스카나 지방 출신의 시인으로, 당시 이탈리아 인문주의의 선구자로서 '최초의 인문주의자'라고 불린다.

지끈하게 무겁고 시야가 뿌옇게 흐려지는 것이 느껴졌다. 이는 지난 10년 동안은 느끼지 못했던 증상이다. 우리가 지나온 골짜기는 예전에는 완전히 늪이었다. 리비우스 장군의 주장에 따르면, 코끼리를 타고 이곳을 건너야 했던 한니발이 기상 악화의 영향을 받아 눈 한쪽을 잃는 사고를 당했다는 이야기가 전해진다고 한다. 실제로 이곳은 지대가 매우 평평하고 낮아서, 아르노강에서 홍수가 나면 쉽게 영향을 받을 수 있는 환경이다. 나는 점심을 먹지 않으려고 했으나 곧바로 후회했다. 왜냐하면 아픈 것을 가장 빠르게 낫고 싶다면 뭐라도 먹고 구토를 해야 도움이 됐을 것이기 때문이다. 그렇게 하지 않은 결과로 이리 무거운 두통을 하루에서 이틀 정도 계속해서 달고 지내야 했다. 이쪽 길에서는 피렌체로 다양한 음식을 내다 팔러 가는 지역 주민들을 아주 많이 마주쳤다. 그렇게 우리는 아르노강 위에 세워져 있는 돌다리 네 개 중 하나를 건넜고, 피안 델라 폰테 여관에서 12마일 떨어져 있는

피렌체에 도착했다.

우리는 다음날 미사를 드린 뒤 피렌체를 떠났고, 원래 가려고 했던 길에서 약간 벗어나 언젠가 이야기한 적이 있는 카스텔로 별장으로 향했다. 그런데 바로 그때 당시 피렌체에서 지내고 있던 피렌체 공작들의 여식들이 미사를 들으러 가기 위해 정원을 지나가고 있었기 때문에, 사람들은 우리에게 잠깐 멈춰서 기다려달라고 부탁했다. 개인적으로는 그런 부탁은 들어주고 싶지 않았다. 길에서는 수많은 사람들이 이루는 행렬과 마주쳤다. 맨 앞에서는 깃발을 들고 있었고, 그 뒤로 여인들이 따라붙어 걸어갔다. 이들은 대부분 미모

가 아름다웠으며 밀짚모자를 쓰고 있었다. 이런 밀짚모자는 전 세계에서 여기 피렌체 장인들이 가장 잘 만들어낸다. 행진하는 여인들은 평범한 여인들이라기에는 옷을 굉장히 잘 차려입고 있었고, 흰 실내화나 무도화도 신고 있었다. 여인들 뒤로는 목사가 걸었고, 목사 뒤에는 남자들이 있었다. 그 전날에는 거의 대부분이 밀짚모자를 쓰고 있는 수도사들의 행렬도 보았다.

피렌체에서 다시 길을 나선 뒤에는 풍경이 굉장히 아름답고 광활하게 펼쳐져 있는 평원을 지났다. 솔직하게 말하자면, 프랑스의 오를레앙이나 투르Tours, 파리조차도 여기 피렌체만큼이나 도시에서 아주 멀리 떨어진 곳까지 많은 집들과 마을들로 둘러싸여 있지는 않다는 것은 인정할 수밖에 없는 사실이다. 의심할 여지도 전혀 없다. 그렇게 우리는 같은 길을 따라 계속 이동해서 피렌체에서 10마일 거리에 있는

프라토Prato에 도착해서 점심을 먹었다. 프라토는 피렌체 공작이 관할하는 영토에 속하는 작은 도시로 비센치오Bisenzio 강가에 위치해 있다. 프라토의 입구에서는 돌다리를 지나 비센치오강을 건넜다. 무엇보다도 이쪽 지역만큼이나 이렇게나 견고한 다리 시설이 잘 마련되어 있는 곳은 세상에 없을 것이다. 이쪽 지역에서는 어느 길에서든지 커다란 돌이 보인다. 돌 위에는 각각의 지역에서 수리하거나 관리해야 하는 도로의 이름이 새겨져 있다. 우리는 카스텔로 궁전에서 교황이 프라토에 파견 보낸 특사의 문장과 이름을 보았다. 사람들 말로는 특사가 여기 프라토 출신이었다고 한다. 궁전의 문을 지나면 왕관을 쓰고 있는 커다란 동상이 하나 세워져 있는데, 손에는

지구를 들고 있고 두 발 아래에는 로베르Robert 1세[30]가 있는 모습이다. 여기 사람들의 말에 따르면, 프라토는 옛날에는 프랑스 땅이었다고 한다. 그래서인지 도시 이곳저곳에서는 프랑스 왕가를 상징하는 흰 백합 문장이 보였다. 프라토의 고유한 붉은 문장 위에도 금색의 백합 문장이 덮여 있었다. 프라토의 성당은 흑백색의 대리석으로 화려하게 장식되어 있었다.

프라토를 떠나는 길에는 포지오Poggio를 구경하기 위해 족히 4마일 정도를 돌아갔다. 포지오는 옴브로네Ombrone 강가에 있는 피렌체 공작의 영토에 포함되어 있으며, 이런저런 사연이 많은 건물이다. 건물의 구조는 프라톨리노 궁전을 모방해 지었다고 한다. 규모가 작은 건물 안에 아주 아름다운 방이 백여 개나 있어서 굉장히 놀라웠다. 이곳에서는 특히 침대가 아주 예쁘고 값이 비싸지 않은 천으로 만들어져 있었던 것이 기억에 남는다. 재질이 굉장히 얇고 질이 좋은 형형색색의 양모였다. 안감으로는 똑같은 색깔의 실 네 가닥을 사용해서 짠 태피터 천이 사용됐다. 우리는 피렌체 공작이 소유하는 양조장뿐만 아니라 선반과 다른 도구들이 구비되어 있는 공작의 작업실도 구경했다. 공작이 기계를 다루는 솜씨는 훌륭했다.

이곳에서부터는 땅이 굉장히 비옥하고 아주 곧게 뻗은 길을 따라 이동했다. 길가에 자라는 포도나무들은 그 자체로 아주 아름다운 울타리가 되어주었다. 그렇게 우리는 프라토에서 14마일을 이동하여 **피스토이아**Pistoia에 도착해서 저녁을 먹었다. 피스토이아는 옴브

---

30 14세기 나폴리 공화국에서 집권했던 왕.

로네 강가에 위치한 대도시다. 시내의 거리는 폭이 굉장히 넓었다. 피렌체와 프라토, 루카와 같은 다른 도시들과 마찬가지로 길에는 크고 넓은 돌이 깔려 있었다. 이제야 생각났는데, 포지오 궁전의 침실에 놓여 있는 테이블에 앉아 있으면 피렌체와 프라토, 피스토이아가 내려다보인다고 적는다는 것을 깜빡했다. 피스토이아의 인구수는 아주 적다. 교회 건물들은 아름다웠고, 예쁜 집들도 많이 보였다. 나는 15푼이면 만들 수 있다는 밀짚모자를 하나 구입하고 싶어서 정보를 알아보았다. 프랑스에서는 이런 종류의 모자를 사려면 프랑이 엄청 많이 필요할 것이다. 오래전에 카틸리나 Catilina[31]가 죽임을 당했다는 곳이 바로 여기 피스토이아 근처다. 포지오 궁전에서는 온갖 다양한 동물들을 사냥하는 모습이 그려진 장식융단도 보았었다. 그중에서도 벽에 걸려 있는 융단에는 말에 올라탄 사람들이 타조들을 쫓아가고 있는 모습과 창에 찔린 타조들의 모습이 그려져 있었다.

고대 라틴 사람들은 피스토이아를 '피스토리움 Pistorium'이라고 불렀다. 여기 피스토이아는 피렌체 공작의 관할 구역에 속한다. 사람들 말로는 과거 칸첼리에리 Cancellieri 가문이나 판치아티치 Panciatici 가문의 저택들이 차지하고 있었던 오래된 영토가 오늘날의 피스토이아가 된 것이며, 당시에도 사람이 살던 곳은 아니었기 때문에 오

---

31 루키우스 세르기우스 카틸리나 Lucius Sergius Catilina. 고대 로마 말기의 진보파 정치가이다. 카틸리나는 당시 보수파의 지지를 받고 집정관으로 선출된 마르쿠스 툴리우스 키케로를 암살하고 공화정을 전복하려는 음모를 꾸몄다. 기원전 62년 1월에 반란을 일으키려고 계획했으나, 곧 진압되어 자신이 이끄는 병사들과 함께 피스토이아 인근에서 처형당했다.

늘날에도 주민을 전부 합쳐도 8000명밖에 되지 않는다고 한다. 피스토이아보다 면적이 더 작은 루카만 해도 2만 5000명 이상이 거주하고 있는데 말이다.

다음날에는 로마에서 나를 대신해서 조반니 프란치니Giovanni Franchini 씨로부터 추천서를 건네받았던 메세르 타데오 로스피글리오시Messer Taddeo Rospigliosi 씨가 나와 우리 일행 모두를 점심식사에 초대했다. 로스피글리오시 씨의 저택은 아주 화려하게 장식되어 있었고, 요리가 나오는 순서는 조금 특이했다. 고기 요리가 굉장히 적었고 하인들도 많지 않았다. 독일에서처럼 이곳에서도 식사를 마친 후에 와인을 마시는 순서가 한 번 더 있었다.

우리는 피스토이아에 있는 교회들을 여러 군데 둘러보았다. 가장 큰 교회에서는 성체를 거양할 때 트럼펫을 함께 연주했다. 목사 몇 명은 소년 성가대원들 사이에서 제의를 입은 채 색벗[32]을 연주했다. 피스토이아 사람들은 가엾게도 예전에 누렸던 분위기에 대한 이미지를 회복하기 위해 헛되이 자유를 포기하고 있다. 피스토이아 시당국은 행정장관 9명과 장관 1명으로 이루어져 있으며, 두 달 간격으로 선거가 있다. 이들은 시의 질서를 유지하는 임무를 맡고 있으며, 예전에는 시민들의 세금으로 보수를 받았으나 지금은 피렌체 공작으로부터 임금을 받고 있다. 이들은 언제나 궁전 안에서만 갇혀 생활하고, 다 같이 외출하는 일이 아니고서는 밖으로 나오는 경우가 거의 없다. 장관은 공작이 파견을 보낸 행정장관보다 앞에서 걷는

---

32 르네상스와 바로크 시대에 사용된 트롬본.

다. 사실상 모든 권력은 파견으로 온 행정장관에게 있으나, 본인이 지위를 가지고 있다고 착각하면서 아무에게도 인사를 건네지 않는 장관의 모습이 하찮아 보였다. 이런 바보 같은 짓을 하면서 먹고산다니 측은한 마음이 들었다. 그런 와중에 피렌체 대공은 세금을 이전보다 10배나 더 인상했다고 한다.

이탈리아의 넓은 정원들에서는 대부분 큰 산책로에 잔디를 자라게 한 다음 밀어버리곤 한다. 체리가 익기 시작하는 철이 됐다. 피스토이아에서 루카로 가는 길목에서는 딸기를 저렴한 가격으로 한 아름씩 팔려고 나온 사람들이 있었다.

목요일 예수 승천일[33]이었다. 우리는 피스토이아에서 점심식사를 마친 뒤 다시 길을 나섰고, 잠깐 동안 들판을 따라 이동하다가 경사가 약간 가파른 언덕길을 지난 뒤에는 풍경이 굉장히 아름답고 광활하게 펼쳐져 있는 평야 지대를 마주했다. 밀밭에는 아주 잘 가꾸어진 나무들이 많이 심어져 있었고, 한 그루 한 그루가 포도넝쿨에 덮인 채 서로 연결되어 있었다. 정원을 보는 것만 같았다. 이쪽 길에서 보이는 산에도 나무가 무성하게 자라 있었다. 주로 올리브나무나 밤나무, 누에를 기를 때 필요한 뽕나무였다. 그렇게 평야 지대를 따라 20마일을 이동하니

루카Lucca가 나타났다. 루카는 규모가 보르도의 3분의 1정도 되며, 독립적인 자치 구역이지만 힘이 부족해서 신성로마제국 황제와 오스트리아 가문의 비호를 자처한 도시다. 도시는 사방이 성벽으로

---

33 부활절로부터 40일 후가 되는 날.

잘 막혀 있으며, 측면으로도 방어 시설을 갖추고 있다. 성벽에 설치된 작은 수로에는 수심이 그렇게 깊지는 않은 해자로 흘러 들어가는 물이 지난다. 근처에는 푸른 식물이 많이 자라며, 길바닥은 평평하고 넓었다. 성벽의 안쪽으로는 지대가 조금 높은 곳에 길이 나 있는데, 그곳에서는 나무들이 두세 그루씩 일렬로 심어져 있어서 그늘의 역할을 하고 있었다. 이 나무들은 필요에 따라서는 성벽의 요새 기능을 강화하는 데 쓰인다고 한다. 성벽은 밖에서 바라보면 숲처럼 보였지만, 실제로 그 안에는 집들이 숨어 있었다. 성에는 언제나 300명의 외국인 용병들이 주둔하고 있다. 루카에는 사람들이 많이 사는데, 특히 비단을 만드는 장인들이 많다. 거리는 폭이 좁지만 근사하고, 어딜 가든지 집들은 대부분 크고 아름답다. 도시에는 세르키오Serchio강에서부터 출발한 작은 운하가 하나 흐른다. 우리가 방문한 당시에는 13만 에퀴의 비용을 들여 궁전을 하나 짓고 있는 중이었고, 공사 작업이 꽤 진행된 상태였다. 사람들 말로는 루카 땅에는 시내를 제외한 외곽 쪽에만 12만 명이나 살고 있다고 한다. 도시 안에는 작은 성들이 몇 채 있지만, 그 어디에도 성에 종속되어 있는 구역은 없다. 루카의 귀족들과 병사들은 모두 무역일을 한다. 루카에서 가장 부유한 가문은 부온비시Buonvisi 가문이다. 외국인은 오직 경비가 삼엄한 입구를 통해서만 루카로 들어올 수 있다.

이전에 보았던 다른 도시들의 환경과 비교해볼 때, 루카는 단연코 지리적으로 가장 매력적인 곳에 위치해 있다고 할 수 있다. 루카 도시를 둘러싸고 있는 평야 지대에는 세상에서 가장 아름다운 풍경이 펼쳐지며, 폭이 가장 좁은 부분조차도 최소 2리외는 된다. 또 아름다운 산과 언덕 위에는 대부분 시골집들이 지어져 있다. 루카에서 마신 와인은 맛이 알맞게 좋았다. 생활비는 하루에 20솔이 들었다. 이탈리아라는 나라의 여관들이 그렇듯이, 루카에 있는 여관들도 그다지 특별한 구석이 없었다. 이곳에서는 개인적으로 몇몇 사람들로부터 많은 호의를 받았다. 이들은 와인이나 과일을 주었고, 때로는 돈을 주기도 했다.

금요일과 토요일까지는 루카에서 지냈고, 일요일에 다른 사람들이 점심식사를 끝내기를 기다렸다가 다시 길을 나섰다. 나는 단식 중이었기 때문에 점심은 먹지 않았다. 루카와 가장 가까운 곳에 솟아 있는 언덕들 위에는 수많은 예쁜 집들이 서로 굉장히 가깝게 붙어 있다. 지대가 낮아 비교적 걷기에 수월한 길을 지나갔다. 길은 산들 사이에 나 있어서, 주변에는 대부분 그늘이 져 있었고 사람들이 살지 않는 곳이었다. 옆으로는 세르키오강이 흘렀다. 오른쪽으로 흐르는 강의 주변으로는 평범한 마을들이 보였다. 그중에는 굉장히 커다란 성벽으로 둘러싸여 있는 디에치모Diecimo[34]와 보르고 아 모차노 Borgo a Mozzano[35]가 있었다. 우리는 넓은 강폭을 아우르며 높이가 보통보다 더 높은 아치형 다리를 건넜다. 이쪽 지역에서는 이렇게 생긴 다리를 서너 개 정도 보았다.

---

34 원문에 표기된 지명: 데치모Decimo
35 원문에 표기된 지명: 보르고Borgo

7

이탈리아: 빌라 온천에서 I

1581년 5월 7일 ~ 6월 20일

그렇게 우리는 루카에서 16마일 떨어진 곳에 위치한

빌라Villa 온천[1]에 오후 2시쯤 도착했다. 완전히 산골 지역에 자리 잡고 있는 여기 온천에는 온천장 앞으로 강물을 따라 폭이 300~400보 되는 평원이 펼쳐져 있다. 평원 위에 있는 온천은 바네르 온천에서처럼 지대가 높은 곳에 위치해 있으며, 그 옆으로는 보통 크기의 산이 하나 솟아 있다. 사람들은 루카와 가까운 곳에 흐르는 온천물을 마신다. 온천이 있는 자리는 지면이 꽤 평평한 곳이다. 이곳에는 온천이라는 목적에 아주 잘 들어맞게 설계된 집이 30~40채 있다. 방은 근사하고 각각의 공간이 잘 분리되어 있어서, 머무는 사람은 본인이 원하는 만큼 자유롭게 사용할 수 있다. 모든 방에는 화장실이 하나 딸려 있고, 한쪽 문은 옆방으로 이어지며 다른 문 하나는 개인적으로 드나드는 용도로 사용된다. 이곳에서는 숙박비를 흥정하기 전에 거의 모든 집들을 살펴보았는데, 그중에서 작은 골짜기와 리마Lima강이 한눈에 내려다보이고 골짜기 주변의 산지부터 꼭대기까지 온통 논밭과 나무로 푸르른 풍경을 볼 수 있는, 경관이 가장 좋은 곳을 선택했다. (적어도 내가 고른 방에서는 그런 경관이 펼쳐

---

1   원문에서는 프랑스어와 이탈리아어를 혼용하여 '빌라 온천Bains della Villa'라고 칭하고 있다. 영어 번역본에서는 '라 빌라 온천Bath of La Villa'이라고 번역되어 있다. 그러나 현재는 루카 주변에 '빌라'라는 이름으로 남아 있는 온천은 존재하지 않는다. 다만, 묘사된 지형적인 특징과 위치 등으로 유추해보건대, 몽테뉴가 루카 근처에서 온천을 즐긴 곳은 오늘날에는 '바니 디 루카Bagni di Lucca', 즉 '루카 온천'이라고 불리는 곳으로 추정된다. 역자는 이 온천이 몽테뉴가 신장결석 치료를 위해 두 차례에 걸쳐 오래 머무른 곳인 만큼 그의 이탈리아 여행기에서 중요한 역할을 하고 있다고 판단하여 옛 명칭을 그대로 살려 '빌라 온천'이라고 번역했다.

졌다.) 산에는 밤나무와 올리브나무, 포도나무가 한가득 심어져 있는데, 그 모습은 마치 나무들이 테라스처럼 산을 감싸고 있는 것 같았다. 산의 가장자리에 지대가 조금 높은 곳에는 포도나무가 자라고, 산골짜기 가운데 움푹 꺼진 곳에는 밀밭이 펼쳐져 있다. 나는 밤새 침실에서 강물이 굉장히 부드럽게 흐르는 소리를 들을 수 있었다. 숙소들 사이사이에는 산책을 할 수 있는 장소가 하나 있는데, 한쪽면이 테라스처럼 오픈되어 있는 구조다. 그곳에 서서 아래를 내려다보면, 산책로에는 지붕이 포도 덩굴로 덮여 있는 공용 정자가 하나 보인다. 그 아래로는 들판이 펼쳐져 있는데, 그 위에는 폭이 200보 정도 되는 강물을 따라 작고 멋있는 마을이 하나 있다. 사람들이 많이 몰려올 때에는 이 마을도 온천시설로 사용된다고 한다. 그곳의 숙소들은 대부분 새로 지어졌고, 탕까지 가는 길도 쾌적했다. 그곳에는 근사한 광장도 있다고 한다. 마을 사람들 대부분은 겨울에만 이곳에 머무르면서 약국과 같은 가게를 운영한다. 실제로 주민들은 거의 모두가 약장수다.

내가 머물렀던 숙소의 주인은 파울리노 Paulino 대장이라고 불리는 남자였다. 그도 약을 파는 일을 했다. 대장은 나에게 식사용 방 하나와 침실 세 개, 부엌 하나, 그리고 하인들을 위한 다락방을 하나 내어주었다. 다락방에는 침대가 8개 들어 있었고, 그중에서 두 개에는 지붕처럼 덮개가 덮여 있었다. 대장은 매일 소금과 냅킨을 제공해주었고, 사흘에 한 번은 식탁보를 갈아주었다. 그리고 11에퀴를 내면 쇠로 만든 각종 부엌용 도구들과 촛대를 사용할 수 있도록 해주었고, 이 모든 것을 15일 동안 계속해서 사용하려면 10피스톨레

에 몇 푼을 더 얹어주면 됐다. 도자기로 된 냄비와 접시, 그릇, 유리
잔과 나이프는 직접 구입해서 사용해야 했다. 이곳에서는 송아지나
염소 같은 고기를 원 없이 먹을 수 있다. 그 밖의 다른 종류의 고기
는 많지 않다. 각각의 숙소에서는 손님을 위해 장을 봐주기도 하는
데, 사람 한 명당 하루에 20푼이면 필요한 것을 충분히 살 수 있었
다. 장은 손님이 직접 본다고 해도, 숙소에는 손님들에게 요리를 해
주는 아저씨나 아주머니가 몇 명 있기 때문에 그런 서비스를 이용
할 수도 있었다. 이곳 와인은 맛이 매우 좋지 않았다. 하지만 원한다
면 페시아 Pescia나 루카에서 와인을 공급해올 수도 있었다. 우리는
이곳에서 올해 처음으로 맞이하는 손님이었다. 볼로냐 출신의 신사
두 명이 우리보다 먼저 와 있기는 했지만, 그들이 데리고 있는 수행
원들은 그렇게 많지 않았다. 사람들 말로는 그렇기 때문에 내가 침
실을 선택할 수 있었으며 숙박비도 손님들이 많을 때보다 훨씬 더
좋은 가격으로 흥정할 수 있었다고 한다. 이 정도면 아주 좋은 가격
이라고 했다. 보통 여기 온천은 6월 전에는 영업을 시작하지 않으
며, 10월에는 사람들이 떠나고 없기 때문에 9월까지만 온천을 운영
한다. 가끔은 오로지 휴양만을 목적으로 찾아오는 무리가 있다고 한
다. 그렇기 때문에 6월 전이나 10월 후에 온천을 하러 오는 사람들
은 보기 드문 편이다. 그래도 우리가 도착했을 때 여기에서 이미 한
달을 보내고 집으로 돌아가려는 사람들이 몇 명 있었다.

　여기 빌라 온천에는 부온비시 가문 귀족들이 소유하고 있는 저택
이 하나 있다. 저택은 외관이 매우 근사할 뿐만 아니라 다른 저택들
에 비해 규모도 훨씬 더 웅장했다. 사람들은 이곳을 '팔라초'[2]라고

부른다. 저택의 홀에는 깨끗한 물이 흐르는 아름다운 분수가 하나 있고, 그 밖에 다른 편의 시설도 여러 개 있었다. 저택 사람들은 내가 꿈꿔왔던 대로 방이 네 개 딸린 콘도를 하나 내주면서 필요한 게 있으면 모든 것을 가져다주겠다고 했다. 이들은 이탈리아 화폐로 20에퀴를 내면 가구가 잘 구비되어 있는 이 네 개의 방을 15일 동안 사용할 수 있게 해준다고 했지만, 나는 숙박비로는 하루에 1에퀴만 지출하고 싶었다. 시기적으로 아직은 성수기가 아닌 데다가 시시때때로 가격이 변하는 것을 고려한다면, 원래 묵기로 했던 숙소의 파울리노 대장은 우리의 5월 치 숙박비에 대해 할인을 해줄 필요가 있다. 이곳에서 더 오래 지낼 계획이라면 흥정을 다시 해야 할 것 같다.

빌라 온천물은 온천수로 마실 수도 있고 그 안에 들어가 온천을 할 수도 있다. 온천탕에는 둥근 천장이 설치되어 있어서 분위기가 꽤 어둡고, 탕 하나는 몽테뉴성에 있는 내 방의 절반 정도 크기이다. 탕 안에는 여러 개의 관을 통해 뜨거운 물이 흘러나와 신체의 여러 부위와 특히 머리 부분으로 떨어지도록 하는 장치가 있다. 이곳에서는 이런 하수 장치를 '도치아doccia'[3]라고 부른다. 쉴 새 없이 나오는 물이 떨어져 닿는 신체 부위를 따뜻하게 해주고, 그런 다음 세탁소에서처럼 나무 홈통을 통해 수도를 따라 빠져나간다. 이렇게 천장이 둥글고 분위기가 어두운 온천탕은 여성용으로도 하나 더 있다. 사람

2 *Palazzo.* '궁전'이라는 뜻의 이탈리아어.
3 *Doccia.* '샤워기'라는 뜻의 이탈리아어.

들이 온천물을 마시는 식수대에서 흘러나오는 물은 몇 계단만 내려가면 있는 오목한 구멍으로 전부 빠져나간다. 식수대 주변의 환경이 그렇게 쾌적한 편은 아니었다.

5월 8일 월요일 아침에는 숙소 주인이 준 계피를 간신히 삼켜 넘겼다. 로마에서는 다른 사람의 도움을 받았었지만, 이번에는 내 두 손으로 직접 만들어 먹었다. 그리고 나서 두 시간 뒤가 점심시간이었는데 나온 음식을 다 먹지 못했다. 계피의 영향으로 먹은 것을 모두 게워냈고, 한참 뒤에 한 번 더 토를 했다. 속이 부글거리고 배가 너무 아파서 대변을 서너 번이나 보았다. 거의 24시간 내내 그런 고통에 시달렸다. 그리고 나서는 더 이상 계피를 먹지 않겠다고 마음먹었다. 계피 때문에 속이 이렇게나 불편할 뿐만 아니라 입맛도 없어지고 건강도 악화되니, 차라리 잠깐 배가 아픈 게 나을 것 같다. 빌라 온천에 도착한 일요일에는 컨디션이 좋았기 때문에, 아침식사를 마친 뒤 즐거운 마음으로 코르세나 Corsena 온천을 구경하러 갔었다. 그 아침이 그날 먹은 끼니의 전부였다. 코르세나 온천은 여기 빌라 온천에서 0.5마일은 떨어진 곳에 있다. 코르세나 온천과 이쪽 온천들은 높이가 똑같은 지대에 위치해 있으나 그 사이에는 산이 솟아 있기 때문에 거기까지 가려면 산을 올랐다가 다시 내려가야 했다.

코르세나의 온천과 도치아 시설은 빌라 온천보다 더욱 유명하다. 실제로 우리가 이용하는 빌라 온천에는 온천물을 마시라는 것 말고는 의사의 처방전이나 전해져 내려오는 풍습과 같은 특별한 가이드가 존재하지 않는다. 반면, 코르세나 온천은 빌라보다 훨씬 오래전부터 유명한 곳이라고 한다. 하지만 고대 로마 시대에서 한참이나 세월이 지난 후인 오늘날에는 두 온천 모두 옛날의 흔적이 아무것도 남아 있지 않다. 코르세나 온천에는 커다란 탕이 서너 개 있는데, 모두 천장이 둥근 형태로 지어져 있고 천장 가운데에는 공기가 빠져나가는 구멍이 뚫려 있다. 여기 코르세나도 분위기가 어두침침하고 음산하다. 코르세나에서 200~300보 떨어진 곳에도 몬테 산 조반니Monte San Giovanni라고 불리는 뜨거운 샘물이 있다. 이 샘물은 우리가 아까 넘어왔던 산의 꼭대기로 지대가 조금 더 높은 곳에 위치해 있다. 사람들은 외부로부터 차단되어 있는 그곳에 온천탕이 세 개 딸린 오두막을 하나 지어놓았다. 그 근처에는 집은 없지만, 하루 중 몇 시간 정도 머무르면서 쉴 수 있도록 매트리스 같은 것을 깔아놓은 방이 하나 있다. 코르세나 온천에서는 사람들이 온천물을 전혀 마시지 않는다. 한편, 코르세나에서는 온천수의 용도를 다양하게 나누어놓았다. 어떤 물은 차갑고, 어떤 물은 뜨거우며, 또 어떤 물은 이런 병을 치료하기 위한 용도이고, 또 다른 물은 또 다른 병을 낫게 한다고 한다. 코르세나 온천수의 효과에 대해서는 기적 같은 일화가 1000가지나 전해진다. 그냥 한마디로 말하자면, 여기 코르세나 온천물로 치료할 수 없는 병이란 존재하지 않는다고 한다. 코르세나 온천에는 방이 많은 근사한 숙소가 하나 있고, 그 밖에 수십여 개의 다른 숙소들은 시설이 그렇게 좋은 편은 아니다. 편의 시설과 관련해서는 우리가 빌라 온천에서 지내는 숙소와 비교할 데 없이 비슷하며, 그곳에서 내려다보이는 경관도 마찬가지로 아름답다. 물론 여기 코르세나에서는 우리 숙소에서 보이던 강이 아래쪽으로 흐르고 풍경도 골짜기 안으로 더 깊은 곳까지 펼쳐지기는 하지만 말이다. 다만 코르세나는 빌라보다 숙박비가 훨씬 더 비싸다. 그래서 많은 사람이 여기 코르세나에서 먼저 음주를 즐긴 다음 온천을 하기 위해서는 빌라를 찾아온다. 그럼에도 오늘날 코르세나 온천은 인기가 아주 많다.

1581년 5월 9일 화요일. 아침 일찍 해가 뜨기도 전에 숙소에서 뜨거운 샘물이 나오는 곳으로 곧바로 온천수를 마시러 갔다. 나는 온천물을 연속으로 7잔이나 마셨다. 3.5파운드[4]에 해당하는 양이다. 이곳에서는 액체의 부피를 파운드로 계산한다. 우리 프랑스의 쿼트로 계산한다면 12쿼트 정도는 되는 양이었을 것이다. 물의 온도는 쇼드제그 온천이나 바르보탕 온천에서처럼 적당히 따뜻했고, 이전에 내가 다른 곳에서 마셨던 온천수보다 맛이나 향은 덜했다. 여기 빌라 온천수는 물이 미지근하고 단맛이 약간 난다는 것 말고는 아무것도 느껴지지 않았다. 물을 마신 당일에는 아무런 효과도 보지 못했다. 온천수를 마신 이후 점심을 먹기 전까지 5시간이 지났는데도 오줌이 단 한 방울도 나오지 않았다. 어떤 이들은 온천수를 너무 조금 마셔서 그런 것이라고 했다. 실제로 이곳에서는 보통의 병 두 개에 담기는 양으로 부피가 8파운드에 해당하는 피아스코[5] 술병을 하나 주문해서 거기에 온천물을 담아 마신다. 이는 내가 사용했던 유리잔으로 하면 16~17잔에 해당하는 양이다. 내 생각에는 계피 약을 먹은 결과로 몸속이 너무 비어 있을 뿐만 아니라 내 몸이 이 빈

---

4   약 500g에 해당하는 무게 단위. 프랑스어로는 '리브르livre'라고 한다.
5   입구가 좁고 목이 길쭉한 병.

공간을 음식이 들어올 자리로 인식하고 있기 때문에 온천물을 마셔도 그 효과가 제대로 발휘되지 못하고 있는 것 같다.

그날은 볼로냐에서 온 신사 한 명이 나를 찾아왔다. 그는 이곳에서 4마일 떨어진 곳에서 루카의 영주 아래 1200명의 보병을 거느리는 대령이었다. 대령의 태도는 아주 공손했고, 우리는 함께 두 시간 정도 이야기를 나누었다. 대령은 내가 묵고 있는 숙소의 주인과 숙소에 있던 다른 사람들에게 최선을 다해 나를 보필하라고 지시했다. 루카의 영주는 관례적으로 외국인 장교를 고용하며, 주민의 수와 지역에 따라 구역을 분배하고 각각의 구역에 대령을 배당하여 지휘권을 행사할 수 있도록 한다. 부대의 규모는 대령의 계급에 따라 크거나 작아진다. 대령들은 봉급을 받고 생활하고, 해당 지역의 주민 출신에서 뽑는 중대장 계급은 오로지 전시에만 돈을 받으면서 필요할 때에만 사람들에게 지시를 내릴 수 있다. 나를 찾아온 대령은 한 달 임금으로 16에퀴를 받으며, 비상시를 위해 대기 상태를 유지하는 것 말고는 특별하게 맡고 있는 임무가 없었다.

여기 빌라 온천에서는 프랑스 온천보다 따라야 하는 규칙이 더 많다. 특히 이곳에서는 온천물을 마실 때 단식을 엄격하게 지킨다. 개인적으로는 바녜르 온천을 포함해서 이전에 다녔던 그 어떤 온천에서보다도 이곳에서 더 잘 지내고 있다. 온천이 위치해 있는 지역 자체가 다른 곳은 몰라도 바녜르 온천 근처만큼은 꽤 아름답다. 하지만 웅장한 규모와 편리한 시설의 측면에서는 바덴 마을에서 온천을 했던 장소보다 뛰어난 곳은 없을 것이다. 여기 빌라 온천이 더 좋은 경관을 가지고 있다는 점만 제외하면, 바덴 온천만큼이나 훌륭한 곳은 없다.

수요일에는 아침 일찍 온천물을 한 번 더 마셨다. 전날 마신 것의 효과가 약간씩 느껴지기 시작하는지 속이 조금 불편했다. 사실 온천물을 마시자마자 대변을 보러 다녀오기는 했지만, 이는 온천물이 아니라 전날 먹었던 계피 약의 영향인 것 같았다. 온천탕에서는 한 방울씩 물이 떨어지는데, 내 오줌은 단 한 방울도 나올 생각을 하지 않았기 때문이다. 오늘은 파운드로 계산해서 7잔을 마셨다. 전날 마셨던 것의 적어도 2배는 되는 양이었다. 지금까지 한 번에 이렇게 많이 마셨던 적은 없는 것 같다. 그렇게 마시고 나니 땀이 엄청 날 것 같은 느낌이 들었지만, 나로서는 전혀 도움이 되지 않는 증상이었다. 그동안 땀을 흘리는 게 좋은 것이 아니라는 이야기를 종종 들어왔다. 오늘은 이곳에 도착했던 첫째 날처럼 산책도 하고 쉬기도 하면서 방에만 붙어 있었다. 마신 물이 대부분 몸의 뒤쪽으로 흘러 들어갔는지, 힘을 들이지 않고도 묽고 가벼운 대변을 여러 번이나 누었다. 계피를 먹고 설사를 하는 것이 나에게는 해롭다고 생각한다. 왜냐하면 나는 신장 쪽이 좋지 않기 때문에 온천물의 효과가 몸의 앞쪽으로 나타났으면 하는 것과는 달리, 온천물은 몸 뒤쪽으로 흐르는 성질을 가지고 있어서 결과적으로 대변으로 이어지기 때문이다. 그래서 다음에 다시 온천을 할 때는 전날 단식을 해서 몸을 준비해 놓을 계획이다.

나는 여기 빌라 온천수가 효과가 매우 약하고 미미하기는 하지만, 결과적으로는 특별히 위험한 구석 없이 안전하다고 생각한다. 이제 막 온천물을 마시기 시작한 초보자나 몸이 예민한 사람들은 여기 온천수가 잘 맞을 것이다. 빌라 온천수는 간을 차갑게 하거나 얼굴에 난 붉은 뾰루지를 없애고 싶은 사람들이 많이 마신다. 실제로 프랑스에서 만났던 아주 고귀한 부인을 통해 이런 사실을 주의 깊게 관찰했던 적이 있다. 산 조반니의 온천수는 굉장히 기름져서 화장품을 만드는 데 많이 사용된다. 나는 실제로 대량의 산 조반니 온천물을 다른 지역으로 유통하는 모습을 본 적이 있다. 사람들은 내가 사용했던 것보다 부피가 훨씬 더 큰 (식수용) 물통을 당나귀나 노새의 등에 실은 뒤 레지오 에밀리아 Reggio Emilia나 모데나 Modena, 롬바르디아 Lombardia 지역으로 보내는 중이었다. 어떤 이들은 침대에 누워 쉬면서 산 조반니 온천물을 마신다고 한다. 이때 따라야 할 규칙은 배와 발을 따뜻하게 하고 많이 움직이면 안 된다는 것이다. 산 조반니 온천 근처에 사는 사람들은 온천물을 3~4마일 떨어진 자기 집으로 가져간다. 산 조반니 온천수는 배변 활동을 돕는 데에는 그렇게 효과적이지 않다. 이는 실제로 약장수들이 사람들에게 산 조반니 온천수를 마시기 전에 피스토이아 근처에 있는 온천에서 길어온 물을 한 잔 가득 따라 마시도록 하는 것을 통해 알 수 있다. 이는 피스토이아 근처의 온천물이 계속해서 활성화 상태를 유지함으로써 나중에 산 조반니 온천물과 함께 효과를 낼 수 있도록 하기 위해서다. 피스토이아 온천수는 톡 쏘는 맛이 나고 원천에서 흐르는 물처럼 아주 뜨겁다. 다음날에는 다른 온천에서 그랬던 것처럼 색깔이 크게 변하지 않은 맑은 오줌을 누었고, 돌멩이도 많이 섞여 나왔다. 하지만 이는 온천수가 아니라 계피의 영향인 것 같았다. 실제로 계피를 먹은 날이면 작은 돌멩이들이 많이 나오곤 했다.

나는 여기 사람들 사이에서 오래오래 회자될 이야기를 들었다. 쥬세페Giuseppe라고 불리는 군인의 이야기다. 이 근방에서 살고 있던 쥬세페는 어느 한 해전에 참전했다가 터키인들에게 포로로 잡히고 말았다. 그는 제노바 사람들이 타는 갤리선들 중 한 곳에서 노역하는 죄수들을 통솔하는 일을 하면서 아직 살아 있다고 한다. 실제로 이곳에서 지내는 동안 그와 가까운 친척들을 여럿 만나기도 했다. 쥬세페는 자유롭게 살기 위해 터키인이 되기로 했다. (실제로 이 지역 근처의 산에 사는 사람들 중에는 이렇게 터키인으로 살고 있는 사람들이 많다.) 그리고 터키 땅에서 할례도 치르고 혼인도 올렸다. 그러던 어느 날 쥬세페는 근처의 해안가를 약탈하러 왔다가 다른 터키인들 몇 명과 함께 주둔지를 빠져나와 멀리 이동하게 됐고, 그러던 중에 반란을 일으킨 민중들에게 포획되고 말았다. 그는 고심 끝에 본인은 항복하기 위해 계획적으로 빠져나온 것이며 기독교를 믿는다고 주장했다. 그렇게 며칠이 지났고 그는 결국 자유의 몸이 되어 여기 빌라 온천으로 왔다가 내가 묵고 있는 숙소의 맞은편에 있는 숙소에 들어갔다가 우연히 자신의 어머니를 만나게 됐다. 어머니는 아들에게 그동안 어떻게 무엇을 위해 살았는지 화를 내며 물어보았다. 왜냐하면 그가 아직도 뱃사람의 옷을 입고 있었기 때문이다. 이곳에서는 어색한 차림이었다. 그렇게 쥬세페는 자신이 원래 어떤 사람이었는지 떠올리며 본인이 지난 10~12년 동안 실종된 상태였다는 사실을 깨닫고는 어머니를 안아주었다. 오열하던 어머니는 갑자기 정신을 잃고 말았고, 다음날까지도 기력을 회복할 기미는 딱히 보이지 않았다. 의사들은 가망이 완전히 없다고 했다. 어머니는 마침내 깨어나기는 했지만 그 이후로 오래 살지는 못했다. 모든 사람들이 어머니의 수명이 아들 일로 받은 충격 때문에 단축된 것이라고 생각했다. 마을 사람들은 한 명씩 돌아가면서 불쌍한 쥬세페에게 식사를 거하게 차려주었고, 교회에서는 그에게 지난 과오를 바로잡고 다시 개종하기를 요구했다. 쥬세페는 루카 주교로부터 빵과 포도주를 받았고, 다른 의식들도 몇 가지 더 진행됐다. 그러나 그는 그저 순순히 받아들이는 척하는 것일 뿐이었다. 지금의 쥬세페는 뼛속까지 터키인이었다. 그는 터키 왕국으로 돌아가기 위해 이곳을 몰래 탈출하여 베네치아로 향했고, 그곳에서 다른 터키 사람들과 재회하여 다시 길을 나섰다. 들리는 이야기로는 쥬세페는 힘이 좋고 해군과 관련된 문제에도 조예가 매우 깊어서 제노바 사람들은 아직까지도 그에게서 자유를 빼앗고 구속하여 데리고 있으면서 이용하고 있다고 한다.

이쪽 지역에 주둔하는 군인들 중에는 지역 주민 출신이 많다. 이들은 모두 공식적으로 영주를 위해 복무하는 사람들이다. 대령은 가끔씩 군사들에게 사격술을 연습시키거나 소규모 접전 훈련을 진행하는 것 말고는 다른 임무가 있지 않다. 군인들은 아무런 보수도 받지 않는 대신, 무기와 쇠사슬을 엮어 만든 갑옷이나 화승총처럼 본인의 마음에 드는 것이라면 무엇이든지 몸에 지니고 있을 수 있다. 또 개인적으로 진 빚 때문에 몸이 묶여 있어서는 안 되고, 전시에는 임금을 받을 수 있다. 군인들 중에는 대위도 있고 기수나 하사도 있다. 외국인만 맡을 수 있는 대령 계급만이 유일하게 봉급을 받고 지낸다. 전날에는 보르고에서 지내는 대령이 나를 찾아왔다. 대령은 사람을 통해 온천에서 4마일 떨어진 곳에 위치한 보르고에서부터 레몬 16개와 아티초크 16개를 우리에게 보내주었다.

빌라 온천수가 부드럽고 효과가 약하다는 사실은 물이 음식에 굉장히 쉽게 스며들어버리는 것으로도 확인할 수 있다. 빌라 온천수는 음식과 닿는 동시에 곧바로 음식의 색깔을 변하게 하고 분해 작용을 일으킨다. 여기 온천물을 마시면 다른 온천수를 마셨을 때와는 달리 오줌을 누고 싶은 기분이 들지 않는다. 내가 직접 경험한 것도 그렇고 동시에 다른 사람들이 경험하는 것을 봐도 그렇다.

로마에서 지냈던 숙소와 비교하면, 이곳에서는 쾌적한 환경에서 아주 편안하게 생활하고 있는 편이다. 그럼에도 불구하고 여기 숙소에도 벽난로나 창틀은 없고, 내 방에는 창유리마저도 부족하다. 이를 통해 유추해보건대 이탈리아에는 프랑스만큼이나 폭풍이 자주 오지 않는 것 같다. 폭풍이 자주 몰아치는 곳이었다면, 거의 대부분의 집이 이렇게 나무로 된 창문 말고는 아무런 대비용 장치도 갖추고 있지 않다는 게 도저히 참을 수 없을 만큼 불편한 환경이었을 것이기 때문이다. 이런 점만 제외하면 이곳에서는 잠을 아주 잘 자고 있다. 여기 숙소의 침대는 크기가 작고, 형편없는 사각대 위에 길이와 폭을 맞춰 나무판자를 깔아놓은 구조이다. 판자 위에는 짚으로 된 매트리스와 일반적인 매트리스가 하나씩 놓여 있다. 침대 위를 덮어주는 지붕만 있었다면 눕기에 아주 좋은 침대가 됐을 것이다. 이런 침대에서 사각대와 나무판자가 밖으로 보이지 않게 하는 방법에는 세 가지가 있다. 첫 번째는 로마의 숙소에서처럼 침대 덮개와 동일한 종류의 천으로 만든 띠를 사용하는 것이다. 두 번째 방법은 천장의 덮개를 충분히 길게 늘어뜨려서 바닥까지 내려올 수 있도록 하여 모든 것을 덮어버리는 것으로, 가장 좋은 방법이라고 할 수 있다. 세 번째는 침대의 네 모퉁이에 단추로 묶여 있는 커버를 바닥까지 내리는 방법이 있다. 다만, 커버의 재질은 흰 퍼스티언 천처럼 조금 얇은 것이어야 하고 보온을 위해서는 그 아래에 또 다른 커버를 덧대야 한다. 내가 이렇게 절약하는 방법을 배우는 것은 적어도 나와 함께 다니는 일행에게 배려하기 위해 그리고 평상시에 집에서도 활용하기 위해서이지 개인적으로 이런 침대 틀 같은 것이 필요할 일은 없을 것이다. 이렇게 하면 침대에도 아주 편안하게 누워 있을 수 있으며, 그뿐만 아니라 몸에 빈대가 붙는 것도 아주 효과적으로 막아낼 수 있다.

나는 그날 점심식사를 마친 뒤 온천을 하러 가서는 이쪽 지역에서 따라야 하는 규칙을 지키지 않았다. 빌라 온천에서는 탕 하나의 효능이 다른 탕의 효능을 방해한다고 생각하여 서로 다른 탕을 구분지어 놓는다. 이곳 사람들은 온천물을 몰아서 다 마셔버린 다음 온천욕을 한다. (먼저 8일 동안 온천물을 마시고, 이어서 30일 동안은 온천만 하는 식이다.) 이때 이쪽 탕에서 온천물을 마셨다면, 온천은 다른 탕에서 해야 한다. 빌라 온천은 물이 매우 부드럽고 깨끗한 편이다. 나는 30분 정도 탕 안에 들어가 있으면서 땀을 아주 조금 흘렸다. 그러자 곧 저녁 먹을 시간이 됐다. 온천을 끝내고 나서는 침실로 돌아가 저녁으로 설탕에 절인 레몬을 곁들인 샐러드를 먹었다. 식사 중에는 아무것도 마시지 않았다. 그날 마신 온천수가 1파운드도 되지 않았기 때문에, 다음날까지 계산해봤을 때 이런 식으로 하면 그동안 내가 마셨던 온천물을 대부분 몸에서 비워낼 수 있을 것 같은 생각이 들었다. 오줌을 몇 번 누었는지 센다는 것은 참 우스꽝스러운 짓이다. 컨디션은 좋지 않았지만, 다른 온천에서 지냈을 때처럼 생기 넘치는 기분이었다. 하지만 마신 온천물이 소변으로 나오지 않는 것이 아주 걱정됐다. 아마 다른 온천에서도 이런 적이 있었던 것 같은데, 지금은 상황이 꽤 심각했다. 온천에 도착한 그날부터 마시기 시작한 온천물에서 적어도 3분의 2 이상이 아직 몸 밖으로 나오지 않았다면, 보통은 더 이상 온천수를 마시지 않거나 약을 복용하는 것을 추천한다고 한다. 개인적인 경험을 통해 제대로 파악하고 있는 게 맞다면, 빌라 온천수는 건강에 그렇게 해롭지 않으며 그렇다고 해서 딱히 좋은 효과를 내는 것도 아니라고 생각한다. 그저 물의 온도가 따뜻하고 효과가 약할 뿐이다. 또한 신장을 깨끗하게 씻어준다기보다는 신장의 활동을 더욱 활성화시켜버린다는 것이 두려운 부분이다. 나에게는 약효가 더 뛰어나고 온도도 더 뜨거운 온천수가 필요하다고 생각한다.

목요일 아침에는 다시 온천물을 5파운드나 마셨다. 이번에도 몸 밖으로 배출해내지 못하고 속만 불편할까 봐 걱정스러웠다. 그러고 나서 대변을 한 번, 오줌을 아주 소량으로 누었다. 같은 날 아침에는 옷사 씨에게 편지를 쓰는 동안 라 보에시La Boétie 생각이 나서 마음이 아파 몸을 꼼짝할 수 없었다. 그런 기분은 쉽게 없어지지 않고 오래 이어졌다. 굉장히 아프고 힘이 들었다. 온천물이 흐른 자리에는 주변의 흙이 온통 붉고 녹이 슬어 있으며 수도관도 마찬가지다. 게다가 온천수를 마셔도 아무런 맛이 나지 않으니, 나로서는 이 물에 철분이 많이 함유되어 있기 때문에 길가의 흔적은 그런 성분이 엉겨서 생긴 결과가 아닐까 하는 생각이 들었다. 목요일에는 점심식사를 기다리는 5시간 동안 내가 마셨던 온천수에서 고작 5분의 1만을 배출해냈다. 도대체 이렇게나 아무런 효과도 없는 약이 있을 수 있을까? 그동안 내 몸속을 너무 심하리만큼 깨끗하게 비우려고 했던 것이 후회됐다. 결국 내가 마신 온천물은 내 몸이 텅 비어 있다고 인식하고 스스로 음식물처럼 기능하면서 밖으로 나오지 않고 그 안에 머물러 있는 것이라고 볼 수도 있을 것이다. 방금 막 도나티Donati라는 의사가 쓴 책에서 여기 빌라 온천수에 대한 부분을 읽었다. 책에서 의사는 점심은 조금 먹고 저녁을 더 잘 먹으라고 조언하고 있다. 나는 다음날에도 계속해서 온천수를 마셔볼 생각이었다. 여기 온천수에 대한 나의 추측도 의사의 주장을 뒷받침한다고 생각한다. 한편, 동료 의사인 프란쵸티Franciotti는 도나티 씨와 의견이 달랐다. 둘은 그 밖의 다른 많은 내용에 대해서도 의견이 일치하지 않았다. 그날에는 신장 부분에서 묵직한 느낌이 들었다. 마신 온천물이 신장 안에 고여 있어서 이런 증상이 생기는 것일까봐 무서웠다. 그때부터 24시간 동안은 오줌으로 나오는 모든 것을 세기 시작했고, 식사 중에는 물을 얼마나 조금 마셨는지까지 생각을 하려고 하니 한계에 다다랐다.

금요일에는 온천물을 마시지 않았다. 대신 아침에 온천을 하러 가서 이곳 사람들의 관습과는 반대로 머리를 감았다. 빌라 온천에서는 온천물에 설탕을 입힌 사탕이나 만나나무의 수액 같은 것을 약처럼 풀어 녹여서 효능을 증가시키는 관습이 있다. 심한 경우에는 온천물을 마실 때 첫 번째 잔에 효과가 더 강력한 약을 넣기도 한다.

그런 목적으로는 가장 일반적으로 테투치오Tettuccio의 온천수가 사용된다. 테투치오 온천물은 직접 먹어보니 맛이 아주 짰다. 나로서는 약장수들이 피스토이아 근처에 흐른다고 알려진 테투치오 온천수를 가져오는 대신에 그냥 평범한 물을 교묘하게 꾸며서 테투치오 온천수라고 하는 것은 아닐까 하는 의구심이 들었다. 왜냐하면 실제 테투치오 온천수에서는 짠맛 말고도 무언가가 특별한 맛이 더 나기 때문이다. 여기 사람들은 테투치오 온천수를 다시 뜨겁게 해서 처음에는 한 잔만 마시고, 그다음부터는 두세 잔씩 마시곤 한다. 나는 이들이 테투치오 온천수라고 생각하는 것을 마신 후에도 아무런 효과를 보지 못하는 경우를 직접 보았다. 어떤 사람들은 첫 번째나 두 번째 잔 또는 세 번째 잔까지 소금을 넣어 마시기도 한다. 여기 빌라 온천에서는 땀이 나는 것과 온천물을 마신 다음에 바로 잠을 자는 것이 건강에 굉장히 치명적이라고 생각한다. 하지만 내가 느끼기에는 여기 온천물을 마시면 땀샘의 작용이 아주 활발해지는 것 같다.

* * *

바로 아래 문단부터는 몽테뉴가 프랑스로 돌아가는 길에 피에몬테 Piemonte 지방을 밟기 전까지 기록한 것으로, 이탈리아어로 작성됐다. 그는 이탈리아어로 글을 쓸 줄 알았거나 적어도 말을 할 줄 알았다. 몽테뉴의 이탈리아어는 프랑스어보다 더 세련되지는 않다. 그러나 우리는 이 부분을 조금도 수정하지 않고 몽테뉴가 작성한 그대로를 옮겨 적었다. 프랑스어로 번역할 때는 조금 더 자유로운 방식을 택했다. 원문의 글자에 맹

목적으로 복종할 필요는 없을뿐더러 원저자의 프랑스어 문체에 맞춰야 할 필요는 더더욱 없다고 생각했다.[6]

* * *

이제는 토스카나 지방의 언어로 이야기를 해볼까 한다. 지금 우리가 있는 곳은 토스카나 원어민 화자들 사이에서 가장 완벽한 토스카나말을 들을 수 있는 환경이다. 이들은 자기 지역의 언어를 이웃해 있는 다른 지역의 언어들과 섞지 않음으로써 오염시키지 않고 사용하고 있다.

나는 토요일 아침 일찍 베르나보Bernabò 온천으로 온천물을 구하러 갔다. 베르나보 온천도 이쪽 산지에 있는 온천들 중 하나이다. 이 지역에만 뜨겁고 차가운 온천들이 얼마나 많은지 놀라울 따름이다. 산의 높이는 그다지 높지 않았다. 그래도 빙 돌아간다면 아마도 3마일 정도는 걸어야 했을 것이다. 이쪽 지역 사람들은 이곳에서 가장 큰 온천으로서 우리가 이용하고 있는 빌라 온천과 불과 몇 년 전부터 사용되기 시작한 베르나보 온천에서만 온천물을 마신다. 베르나보 온천에는 '베르나보'라는 어느 나병 환자가 이쪽 지역에 있는 모든 온천에서 온천물도 마셔보고 온천욕도 해보고는 바로 이곳에 정착하기로 결심했고 결국 병이 다 나았다는 이야기가 전해진다. 이렇

---

6   이 부분은 케를롱이 본문의 중간에 삽입해 넣은 메모이다. 실제로 1774년 판본에는 몽테뉴가 쓴 이탈리아어 원문을 책의 맨 뒤에 부록처럼 추가하여 독자들이 참고할 수 있도록 했다.

게 이곳 온천물로 병을 치료했다는 이야기 덕분에 명성을 얻게 된 곳이다. 베르나보 온천 주변에는 집은 없고, 지붕이 덮여 있는 작은 헛간 하나와 수도관 주변으로 마련되어 있는 돌의자들뿐이다. 쇠로 만든 수도관은 최근에 설치된 것임에도 불구하고, 땅속에 묻혀 있는 부분이 이미 거의 부식된 상태였다. 사람들 말로는 그 원인이 수도관 안을 흐르는 온천수 때문이라는데, 매우 그럴듯한 추측인 것 같다. 베르나보 온천수는 다른 곳의 온천수보다 조금 더 뜨겁다. 사람들은 베르나보 온천수가 조금 더 걸쭉하고 냄새도 더 지독하다는 데 동의한다. 이곳에서는 다른 온천보다 유황 냄새가 조금 더 많이 나기는 하지만, 그래도 약한 축에 속한다고 생각한다. 베르나보 온천물이 떨어진 자리는 프랑스 온천들에서처럼 잿빛으로 하얗게 변해 있다. 온천은 내가 묵고 있는 숙소에서 1마일도 채 안 되는 곳에 산기슭 주변에 자리 잡고 있었다. 뜨거운 물이 나오는 다른 온천들보다는 지대가 꽤 낮은 곳에 있었다. 강가에서는 1~2피크 정도 떨어진 곳이었다. 나는 베르나보 온천수를 5파운드만큼 마셨다. 그날 아침 컨디션이 별로 좋지 않아서인지 마실 때 거북한 느낌이 들었다. 그 전날에는 한낮에 점심을 먹고 난 뒤, 더운 날씨에 3마일 정도 긴 산책을 했다. 그러고 나서 저녁을 먹으니 왠지 모르게 온천수를 마신 효과가 더 강하게 느껴졌고, 30분 만에 먹은 것이 전부 소화되는 것을 느꼈다. 베르나보 온천에서 다시 숙소로 돌아가기 위해 2마일 정도를 크게 돌아갔다. 평소에는 하지 않던 운동을 한다는 것이 나에게 좋은 영향을 미칠지는 모르겠다. 사실 평소에는 아침 공기에 몸이 차가워지지 않도록 하기 위해 온천물을 마신 다음에는 곧바로 방으로 돌아가곤 했기 때문이다. 게다가 빌라 온천에서는 숙소에서 탕까지 거리가 30보도 채 되지 않는다. 베르나보 온천물을 마신 후 처음 나온 오줌은 색깔이 자연스러웠고 모래알도 꽤 많이 섞여 나왔다. 그다음 두 번째로 싼 오줌은 정화 작용이 되지 않았는지 하얀색을 띠었다. 배 속에는 계속 가스가 차 있는 상태였다. 오줌을 3파운드째 눌 즈음에는 약간 붉은 기가 보였다. 나는 마신 물의 절반 이상을 점심을 먹기 전에 배출해냈다.

여기 산속을 이곳저곳 돌아다니면서 뜨거운 물이 흐르는 샘물을 여러 군데 발견했다. 게다가 여기 시골 사람들 말로는 겨울이 되면 연기가 나오는 곳이 많다고 한다. 그 증거로 어떤 곳에서는 아직까지도 연기가 피어오르고 있었다. 이런 샘물들도 우리가 이용하는 빌라 온천의 온천물과 마찬가지로 아무런 냄새도 맛도 연기도 나지 않는 뜨거운 물이다. 코르세나 온천보다 지대가 더 낮은 곳에서 또 다른 장소를 하나 발견했다. 그곳에는 다른 곳에서보다 훨씬 더 편리하게 사용할 수 있는 작은 수도관이 굉장히 많이 있었다. 사람들 말로는 그 근처에 이 수도관들로 물을 대는 탕만 8~10개 정도가 있다고 한다. 수도관의 꼭지에는 '풍미', '온화', '사랑', '왕관'(또는 '영광'), '절망' 등과 같이 각각에 흐르는 물이 낼 수 있는 효과로 다양한 이름이 적혀 있었다. 실제로 몇몇 수도관에서는 다른 수도관에서보다 더 뜨거운 물이 흐른다.

주변 산들에는 거의 대부분 밀과 포도가 풍성하게 자라고 있다. 하지만 50년 전에는 밤나무 같은 나무들밖에 없었다고 한다. 비록 온천에서 아주 멀기는 하지만, 어떤 산꼭대기에서는 자라는 나무 하나 없이 아직까지도 눈이 쌓여 있는 모습을 볼 수 있다. 이쪽 지역 사람들은 일명 '나무빵'이라고 부르는 빵을 먹는데, 이곳의 주요 특산물인 밤으로 만든 빵을 말한다. 만드는 방법은 프랑스에서 먹는 진저브레드와 똑같다. 살면서 두꺼비와 뱀을 이렇게나 많이 본 적은 처음이다. 산이나 덤불 속에 딸기가 많이 열려 있지만, 남자아이들은 뱀이 무서워서 감히 딸기를 따러 갈 생각을 하지 못한다.

이곳 사람들은 배 속의 가스를 빼내기 위해 물 안에 고수 씨앗을 서너 개 넣어 마신다. 5월 14일 오순절에는 베르나보 온천수를 5파운드 이상 마셨다. 내가 사용한 유리잔은 한 잔에 1파운드 이상을 담을 수 있는 크기다. 이곳에서는 매년 있는 네 개의 큰 축일을 가리켜 '파스쿠아'[7]라고 부른다. 아침에 온천물을 마신 다음 처음으로 싼 오줌으로는 모래가 많이 섞여 나왔고, 두 시간이 채 안 되는 시간 동안 마셨던 물의 3분의 2 이상을 배출해냈다. 다른 온천에서도 그랬던 것처럼, 나는 이곳에서도 오줌을 누고 싶은 마음으로 온천수를 마셨다. 식욕은 평상시와 비슷했다. 그날 결국에는 배 속도 비우고 오줌도 아주 편하게 눌 수 있었다. 이탈리아 사람들이 1파운드라고 잰 것은 고작 12온스밖에 되지 않는다.

이곳에서는 아주 적은 돈으로도 생활이 가능하다. 육질이 좋고 부드러운 송아지 고기가 1파운드에 프랑스 돈으로 단돈 3솔밖에 하지 않는다. 숭어가 많이 잡히지만, 크기는 아주 작은 편이다. 이곳에는

---

7   *Pasqua*. '부활절'이라는 뜻의 이탈리아어. 여기서는 부활절과 오순절, 성탄절, 예수 승천일을 통칭하는 용도로 사용했다.

훌륭한 솜씨로 양산을 만드는 장인들이 있다. 이쪽 지역 사람들은 어디를 가더라도 항상 양산을 가지고 다닌다. 언덕이 많은 곳이고, 지면이 평평한 길은 거의 찾아볼 수 없다. 하지만 그중에는 아주 편하게 걸을 수 있는 길도 있고, 심지어는 산으로 이어지는 길도 대부분 포장이 되어 있다. 점심을 먹은 뒤에는 시골 여자아이들과 함께 춤을 추었다. 너무 내성적으로 보이지 않기 위해 춤을 추겠다고 자진해 나섰다. 토스카나와 우르비노를 포함하여 몇몇 이탈리아 지방에서는 남녀가 춤을 출 때 여자는 프랑스식으로 무릎을 굽혀 인사한다. 마을에서 가장 가까운 곳에 있는 샘물의 수도관 근처에는 정확히 110년 전 5월 초하룻날에 세워졌다는 정사각형 모양의 대리석이 하나 있다. 그 위에는 샘물의 특성이 적혀 있다. 적혀 있는 내용에 대해서는 루카 지역의 온천을 설명해놓은 여러 책에서도 찾아볼 수 있으므로, 여기서는 생략하도록 하겠다. 모든 온천탕에는 사람들이 함께 사용할 수 있도록 작은 모래시계가 놓여 있다. 나는 사람들이 준 모래시계 두 개를 언제나 내 탁자 위에 올려놓고 지냈다. 오늘 저녁에는 버터와 설탕을 입혀 구운 빵 세 조각 말고는 아무것도 먹지도 마시지도 않았다. 베르나보 온천물이 몸속에서 배출이 이루어지는 길을 충분히 뚫어주었다는 생각이 들어서 월요일에는 원래 마셨던 빌라 온천수를 다시 마시기 시작했다. 5파운드나 마셨다. 빌라 온천물은 원래 그랬던 것처럼 땀을 나게 하지는 않았다. 그러고 나서 처음으로 눈 오줌에는 작은 돌멩이 조각이 몇 개 빠져나왔다. 돌하나가 잘게 부서지면서 생긴 것처럼 보였다. 빌라 온천수는 베르나보 온천수와 비교하면 거의 차가운 수준이다. 비록 베르나보 온천수도 온도가 굉장히 미지근해서 플롱비에르나 바네르 온천의 뜨거운 정도와는 거리가 멀기는 하지만 말이다. 온천물의 효과는 소변과 대변으로 모두 확실하게 나타났다. 온천수를 마신 첫날 효과를 보지 못했다면 더 마시는 것을 멈추라고 조언했던 의사들의 말을 믿지 않아 다행이었다.

5월 16일 화요일에는 이곳 지역의 관습에 따라 온천물을 마시는 것을 중단했고, 탕 안에 들어가 물이 솟아오르는 부분에 자리를 잡고 한 시간 이상을 있었다. 내 마음에 쏙 드는 방식이었다. 실제로 탕 안의 다른 부분에서는 물이 너무 차갑다고 느껴졌다. 아랫배와 장에는 아직도 가스가 차 있는 것 같았다, 통증이 있는 것도 아니었고 위에도 가스가 차 있는 것은 아니었지만, 가장 큰 원인이 빌라 온천수가 아닐까 하는 걱정이 들었다. 온천을 너무 심하게 즐긴 나머지, 나도 모르게 탕 안에서 깜빡 잠이 들 뻔했다. 땀이 나지는 않았지만, 배 속은 부글거렸다. 탕에서 나온 다음에는 젖은 몸을 잘 말린 뒤 침대에 누워 잠시 휴식을 취했다.

이 지역에서는 매달 각 구역의 대리관이 자신이 거느리는 군사들의 관병식을 진행한다. 나를 찾아와서 엄청난 친절을 베풀어주었던 대령도 자기 군사들을 대상으로 식을 거행했다. 대령의 군사들은 총 200명으로 창병과 머스킷 총병으로 구성되어 있었다. 식이 끝난 다음에는 군사들을 훈련시켜야 한다. 이들은 시골 출신이라기엔 훈련이 너무 잘 되어 있었다. 한편, 대령이 맡은 가장 중요한 임무는 군사들이 규율을 지키도록 다스리고 군사훈련을 시키는 것이라고 한다. 이쪽 지역 사람들은 프랑스파와 에스파냐파로 나누어진다. 이러한 구분은 때때로 심각한 분쟁을 일으키는데, 심지어 공공장소에서도 싸움이 발생하곤 한다. 우리 프랑스파인 여인들과 남성들은 오른쪽 귀에 꽃을 한 묶음 꽂고 있고, 머리가 긴 사람은 땋은 뒤 그 위에 보닛을 쓰고 있다. 에스파냐파 사람들은 그와 반대로 왼쪽 귀에 꽃을 꽂고 있다.

여기 시골에 사는 남자들과 부인들은 귀족 가문의 사람들처럼 옷을 입는다. 이곳에서는 깔끔한 천 양말에 새하얀 구두를 신고 색색의 얇은 명주로 만든 앞치마를 입고 있지 않은 여인을 찾아보기가 어렵다. 이들은 춤을 출 때 깡충깡충 뛰어오르기도 하고 발레리나처럼 한쪽 발로 서서 빠르게 회전하는 동작도 아주 잘 해냈다.

이쪽 영지에서 '프린치페'[8]라고 부르는 것은 120명의 의원으로 구성된 의회를 가리킨다. 대령은 프린치페의 허가 없이는 부인을 맞이할 수 없으며 허가를 받는 데에는 많은 수고가 따른다. 의회에서는 외국인 신분인 대령이 본인들의 지역에서 친구를 사귀거나 가족 관계를 이루는 것을 원하지 않기 때문이다. 심지어 대령은 그 어떤 재산도 취득할 수 없다. 군사들 또한 의회의 허가 없이는 지역을 벗어날 수 없다. 그중에는 이 산들을 넘어가 그곳에서 구걸해 번 돈으로 자신의 무기를 마련하는 가난한 사람들이 많았다.

수요일에는 탕 안에 들어가서 1시간 이상 온천을 했다. 땀이 조금 났고, 물속에 머리도 담갔다. 여기 온천에서 지내는 동안에는 독일 사람들이 겨울이 되면 옷과 그 밖의 모든 물건들을 난로에 데워

---

8 *Principe.* '군주', '왕자'라는 뜻의 이탈리아어.

서 사용하는 관습이 아주 편리하다는 사실을 깨달았다. 독일에서 우리가 수로 드나드는 낭을 관리하던 종업원은 쇠로 된 삽 위에 숯덩어리를 몇 개 올려놓은 다음 벽돌 위에 삽을 얹어 올려서 공기가 통하게 함으로써 난로에 불을 지피곤 했다. 그렇게 하면 옷이 아주 빠르게 잘 말랐다. 실제로 프랑스에서 불을 지피는 방식보다 훨씬 더 편리한 방법이다. 독일 사람들이 사용하는 삽은 프랑스에서 쓰는 것처럼 판이 넓적하고 손잡이 부분이 긴 냄비 같은 모양이었다. 이쪽 지역 사람들은 결혼하지 않았거나 결혼 적령기에 있는 여자아이를 '밤비나'라고 부르고, 아직 턱수염이 나지 않은 남자아이는 '푸토'라고 부른다.[9]

목요일에는 조금 더 서두른 덕분에 보다 편하게 온천을 할 수 있었다. 탕 안에 들어가 땀을 조금 흘렸고, 탕에서 물이 솟아 나오는 부분에 머리를 대고 있었다. 온천을 하고 나니 힘이 조금 떨어지는 게 느껴졌고, 신장 쪽에서도 약간 묵직한 느낌이 들었다. 보통은 온천물을 마실 때 나는 효과처럼 오줌에서는 모래알이 섞여 나왔고 가래도 많이 나왔다. 여기 빌라 온천수는 물을 마셨을 때의 효과와 물 안에 들어가서 온천을 했을 때의 효과가 똑같은 것 같다.

금요일에도 계속 온천을 했다. 이곳 사람들은 매일같이 여기 빌라 온천과 코르세나 온천에서 길은 어마어마한 양의 온천물을 이탈

---

9   원문에는 이탈리아어로 각각 '밤베bambe'와 '푸티putti'라고 적혀 있다. 현대 이탈리아어에서는 어린 여자아이와 남자아이를 가리켜 각각 '밤비나bambina'와 '푸토 putto'라고 하여 그렇게 번역했다. '푸티'는 '푸토'의 복수형이고, '밤비나'의 복수형은 '밤비노bambino'이다.

리아 각지로 실어 보낸다. 이곳에서 지내면서 피부색이 더 깨끗해진 것 같았다. 아랫배 쪽에서는 가스가 아직도 빠지지 않은 것 같아서 불편했지만 아프지는 않았다. 온천을 하고 나서 싼 오줌에는 거품이 많이 섞여 나왔다. 거품은 처음의 모양을 그대로 유지한 채 오랫동안 터지지 않았다. 오줌에는 가끔씩 검은 털이 섞여 나왔지만 많은 양은 아니었다. 그러고 보니 언젠가 오줌에서 털이 많이 나왔던 때가 생각난다. 평소의 오줌은 색깔이 탁하고 그 안에는 기름처럼 끈적끈적한 어떤 물질이 섞여 있다.

이탈리아 사람들은 우리 프랑스 사람들처럼 고기를 많이 먹지는 않는다. 이곳에서는 아주 평범한 종류의 고기만 판매되며, 사람들은 고기의 가격에 대해서도 잘 모르고 지낸다. 나는 요즘이 제철인 아주 신선한 새끼토끼 고기를 프랑스 돈으로 단돈 6솔에 구입했다. 이곳에서는 아무도 고기를 사지 않기 때문에, 동물을 사냥하거나 가축으로 키우는 일도 없다.

토요일에는 날씨가 굉장히 흐리고 방 안에 있으면 덧문이나 창문이 없다는 것이 아주 잘 느껴질 정도로 바람이 세게 불어서, 온천을 하러 가지도 온천수를 마시지도 않고 조용히 하루를 보냈다. 나는 여기 빌라 온천수의 효과 중 하나로 굉장히 놀라운 사실을 발견했다. 그것은 바로 평소에 온천탕에서 나와 함께 온천물을 마셨을 때에도 오줌에 단 한 번도 모래알이 섞여 나온 적이 없었던 남동생이 여기에서 온천을 한 이후로 엄청난 양의 모래알을 배출하게 된 것이다.

일요일 아침에는 온천을 했지만 탕 안에는 몸만 담그고 머리는 담그지 않았다. 점심을 먹은 뒤에는 이곳 온천 마을의 관습에 따라 상품을 걸고 춤 대회를 열었다. 이곳에서 올해에는 처음으로 열리는 경연을 주최하고 싶었다. 나는 사람들에게 대회가 열리기 5~6일 전에 인근에 있는 모든 지역에 대회 소식을 알리도록 했다. 대회 전날에는 특별히 빌라 온천과 코르세나 온천 두 곳에서 지내고 있는 귀족 신사숙녀들에게 초대장을 보냈고, 무도회와 경연 이후에 있을 저녁식사에 함께해주기를 부탁했다. 상품을 구입하기 위해서 루카에 사람을 보냈다. 이곳에는 상품을 여러 개 준비하는 관습이 있다. 대회에 참여한 많은 여인 가운데 단 한 명에게만 혜택을 주는 것처럼 보이지 않도록 하고 그 어떤 질투나 의심을 피하기 위한 목적이다. 여인들을 위한 상품으로는 언제나 8~10개가 준비되며, 남자들을 위한 상품은 고작 2~3개뿐이다. 많은 여인들이 본인이나 자신의 조카 또는 딸에게 특별히 신경을 써달라고 부탁해왔다. 대회 며칠 전에는 루카에 있는 나의 훌륭한 벗 메세르 조반니 다 빈첸초 사미니아티Messer Giovanni da Vincenzo Saminiati 씨가 가죽 벨트 하나와 검은색 천으로 된 보닛 하나를 남자용 상품으로 보내왔다. 내가 그에게 쓴 편지에서 부탁한 그대로였다. 여자용 상품으로는 먼저 태피터 천으로 만든 앞치마 두 장을, 하나는 초록색으로 다른 하나는 보라색으로 준비했다. (언제나 특별상을 주고 싶은 한두 명을 위해 값이 조금 더나가는 상품을 몇 가지 준비해놓아야 하는 것을 잊어서는 안 된다.) 그리고 거친 모슬린 천으로 된 앞치마 두 장과 장식용 핀을 담는 상자 네개, 펌프스 구두 네 켤레(이 중에서 한 켤레는 대회에는 참여하지 않은 어떤 어여쁜 여자아이에게 주었다), 슬리퍼 한 켤레(이 슬리퍼에다가는 펌프스 구두 한 켤레를 얹어서 두 개를 묶어 하나의 상품으로 만들었다), 머리망 세 개와 머리카락을 땋을 때 필요한 도구 세 개를 각각 하나씩 묶어 만든 상품 세 개, 작은 목걸이 네 개도 준비했다. 여자용으로는 총 19개 상품이 준비됐다. 이 모든 것을 사는 데에는 6에퀴보다 조금 더 들었다. 나는 피리를 부는 사람을 다섯 명 고용했고, 대회 당일에는 하루 종일 식사도 제공해주었다. 이들의 일당을 다 합쳐서는 1에퀴가 들었다. 이들은 보통 이 가격으로는 연주해주지 않는다는데 우리가 운이 좋았다. 상품은 온통 화려하게 장식된 고리 같은 것에 걸어서 모든 사람들이 볼 수 있도록 전시해놓았다.

먼저 우리와 가까운 곳에서 지내는 여인들을 데리고 광장으로 가서 춤 대회를 시작했다. 처음에는 오는 사람이 우리밖에 없을까 봐 걱정됐다. 그러나 이내 곧 사방에서 많은 사람들이 몰려왔고, 특히 최선을 다해 자리에 모시려고 했던 이곳 영지의 귀족들이 많이 와주었다. 어쨌든 간에 사람들은 내가 이런 대회를 주최한 것에 대해 만족스러워하는 모습이었다. 날이 조금 더워지는 바람에 부온비시 가문의 대저택의 홀로 이동해서 행사를 진행했다. 그곳은 무도회를 열기에 안성맞춤인 곳이었다.

오후 5시가 조금 넘었을 무렵부터 날이 저물기 시작했다. 가장 권위 있는 부인들에게 다가가서 나에게는 여기 있는 여자아이들을 보면서 미모가 아름답다거나, 우아하다거나, 태도에 품위가 있다거나 하는 식으로 판단을 내릴 수 있을 만큼 충분한 기술도 없거니와 배짱도 없다고 말했다. 그러면서 부인들께서 심사의 임무를 맡으셔서 마땅히 자격이 있는 사람들에게 상품을 나누어주는 것이 어떻겠냐고 부탁했다. 부인들은 이런 민감한 일에 책임을 지기를 거부했고, 우리는 잠시 시상식을 보류했다. 부인들은 내가 단순히 예의를 차리기 위한 목적으로 본인들에게 그런 부탁을 하는 것이라고 생각했다. 나는 결국 부인들께서 나를 의회에 가입시켜준다면 내가 직접 대회 심사를 하겠다는 조건을 내걸고 다시 제안을 드렸다. 그 결과 나는 먼저 내 두 눈으로 직접 한 명 한 명 확인해가면서 상품을 받을 사람을 선정했다. 아름다움과 우아함을 심사 기준으로 삼고자 했다. 또한 춤을 매력적으로 잘 춘다는 것은 두 발의 움직임뿐만 아니라 춤을 추는 사람 그 자체에서 풍기는 태도와 품위, 매너, 기품에 달려 있다는 것을 확인시키고 싶었다. 그렇게 시상식이 시작됐고, 참가자에 따라 어떤 사람에게는 더 좋은 상품이, 또 다른 사람에게는 그보다 덜 좋은 상품이 주어졌다. 어느 한 부인께서 나를 대신하여 참가자들에게 상품을 나누어주셨다. 나는 오히려 그 부인이 심사의 권한을 가지고 있는 것처럼 행동했다. 여성 참가자들 중 한 명이 상품을 거절한 것을 제외하고는 모든 일이 아주 질서정연하게 순리대로 진행됐다. 그 여성 참가자는 나를 찾아와서 본인의 상품이 다른 사람에게 돌아가야 한다고 간청했지만, 나는 동의하지 않았다. 그녀가 지목한 참가자는 춤 솜씨가 매력적인 사람들 중에 속하지 않는다고 생각했기 때문이다. 상을 받는 사람들은 자기 자리에서 한 명씩 불려 나와서는 부인과 내가 나란히 앉아 있는 곳 앞으로 다가왔다. 내가 적당한 상품을 골라 입맞춤을 한 뒤 부인에게 건네주면, 상품을 받은 부인은 이 젊은 여자 참가자들에게 상품을 전해주면서 우아한 목소리로 이렇게 말했다. "이 귀한 선물은 여기 이분께서 드리는 것이니, 이분께 감사해하십시오." 그러면 나는 "별말씀을요. 오히려 이렇게 많은 사람들 중에서 당신이 상을 받을 만하다고 판단해주신 이 귀부인께 인사를 드리십시오. 이 상품이 당신의 이러이러한 훌륭한 가치보다 더 값진 것이지 못해 매우 유감스럽습니다."라고 말하면서 이들의 자질이 어떠어떠한지를 같이 이야기해주었다. 이런 식으로 동일한 절차가 남성 참가자들에게도 반복됐다. 귀족 신사들과 부인들은 함께 춤을 즐기기는 했지만, 경쟁에 참여하지는 않았다. 사실 이런 시골에서 너무나도 사랑스러운 여자아이들이 숙녀처럼 옷을 차려입고 춤을 아주 잘 추는 모습을 본다는 것은 우리 프랑스 사람들로서는 기분이 아주 좋아지는 일일 뿐더러 보기 어려운 일이기도 하다. 이곳 아이들은 프랑스에서 춤을 가장 잘 추는 아이들과 겨뤄도 될 만큼 실력이 훌륭하지만 춤을 추는 스타일은 달랐다.

나는 대회에 모인 모든 사람들을 저녁식사에 초대했다. 사실 이탈리아에서 진수성찬이라고 말하는 식사는 프랑스 기준으로는 굉장히 약소한 편이다. 송아지 고기의 몇몇 부위와 닭 한두 마리를 준비한 것이 전부였다. 이쪽 구역을 관리하는 대령 프란체스코 감바리니Francesco Gambarini도 함께 저녁을 먹었다. 대령은 볼로냐 출신의 귀족으로 나에게는 형제 같은 사람이다. 프랑스에서 온 귀족 신사도 함께 했다. 그 밖에 특별한 인물은 없었다. 나는 빌라 온천에서 2마일 떨어진 곳에 사는 가난한 시골 여인인 디비지아 Divizia 씨에게도 테이블에 자리를 마련해주었다. 그녀와 그녀의 남편은 오로지 수작업으로 일을 해서 생활을 유지한다. 나이는 37살에 얼굴은 못생긴 그녀는 목에 혹이 하나 있었고, 글자를 쓸 줄도 읽을 줄도 몰랐다. 하지만 아주 어렸을 때 아버지의 집에서 함께 살던 삼촌이 그녀에게 아리스토텔레스와 다른 시인들의 작품을 계속해서 읽어준 덕분에, 그녀는 시인이라고 불릴 정도로 훌륭한 재능을 갖게 됐다. 그녀는 굉장히 빠르게 시구를 지을 수 있을 뿐만 아니라 정식으로 학교 교육을 받은 사람처럼 본인이 지은 시에 고대의 우화들과 신들의 이름, 여러 나라들과 기술들, 유명한 사람들을 인용할 수 있었다. 디비지아는 나를 위해 여러 편의 시를 낭독해주었다. 사실대로 말하자면, 그것은 시라기보다는 시구나 운율에 가까웠지만, 문체만큼은 우아하고 자연스러웠다. 날씨가 그렇게 좋지 않았는데도 약 100명이 넘는 사람들이 무도회를 찾아왔다. 사실 이맘때는 1년 중에서 가장 바쁘고 중요한 수확기다. 실제로 요즘 이 지역 사람들은 축제는 생각할 수도 없이 밤낮으로 누에게 먹일 뽕잎을 따는 일에 매달려 지낸다. 모든 여자아이도 같이 일을 하느라 바쁜 때다.

월요일 아침에는 면도를 하고 머리를 자르느라 평소보다 조금 늦게 온천탕에 갔다. 탕에 머리를 담갔고, 온천물이 나오는 곳 아래에서 몸을 씻으면서 15분 이상을 보냈다.

무도회에서 만난 사람들 중에는 다른 누구보다도 특히 이곳 영지의 소송을 재판하는 대리관이 눈에 띄었다. 이곳에서는 영주가 임기가 6개월인 판사를 각각의 구역으로 보내서 민사 사건의 1심 재판을 해결하도록 한다. 어느 정도 정해진 양 이상으로는 사건을 맡기지 않는다. 형사 사건은 또 다른 직급의 관리가 담당한다. 나는 대리관에게 이곳 영지에서는 아주 간단한 규율을 하나 만들 필요가 있다는 이야기를 전하면서, 내가 생각하기에 그 규율을 가장 타당하게 실행할 수 있는 방법도 함께 제안했다. 그것은 바로 이곳 지역의 온천수를 이탈리아 전역으로 유통시키는 수많은 업자들에게 실어 나르는 물의 양이 적힌 증명서를 가지고 다니도록 해서 사기행각을 벌일 기회를 빼앗아야 한다는 것이었다. 나는 이와 관련해서 내가 직접 겪었던 경험도 같이 들려주었다. 실제로 노새에 물통을 싣고 유통시키는 업자들 중 한 명이 내가 묵고 있는 숙소 주인에게 찾아온 적이 있다. 업자는 그저 평범한 시민일 뿐인 주인에게 자신이 이곳에서 온천수를 24통 가져갔음을 증명하는 서류를 적어달라고 부탁했었다. 그러나 실제로 그가 가지고 있는 것은 고작 4통뿐이었다. 처음에는 주인도 그런 거짓된 사실을 알고는 자기로서는 보증해줄 수 없다면서 부탁을 거절했다. 그러자 남자는 4~6일 안에 다시 돌아와서 나머지 20통을 더 가져가겠다고 했다. 하지만 그는 결국 돌아오지 않았다. 나는 업자가 돌아오지 않았다는 것도 대리관에게 이야기했다. 대리관은 나의 조언을 아주 주의 깊게 듣더니, 그자의 이름이 무엇인지, 생김새는 어떠했는지, 그가 가지고 있던 말은 어떤 종류였는지 알아내고자 했지만, 나로서는 그중에서 그 어떤 정보도 말해주고 싶은 마음이 추호도 없었다. 또한 유럽에서 유명하다는 온천들을 돌아다니면서 본 것처럼 특정 계급 이상의 사람들이 자신이 사용한 온천물에 대해 도리를 다하는 증표로서 본인의 문장을 온천장에 남기고 가는 관습을 나도 이곳에서 실천하고 싶다고 말했다. 대리관은 영지를 대표해서 큰 감사의 인사를 전했다. 요즘 들어 사람들이 건초를 베는 모습이 보이기 시작한다. 화요일에는 탕 안에 2시간을 들어가 있었고, 15분보다 조금 더 오랫동안 머리를 감았다.

그날 크레모나Cremona 출신이지만 로마에 살고 있는 어떤 상인이 빌라 온천을 방문했다. 그는 심각한 병을 여러 개 앓고 있었다. 그러나 남자는 이에 개의치 않고 계속 수다를 떨면서 산책을 다녔고, 적어도 우리가 볼 때는 굉장히 유쾌하게 본인의 삶에 만족하면서 지내는 것 같았다. 남자가 가장 심하게 아픈 곳은 머리였다. 기억력이 아주 좋지 않은 그는 식사를 하고 난 다음에는 식탁에 어떤 음식들이 차려져 있었는지를 전혀 떠올릴 수 없을 정도로 기억상실 증세가 심했다. 그는 어떤 일을 보기 위해 집 밖을 나설 때면, 10번은 다시 집으로 돌아와 본인이 어디에 가려고 했었느냐고 묻곤 했다. 주기도문을 끝까지 읽는다는 것도 그에게는 거의 불가능한 일이었다. 그는 기도문을 다 읽고 나면 100번은 다시 처음으로 돌아가 다시 읽기 시작했다. 한 번 읽고 나서는 본인이 읽기를 시작했다는 사실을 잊어버렸고, 또 다시 읽으면서는 이전에 끝까지 다 읽었다는 사실을 절대로 알아차리지 못했다. 예전에는 귀가 들리지도 않고 앞도 보이지 않았으며 몸이 아주 많이 아팠다고 한다. 그는 신장 부분에서도 아주 심하게 열이 나서 허리에 납으로 만든 혁대를 계속 차고 있어야 했다. 그는 수년 전부터 의사가 내려준 처방전에 따라 성실하게 식이요법을 지키면서 생활하고 있다고 한다. 이탈리아 각지에서 서로 다른 의사들이 내놓는 가지각색의 처방전을 보는 일은 아주 흥미롭다. 각각의 처방전에서는 특히 온천을 하거나 온천물을 마시는 것과 관련하여 서로 굉장히 반대되는 내용을 주장하곤 한다. 스무 개의 처방전 가운데 단 두 개도 내용이 일치하는 것이 없고, 의사들은 본인이 내린 처방과 내용이 다른 처방을 보면 서로 비난하면서 살인 행위나 마찬가지라고 규탄하기까지 한다. 상인은 배에 가득 찬 가스 때문에 언젠가는 이런 이상한 일을 겪기도 했다. 이야기인즉슨 배 속의 가스가 너무나도 세게 두 귀로 빠져나오는 바람에 항상 수면을 방해받았다는 것이다. 또 그는 하품을 할 때에도 엄청나게 센 바람이 귀로 빠져나오는 것을 느끼곤 했다. 상인이 말하기를, 배 속에서 가스를 빼내는 가장 좋은 방법은 설탕에 절인 고수 씨앗을 조금 큰 크기로 골라 네 알을 입안에 머금은 다음 그것을 침으로 약간 녹여서 부드럽게 한 뒤 항문에 좌약처럼 넣는 것이라고 했다. 그렇게 하면 효과가 아주 빠르게 나타난다는 것이다. 그는 내가 지금까지 만난 사람들 중에서는 처음으로 희한한 모자를 쓰고 있었다. 정수리 부분은 얇은 태피터 천으로 덮여 있고 주위로는 공작의 깃털이 덧대어진 큰 모자였다. 높이는 손 한 뼘 길이만 하고 넓이도 꽤 넓은 모자였다. 모자의 안감으로는 햇빛으로부터 머리를 보호하기 위해 두상 크기에 맞게 거친 모슬린 천이 사용됐고, 챙의 폭은 대략 1.5피에 정도 되어 보였다. 프랑스 사람들이 사용하는 대형 양산을 대신해서 쓰는 모자인 셈이다. 실제로 말을 타면서 양산을 쓰는 것은 불편하기 짝이 없다.

이전에 이용했던 다른 온천들에 대해 더욱 상세하게 기술해놓지 않은 것이 후회스럽게 생각했다. 만약 잘 기록해놓았다면 그다음에 다른 곳을 방문해서는 온천을 사용하는 규칙이나 사례 같은 것을 참고할 수 있었을 텐데 말이다. 그래서 이번 빌라 온천에 대해서는 아주 자세하게 적고자 한다.

수요일에는 온천을 하러 탕에 갔다. 몸에서는 열이 났고 땀이 굉장히 많이 났으며 힘이 떨어지는 기분이 들었다. 입안은 메마르고 쓴맛이 느껴졌다. 탕에서 나오면서는 플롱비에르와 바네르, 프레샤크 Préchacq와 같은 다른 온천들에서 온천물의 열기 때문에 어지러운 느낌이 들었던 것처럼 왠지 모르게 머리가 어지러웠다. 이전에 바르보탕 온천에서나 아니면 여기 온천에서도 이번 수요일을 제외하고는 이렇게 어지러운 적이 단 한 번도 없었다. 다른 때보다 더 이른 시간에 온천을 하러 가는 바람에 소변이나 대변을 아직 보지 못했기 때문이거나 아니면 온천물이 평소보다 훨씬 더 뜨거워서 그랬던 것 같다. 나는 1시간 반 동안 탕 안에 들어가 있었고, 약 15분 정도 머리를 씻었다.

나는 탕 안에서 샤워를 해버린다든지 하며 보통의 관습과 반대되는 행동을 많이 했다. 이곳에서는 온천과 샤워를 한 번에 하나씩 순서대로 구분해서 하는 관습이 있다. 온천을 했던 탕에서 그대로 샤워를 하는 것도 원래는 어긋나는 일이다. 이곳에서는 샤워를 하려면 온천을 했던 탕이 아닌 다른 탕으로 이동해야 하고, 사람들은 의사 처방전에 따라 누구는 첫 번째 탕을, 또 다른 누구는 두 번째 탕을, 또 다른 사람은 세 번째 탕으로 서로 다른 탕을 사용한다. 또 나는 온천물을 마시는 날과 온천욕을 하는 날을 따로 나누지 않고, 하루에 온천물을 마셨다가 온천을 했다가 다시 온천물을 마시기도 했다. 하지만 다른 사람들은 온천물을 마시다가 더 이상 마시지 않을 때부터 며칠 동안을 연속적으로 온천을 한다. 정확한 일수는 관찰하지 못했지만, 어떤 사람들은 기껏해야 10일 동안만 온천물을 마시고 그다음부터 적어도 25일 동안은 하루도 쉬지 않고 매일 온천을 했다. 또 나는 온천을 하루에 딱 한 번만 했지만, 여기 사람들은 하루에 두 번씩 하곤 한다. 내가 샤워를 아주 짧게 한다면, 다른 사람들은 항상 적어도 아침에 한 시간 그리고 저녁에도 똑같이 한 시간을 들여 샤워를 한다. 이곳에서는 보통 정수리 부분에 있는 머리카락은 밀어버리고 그 위에 머리를 보호하는 [작은] 망 [또는 작은 천 조각]을 하나 올려놓고 온천을 하지만, 민머리인 나에게는 필요가 없는 관습이다.

그날 오전에는 대리관이 이곳 영지에서 핵심 인사인 귀족 신사들과 함께 방문했다. 이들은 빌라가 아닌 다른 온천에서 지내는 중이었다. 대리관은 본인이 몇 년 전 겪었던 신기한 일에 대해 이야기해주었다. 이야기인즉슨 대리관이 자신의 엄지손가락에서 살집이 가장 많은 끝부분을 딱정벌레에 물려 거의 죽은 것이나 다름없을 정도로 기절을 해버렸다는 것이다. 그러고 나서는 상태가 극도로 나빠져서 다섯 달 동안은 침대에 누울 때 옆으로만 누워 있어야 했고 움직일 수도 없었다는 것이다. 그런데 그런 자세 때문에 옆구리 부분에 너무 심하게 자극이 가는 바람에 대리관의 몸속에서 돌이 만들어지고 말았고, 그때부터 1년이 넘도록 배앓이와 함께 신장결석으로 고생하고 있다고 했다. 그러다가 벨레트리Velletri에서 사령관으로 지내는 아버지가 인도에서 온 어떤 승려에게서 얻었다면서 녹색 돌을 하나 보내주었는데, 그 돌을 몸에 지니고 있는 동안에는 그 어떤 통증도 느껴지지 않았으며 심지어는 몸속에서 돌이 굴러다니는 것도 느껴지지 않았다는 것이다. 대리관은 그런 상태로 지낸 지 2년째라고 했다. 벌레에 쏘인 이후로는 엄지손가락과 손 전체가 마비된 것이나 다름없이 굳어버렸고 심지어는 팔힘도 굉장히 약해져서 매년 코르세나 온천에 와서 팔과 손을 온천물로 씻어낸다고 했다. 이번에도 같은 이유로 온천에 온 것이었다.

이곳 온천 마을에 사는 평범한 사람들은 매우 가난하다. 이맘때쯤 이들은 뽕나무에서 누에에게 먹일 뽕잎을 따고 남은 푸른 오디 열매를 먹곤 한다. 내가 묵고 있는 숙소의 월세가 6월에는 얼마인지 정확하게 정해진 게 없었기 때문에, 이 문제에 대해 주인과 제대로 이야기를 나누고 싶었다. 주인은 이웃한 지역에 사는 사람들이 얼마나 많이 나를 찾아오는지를 고려하여, 특히 부온비시 대저택의 간사가 하루에 금화 1에퀴만 내면 나에게 방을 쓰도록 해주려고 했던 사실을 알고는, 나의 바람대로 지금 사용하고 있는 방들을 한 달에 25에퀴에 그대로 사용할 수 있도록 결정을 내려주었다. 이 계약은 6월 1일 자로 시작되며, 그 전까지는 처음에 흥정했던 가격이 그대로 유지되었다.

이 지역에 사는 사람들은 모두가 대부분 친척 관계에 있지만 서로를 극도로 미워하는 마음을 숨기고 지낸다. 언젠가 이곳에 사는 한 여인이 이런 속담을 말해준 적이 있다. "아이를 많이 낳고 싶다면, 아내를 온천으로 보내고 당신은 그곳에 가기를 삼가라." 우리가 묵는 숙소에서 가장 마음에 들었던 점은 무엇보다도 침대에서 나와 겨우 30보밖에 되지 않는 평평한 산책길을 지나면 탕에 도착할 수 있다는 것이었다. 나는 이 지역 사람들이 뽕나무 잎을 모두 따버리는 바람에 한여름에도 겨울처럼 보이는 풍경이 마음에 들지 않았다. [오줌에] 계속 섞여 나오는 모래알이 평소보다 더 울퉁불퉁해 보였다. 그래서 그런지 음경 쪽에서 무언가가 찌르는 것 같은 아픔이 매일 느껴졌다.

이곳 사람들은 매일 아주 조그만 샘플용 병에 다양한 종류의 와인을 담아 와서는 숙소에 머무르는 손님들에게 마셔보도록 한 뒤 마음에 들면 더 주문을 할 수 있도록 해준다. 그중에 굉장히 맛있는 와인이 있는 경우는 매우 드물다. 화이트 와인의 경우에는 루카나 페시아, 트레비아노Trebianno에서 생산된 것은 숙성은 아주 잘 됐지만 맛은 그렇게 섬세한 편은 아니었다. 다른 곳에서 생산된 화이트 와인은 가벼우면서도 시고 덜 익은 맛이거나 굉장히 거칠고 떨떠름한 맛이었다.

목요일 성체축일에는 미지근한 탕에서 한 시간이 넘도록 온천을 했다. 땀이 아주 조금 났고, 특별한 변화는 보지 못한 채 탕에서 나왔다. 15분의 절반도 안 되는 시간 동안 머리도 감았다. 다시 침대로 돌아와서는 깊게 잠이 들었다. 나로서는 그 어떤 다른 활동보다도 온천과 샤워를 하면서 느끼는 즐거움이 더 크다. 두 손과 몸 구석구석이 가려웠다. 실제로 나는 이곳 주민들 가운데 옴에 걸린 사람이 많으며 이곳 아이들은 우유를 마시면 두드러기가 난다는 사실을 알고 있었다. 여기 빌라 온천에서도 다른 지역과 마찬가지로, 우리가 굉장히 힘들게 찾으면서 구하려고 하는 것을 정작 이 지역 사람들은 무시를 하곤 한다. 나는 여기 사람들 중에 이 지역 온천물을 단 한 번도 마셔본 적이 없으며 온천에 대해서도 좋게 생각하지 않는 사람들을 많이 보았다. 그건 그렇고 이곳에는 노인 인구가 아주 적다.

오줌으로 나오는 점액에는 무언가에 감싸져 있는 돌멩이가 계속 같이 섞여 나왔다. 내 생각에는 온천물로 아랫배 쪽을 씻어내면 배 속에서 가스가 빠져나가는 효과를 볼 수 있는 것 같았다. 평소에는 자주 부풀어 올라 있던 오른쪽 고환의 크기가 갑자기 확실하게 줄어든 것이 느껴졌다. 이로써 나로서는 그동안 고환이 부어올랐던 이유가 그 안에 가스가 들어 있었기 때문이라는 결론을 내릴 수 있었다.

금요일에는 평소처럼 온천을 했고, 조금 더 오래 머리를 씻었다. 소변으로는 엄청난 양의 모래알이 계속 섞여 나오는 것을 통해 의심해보건대, 이것들을 뭉쳐서 꽉 쥐면 굵은 돌멩이가 되는 것으로 보아 신장 안에 들어 있었던 것들이라기보다는 내가 마신 온천수 때문에 생긴 것들이 곧바로 빠져나와 버리는 것 같았다. 토요일에는 온천욕을 두 시간 했고 15분보다 더 길게 샤워를 했다.

일요일에는 조용히 휴식을 취했다. 그날은 어떤 귀족 신사가 본인이 여는 무도회에 우리를 초대해주었다.

대부분의 이탈리아 지역에서 그렇듯이 이곳 온천 마을에도 괘종시계가 없다. 나로서는 아주 불편해 보였다.

탕이 들어 있는 건물 안에는 성모상이 하나 있다. 동상에는 아래와 같은 시구가 적혀 있다.

성모 마리아여, 여기 온천을 찾아오는 모든 이들이 떠날 때는 건강한 몸과 마음으로 갈 수 있도록 힘써 주소서

이곳에서 주변의 산지를 꼭대기까지 일구어 만들어낸 아름다운 경관과 생산량이 높은 경작지에 대해서는 아주 찬양만 할 수는 없

는 노릇이다. 사람들은 산 가장자리를 원형 테라스처럼 논밭으로 둘러쌓아 놓았고, 각각의 층에는 어떤 부분은 돌을, 또 다른 부분은 벽돌 같은 것을 깔아놓아서 땅이 탄탄해지지 않을 때를 대비해놓았다. 각 층에서 땅이 평평한 부분은 그 폭이 어느 부분에서는 넓어졌다가 또 다른 부분에서는 좁아지며, 그 위로는 곡식이 가득 자라고 있다. 골짜기 쪽을 향해 있는 끝부분, 즉 평지의 둥그런 모양에서 가장자리 둘레에 해당하는 부분에는 포도나무가 심어져 있다. 결국에는 산꼭대기까지 온통 포도나무로 덮여 있어서 아무것도 심어지지 않은 곳은 찾아볼 수도 없고 새로 만들어낼 수도 없는 곳이다.

볼로냐 출신의 귀족 신사가 개최한 무도회에서는 어떤 한 여인이 물이 가득 담긴 병을 머리 위에 인 채로 춤을 추기 시작했다. 여인은 병을 완전하게 고정시킨 상태로 아주 과감한 동작들을 계속 선보였다.

의사들은 우리 프랑스 사람들이 대부분 아침에 온천물을 마시고 같은 날에 온천도 하는 모습을 보고 굉장히 놀라워했다.

월요일 아침에는 탕에 두 시간을 들어가 있었다. 하지만 탕에 들어가기 전에 충동적으로 온천물을 3파운드나 마셔서 그런지 속이 조금 좋지 않아서 샤워는 하지 못했다. 나는 아침마다 온천탕 안에 들어가 물 안에서 눈을 뜨고 눈 안쪽을 씻어내곤 했다. 그렇게 한다고 해서 무언가가 좋아졌다거나 나빠졌다는 것은 없었다. 소변 양이 많은 것을 보니 온천을 하는 동안 그 전에 마신 온천물 3파운드를 모두 비워낸 것 같다. 땀은 평소보다 조금 더 많이 흘렸고, 대변도 몇 번 보았다. 지난 며칠 동안은 배 속이 보통 때보다 더 꽉 막혀 있는 같은 기분이 들어서 설탕에 절인 고수 씨앗 세 알을 앞에서 설명했던 방법대로 제조해서 좌약처럼 항문에 넣었다. 덕분에 배 속에 완전히 꽉 차 있던 가스를 많이 빼낼 수 있었고, 모래알 같은 다른 것들은 조금 나왔다. 신장 내부는 아주 깨끗하게 비워진 것 같았지만 가끔씩 그 언저리에서 따끔따끔한 느낌이 계속됐다. 나로서는 그런 통증의 원인이 다른 무엇보다도 배 속의 가스 때문인 것 같았다. 화요일에는 탕에 두 시간 동안 들어가 있었고, 30분 동안 샤워를 했으며, 온천물은 마시지 않았다. 수요일에는 한 시간 반 동안 온천욕을 한 뒤, 30분 동안 샤워를 했다.

사실을 고백하자면, 그동안 이쪽 지역에 사는 사람들과는 대화를 많이 나누지 못했고 교류도 거의 없었다. 그렇기 때문에 소문에 따르면 이곳 사람들이 두뇌가 명석하고 재치 있기로 유명하다는데 나로서는 전혀 겪은 바가 없다. 정말이지 여기 사람들에게서 특별한 재능은 전혀 발견하지 못했다. 이들은 오히려 내가 가지고 있는 사소한 장점들에 대해 놀라워하면서 높게 평가해주었다. 한편, 그날은 의사 몇 명이 체시Cesi 집안의 파올로Paolo라는 한 젊은이의 부탁으로 중요한 처방전을 만들기 위해 우리 온천에서 지내고 있다가, 나를 찾아와서는 본인들이 심사숙고 끝에 내린 의견에 힘을 실어주기를 요청했다. 그 젊은이가 나의 판단을 전적으로 믿고 따르고자 하는 마음이 확고하다고 했다. 나로서는 이런 상황이 재밌어서 웃고 말았다. 이런 비슷한 일은 여기에서뿐만 아니라 로마에서도 몇 번 더 있었다.

책을 집중해서 읽거나 밝게 빛나는 물체를 계속 보고 있으면 가끔씩 눈앞이 흐려지는 느낌이 든다. 매우 걱정스러운 부분은 이런 불편한 느낌이 피렌체 근처에서 편두통을 느끼기 시작하면서부터 계속되고 있다는 것이다. 이마 부분의 머리에서 묵직한 것이 느껴졌지만 아프지는 않았다. 두 눈은 앞에 꼭 구름이 끼어 있는 것처럼 뿌옇게 흐렸지만 시야가 좁아지지는 않았다. 어쨌든 이런 느낌이 가끔 성가실 때가 있는데, 무엇 때문인지를 모르겠다. 그날 이후로 두세 번 정도 더 두통이 있었고, 최근에는 얼마 전에 시작된 두통이 더 오래 지속되면서 아직까지 남아 있었다. 그렇다고 해서 일상생활을 할 때 방해되는 부분은 없었다. 여기 빌라 온천에서 머리를 씻기 시작하면서부터는 매일같이 편두통이 찾아왔고, 두 눈도 통증이나 충혈은 없이 예전처럼 뿌옇게 흐려지기 시작했다. 10년 전부터 지금까지 단 한 번도 느껴보지 못했던 종류의 두통이었다. 이곳 온천수 때문에 머리가 아픈 것은 아닐까 하고 걱정이 돼서 온천물로 머리를 더 이상 씻고 싶지 않았다. 목요일에는 탕에만 한 시간 동안 들어가 있었다.

금요일과 토요일, 일요일에는 두통 때문에 걱정이 되기도 했고 또 아직도 오줌에서 많은 양의 모래알이 계속 빠져나와서 기운이 떨어져 있었기 때문에, 그 어떤 치료도 실행에 옮기지 않았다. 그럼에도 불구하고 머리는 양호한 컨디션으로 되돌아오지 않았다. 가끔은 상상 속에서 머리 상태가 나아진 것 같은 기분이 들기도 했다.

월요일 아침에는 평소에 마시던 샘물에서 6.5파운드만큼을 떠서 13잔으로 나누어 마셨다. 이 중에서 3파운드는 점심을 먹기도 전에 정화되지 않은 상태 그대로 하얀 소변으로 나왔으며, 나머지는 그 이후로 조금씩 빠져나왔다. 두통은 여전히 아주 심한 편은 아니었지만, 그 영향으로 안색이 아주 안 좋아졌다. 하지만 예진에 가끔씩 느꼈던 것처럼 두통 때문에 생활이 불편하다거나 힘이 빠지는 기분은 더 이상 느껴지지 않았다. 단지 두 눈이 무겁고 앞이 조금 흐려 보일 뿐이었다. 마을 사람들은 평지에 자라는 호밀을 베기 시작했다.

화요일 새벽에는 베르나보 온천에 가서 온천물 6파운드를 한 번에 1파운드씩 여섯 번으로 나누어 마셨다. 빗방울이 조금씩 떨어졌고, 땀이 조금 났다. 덕분에 배 속이 뒤틀리더니 안에 들어 있던 것들이 깨끗하게 씻겨 내려갔다. 나로서는 베르나보 온천수가 얼마나 효과가 있는지를 판단할 수 없었다. 오줌의 양은 많지 않았지만, 두 시간 만에 원래의 자연스러운 색깔로 되돌아왔다.

이곳에서는 한 달에 금화로 6에퀴나 그보다 조금 더 주면 하숙집에서 지낼 수도 있다. 방은 1인실이고 원하는 편의 시설이 모두 갖추어져 있는 곳에서 하인도 한 명 부릴 수 있다. 하인이 없는 하숙집에서는 주인이 많은 부분에서 직접 서비스를 제공해주며 제때 식사도 챙겨준다.

화요일에 마신 물은 해가 지기 전까지 모두 배출됐다. 마신 것보다 배출된 양이 더 많았다. 그날은 점심을 먹으면서 온천물을 0.5파운드로 아주 조금만 마셨고, 저녁은 거의 먹지 않았다.

비가 내린 수요일에는 항상 마시던 온천물에서 7파운드를 떠서한 번에 1파운드씩 7번에 나누어 마셨고, 그 밖에 마셨던 다른 음료들과 함께 모두 배출해냈다.

목요일에는 9파운드를 마셨다. 먼저 7파운드를 연속으로 마시고, 소변으로 나오기 시작할 때 사람을 보내서 2파운드를 더 떠오도록 했다. 마신 물은 소변과 대변으로 모두 빠져나왔다. 식사 중에는 물을 아주 조금만 마셨다.

금요일과 토요일에도 같은 패턴을 반복했다. 일요일에는 조용히 쉬면서 지냈다.

월요일에는 7파운드를 7잔으로 나누어 마셨다. 소변에서는 모래알이 계속 섞여 나왔지만, 온천욕을 한 다음에 나오는 것보다는 양이 조금 더 적었다. 나는 나와 같은 기간에 온천에서 지내던 다른 사람들도 온천을 할 때보다 온천물을 마셨을 때 더 좋은 효과를 보는 것을 목격했다. 이날은 돌멩이를 배출할 때 느껴지던 것과 비슷한 통증이 아랫배 쪽에서 느껴졌고, 진짜로 작은 돌멩이가 하나 빠져나왔다.

화요일에도 돌이 하나 더 나왔다. 나로서는 여기 빌라 온천수에는 몸 안에 있는 돌을 잘게 부수는 힘이 있다는 생각을 거의 확신하게 됐다. 왜냐하면 몸속에서 돌이 내려갈 때에는 그 크기가 크게 느껴졌는데, 막상 소변으로는 생각했던 것보다 더 작은 것이 여러 개로 나왔기 때문이다. 이날은 온천물 8파운드를 8잔으로 나누어 마셨다.

만약 여기 온천 마을에서 설교를 펼치는 수사들이 자신들을 가리켜 '목사'라고 칭한다는 것을 칼뱅이 알게 된다면, 그는 분명히 본인을 따르는 목사들에게 다른 명칭을 새로 부여하고도 남을 것이다.

수요일에도 온천물 8파운드를 8잔으로 나누어 마셨다. 그중에서 절반은 몸 안에서 걸러지지 않은 채 세 시간 만에 원래 색깔 그대로 빠져나왔다. 그다음에 나온 0.5파운드 정도는 붉은빛을 띠었다. 그러고 나서 나머지는 점심식사를 마친 후 그리고 밤중에 오줌으로 나왔다.

　사실 이맘때는 사람들이 온천을 많이 하러 오는 시기다. 직접 목격한 몇 가지 사례나 여러 의사들의 의견, 특히 여기 빌라 온천물에 대해 책을 쓴 적이 있는 도나티 의사의 의견으로 보건대, 내가 이곳에서 온천물로 머리를 씻은 것은 그렇게 큰 실수가 아니었다. 실제로 이곳에는 온천탕 안에서 긴 호스를 사용해서 배 부분을 씻어내는 것이 아직도 관습으로 남아 있다. 호스의 한쪽 끝은 물이 나오는 수도꼭지와 연결되어 있고, 탕에 들어가서는 호스 반대쪽 끝에서 나오는 물로 몸을 씻으면 된다. 심지어 원래 예전에는 온천욕을 한 물로 머리도 씻었고, 샤워를 하는 날과 온천욕을 하는 날도 같았다고 한다. 그러므로 내가 온천과 샤워를 같은 날 섞어서 하거나, 호스를 사용하지 않고 온천물이 나오는 바로 그 부분에 자리를 잡고 온천을 한 것이 그렇게 크게 잘못된 것은 아닌 것이다. 그래도 잘못한 것이 있다면 아마도 그런 방식을 계속 고집하지 않았다는 것이 아닐까? 지금까지 머릿속에 맴도는 생각으로는 시간이 지나면 사라져버릴 언짢은 기분을 내 스스로에게 억지로 각성시키고 있었던 것 같기도 하다. 의사 [도나티 씨]는 같은 날 온천물도 마시고 온천욕도 하는 것이 괜찮다고 생각했다. 그렇게 하고 싶었지만 실천으로 옮길 만큼 대담하지 못했던 것이 후회스럽다. 온천물을 마신 다음 온천을 하기 전까지 억지로 시간 차를 두기 위해 오전에 탕에 들어가 있는 상태에서는 온천물을 마시지 않았던 것이 아쉽다. 도나티 씨는 베르나보 온천의 효능을 아주 칭찬했다. 하지만 여기 온천의 효과가 아무리 좋다고 해도, 몸속에 들어 있는 모래알을 빼내는 작용이 필요하지 않는 사람들에게는 해당되는 사항이 없었다. 나는 오줌에 모래알이 계속 섞여 나와서 효과를 톡톡히 볼 수 있었지만 말이다. 결국에는 여기 빌라의 온천물이 몸 안에서 모래알을 만들어낸다는 의심에 대해서는 더 이상 확신을 가지지 못했다.

목요일 아침에는 가장 좋은 자리를 차지하기 위해 동이 트기도 전에 온천탕으로 향했다. 머리는 씻지 않았고 탕에 들어가 몸만 한시간 담그고 나왔다. 그런 다음 침대에 돌아와 잠을 잔 것이 잘못됐는지, 상태가 안 좋아졌다. 입안이 마르고 몸에서 나는 열 때문에 목이 타서 저녁에 잠자리에 들 때는 빌라 온천물을 차갑게 해서 큰 잔으로 두 잔을 마셨다. 별다른 변화는 없었다.

금요일에는 휴식을 취했다. 예의가 바르고 학식이 깊으며 유능하기까지 한 성 프란체스코회의 관구장이 아주 맛있는 와인과 마지팬 과자, 그 밖에 다른 단 간식들로 근사한 선물을 보내왔다. (성 프란체스코회에서는 수도회의 관구장도 수도사라고 부른다.) 관구장은 서로 다른 직급의 수도사 여러 명과 함께 온천을 하면서 지내는 중이었다.

토요일에는 아무런 치료도 하지 않고 이곳 산지의 꼭대기에 있는 크고 멋있는 마을인 베나비오Benabbio[10]로 점심을 먹으러 갔다. 갈 때 생선을 몇 마리 가지고 갔다. 어느 한 군인의 집에 초대를 받은 것이었다. 그는 프랑스와 다른 나라들을 여행하면서 지금의 아내를 만나 결혼하고 플랑드르 지방에서 부자가 됐다고 한다. 군인의 이름은 산토Santo이다. 베나비오 마을에는 아름다운 교회가 하나 있고,

---

10   원문에 표기된 지명: 메나비오Menabbio

주민들 중에는 농사를 짓는 군인들이 굉장히 많으며 그중에서 대부분은 이곳저곳을 많이 여행해본 사람들이다. 베나비오 사람들은 에스파냐파와 프랑스파로 심하게 갈린다. 내가 별다른 생각 없이 왼쪽 귀에 꽃을 꽂자, 프랑스파 사람들은 내가 자기네들을 모욕하는 것이라고 생각했다. 점심식사를 마친 뒤에는 경사가 매우 심하지만 사방이 논밭으로 일구어져 있는 언덕의 꼭대기까지 걸어 올라가서 그곳에 높은 성벽으로 방어가 되어 있는 요새를 구경했다. 실제로 이쪽 산지 곳곳에는 사람의 손이 아주 닿지 않은 암벽과 벼랑, 땅이 균열된 부분이 많다. 그 위에는 포도밭과 밀밭뿐만 아니라 목초지도 보인다. 반면, 평지에는 건초로 쓸 수 있는 식물은 자라지 않는다. 우리는 올라왔던 길과는 반대의 방향으로 곧장 산을 내려갔다.

일요일 아침에는 다른 귀족 신사 몇 명과 함께 온천을 하러 가서 30분 정도 탕에 들어가 있었다. 루도비코 피니테지Ludovico Finitesi 씨가 아주 잘 익은 과일을 잔뜩 실은 말 한 마리를 선물로 보내왔다. 그중에는 아직 여기 온천에서는 먹어보지 못한 무화과와 품질이 아주 좋은 와인 12병도 있었다. 비슷한 시기에 성 프란체스코회의 관구장도 다양한 종류의 과일을 엄청나게 많이 보내준 덕분에 나로서는 마을 사람들에게 너그럽게 베풀 수 있었다.

오후에는 무도회가 있었다. 옷을 아주 잘 차려입은 귀부인들이 많이 모였다. 이들은 루카에서 가장 아름다운 편에 속하기는 하지만 사실은 아주 평범한 미모였다.

저녁에는 나와 아주 친하게 지내는 루도비코 디 페라리Ludovico di Ferrari 씨가 크레모나에서 아주 맛있고 좋은 냄새가 나는 마르멜로

잼과 보기 드문 품종의 레몬, 크기가 어마어마한 오렌지를 담은 상자를 몇 박스 보내주었다.

다음날 새벽에는 동트기 직전에 오른쪽 다리 종아리에서 쥐가 나서 굉장히 고통스러웠다. 통증은 계속 이어지지는 않았지만 몇 시간 간격을 두고 반복됐고, 나는 그렇게 불편한 상태로 30분을 보냈다. 얼마 전에도 이렇게 쥐가 난 적이 있었는데 그때는 금방 나았었다.

월요일 오전에는 탕에 가서 물이 나오는 수도꼭지 아래에 배를 대고는 한 시간 정도 몸을 담그고 있었다. 새벽에 쥐가 났던 종아리 부분이 아직도 따끔거렸다.

바로 이맘때쯤부터 날이 더워지기 시작했다. 프랑스에서보다는 매미 소리가 더 심하게 들리지 않았다. 아직까지는 이즈음에 프랑스 집에서 지냈던 때보다 날이 조금 더 선선하게 느껴졌다.

어떤 제국에도 종속되지 않은 채 자치가 이루어지는 지역에서는 그렇지 않은 나라와 동일한 기준으로 사람이나 계급을 구분하지 않는다. 여기 루카에서는 최하층 계급에 속하는 사람들조차도 왠지 모르게 자신들만의 스타일로 귀족스러운 면모를 지니고 있다. 이들은 구걸을 할 때에도 항상 권위적인 말투를 섞어서 사용한다. 예를 들면, "한 푼 좀 주시지 않겠습니까?"라든가 아니면 "한 푼 좀 주시면 안 되겠습니까?"라는 식이다. 로마에서는 이런 상황에 보통 "선심 좀 쓰시오."라고 한다.

화요일에는 탕에 한 시간 동안 들어가 있었다.

8

이탈리아: 피렌체와 피사, 다시 루카로

1581년 6월 21일 ~ 8월 13일

6월 21일 수요일에는 아침 일찍 빌라 온천에서 길을 나섰다. 그곳에서 만났던 신사들, 부인들과 헤어지면서, 상상할 수 있는 이상으로 세상에서 가장 따뜻한 인사를 받았다. 그렇게 경사는 가파르지만 풍경이 아름답고 나무가 울창한 산들을 지나, 빌라에서 12마일 떨어진

페시아Pescia에 도착했다. 페시아는 페시아 강가에 위치한 작은 성벽마을로 피렌체 영토에 속한다. 페시아에 있는 저택들은 외관이 아름답고, 길에서는 시야가 탁 트여 있다. 이곳에서는 유명한 트레비아노산 와인을 맛볼 수 있다. 마을에는 아주 굵은 올리브나무들이 자라는 정원 한가운데에 포도밭이 있다. 페시아 사람들은 대부분 프랑스에 깊은 애정을 가지고 있다. 사람들 말로는 그래서 마을의 문장도 돌고래라고 한다.[1]

우리는 점심식사를 마친 뒤, 인구밀도가 굉장히 높고 성과 집들이 많이 세워져 있는 아름다운 평야 지대로 들어섰다. 뜨겁고 짠맛이 나는 테투치오 온천수가 나온다는 몬테 카티니Monte Catini에 들른다는 것을 정신이 없어서 깜빡하고 말았다. 몬테 카티니는 우리가 걷고 있는 길에서 오른쪽 방향으로 1마일 떨어진 곳에 위치해 있었다. 페시아 마을에서부터는 7마일 정도 떨어진 위치였다. 나는 페시아에서 11마일을 지나

피스토이아Pistoia에 거의 가까워졌을 때에야 비로소 몬테 카티니

---

1 '돌고래'를 뜻하는 프랑스어 *dauphin*은 프랑스에서 왕위를 물려받을 왕세자에게 붙이는 칭호로 사용된다.

에 들르지 않은 것이 생각났다. 피스토이아에서는 외곽에 숙소를 잡았다. 로스피글리오시 씨가 나를 만나러 왔다. 이탈리아를 마차로만 다녀본 로스피글리오시 씨는 여행의 참맛을 알지 못한다. 사실 개인적으로는 이곳저곳 장소를 옮길 때마다 말을 바꿔가면서 타고 다니는 것이 이 긴 여정을 마부의 손에 맡겨버리는 것보다 훨씬 편리하다고 생각한다.

피스토이아에서 피렌체까지 20마일을 이동하는 동안 탈 말들을 빌리는 데에는 단돈 4줄리오밖에 들지 않았다.

피스토이아에서부터는 작은 프라토시를 지나,

카스텔로 궁전에 도착했다. 우리는 대공의 궁전과 바로 맞은편에 있는 어느 한 주막에서 점심을 먹었다. 점심식사를 마친 뒤에는 궁전의 정원을 더 자세하게 살펴보러 갔다. 이전에도 수차례 느낀 것이긴 하지만, 상상력이란 늘 현실을 뛰어넘는다는 것을 다시 한 번 경험했다. 이전에 이곳에 왔을 때는 계절이 겨울이었기 때문에 나무의 가지들이 앙상하게 벌거벗겨져 있는 모습이었다. 당시에는 나중에 날씨가 조금 더 따뜻해지면 정원이 이보다 훨씬 더 아름다워질 것이라고 생각했었다.

프라토에서 카스텔로 궁전까지는 거리가 17마일이다. 우리는 점심을 먹고 나서 다시 길을 나섰고, 궁전에서 3마일 거리에 있는

피렌체Firenze에 도착했다. 금요일에는 사람들의 행진을 보았다. 피렌체 대공이 마차에 타고 있었다. 화려한 행렬 속에서는 특히 극장 모양으로 만들어진 수레가 눈에 띄었다. 수레의 지붕에는 금칠이 되어 있었고, 수레 위에는 어린이 네 명과 수도사 한 명이 서 있었

다. 어쩌면 수도사가 아닌 일반인이 가짜 턱수염을 붙이고 [아시시의] 성 프란체스코[2]로 분장한 것 같기도 했다. 그는 그림 속 모습처럼 두건이 달린 망토를 입고 왕관을 쓴 채로 두 손을 맞잡고 있었다. 남자아이들 몇 명은 장난감 무기로 무장을 하고 있었다. 그중 한 명은 성 게오르기우스[3]로 분장한 모습이었다. 광장에는 커다란 용 모형이 성 게오르기우스를 만나기 위해 등장했다. 용 아래에서는 모형을 받치고 있는 사람들이 굉장히 어설프게 움직였고, 용의 입에서는 쇳소리가 나면서 불꽃이 뿜어져 나왔다. 성 게오르기우스로 분장한 아이는 칼과 창을 번갈아가며 사용하면서 용을 공격했고, 끝내 용의 목을 자르는 데 성공했다.

피렌체에서는 리옹에 주재하고 있는 어느 한 곤디족 사람으로부터 따뜻한 대접을 받았다. 그는 트레비아노산 와인처럼 아주 맛있는 와인을 몇 병 보내주었다.

피렌체 사람들마저도 놀랄 정도로 날이 아주 더웠다.

아침에 동이 틀 무렵부터 오른쪽 복부에서 느껴지기 시작한 통증이 세 시간 동안이나 이어졌다. 그날 나는 올해의 첫 멜론을 먹었다. 피렌체 사람들은 6월 초부터 애호박과 아몬드를 먹기 시작한다.

23일 쯤에는 가로보다 세로가 더 긴 직사각형 모양의 크고 아름

---

2   12세기 초 로마 가톨릭교회의 수도사이자 성 프란체스코회의 창설자.

3   2~3세기경 초기 기독교의 성인. 어느 마을에서 연못에 둥지를 틀고 살고 있는 용에 의해 여러 사람들이 희생당하자 제비뽑기로 처녀를 뽑아 제물로 바치기로 하였다. 어느 날 공주의 차례가 되자 마침 그 근처를 지나던 게오르기우스가 나타나 용과 싸워 무찔렀다는 전설이 전해진다.

다운 광장에서 전차 경주가 열렸다. 광장의 사면으로는 예쁜 집들이 둘러싸고 있다. 두 세로 면의 양 끝에는 오벨리스크처럼 바닥은 정사각형 모양에다가 위로 갈수록 뾰족해지는 나무 탑이 세워져 있다. 그 사이에는 긴 밧줄 하나가 두 탑을 연결하고 있어서, 사람들은 광장을 가로질러서 지나가지 못했다. 심지어는 사람들이 밧줄 아래로 지나가는 것을 막기 위해 남자들이 몇 명 배치되어 있기도 했다. 집들의 발코니는 부인들로 가득 차 있었고, 어느 한 저택에는 피렌체 공작과 공작부인, 신하들이 자리를 잡고 있었다. 구경하러 나온 사람들은 광장을 따라 설치되어 있는 관중석 같은 곳에 흩어져 있었고, 나도 그곳에서 경기를 보았다. 사람을 태우지 않은 전차 다섯 대가 앞서 다투어 달려 나왔다. 오벨리스크 탑이 세워져 있는 한쪽 구석에서는 [추첨을 통해] 전차의 자리가 정해졌다. 여러 사람들 말로는 관중석에서 가장 멀리 떨어져 있는 자리의 전차가 [경기장] 한 바퀴를 가장 편하게 돌 수 있다고 했다. 트럼펫 소리와 함께 경기가 시작됐다. 처음 출발점에 있던 오벨리스크 탑을 세 번째로 지나는 바퀴에서 승패가 결정된다. 세 번째 바퀴를 돌기 전까지는 피렌체 대공의 전차가 계속해서 맨 앞에서 달리고 있었다. 그러다가 그 뒤에서 줄곧 2등으로 쫓아가던 스트로치 가문의 전차가 속도를 두 배로 올려 전속력으로 달리기 시작하더니, 결국 1등과 2등의 차이가 얼마 나지 않는 바람에 승패를 따지기가 어렵게 됐다. 사람들은 스트로치 가문의 전차가 공작의 전차를 가깝게 따라붙는 것을 보고는 침묵을 깨고 소리를 지르기 시작했고, 심지어는 대공이 보는 바로 앞에서도 있는 힘껏 소리를 지르고 박수를 치면서 스트로치 전차를 응원했다. 이후 경주의 심판을 맡은 귀족들 사이에서도 논쟁이 오갔고, 스트로치 가문의 전차를 응원하는 쪽에서 대중에게 판단을 맡겨야 한다고 주장했다. 그러자 갑자기 군중들 사이에서 만장일치로 스트로치 전차를 지지하는 목소리가 나왔고 대회의 상도 결국 스트로치 가문에게 돌아갔다. 내가 보기에 썩 공정해 보이지는 않았다. 상의 값어치는 100에퀴나 됐다. 이번 경주는 고대 로마에서 열렸던 경주와 비슷한 방식이어서 그런지 그동안 이탈리아에서 구경했던 그 어떤 경기들보다 훨씬 더 재밌었다.

오늘은 성 요한의 축일 전날이었다. 교회와 성당의 지붕에는 등잔이나 폭죽이 두세 겹의 원 모양으로 설치되어 있었다. 이 공중으로 폭죽 불꽃을 쏘아 올렸다. [그런데] 사람들 말로는 이탈리아에서는 성 요한의 날에 이렇게 폭죽을 쏘아 올리는 것이 프랑스에서만큼 관습적인 절차는 아니라고 한다.

성 요한의 축일은 토요일이었다. 성 요한의 축일은 피렌체에서 가장 화려하고 성대한 축제다. 실제로 이날에는 어린 여자아이들을 포함하여 모든 사람이 밖으로 나와 거리를 돌아다닌다. (하지만 그중에서 예쁜 아이들은 많이 보이지 않았다.) 피렌체 대공은 광장의 궁전 앞에 세워진 연단 위에 아침부터 모습을 드러냈다. 궁전의 벽면은 아주 화려한 융단으로 덮여 있었다. 연단에는 천막 같은 것이 설치되어 있었다. 그 아래에는 대공의 왼쪽으로 교황이 파견한 대사가, 그보다 더 멀리 떨어진 곳에는 페라라 공국의 대사가 보였다. 대공이 관할하는 모든 도시와 요새 지역을 대표하는 자들이 전령관의 호명에 따라 연단 앞을 지나갔다. 시에나의 경우에는 검은색과 흰색으로 이루어진 얼룩무늬 벨벳 옷을 차려입은 어떤 젊은이가 은으로 만든 커다란 꽃병과 시에나의 암늑대 조각상을 손에 들고 나타났다. 남자는 대공에게 물건을 바치면서 짧은 인사말을 덧붙였다. 남자의 차례가 끝나고, 그다음에는 허름한 차림새에 험상궂게 생긴 남자 몇 명이 본인들의 이름이 호명되자 아주 볼품없는 말과 노새를 타고 연달아 앞으로 나왔다. 어떤 이들은 은컵을 하나씩, 다른 이들은 찢어진 헌 깃발을 들고 있었다. 이들은 수가 꽤 많았고, 말 한마디 없이 연단 앞을 지나갔다. 예의를 차리지도 않고 최소한의 진중한 모습도 보이지 않았으며, 엄숙한 의식을 치른다기보다는 장난을 하는 것 같은 분위기였다. 이들은 시에나에 종속된 몇몇 특정한 요새 지역들을 대표하여 온 사람들이었다. 여기 피렌체에서는 매년 의례적으로 이런 행사를 반복한다.

그다음에는 바닥이 정사각형 모양인 커다란 나무 피라미드를 하나 실은 마차가 한 대 등장했다. 피라미드의 각 층의 단에는 어린 남자아이들이 누구는 천사처럼 또 다른 누구는 사탄처럼 옷을 차려입고 서 있었다. 광장 주변에서 건물이 가장 높은 집들만큼이나 높이 솟아 있는 피라미드 꼭대기에는 성 요한이 쇠막대기에 묶여 있었다. 정확히 말하자면 성 요한으로 분장을 한 남자였다. 마차 뒤에는 피렌체의 관료들이 따라붙었다. 그중에는 조폐국에서 일하는 사람들도 있었다.

각종 경기에서 수상한 트로피 세 개를 든 젊은 청년들이 타고 있는 마차를 마지막으로 행렬은 끝이 났다. 이들의 옆에는 그날 경주에 참가했던 바르바리아산 말들이 함께 걸었고, 피렌체에서 가장 명망 높은 귀족 가문에서 일하는 사람들로서 이 말들을 몰아야 했던 하인늘도 각자가 모시는 주인의 깃발을 들고 함께 걸어갔다. 몸집은 작지만 좋은 말들이었다.

피렌체는 프랑스보다 날씨가 더 더운 것 같지는 않다. 하지만 여관의 침실에서는 밤이 되면 더위를 피하기 위해 테이블 위에 매트리스와 시트를 깔고 그 위에서 잠을 자야만 했다. 이게 다 편의 시설이 제대로 갖추어져 있는 숙소를 찾지 못한 탓이다. 실제로 피렌체는 외국인들이 지내기에 좋은 도시는 아니다. 나로서는 빈대를 피하기 위해 그런 방법을 선택한 것도 있다. 피렌체에서 사용하는 모든 침대에는 빈대가 아주 많이 붙어 있다.

피렌체 사람들은 생선을 많이 먹지 않는다. 여기 사람들이 먹는 송어나 다른 생선은 다른 도시에서 가져온 것이며, 심지어는 소금에 절여져 있는 상태다. 피렌체 대공이 나와 같은 여관에 묵고 있던 조반니 마를리아니Giovanni Marliani라는 밀라노 사람에게 와인과 빵, 과일, 생선을 선물로 보내온 것을 보았다. 생선은 크기가 작지만 살아 있는 상태였으며, 도자기 그릇 같은 것 안에 들어 있었다.

온종일 입안이 마르고 텁텁했고, 시간이 갈수록 증상이 심해져 갔다. 목이 말라서는 아니고, 예전에 프랑스에서 날이 더울 때 겪었던 것처럼 몸 안에서 나는 열이 원인이었다. 나는 설탕을 뿌린 샐러드와 과일 말고는 아무것도 먹지 않았다. 그래도 여전히 컨디션이 좋지 않았다.

프랑스에서는 저녁식사를 마친 다음에야 하는 야외 오락을 여기 피렌체 사람들은 식사를 하기 전에 즐기곤 한다. 이곳 사람들은 해가 가장 오래 떠 있는 날이면 가끔은 밤늦은 시간이 되서야 저녁을 먹는다. 해는 아침 7시와 8시 사이에 뜬다.

오늘 오후에는 바르바리아산 말들이 경주를 펼쳤다. 메디치 추기경의 말이 우승을 차지했다. 상의 값어치는 200에퀴나 됐다. 거리에서는 말들이 미친 듯이 빠르게 뛰어가는 모습만 보였기 때문에 경기를 아주 재밌게 구경하지는 못했다.

일요일에는 피티Pitti 가문의 대저택을 구경하러 갔다. 그곳에서는 특히 노새를 마치 실제로 살아 있는 것처럼 생생하게 조각해놓은 대리석상이 눈에 띄었다. 저택을 짓는 데 필요한 온갖 자재들을 오랜 시간 동안 실어 날랐던 노새의 수고를 기리기 위해 제작된 것이라고 한다. 적어도 동상에 적혀 있는 라틴어 시구에 따르면 그랬다. 저택에는 [고대의] 키메라 동상도 있었다. 몸은 작은 사자인 데다가 두 어깨 사이로는 이제 막 자라기 시작한 것처럼 조그만 머리에 뿔과 귀가 두 개씩 달려 있는 모습이었다.

전날 토요일에는 피렌체 대공의 궁전이 개방되어 시골 사람들이 잔뜩 구경하러 몰려왔다. 사람들은 궁전 안의 모든 곳을 둘러볼 수 있었다. 큰 홀에는 여기저기에서 춤을 추는 사람들이 가득했다. 이런 시골 사람들을 모아서 무도회를 연다는 것은 이들이 잃어버린 자유를 상징적으로 되찾아주는 것처럼 보였다. 이곳에서는 이런 축제가 매년 열린다고 한다.

월요일에는 실비오 피콜로미니 씨의 집으로 점심을 먹으러 갔다. 그는 재능이 아주 뛰어난 사람이었는데 특히 펜싱 실력이 [또는 검술이] 좋기로 유명했다. 식사 자리에는 다른 귀족 신사들도 함께 어울렸고, 우리는 다양한 주제에 대해 이야기를 나누었다. 피콜로미니 씨는 이탈리아 펜싱 선수들의 기술과 특히 베네치아나 볼로냐, 파티노스트라로Patinostraro와 같은 도시 출신의 선수들이 사용하는 기술을 아주 업신여겼다. 그는 펜싱과 관련해서는 본인이 가르쳤던 제자들 중에서 지금은 브레시아Brescia에서 귀족들에게 펜싱을 가르치면서 살고 있는 제자가 유일한 실력자라고 평가했다. 그의 말에 따르면, 보통 사람들은 펜싱을 할 때 규칙이나 방법 같은 것을 가지고 있지 않다고 한다. 그는 특히 펜싱 칼을 앞으로 찔러서 상대방의 영역 안으로 밀어 넣은 뒤 두 발을 교차하면서 또다시 공격했다가 멈추는 기술을 비난했다. 본인이 직접 경험해본 바로는 이런 기술은 실제로 진짜 칼을 가지고 싸우는 것과 완전히 다르다는 주장이었다. 피콜로미니 씨는 이러한 펜싱 기술에 대해 직접 책을 써서 조만간 출판을 할 예정이었다. 그는 전쟁에서 대포를 쏘는 것을 아주 경멸했다. 이 점만큼은 아주 마음에 드는 생각이었다. 그는 마키아벨리가 이와 관련해서 저술한 내용을 칭찬하면서 마키아벨리의 사상에 동의했다. 피콜로미니 씨의 말에 따르면, 전 세계에서 요새를 구축하는 실력이 가장 뛰어나고 훌륭한 기술자가 지금은 우리 고귀하신 피렌체 대공이 부탁한 일로 피렌체에 있다고 한다.

이곳 피렌체에는 와인에 눈을 섞어 마시는 관습이 있다. 나는 옆구리 부분에서 자주 통증이 느껴지고 오줌에서도 믿을 수 없을 만큼 모래알이 많이 섞여 나오는 등 상태가 그다지 좋지 않았기 때문에, 눈을 아주 조금만 넣어 마시곤 했다. 머리의 상태도 원래의 컨디션을 되찾지 못했다. 현기증이 났고, 눈과 이마, 뺨, 치아, 코 등 온

얼굴에서 무언가가 짓누르는 것 같은 느낌이 들었다. 나는 이 모든 고통의 원인이 이 지역에서 유명한 트레비아노산 화이트 와인을 미지근한 상태로 마셨기 때문이 아닐까 하는 생각이 들었다. 왜냐하면 처음에 두통이 다시 시작됐을 무렵 그동안 여행에서 쌓인 피로와 날씨가 더운 계절의 영향으로 이미 몸에서 심하게 열이 나 있는 상태였는데, 그런 와중에 트레비아노산 화이트 와인을 굉장히 많이 마셔버렸기 때문이다. 와인이 너무 미지근해서 갈증이 쉽게 해소되지 않아 어쩔 수 없었다.

피렌체가 가장 아름다운 도시라고 불리는 데에는 그럴 만한 타당한 이유가 있다는 것을 이제는 인정할 수밖에 없을 것 같다.

오늘은 원한다면 그 누구에게라도 본인의 알몸을 내보이는 여인들을 혼자서 재미 삼아 구경하러 갔다 왔다. 그중에서도 남자들이 가장 많이 찾는다는 여인들을 보았지만, 특별한 점은 눈에 띄지 않았다. 이들이 지내는 허름하고 비루한 숙소는 시내에서 특정한 어느 한 동네에 모여 있었고, 로마나 베네치아의 매춘부들이 지내는 숙소와는 비슷한 구석이 한 군데도 보이지 않았다. 몸을 파는 여인들도 로마나 베네치아에서 봤던 매춘부들과는 미모나 매력, 몸짓이 아주 달랐다. 혹시라도 이들 중에서 누군가가 더 이상 몸을 팔지 않고 다른 일을 하면서 인생을 살고자 한다면, 아주 보잘것없는 일을 하거나 본인이 매춘부였다는 사실을 감추고 지낼 수밖에 없을 것 같았다.

나는 실 감는 기계를 사용해서 비단을 만드는 상점들을 구경했다. 이 기계에서는 여자가 한 번 돌리기만 해도 실 500가닥이 한꺼번에 꼬아져 나왔다.

화요일 아침에는 붉은색의 작은 돌멩이가 하나 나왔다.

수요일에는 피렌체 대공의 별장을 구경하러 갔다. 별장에서 본 것 중 피라미드처럼 생긴 암석 구조물이 가장 기억에 남는다. 자연에서 캔 다양한 광물을 조합해서 만든 것이었는데, 여러 개의 광물 조각들이 모두 서로 연결되어 있는 형태였다. 암석에서는 물줄기가 뿜어져 나왔다. 동굴 같은 별장 안에는 물방아와 풍차, 교회의 작은 종탑, 보초를 서고 있는 병사들, 각종 동물들과 사냥감과 같은 것들이 1000여 개나 있었다.

목요일에는 새로운 말 경주가 또 열렸지만, 보고 싶은 마음은 들지 않았다. 오후에는 다시 프라톨리노 궁전에 가서 구경을 더 자세하게 하고 싶었다. 궁전의 관리인은 프라톨리노 궁전과 티볼리에 있는 페라라 궁전의 아름다움에 대해 어떻게 생각하는지 물어왔다. 나는 이 두 장소를 전반적인 관점에서가 아니라 건물의 각 부분별로 비교를 하면서, 각각의 궁전이 가지고 있는 다양한 장점들을 얘기해주었다. 어떤 부분에서는 프라톨리노 궁전이, 또 다른 부분에서는 티볼리에 있는 궁전이 더 뛰어나다고 생각한다고 대답했다.

금요일에는 지운티Giunti 가문이 운영하는 서점에서 희극 작품 11권과 다른 책들을 몇 권 구매했다. 서점에서는《데카메론Decameron》[4]

---

4   페스트를 피해 피렌체 근교에 있는 어느 한 별장에서 지내게 된 10명의 사람들이 10일 동안 각자 하루에 하나씩 이야기를 하는 내용으로 구성된 보카치오의 단편소설집. 단테의《신곡神曲》이 지옥과 연옥, 천국을 여행한 이야기로서 중세 유럽의 신학 사상을 보여주었다면,《데카메론》은 그에 대응하는 '인곡人曲'으로서 인간의 풍토를 그려냈다는 평가를 받는다.

의 이야기 몇 편과 함께 인쇄된 보카치오Boccaccio[5]의 유언장을 발견했다. 유언장에서는 이 위대한 작가가 생전에 얼마나 빈곤했으며 아무것도 가진 게 없었는지 확인할 수 있었다. 보카치오는 자신의 외가 친척들과 누이들에게는 침대 시트 몇 장과 침대의 틀을 이루는 구조물 몇 개를 남겼고, 어떤 한 수사에게는 본인의 책들을 남기면서 이 책들을 보기 위해 찾아오는 사람들이 있으면 잘 대해달라는 말을 덧붙였다. 그는 심지어 집 안에서 가장 보잘것없는 물건들과 가구들까지도 하나하나 언급하면서 적어놓았고, 마지막에는 본인의 장례 미사와 묘지와 관련하여 어떻게 진행했으면 좋겠다고 부탁하는 말이 있었다. 유언장은 실제로 발견된 모습 그대로 낡아서 심하게 너덜거리는 양피지 위에 인쇄되어 있었다.

로마와 베네치아의 매춘부들이 창가에 서서 남성들을 유혹하는 것처럼 여기 피렌체의 매춘부들은 본인이 편한 시간을 선택해서 살고 있는 집의 문 앞에 나와 아무것도 하지 않고 서 있곤 한다. 이들은 거리의 군중들 사이에서 무리를 지어 수다를 떨거나 노래를 부르기도 한다. 무리를 이루는 사람의 수는 무리마다 많기도 하고 적기도 하다.

---

5   조반니 보카치오Giovanni Boccaccio. 14세기 이탈리아 작가로 어린 시절 단테의 《신곡》을 읽고 엄청난 영감을 받았으며 그 영향으로 1364년에는 단테의 전기를 집필했다. 보카치오의 대표작《데카메론》은 약 2년에 걸쳐 완성됐으며, 이 작품에 대해 당시 문단은 냉담한 반응을 보였으나 대중의 반응은 폭발적이었다. 만년에는 피렌체의 대학 강단에 서서 단테의《신곡》을 강의하다가 병으로 사망했다. 지금은 이탈리아 근대 소설의 선구자라는 평가를 받고 있다.

7월 2일 월요일에는 점심식사를 마친 뒤 피렌체를 떠났다. 다리를 지나 아르노강을 건넜고, 오른쪽으로 흐르는 강물을 따라 계속 이동했다. 이후 토스카나 지방에서 가장 유명한 멜론 밭이 있는 아름답고 비옥한 평야 지대를 지나갔다. 멜론은 7월 15일이 지나야 익기 시작하면서 맛이 좋아진다. 그중에서도 특히 가장 훌륭한 품질의 멜론이 자라는 밭은 '레냐이아Legnaia'라고 불리는 밭이다. 피렌체에서 3마일 거리에 있는 곳이다.

우리는 계속해서 대부분 땅이 평평하고 비옥한 지역을 지나갔다. 사방으로 집들과 작은 성들, 여러 마을이 끊이지 않는 곳으로 인구밀도가 아주 높은 곳이었다.

그중에서도 '엠폴리Empoli'라고 불리는 아주 예쁜 곳을 지나갔다. 엠폴리라는 이름에서는 왠지 모르게 예스러운 느낌이 난다. 지리적으로는 아주 쾌적한 위치였다. 이곳에서는 큰 길 근처에 더 이상 사용하지 않아서 조금 노후해 보이는 다리 하나를 제외하고는 고대의 흔적은 아무것도 발견하지 못했다.

이쪽 지역에서는 세 가지가 특히 기억에 남는다. 첫 번째는 여기 시골에서는 사람들이 일요일에도 바쁘게 일을 한다는 것이다. 어떤 이들은 밀을 탈곡해서 정리하고, 또 어떤 이들은 바느질을 하거나 실을 잣는다. 두 번째는 이들은 손에 류트lute[6]를 들고 다니며 심지어는 양치기 소녀들도 아리오스토Ariosto의 시를 외우고 다닌다는 것이다. 하지만 이는 이탈리아에서는 어딜 가더라도 쉽게 볼 수 있

6 기타와 비슷하게 생긴 현악기의 한 종류.

는 풍경이다. 세 번째는 이들은 본인이 수확한 밀을 열흘이고 보름이고 심지어는 그 이상을 밭에 그대로 내버려둔다는 것이다. 이웃이 가져가진 않을까 하는 걱정은 하지 않는다. 그렇게 우리는 해가 거의 저물어갈 즈음이 되어서야 피렌체에서 20마일 떨어진 곳에 위치한

라 스칼라La Scala에 도착했다. 라 스칼라에는 여관이 딱 하나 있는데 시설이 꽤 괜찮은 곳이었다. 나는 저녁을 먹지 않았고, 오른쪽 치아 부분이 너무 아파서 거의 잠을 자지 못했다. 이런 종류의 치통은 대개 두통과 같이 발생하곤 한다. 가장 아플 때는 음식을 먹을 때다. 입안에 무언가를 넣기만 해도 엄청난 통증이 느껴졌다.

7월 3일 월요일 아침에는 아르노강을 따라 평평한 길을 지나갔다. 그 끝에는 밀밭으로 덮인 아름다운 들판이 나타났다. 그렇게 정오쯤이 되어서야 라 스칼라에서 20마일 떨어진

피사Pisa에 도착했다. 피사는 피렌체 공작이 관할하는 도시다. 도시가 위치해 있는 들판 한가운데에는 아르노강이 흐른다. 피사의 강물은 여기에서 6마일 떨어져 있는 바닷가로 흘러 들어가는데, 이러한 지리적인 환경으로 인해 도시에는 각종 건물들이 들어서 있다.

이맘때에는 학교들이 문을 닫는다. 더위가 심한 세 달 동안은 학교에서 방학 기간을 갖는 것이 여기 풍습이다.

우리는 여기 피사에서 실력이 훌륭한 배우들로 이루어진 데시오시[7] 극단을 만났다.

---

7   *Desiosi.* '희망'이라는 뜻의 이탈리아어.

피사에서는 [첫날 묵었던] 숙소가 마음에 들지 않아서 침실 네 개와 식당 하나가 딸린 집을 따로 빌려서 지냈다. 집주인은 식사도 제공해주었고, 집 안에는 가구들도 구비되어 있었다. 예쁜 집이었다. 한 달에 8에퀴면 모든 시설을 사용할 수 있었다. 주인은 식탁보나 냅킨과 같이 식사에 필요한 물품을 제공해주겠다고 했지만, 그 양은 아주 조금이었다. 실제로 이탈리아에서는 식탁보를 교체할 때에만 냅킨을 바꾸고 식탁보는 일주일에 딱 두 번만 간다. 그래서 우리는 하인들에게 그런 것들을 직접 돈을 주고 사서 쓰도록 했다. 숙소에서는 4줄리오면 하루 치 식사를 해결할 수 있었다.

피사에서 묵는 집은 아름다운 풍경이 펼쳐져 있는 아주 좋은 위치에 자리 잡고 있다. 집에서는 아르노강의 물길이 들판을 가로지르는 모습이 한눈에 내려다보인다. 강물의 폭은 굉장히 넓고 길이는 500보 이상은 된다. 조금씩 굽이져 흐르는 강물은 매력적인 풍경을 만들어내고 있었다. 덕분에 강의 시작과 끝이 아주 쉽게 보였다. 강은 언제나 배와 상인들로 가득하고, 그 위로는 다리가 세 개 세워져 있었다. 강물 양쪽에는 파리 센강의 오귀스탱로처럼 근사한 둑길이 지어져 있다. 둑길 옆에는 폭이 넓은 길이 나 있고, 그 길을 따라서는 집들이 일렬로 줄지어 있다. 우리가 묵는 집도 그중 하나였다.

7월 5일 수요일에는 한때 하드리아누스 황제의 궁전으로 사용됐다는 성당을 구경하러 갔다. 성당 안에는 각양각색의 형태와 스타일로 조각된 대리석으로 만든 기둥이 엄청 많았다. 성당의 철문들도 아주 근사했다. 내부는 그리스와 이집트에서 가져온 다양한 전리품들이 장식하고 있었고, 건물은 고대의 유적에서 남은 자재들로 지어진 것이었다. 그래서인지 곳곳에는 이런저런 문구가 적혀 있었다. 어떤 문구는 위아래가 거꾸로 뒤집어져 있기도 하고, 또 다른 문구는 중간이 잘려 있기도 했다. 어느 부분에서는 고대 에트루리아 사람들이 사용한 것으로 보이는 정체불명의 문자가 보이기도 했다.

이곳 피사의 교회 종탑도 볼로냐나 다른 도시들에서 봤던 종탑처럼 높이가 두 팔을 벌린 길이의 일곱 배 정도 되며, 신기하게도 비스듬하게 기울어져 있다. 종탑의 주변에는 사방으로 벽기둥과 개방형 회랑이 둘러싸고 있다.

나는 산 조반니 교회도 보았다. 산 조반니 교회의 내부도 조각과 그림들로 아주 화려했다.

그중에서도 특히 대리석으로 만든 제단과 어마어마하게 많은 조각상들이 눈에 띄었다. 사람들 말로는 여기 있는 조각상들이 너무나도 아름다운 나머지 로렌자초Lorenzaccio가 알레산드로Alessandro 공작을 죽인 뒤 이 조각상들 중 몇 개의 머리를 잘라 왕비에게 선물로 바쳤다는 이야기가 전해진다고 한다. 교회의 형태는 로마의 판테온과 비슷했다.

알레산드로 공작의 친아들은 아직 여기 피사에 살고 있었다. 우리가 본 그는 늙은 모습이었다. 그는 공작의 재산으로 편안한 생활을 누리고 있었고, 특별한 문제가 있어 보이지는 않았다. 여기 피사에는 사냥과 낚시를 하기에 아주 적절한 장소가 몇 군데 있는데, 공작의 아들은 그런 것들을 하면서 노년을 보내고 있었다.

성유물이나 희귀한 책, 보석, 엄청나게 큰 데다가 환상적인 솜씨로 세공된 돌이라면, 여기 피사에서도 이탈리아의 다른 도시들에서

만큼 많이 찾아볼 수 있다.

나는 '캄포 산토Campo Santo'라고 불리는 공동묘지 건물을 아주 재밌게 구경했다. 건물은 규모가 굉장히 크고, 높이는 300보, 폭은 100보로 바닥은 정사각형 모양이었다. 주변을 빙 둘러싸고 있는 복도는 폭이 40보이고, 천장은 납으로, 바닥은 대리석으로 덮여 있었다. 건물의 내벽에는 오래된 그림들이 걸려 있었고, 그중에는 피렌체에서 만났던 곤디족 사람이 그렸다는 작품도 하나 있었다. 건물의 이름도 바로 이 작품에서 따온 것이었다.

피사의 귀족들은 여기 복도 아래의 지하에 자기의 묘 자리를 보유하고 있다. 그 안에 들어가면 거의 400개에 달하는 가문들의 이름과 문장을 볼 수 있다. 이 가문들 중 겨우 네 가문만 옛날의 피사 도시가 수차례 전쟁과 몰락을 겪는 와중에도 살아남아 아직까지 피를 이어가고 있다. 과거 피사는 인구수가 많았지만, 거주하는 사람들 중 대부분이 외국인이었다. 그 네 개의 귀족 가문들 중 일부는 가톨릭교를 믿는 다른 지역으로 건너가면서 흩어졌으며, 그곳에서도 계속해서 대를 이어나가고 있다고 한다. 이들은 후작이나 공작, 또는 다른 종류의 귀족 계급을 지니는 사람들이었다.

건물의 중앙에는 오늘날까지도 시체를 매장하는 용도로 계속 사용되는 장소가 있다. 사람들은 보통 그곳에 시체가 묻힌 뒤 8시간이 지나면 시체가 심하게 부풀어 오르면서 묻혀 있는 땅 부분이 솟아오르는 것을 볼 수 있다고 말한다. 그런 다음 또다시 8시간 동안은 땅이 다시 가라앉으면서 푹 꺼지고, 그다음으로 마지막 8시간 동안은 살 부분이 완전히 태워져서, 총 24시간이 지나기 전에는 같은 자리에 뼈만 남게 된다고 한다. 이는 로마의 공동묘지에서도 비슷하게 발생하는 현상이다. 로마에서는 죽은 사람의 시체를 땅에 묻는 즉시 땅이 위로 솟아오른다. 여기는 시체를 매장하는 곳에도 복도 통로처럼 대리석이 깔려 있다. 대리석 위로는 두 팔을 벌린 길이의 1~2배 정도 높이까지 흙을 쌓아놓았다. 사람들 말로는 피사의 군인들이 예루살렘으로 대규모 파견을 나갔다가 돌아오면서 가져온 흙이라고 한다. 이곳 사람들은 주교의 허가 아래 여기에 쌓여 있는 흙을 조금씩 퍼서 다른 곳에 있는 묘지에도 뿌리는데, 그렇게 하면 거기에 묻혀 있는 시체들이 더 빠르게 썩을 것이라는 확신을 가지고 있다. 아주 그럴듯한 이야기인 것이 실제로 이 정도 규모의 도시에 있는 공동묘지치고는 뼛조각도 거의 보이지 않고 다른 도시에서처럼 뼈를 주워서 담아두는 곳도 따로 없었다.

피사 주변의 산지에서는 아주 아름다운 대리석이 많이 생산된다. 도시에도 대리석 채굴 작업에 능한 솜씨 좋은 기술자들이 많다. 내가 머무르던 당시에는 바르바리아 지역의 페즈Fez 왕의 요청을 받고 일꾼들이 아주 열심히 채굴 작업을 진행하는 중이었다. 왕은 극장을 하나 지으려는 계획을 실행으로 옮기는 중이었고, 채굴된 대리석은 아주 높이까지 극장을 장식할 대리석 기둥 50개를 만드는 데 사용될 예정이었다.

피사 곳곳에서는 프랑스 문장이 보인다. 도시에는 샤를 8세가 여기 성당에 하사했다는 기둥도 하나 보인다. 어떤 저택에서는 길가쪽에 있는 외벽에 샤를 8세가 성모 마리아 앞에 무릎을 꿇고 있는 모습을 생생하게 그려놓았다. 마리아가 샤를 8세에게 조언을 하는 듯한 모습이었다. 벽에 같이 쓰여 있는 문구는 어느 날 왕이 이 건물 안에서 저녁을 먹다가 갑자기 피사 사람들에게 옛날에 누리던 자유를 돌려주어야겠다는 생각이 들었다는 내용과 함께 바로 이러한 점에서 샤를 8세는 알레산드로보다 훨씬 더 위대한 군주라는 내용이었다. 피사 사람들이 샤를 8세에게 붙여준 명칭 중에는 '예루살렘의 왕', '시칠리아의 왕' 등이 있다. 그가 피사 사람들에게 어떻게 자유를 주었는지에 대해 이야기하는 부분은 의도적으로 훼손이 됐거나 절반이 지워져 있는 상태다. 개인이 사는 다른 집들에서도 샤를 8세가 자신들에게 베풀었던 고귀한 친절함을 간직하기 위해 아직까지도 집 안에 [프랑스의] 문장을 장식으로 걸어두고 있다.

피사에는 고대 로마의 건물 유적이 많이 남아 있지 않다. 한때 네로 황제의 궁전이었다는 곳에는 벽돌이 가득 쌓여 있는 근사한 유적지가 하나 있다. 이곳의 이름은 황제의 이름을 따서 지었다고 한다. 한때는 마르스[8]의 신전이었다는 산 미켈레San Michele 교회도 보인다.

목요일은 성 베드로의 축일이었다. 이날이면 옛날에는 피사의 주교가 도시에서 4마일 떨어진 외곽에 위치한 산 피에트로San Pietro 교회까지 행진을 한 다음 교회에서부터 다시 바닷가로 가서 바다에 반지 하나를 던지고는 반지와 바다의 성대한 혼인식을 올렸었다는 이야기를 들은 적이 있다. 당시의 피사는 아주 강력한 해군을 보유

---

8   그리스 · 로마 신화에 등장하는 전쟁의 신. '마르스'는 로마 신화에서 부르는 이름이고, 그리스 신화에서는 '아레스'라고 부른다.

하고 있었다. 지금은 어느 한 학교 선생님만이 혼자서 바닷가를 찾아가며, 반면에 사제들은 행렬을 이루어 면죄를 받기 위해 교회를 찾아간다고 한다. 약 400년 정도 된 교황의 칙서에는 산 피에트로 교회가 성 베드로에 의해서 지어졌으며 이곳에서 성 클레멘트가 대리석 탁자 위에 올라가 미사를 드리던 중 코에서 피가 세 방울 떨어진 적이 있다는 이야기가 적혀 있다. (1200년도 훨씬 전에 쓰인 어떤 책에서 읽은 내용이다.) 탁자에는 성 클레멘트의 피가 마치 사흘 전에 떨어진 것처럼 아직도 굳은 핏자국이 남아 있었다. 옛날에 제노바 사람들이 이 탁자를 부순 다음 세 개의 핏자국 중에서 하나를 가져가 버리는 바람에, 피사 사람들은 남아 있는 부분을 교회에서 빼내어 시내로 가져왔다고 했다. 대신 매년 성 베드로의 날이 되면 탁자가 원래 있었던 자리인 산 피에트로 교회로 그것들을 다시 가져간다. 사람들은 밤새 배를 타고 여기 교회를 찾아온다.

7월 7일 금요일에는 피사에서 2마일 떨어진 곳에서 돈 피에트로 데 메디치Don Pietro de Medici 씨가 운영한다는 낙농장을 보러 아침 일찍 길을 나섰다. 그는 본인 앞으로 어마어마한 규모의 자산을 소유하고 있으며, 5년마다 새로운 소작농들을 고용하고 이들이 수확한 것의 절반을 가져간다. 비옥한 땅에서는 밀이 아주 잘 자라고, 초원에서는 온갖 종류의 가축들을 기르고 있었다. 나는 메디치 씨의 집이 어떤지 구경하기 위해 말에서 내렸다. 아주 많은 사람이 이런 업장에서 필수적으로 갖추고 있는 다양한 기구들을 사용해서 우유를 응고시키고 버터와 치즈를 만드는 데 열중하고 있었다.

그곳에서 다시 길을 나서서는 들판을 지나 티레니아 해안에 도착했다. 오른쪽으로는 레리치Lerici 마을이 보였고, 왼쪽으로는 그보다 조금 더 가까운 곳에 리부르노Livourno라는 작은 성벽마을이 해안가에 자리 잡고 있었다. 이곳에서는 날이 좋으면 고르고나Gorgona 섬과 더 멀리에 있는 카프라이아Capraia섬, 그것보다 더 멀리로는 코르시카Corsica섬까지 보인다고 한다. 우리는 길의 방향을 왼쪽으로 돌려 티레니아 해안을 따라 아르노강의 하구까지 이동했다. 아르노강의 입구는 배들이 들어가기에 꽤 어려운 구조이다. 아르노강으로 합류하는 여러 개의 작은 지류에서 흙과 진흙이 함께 섞여 내려와 그 입구에 쌓이면서 강바닥을 두껍게 만들어버렸기 때문이다. 여기 강 입구에서 구입한 생선을 [피사의] 데시오시 극단의 여배우들에게 보내주었다. 이렇게 아르노강을 따라서 가다 보면 능수버들이 무성하게 자라는 숲을 볼 수 있다.

토요일에는 6줄리오를 주고 대형 나무통을 하나 구입했다. 나는 세공사에게 3에퀴를 주고 통 주변에 은테를 둘러달라고 부탁했다. 또 걸을 때 몸을 기대는 용도로 사용하기 위해 인도산 지팡이를 6줄리오를 주고 구입했다. 8줄리오에 작은 꽃병과 인도산 호두를 한 컵 샀다. 인도산 호두는 장이 안 좋거나 신장결석을 앓는 사람들에게 능수버들과 똑같은 효능이 있다.

수학 공식을 계산할 때 사용하는 기구를 잘 만들기로 유명한 장인이 모든 나무는 자라온 세월의 수만큼 원과 둘레를 많이 가지고 있다는 사실을 가르쳐주었다. 장인은 본인의 가게에 있는 온갖 종류의 나무들을 보여주었다. 실제로 그는 나무로 장식장을 만들기도 했다. 나무에서 북쪽에 해당하는 부분이 폭이 더 좁고, 그 부근에는 다

442

른 부분보다 둥근 테들이 서로 더 가깝고 빽빽하게 붙어 있다. 그는 자신에게 어떤 나무를 가져오더라도 몇 살 된 나무인지 맞출 수 있으며 그 나무가 어떤 위치에 서 있었는지도 알아낼 수 있다고 자랑했다.

이즈음에도 이유는 알 수 없는 두통이 계속돼서 생활하는 게 불편했다. 변비도 생겼다. 어떤 약을 먹는다거나 인위적인 도움을 받지 않고서는 배 속을 비워낼 수 없었다. 약의 효과도 미미했다. 신장의 상태는 때에 따라 괜찮았다가 안 좋아졌다가 했다.

몇 년 전 여기 [피사] 도시의 공기 상태는 아주 좋지 않았다. 그러다가 코시모Cosimo 공작이 도시 주변에 있는 늪지의 물을 말라버리게 한 이후로 지금은 괜찮아진 상태다. 전에는 공기가 너무 안 좋아서 만약 누군가를 가둬서 죽게 하고 싶은 경우 피사로 유배를 보내곤 했다. 그러면 그 사람은 몇 달이 지나지 않아 곧 죽어버렸다.

토스카나 지방의 공작들은 자고새를 보기 위해 엄청난 정성을 들인다. 그럼에도 불구하고 여기 피사에는 자고새가 살지 않는다.

지롤라모 보로Girolamo Borro라고 불리는 내과 의사는 내가 묵고 있는 곳으로 여러 번 나를 찾아왔었다. 이번에는 내가 그를 만나러 갔다. 의사는 로마의 사피엔차Sapienza 대학에서 박사학위를 얻었다. 7월 14일. 의사는 자신이 대중의 언어로 쉽게 풀어 쓴 《바다의 밀물과 썰물에 대하여》라는 책을 나에게 선물해주었다. 또 그는 몸에서 생길 수 있는 여러 질환에 대해 본인이 라틴어로 쓴 다른 책도 보여주었다.

그날 피사에서 지내고 있는 집 근처의 무기고에서 터키 사람 21

명이 탈출하여 알레산드로 디 피옴비노 Alessandro di Piombino 씨가 낚시를 하러 떠나면서 항구에 남겨둔 관용 범선을 타고 달아났다.

아르노강의 물이 교회와 고대의 유적, 그 밖의 특이한 건물들 사이사이를 지나 온 도시를 가로지르면서 근사한 풍경을 만들어낸다는 것 말고는 피사에는 특별히 우아하거나 매력적인 부분은 없다. 어떤 점에서 보면 황량해 보이기도 하고, 건물의 형태나 크기, 거리의 폭이나 인적이 드문 분위기로 비추어보면 피스토이아와도 많이 닮은 곳이다. 피사가 가지고 있는 큰 단점들 중 하나는 수질이 좋지 않다는 것이다. 여기 물에서는 언제나 늪에서 나는 냄새가 난다.

피사 사람들은 매우 가난한 데다가 성격은 오만하고 고집이 세서 외국인들에게 친절하지 않다. 특히 이곳에서 주교로 지냈던 피에르 폴 드 부르봉 Pierre-Paul de Bourbon 씨가 세상을 떠난 이후로는 프랑스 사람들에게 아주 불친절하다. 주교는 생전에 본인이 우리 프랑스의 왕가 출신이라고 말하곤 했었다. 그의 가족들은 아직 피사에 살고 있었다.

주교는 우리 프랑스를 아주 좋아했고 인심도 굉장히 후해서 피사에 프랑스 사람이 한 명이라도 왔다 하면 자신의 집으로 데려와 지내도록 했었다. 피사 사람들은 이 마음씨 좋은 성직자를 너그럽고 선한 삶을 살았던 사람으로 기억하면서 존경했다. 주교가 세상을 떠난 지는 불과 5~6년밖에 되지 않았다.

7월 17일에는 25명에서 한 사람당 1에퀴씩을 내고 하는 래플[9]에 나도 합류했다. 우승 상품으로는 피사 극단의 배우들 중 파르뇨콜라 Fargnocola라는 한 배우의 물건들이 걸려 있었다. 먼저, 카드를 뽑는 순서를 첫 번째부터 두 번째, 마지막까지 정하기 위해 제비뽑기를 해서 나온 순서를 따르기로 했다. 한편, 게임에 걸려 있는 물건이 여러 개였기 때문에, 조건을 똑같게 해서 상품을 두 묶음으로 나누었다. 점수를 가장 많이 얻은 사람이 한 묶음을 가져가고, 다른 하나는 가장 적게 얻은 사람이 가지기로 했다. 나는 두 번째로 카드를 뽑았다.

18일에는 산 프란치스코San Francisco 교회에서 사제들과 수도사들 사이에서 큰 다툼이 있었다. 전날 교회에서는 어떤 한 피사 귀족의 장례식이 있었다. 사제들은 장례 미사를 드리기 위해 의식에 필요한 모든 도구와 장신구를 챙겨 교회에 왔다. 이들은 자신들이 먼저 의식을 올리겠다고 주장하면서 오래전부터 이어져 내려오는 관습을 따르겠다고 했다. 그러자 수도사들은 본인들이 관리하는 교회에서 미사를 드리는 것은 다른 사람들이 아닌 바로 자신들의 일이라고 주장했다. 한 사제가 대제단 쪽으로 다가가 탁자를 차지하려고 하자, 수도사 한 명이 그를 끌어 내리려고 했다. 그러자 사제들을 통솔하는 보좌신부가 수도사의 따귀를 때렸다. 그러면서 양측에서는 상대편을 향해 적대감을 품고 결국에는 이 사람 저 사람 할 것 없이 주먹질을 하고 막대기와 양초, 촛대와 같은 물건들을 던지면서 싸우게 된 것이었다. 교회 안에 있는 물건들 중에 싸움에 이용되지 않는 것이 없었다. 결과적으로 이들 중 그 어느 쪽에서도 미사를 드리지

---

9   추첨식 복권 게임. 카드에는 미리 숫자가 매겨져 있고, 추첨을 통해 특정 숫자에 해당하는 카드를 가지고 있는 사람이 우승을 차지한다.

않는 것으로 싸움은 끝이 났다. 하지만 이 사건은 사람들 사이에서 소문이 파다했다. 싸움에 대한 소문이 막 퍼지기 시작한 바로 그때 교회에 도착한 나는 모든 이야기를 전해 들을 수 있었다.

22일 새벽에는 터키에서 온 해적 세 명이 근처 해안가에 정박해서 어부와 가난한 목동을 15~20명이나 포로로 납치해갔다.

25일에는 코르나치노Cornacchino라는 유명한 의사이자 피사대학 교수의 집에 방문했다. 의사는 의학에서 정해놓은 규칙들과는 정반대로 본인만의 방식으로 생활하고 있었다. 그는 점심을 먹자마자 바로 낮잠을 자고, 하루에 술을 100잔은 마신다. 의사는 직접 지은 시구 몇 구절을 시골 특유의 사투리로 나에게 들려주었는데, 꽤 그럴듯했다. 그는 피사 주변의 온천들을 아주 높게 평가하지 않지만, 16마일 떨어져 있는 바뇨 아쿠아Bagno-Acqua[10] 온천은 좋다고 생각했다. 의사의 말에 따르면, 바뇨 아쿠아의 온천수는 간 관련 질환이나 신장결석과 배앓이에 효과가 뛰어나다고 한다. (그는 간이 안 좋았던 사람들이 여기 온천물을 마시고 병이 말끔하게 치료된 기적 같은 일화를 많이 들려주었다.) 하지만 의사는 바뇨 아쿠아 온천물을 마시기 전에 먼저 빌라 온천수를 마시는 것이 좋다고 조언했다. 다쳐서 피가 나는 경우를 제외하고는 적재적소에 사용할 줄만 안다면 온천만큼 좋은 약은 없다고 확신하는 사람이었다. 그는 바뇨 아쿠아 온천에 있는 여관들은 시설이 아주 좋아서 집에 있는 것처럼 편안하고 편리하게 지낼 수 있다고 덧붙였다.

---

10   현재는 '카스치아나 온천'이라고 불린다.

26일 아침에는 이전에 누었던 것보다 색깔이 훨씬 더 탁하고 검은 오줌이 나왔고, 그 안에는 작은 돌멩이가 하나 섞여 있었다. 그래서인지 약 스무 시간 전부터 배꼽 아래와 음경 쪽에서 계속 느껴졌던 통증이 도저히 멈출 생각을 하지 않았다. 하지만 견딜 수 있을 만한 정도였고, 신장 쪽이나 옆구리 부분은 아프지 않았다. 시간이 조금 지나고 나서는 크기가 작은 돌멩이가 또 하나 나왔다. 그러더니 통증도 사라졌다.

27일 목요일에는 아침 일찍 피사를 떠났다. 특히 빈타빈티Vintavinti 씨와 로렌초 콘티Lorenzo Conti 씨, 산 미니아토San Miniato 씨, 보로Borro 씨를 포함하여 피사에서 알고 지냈던 장인들과 상인들이 예의를 갖춰 마중을 나와줘서 기분이 굉장히 좋았다. 기사 카밀로 가타니Camillo Gatani 씨의 집에서 지내는 산 미니아토 씨는 자신의 남동생에게 우리와 함께 프랑스에 가서 나를 보필하도록 했다. 비록 여기 피사가 사람들이 예의가 없고 오만하기는 했지만, 만약 지내는 데 돈이 더 필요했다고 해도 아마도 부족할 일은 확실히 없었을 것이다. 어쨌든 간에 한 명이라도 친절한 사람이 있었다면 나머지 다른 사람들도 친절했다고 기억할 수도 있는 일이다.

피사에는 특히 비둘기가 굉장히 많이 날아다니며, 헤이즐넛과 버섯이 풍부하다. 우리는 오랜 시간 들판을 가로질러 가다가 어떤 언덕 아래에서 '피사 온천탕'이라고 불리는 곳을 마주쳤다. 같은 이름으로 불리는 온천탕이 여러 군데 있었고, 그곳들에는 모두 뭐라고 쓰여 있는 것인지 알 수 없는 문구가 대리석 위에 적혀 있었다. 운율을 맞춘 라틴어 시구였는데, 여기 온천수의 효능을 증명하는 내용이었다. 내 추측이 맞다면 아마도 1300년 전에 쓰인 글일 것이다.

그중에서도 규모가 가장 크고 시설이 가장 좋은 온천탕은 바닥이 정사각형 모양이었고, 바깥쪽으로 보이는 네 면 중 한 면에는 대리석 계단이 나 있어서 아주 보기 좋았다. 한 면의 길이는 30보이고, 한쪽 모퉁이에는 물이 나오는 수도꼭지가 달려 있었다. 나는 여기 온천물은 어떤지 살펴보기 위해 조금 마셔보았다. 아무런 맛도 향도 느껴지지 않았고, 혀끝에서 매운 맛이 약간 날 뿐이었다. 물의 온도는 아주 적당해서 마시기에는 아주 편했다.

수도꼭지에서 나오는 물에서는 바덴 온천에서도 본 적이 있는 작고 하얀 알갱이 같은 것을 발견했다. 바덴 온천에서는 아마도 바깥에서 더러운 오물이 들어온 것이라고 생각했고 아주 불쾌했던 기억이 있다. 하지만 지금 생각해보니 이런 물질은 근처에 있는 특정한 광물에서 생겨나는 것 같다. 물이 흘러나오는 지점에서는 알갱이의 입자가 훨씬 더 두꺼워서 그 결과로 물도 자연스럽게 더 깨끗하고 맑아지는 것이다. 이는 내가 직접 분명하게 목격한 것이다. 이쪽 지역에는 사람이 살지 않아서 황량하고 여관들은 허름한 편이다. 탕 안의 온천물은 거의 방치된 상태다. 보통 여기로 온천을 하러 오는 사람들은 고작 4마일밖에 떨어져 있지 않은 피사에서 아침 일찍 출발해서 온천욕을 한 다음 그날 바로 집으로 돌아간다.

큰 온천탕은 노천탕이다. 여기서 유일하게 고대 로마의 흔적을 찾아볼 수 있다. 사람들은 이곳을 '네로의 목욕탕'이라고 부른다. 전해 내려오는 이야기에 따르면, 네로 황제가 수도관 여러 개를 사용해서 여기 온천물을 피사에 있는 자신의 궁전까지 가져가도록 했다고 한다.

이곳에는 허름하게 지어진 노천탕도 하나 있다. 여러 사람이 들어가서 함께 사용할 수 있는 곳이다. 탕 안의 물은 아주 맑았다. 사람들 말로는 이 탕의 물은 몸속 장기의 열 때문에 생긴 농포나 간이 안 좋은 데에 효과가 좋다고 한다. 이곳 사람들도 다른 온천에서 마시는 만큼 동일한 양으로 온천물을 마신다. 온천물을 마신 다음에는 주변을 산책하면서 생리 현상을 해결한다. 그 방식은 땀을 흘리거나 소변이나 대변을 보는 식으로 다양하다.

산을 올라가면 세상에서 가장 아름다운 풍경이 펼쳐진다. 저 넓은 들판과 바다, 섬들, 리부르노 마을과 피사가 한눈에 내려다보였다. 산에서 내려간 다음부터는 다시 평야 지대가 시작됐다. 여기 평야 위에 바로

루카Lucca가 있다. 피사에서부터 10마일 거리이다. 오늘 아침에는 이전에 배출했던 것보다 훨씬 더 큰 돌멩이가 한 개 나왔다. 조금 더 커다란 돌에서 떨어져 나온 게 확실했다. 하느님께서는 아실 것이다. 주님의 뜻대로 이루어지기를!

우리는 루카에서도 피사에서와 똑같은 조건으로 하루에 주인은 4줄리오, 하인은 3줄리오를 내고 여관에 묵었다. 28일에는 루도비코 피니테시 씨의 아주 정중한 제안에 떠밀려서 그의 집에서 1층을 사용하게 됐다. 1층은 온도가 아주 선선하고, 침실 다섯 개와 식당 하나, 부엌 하나가 딸려 있어서 지내기에는 안성맞춤인 곳이었다. 생활에 유용한 가구들도 모두 사용할 수 있었다. 이탈리아 스타일로 만들어진 가구들은 상태가 매우 깨끗하고 좋았다. 이탈리아식 가구

는 프랑스에서 만드는 가구들과 비교했을 때 많은 부분에서 특징이 거의 비슷할 뿐만 아니라 훨씬 더 뛰어난 부분도 있다. 이탈리아식 건물에서 중요한 부분을 차지하는 장식은 바로 높이가 굉장히 높고 폭이 넓은 근사한 아치형 천장이라고 할 수 있다. 고급스럽고 멋있는 저택의 입구를 지나면 이런 천장이 펼쳐지곤 한다. 천장 아래쪽의 입구 부분도 같은 스타일로 지어지며, 문도 크고 넓게 만들어진다. 루카의 귀족들은 여름이 되면 이런 현관 입구에 마련된 공간에서 식사를 즐긴다. 길거리를 지나가는 누구든 그들이 식사하는 모습을 볼 수 있다.

사실 이탈리아에서는 지나갔던 모든 마을과 도시에서 아주 쾌적하고 편안한 숙박을 경험했다. 단, 피렌체와 베네치아는 제외이다. (두 도시에서는 특히 날씨가 더운 날이면 바깥을 돌아다니는 것이 너무 불편해서 숙소에서 잘 나가지 않았었다.) 베네치아에서는 오래 머물지 않았기 때문에, 사람들이 너무 많이 드나들고 시설도 꽤 열악한 곳에서 묵었었다. 여기서 [루카에서] 묵고 있는 곳은 중심가에서는 떨어져 있지만 부족한 부분은 하나도 없다. 지내는 데 걱정이 된다거나 불편한 부분도 전혀 없다. 단지 사람들이 예의가 없는 것이 피곤하게 느껴지고 때로는 성가시기까지 해서, 지역 사람들의 방문은 거의 허락하지 않고 지냈다. 이곳에서는 자고 싶을 때 자고, 공부하고 싶을 때 공부했다. 밖을 나가고 싶을 때는 어디에서라도 하루 중 몇 시간을 함께 이야기하면서 즐거운 시간을 보낼 수 있는 남녀를 찾을 수 있었다. 여기 루카의 상점과 교회, 광장도 여러 군데를 바꿔가면서 다니니 호기심이 지칠 틈이 없었다.

이렇게 주의가 산만하게 돌아다니는 와중에 몸은 [점점] 쇠약해
지고 나이는 드는데 내 마음만큼은 고요했다. 바깥세상 일들로 마음
의 평화가 깨지는 경우도 아주 드물었다. 내가 누리는 이 좋은 것들
을 다른 누군가와 이야기하지 않고 혼자 즐길 수밖에 없었기 때문
에, 친구의 부재가 조금 느껴질 뿐이었다. 함께 나눌 수 있는 친구가
있었더라면 좋았을 것이다.

루카 사람들은 공을 다루는 실력이 아주 뛰어나다. 이곳에서는 종
종 재밌는 공차기를 구경할 수 있다. 남자들이 길에서 말을 타고 다
니는 것은 여기 문화가 아닐뿐더러 그런 모습은 거의 보기 드물다.
마차를 타고 돌아다니는 경우는 더더욱 없다. 여자들은 노새를 타고
다니며 그 옆에는 하인이 함께 걸어간다. 루카에 온 외국인들은 집
을 구하는 데 아주 애를 먹는다. 실제로 루카를 찾아오는 외국인들
은 아주 소수인 데다가 원래부터 루카에 살고 있는 인구수가 많기
때문이다. 가구가 구비된 침실 네 개와 식당 하나, 부엌 하나가 딸린
평범한 집을 빌리는 데 한 달 월세로 70에퀴가 요구된다. 루카 사람
들을 친구로 사귀면 즐겁게 놀지 못하는 이유가 이들은 심지어 어
렸을 때부터 일을 하거나 사고팔 물건을 제작하느라 항상 바쁘기
때문이다. 그렇기 때문에 외국인의 입장에서는 여기 루카에서 보내
는 시간이 다소 지루하고 불쾌하게 느껴질 수 있다.

8월 10일에는 루카의 귀족 몇 명과 함께 도시 외곽을 유람하기
위해 외출했다. 이들은 나와 우리 일행을 위해 말을 빌려주었다. 우
리는 루카에서 3~4마일 떨어진 근교에서 아주 근사한 별장을 몇 군
데 구경했다. 별장에는 포르티코[11]와 로지아[12]가 있어서 분위기가

아주 밝아 보였다. 그중에서도 특히 어떤 별장의 로지아가 천장이 완전히 아치형으로 둥근 데다가 포도나무의 나뭇가지와 덩굴로 덮여 있어 인상적이었다. 로지아 주변에 뿌리를 내리고 있는 나무들 옆에는 지지대가 설치돼 있었다. 마치 자연이 만들어낸 살아 있는 정자 같았다.

가끔씩 5~6일이나 어떤 때는 그보다도 더 오래 두통이 느껴지지 않아서 평온했다. 그렇다고 해서 머리 컨디션이 완벽하게 회복된 것은 아니었다.

토스카나말을 처음부터 제대로 배우고 싶은 마음이 들었다. 꽤 많은 시간과 정성을 들였지만 실력은 거의 늘지 않았다.

이번 계절에는 예년보다 더위가 훨씬 더 심해진 것 같다.

12일에는 베네데토 부온비시Benedetto Buonvisi 씨의 시골집을 방문하기 위해 근교에 다녀왔다. 특별하게 볼 것은 없는 집이었다. 그곳에서는 무엇보다도 지대가 높은 곳에 가꾸어놓은 작은 숲이 인상적이었다. 너비가 약 50보 정도 되는 숲에는 사시사철 푸르른 종류로 각종 다양한 나무들이 심어져 있었다. 주변에는 작은 도랑이 파여 있었고, 안쪽으로는 천장이 딸린 작은 산책로도 만들어져 있었다. 숲 한가운데에는 사냥꾼이 사용하는 공간이 마련되어 있었다. 사냥꾼은 1년 중에 11월 즈음으로 특정 시기가 되면 이 숲속 곳곳에 사방으로 끈끈이 덫을 설치한 다음 오전 중에만 개똥지빠귀를 200마

---

11 주택의 현관 부분에 줄지어 늘어서 있는 기둥들과 그 위의 지붕으로 이루어진 구조.
12 주택에서 거실이나 방, 복도의 한쪽 면이 정원으로 연결되도록 트여 있는 구조.

리나 잡아낸다. 사냥꾼은 미끼로 사용하기 위해 미리 잡아놓은 개똥
지빠귀들을 어딘가에 잘 매달아놓고, 은호루라기를 불어서 새들을
유인한다. 이렇게 새를 잡는 방식은 루카와 가까운 특정 지역에서만
볼 수 있다.

13일 일요일에는 자신의 집에서 1층 공간을 내어주고 사용하도
록 해준 대가로 루도비코 피니테시 씨에게 15에퀴를 주도록 한 뒤,
루카를 떠났다. (하루당 1에퀴로 계산한 금액이었다.) 피니테시 씨는 돈
을 받고 매우 좋아했다.

그날 우리는 루카 귀족들이 소유하고 있는 시골 별장을 여러 군
데 둘러보았다. 별장들은 외관이 예쁘고 시설은 쾌적했으며 각자만
의 고유한 매력을 가지고 있었다. 이쪽 지역에는 물이 아주 풍족하
기는 하지만, 가짜 물에 불과하다. 물이 자연스럽게 흐르지도 않고
쉬지 않고 콸콸 쏟아지지도 않는다는 말이다. 이렇게 산이 많은 지
역에서 이렇게나 샘물을 찾아보기 어렵다니 놀랄 일이다. 이곳 사람
들은 개울에서 물을 길러 사용한다. 이들은 개울을 분수처럼 장식하
기 위해 주변에 꽃병을 가져다 놓기도 하고 인공적으로 작은 동굴
같은 것을 만들어놓는 식으로 이런저런 작업을 하곤 한다.

그날 저녁에는 루도비코 피니테시 씨가 가지고 있는 어느 별장으
로 저녁을 먹으러 갔다. 우리 일행과 계속 같이 다녔던 피니테시 씨
의 아들 오라치오Orazio도 함께했다. 오라치오는 우리를 아주 정성
껏 맞이해주었고, 공기가 아주 선선하고 삼면이 오픈되어 있는 넓은
로지아 아래에서 아주 훌륭한 저녁식사를 제공해주었다. 그런 다음
에는 우리 일행 모두가 각자 좋은 침실에서 한 명씩 따로 잘 수 있

도록 해주었다. 방 안에는 루카에서 아버지 피니테시 씨의 집에서 지냈을 때와 마찬가지로 아주 하얗고 깨끗한 리넨 시트가 준비되어 있었다.

9

이탈리아: 빌라 온천에서 Ⅱ

1581년 8월 14일 ~ 9월 11일

우리는 월요일 아침 일찍 별장을 나왔다. 이후 이동하는 동안에는 단 한 번도 말에서 내리지 않았고, 가던 길을 잠깐 멈추어 주교의 별장에 들렀다. 별장에는 주교가 있었다. 우리는 주교를 모시는 사람들로부터 정성스러운 대접을 받았다. 심지어는 점심식사 자리에도 초대를 받았지만, 점심은 루카에서 15마일만 가면 있는

빌라 온천에 도착해서 먹기로 했다. 온천에서는 모든 사람들이 마중을 나와 세상에서 가장 따뜻한 환영과 포옹의 인사로 맞이해주었다. 마치 고향에 돌아온 것 같은 기분이 들었다. 이번에도 이전에 한 달에 20에퀴를 주고 빌렸던 같은 방에서 똑같은 가격과 똑같은 조건으로 지내기로 했다.

8월 15일 화요일에는 아침 일찍 온천을 하러 가서 탕 안에 한 시간 못 되게 들어가 있었다. 여기 온천물은 뜨겁기보다는 차가운 편이라는 것을 다시 한 번 느꼈다. 땀은 전혀 나지 않았다. 이번에 온천에 도착했을 때는 컨디션도 좋았을 뿐더러 기분도 전반적으로 아주 좋은 상태였다. 온천욕을 마친 후에는 색깔이 탁한 오줌을 누었다. 저녁에는 걷기에 쉽지 않은 산길을 조금 걸었고, 그러고 나서 눈오줌은 완전한 핏빛이었다. 침대에 눕자 신장 쪽에서 왠지 모르게 무언가 불편한 것이 느껴졌다.

16일에도 또 온천을 했다. 이번에는 사람들과 떨어져서 혼자 온천을 하려고 아직 한 번도 들어가 보지 않았던 여성용 탕을 선택했다. 여성용 탕의 물은 너무 뜨거웠다. 실제로 정말 뜨거웠거나, 아니면 전날 했던 온천으로 인해 피부의 땀구멍들이 이미 열려 있어서 뜨거운 게 더 쉽게 느껴지는 것 같았다. 어쨌든 탕 안에는 한 시간

이상이나 들어가 있었다. 땀도 적당히 흘렸다. 오줌은 모래알이 전혀 섞이지 않은 자연 그대로의 상태였다. 점심을 먹고 나서 싼 오줌은 색깔이 다시 탁해졌고 붉은 기가 돌았으며 해가 질 무렵에는 완전히 핏빛을 띠었다.

17일에는 전날 들어갔던 여성용 탕의 물이 더 미지근하게 느껴졌다. 땀은 아주 조금밖에 나지 않았다. 오줌은 색깔이 약간 탁했고 모래알이 섞여 나왔다. 안색은 누런빛을 띠면서 창백해졌다.

18일에도 같은 탕 안에 들어가서 두 시간 동안 온천을 했다. 신장 쪽에서 왠지 모를 묵직한 느낌이 느껴졌고, 배 속은 텅 비어 있었다. 이곳에 와서 다시 온천을 하기 시작한 첫날부터는 배에 가스가 많이 차서 부글거리는 것이 느껴졌다. 여기 빌라 온천수가 가지고 있는 특별한 작용 때문인 것이 틀림없다. 예전에 여기서 맨 처음 온천을 했을 때도 속이 이렇게 부글거리면서 배에 가스가 찼었던 것이 분명하게 기억난다.

19일에는 루카에서 온 어느 한 부인이 나보다 먼저 온천을 할 수 있도록 양보를 하느라 평소보다 조금 늦게 온천탕으로 향했다. 내가 관찰하기로는 이곳에서는 여인들에게 본인이 원할 때 온천을 즐길 수 있도록 해주는 것이 아주 중요한 규칙이다. 이번에도 탕 안에 두 시간이나 들어가 있었다.

며칠 동안은 머리가 계속 아주 좋은 컨디션을 유지했다. 그러다가 갑자기 무언가가 약간 짓누르는 것 같은 기분이 들었다. 소변 색깔은 여전히 탁했지만 농도는 아주 다양했다. 모래알이 많이 섞여 나왔다. 신장 쪽에서도 뭔지 모를 뒤틀림이 느껴졌다. 내 생각이 맞다면 이는 바로 여기 빌라 온천물이 가지고 있는 특별한 효능들 중 하나일 것이다. 이곳 온천수는 몸 안에 있는 각종 통로들을 팽창시키고 확장시킬 뿐만 아니라 더 나아가서는 그 안에 들어 있는 물질을 밀어내서 흩뜨리고 제거해버린다. 최근에 돌멩이 여러 개가 조각조각 부서진 것처럼 보이는 모래알을 배출한 것만 봐도 그렇다.

그날 밤 왼쪽 옆구리에서는 마치 무언가가 찌르는 듯이 극심한 통증이 느껴지기 시작했다. 이 통증은 꽤 긴 시간 동안 나를 괴롭혔는데, 이상하게도 평소와는 다른 느낌이었다. 아픈 느낌이 아랫배 쪽까지는 이어지지 않은 것을 보니 배 속의 가스 때문에 아픈 것이 아닌가 하는 생각이 들었다.

20일에는 탕에 두 시간 동안 들어가 있었다. 아랫배 쪽에 차 있는 가스 때문에 하루 종일 아주 성가셨다. 오줌은 색깔이 계속 탁하고 붉은 데다가 농도가 짙었다. 모래알도 약간 섞여 나왔다. 머리가 아파왔다. 배 속은 평소보다는 느낌이 편안했다.

여기 온천에서는 우리 프랑스에서 가톨릭교 사람들이 챙기는 축일 같은 것은 찾아볼 수 없다. 주일이라는 것도 없다. 이곳 여인들은 자신이 하는 작업에서 손이 가장 많이 가는 부분은 오후에 진행한다.

21일에도 또 온천을 하러 갔다. 탕에 다녀오자마자 신장 쪽에서 극심한 통증이 느껴졌다. 소변은 양이 굉장히 많았고 색깔이 탁했으며, 아직도 약간의 모래알이 섞여 나왔다. 신장 쪽에서 느껴지는 통증은 배 속의 가스가 몸속 이곳저곳을 돌아다니기 때문인 것 같았다. 오줌의 색깔이 이 정도로 탁한 것을 보니, 큰 돌멩이 몇 개가 아래쪽으로 내려오고 있는 중이라고 추측해볼 수 있었다. 예상은 아주 딱 들어맞았다. 오늘 아침에 이 앞부분을 일기로 쓰고 나서 점심을 먹자마자 배가 굉장히 아파왔다. 긴장을 늦출 새도 없이, 통증은 왼쪽 턱으로 옮겨가더니 지금까지 단 한 번도 느껴보지 못했던 아주 날카로운 치통으로 이어졌다. 너무나도 심한 고통을 참으면서 두세 시간을 보낸 뒤에야 잠자리에 들 수 있었고, 턱 쪽의 통증은 이내 곧 사라졌다.

한편, 배가 찢어질 듯이 계속 아프고 몸 안에서 무언가가 이쪽으로 갔다가 저쪽으로 갔다가 쉬지 않고 돌아다니는 것으로 보아 하니, 마침내는 통증의 원인이 가스가 아니라 돌멩이 때문이라는 생각에 이르렀다. 그리하여 결국 관장을 부탁할 수밖에 없었다. 그날 저녁, 오일과 카모마일, 아니스를 섞어서 아주 잘 제조된 약으로 관장을 받았다. 모든 처방은 오로지 약장수에게서 받은 것이었다. 파울리노 대장이 아주 능숙한 솜씨로 직접 관장을 해주었다. 대장은 배속의 가스가 관장약을 밀어내는 것이 느껴지면 잠시 멈췄다가 주사기를 약간 당겨서 빼낸 다음 다시 부드럽게 밀어 넣었다. 덕분에 불편한 부분 없이 관장 치료를 받을 수 있었다. 화장실에 가고 싶은 기분은 전혀 들지 않았다. 덕분에 대장은 나에게 항문에 약을 넣은 상태를 가능한 한 계속 유지해야 한다는 것을 상기시켜줄 필요도 없었다. 나는 그 상태로 세 시간 동안 가만히 있었고, 이후 혼자서 관장약을 빼보려고 시도했다. 침대에서 일어나서 마지팬 과자를 조금 먹고 와인도 아주 힘들게 네 모금 마셨다. 그러고 나서 다시 침대로 돌아가 얕은 잠을 자고 나니 화장실에 가고 싶은 기분이 들었다. 그렇게 아침 해가 뜰 때까지 네 번이나 화장실에 다녀왔지만, 관장약의 일부는 여전히 빠져나오지 않았다.

다음날 아침에는 배 속에 차 있던 가스가 많이 빠져나온 덕분에 훨씬 편해졌다. 아주 피곤하기는 해도 아픈 곳은 없었다. 입맛이 없어서 점심은 아주 조금만 먹었다. 목이 아주 말랐지만 맹탕으로 물을 마셨다. 점심식사를 먹고 나서는 왼쪽 턱 부분에서 다시 통증이 시작됐고, 그때부터 저녁을 먹을 때까지 아주 많이 아팠다. 나는 온천물 때문에 배가 아프다는 것을 완전히 확신했고 더 이상 온천을 하지 않기로 했다. 그날 밤에는 잠을 아주 잘 잤다.

다음날 아침에는 눈을 뜨자마자 몸은 지치고 기분은 우울해졌다. 마른 입안에서는 신물이 올라오고 안 좋은 냄새가 났으며, 숨은 몸에서 열이 나는 것처럼 거칠어졌다. 아무 데도 아프지 않았지만, 오줌 색깔은 평소보다 더 심하게 아주 탁했다.

결국 24일 아침에는 요도로 돌멩이 하나가 빠져나오다가 중간에 걸려버리고 말았다. 그때부터 점심을 먹기 전까지는 오줌을 누고 싶은 것을 참고 기다렸다. 그리고 나서는 아무런 고통도 출혈도 없이 그 돌멩이를 배출해냈고, 돌멩이가 나온 다음에도 아프거나 피가 나지는 않았다. 돌멩이는 작은 사과씨나 잣과 크기와 길이가 같았지만, 강낭콩처럼 한쪽 끝이 두꺼웠다. 정확히 말하자면 남성의 음경과 같은 모양이었다. 이 돌멩이를 몸에서 빼낼 수 있어서 굉장히 다행이었다. 이전에는 이렇게 큰 돌멩이가 나왔던 적이 단 한 번도 없었다. 소변의 상태를 보니 이렇게 커다란 게 나올 것 같았는데, 예상이 아주 적중한 것이다. 이다음에 나오는 것은 어떻게 생겼을지 지켜봐야겠다.

죽음이 매순간 조금씩 나에게 더 가깝게 다가오는 위험천만한 상황에 처해 있다는 사실에 확신이 든다면, 정말 최후의 그날이 되었을 때 죽음을 힘들지 않게 받아들이기 위해 그 전에 최선을 다해 살아야만 한다. 그러지 않는 것만큼이나 나약하고 비겁한 일도 없을 것이다. 사실 결국에는 하느님께서 우리에게 기꺼이 베풀어주신 선한 마음을 기쁘게 받아들이는 것이 현명한 일이라고 생각한다. 어떤 형태로든지 간에 매 순간 곳곳에서 인간을 에워싸고 있는 그 모든 악한 것들을 피할 수 있는 단 하나의 해결책이자 유일한 규칙이자 세상에 하나밖에 없는 기술이란 바로 그러한 악이 주는 고통을 인간답게 받아들이거나 재빠르고 용기 있게 끝내버리기로 굳게 마음을 먹는 것이다.

8월 25일. 오줌은 원래의 색깔로 돌아왔고, 몸도 예전의 컨디션을 되찾았다. 하지만 왼쪽 턱 쪽에서는 밤낮 할 것 없이 통증이 자주 느껴졌다. 조금 있으면 그냥 사라질 통증일 것이다. 예전에 프랑스 집에 있을 때도 이런 통증으로 아주 괴로웠던 것이 생각난다.

26일 아침에는 탕 안에 한 시간 동안 들어가 있었다.

27일에는 점심을 먹고 난 뒤 극심한 치통 때문에 괴로워 죽을 것 같았다. 결국에는 사람을 보내 의사를 데려오게 했다. 의사가 모든 검사를 마치고 나서 말하기를, 막상 본인이 도착하자 통증이 잠잠해진 것으로 보아 이런 종류의 염증은 근원지라는 것이 없으며 있다고 해도 감지하기 힘들 정도로 아주 작은 것이라고 말했다. 의사는 배 속의 가스가 안 좋은 기운과 섞인 채 배에서부터 머리까지 거꾸로 올라가면서 이렇게 치통이 생기는 것이라고 진단을 내렸다. 전에도 치아가 아닌 다른 부분에서 이런 비슷한 통증을 느낀 적이 있기 때문에, 의사의 말이 아주 그럴듯하게 들렸다.

8월 28일 월요일에는 아침 일찍 베르나보 온천으로 온천물을 마시러 갔다. 7파운드하고도 4온스만큼을 마셨다. 이때 1파운드는 12온스로 계산한 양이다. 그러고 나니 대변을 보고 싶었다. 점심도 먹기 전에 아침에 마신 양의 절반에 못 미치는 양을 배출했다. 여기 베르나보 온천수에서 나오는 수증기가 머리까지 타고 올라와 묵직하게 짓누르는 것이 또렷하게 느껴졌다.

29일 화요일에는 원래 마시던 빌라 온천물로 9잔을 마셨다. 한 잔은 1파운드에서 1온스만큼을 뺀 양이었다. 그러자 바로 머리가 아파왔다. 사실 있는 그대로 이야기하자면, 나는 태어났을 때부터 머리 상태가 좋지 않았고, 생전 처음 온천을 한 이후로 컨디션이 완전하게 회복된 적은 단 한 번도 없었다. 그래도 한 달 전과 비교하면 머리가 무거운 느낌도 훨씬 줄어들었고 무언가 약간 달라진 기분은 든다. 두 눈의 시력도 떨어지지 않았고, 눈앞이 뿌옇게 흐려지는 일도 더 없었다. 그런데 이제는 몸의 뒤쪽에서 통증이 느껴졌다. 두통은 왼쪽 턱으로 영역을 넓혀 나가더니 이제는 턱 전체와 치아를 완전히 장악했고, 심지어는 가장 안쪽에 있는 치아와 결국에는 귀와 코로도 이어졌다. 통증은 이내 사라졌으나, 아플 때는 아주 심한 통증이 밤낮을 가리지 않고 수차례 반복됐다. 요즘 내 머리 상태가 바로 이렇다.

여기 빌라 온천물은 그 물을 마시는 것도 그 물로 온천욕을 하는 것도 머리에 아주 해로운 것 같다. (후자보다는 전자의 경우가 더 안 좋은 것 같기는 하다.) 또한 머리보다 배에 끼치는 영향이 더 안 좋다는 것도 확신한다. 그래서 그런지 빌라 온천에는 이러한 부작용을 예방하기 위해 일반적으로 약을 복용하는 문화가 있다.

화요일 아침에 마신 물은 그날 하루 종일부터 다음날 새벽까지 모두 빠져나왔다. 1파운드 정도 되는 양이었다. 식사하면서 마신 것은 얼마나 되는지 계산해봤는데, 하루에 1파운드도 안 되는 아주 적은 양이었다. 오후에는 해가 저물 무렵 온천탕에 가서 45분 정도를 탕 안에 들어가 있었다. 땀이 조금 났다.

8월 30일 수요일에는 온천물을 두 잔 마셨다. 한 잔에는 9온스만큼 담겼다. 총 18온스를 마신 셈이다. 점심을 먹기 전에는 그 절반을 배출해냈다.

목요일에는 온천물 마시기를 그만두었다. 아침에는 말을 타고 콘트로네Controne 마을에 다녀왔다. 콘트로네는 이곳 산지에 위치해 있는 마을로 인구수가 아주 많은 곳이다. 여기 산들의 꼭대기에는 땅이 비옥하고 풍경이 아름다운 평원과 목초지가 펼쳐져 있다. 콘트로네 마을에는 작은 별장이 여러 개 있고, 돌로 벽을 짓고 지붕에도 돌로 된 기와가 깔려 있는 좋은 집들도 있다. 나는 다시 숙소로 돌아가기 전에 이쪽 산지 주변을 크게 한 바퀴 돌았다.

바로 어제 마신 온천물이 밖으로 나오는 모양이 썩 마음에 들지 않았다. 그래서 이제는 더 이상 온천물을 마시지 말아야겠다는 생각이 든 것이다. 온천물을 마신 날 물을 마신 양과 오줌으로 나오는 양을 비교했을 때 계산이 딱 맞아떨어지지 않아서 기분이 좋지 않았다. 몸속에는 마지막으로 마신 온천물이 아직도 남아 있을 것 같다.

3잔 이상은 될 것이다. 거기다가 평소와는 다르게 갑자기 장을 쥐어 짜는 것 같은 느낌이 들었다. 진짜로 변비에 걸려버린 것만 같았다.

1581년 9월 1일 금요일, 아침에는 한 시간 동안 온천을 했다. 탕 안에서 땀을 조금 흘렸다. 오줌에는 붉은 모래알이 아주 많이 섞여 나왔다. 온천물을 마실 때는 오줌이 아예 나오지 않거나 아주 조금 나오는 편이다. 머리는 여전히 상태가 좋지 않았다.

여기 빌라 온천에서는 지내기가 불편하다는 생각이 들기 시작했 다. 넉 달 전부터 기다리고 있는 프랑스 소식을 이미 받았다면, 당장 이고 이곳을 떠나 어디가 됐든지 간에 다른 온천으로 가서 이번 가 을에 치료를 마무리했을 것이다. 다시 로마 쪽으로 간다면, 큰 길을 따라가다가 이곳에서 멀지 않은 곳에 있는 바뇨 아쿠아 온천이나 시에나 온천, 비테르보 온천에 갔을 것이고, 베네치아 쪽로 간다면, 볼로냐 온천과 파도바 온천으로 갔을 것이다.

나는 피사에서 장인에게 내 문장을 그려달라고 했었는데, 그 위에 화려하고 아름답게 색을 칠하고 도금까지 해서 왔다. 전부 해서 프 랑스 돈으로 1.5에퀴가 들었다. 캔버스 위에 그려달라고 한 것이었 기 때문에, 나는 그림을 액자에 넣은 뒤 여기 온천에서 지내고 있는 침실의 벽에 못질을 해서 걸어놓았었다. 조건이 하나 있었다. 그것 은 바로 내 액자는 집주인인 파울리노 대장이 아니라 여기 침실에 바치는 것이며, 훗날 이 집에 무슨 일이 생긴다고 해도 반드시 이 방 에 걸려 있어야 한다는 것이었다. 대장은 나에게 약속을 지키겠다고 맹세했다.

3일 일요일에는 탕에 들어가서 한 시간보다 조금 더 길게 온천을 했다. 배 속에 가스가 많이 찬 것이 느껴졌지만, 통증은 없었다.

그날 밤과 4일 월요일 아침에는 치통으로 고통스러워 죽을 것 같았다. 충치가 있어서 아픈 것은 아닐까 하고 의심됐다. 오전에는 유향나무로 만든 고무도 씹어보았지만, 통증은 약해지지 않았다. 극심한 치통의 결과로 변비도 생겼다. 이가 아파서 온천물을 도저히 다시 마시기 시작할 수가 없었기 때문이다. 결국에는 온천욕 치료도 거의 하지 못하게 됐다. 점심시간 즈음에 시작된 치통은 3~4시간 동안 이어지더니 이내 잠잠해졌다. 그러다가 저녁 8시쯤에는 머리와 양쪽 턱이 다시 아프기 시작했다. 통증이 너무나도 격렬한 나머지 두 발로 서 있기도 불가능했다. 얼마나 아프던지 토하고 싶은 기분이었다. 땀을 엄청 흘리다가도 어느새 한기가 느껴지곤 했다. 온몸이 아픈 걸로 보아 이 통증이 충치에서 비롯된 것은 아니라는 생각이 들었다. 실제로 비록 왼쪽 옆구리 부분이 가장 심하게 아프기는 했지만, 가끔씩은 양쪽 관자놀이와 아래턱에서도 격렬한 통증이 느껴졌으며 양쪽 어깨와 목구멍 안쪽, 심지어는 몸속 구석구석까지 아파왔기 때문이다. 결국에는 내가 기억하는 한 지금까지 살면서 가장 고통스러운 밤을 보냈다. 정말이지 거친 폭풍우 속을 지나가는 기분이었다.

그날 밤에는 사람을 보내서 전에 가장 많이 아픈 부분에 바르라면서 브랜디를 처방해준 적이 있는 약장수를 데려오라고 했다. 실제로 그때 통증이 많이 완화됐었다. 입안에 브랜디를 넣자마자 아픈 것이 모두 사라졌다. 하지만 술을 뱉어내는 순간 통증은 다시 시작됐다. 그래서 나는 브랜디 잔을 계속 입에 가져다 대고 있었다. 통증이 잠잠해지면 곧바로 피로가 몰려와 졸렸기 때문에 입안에 술을 머금고 있을 수는 없었다. 잠이 들어버리는 순간 브랜디 몇 방울이 곧바로 목구멍을 타고 흘러 들어가서 뿜어내야 했기 때문이다. 통증은 동이 틀 무렵에야 잠잠해졌다.

화요일 아침에는 여기 온천에서 지내는 모든 귀족 신사들이 침대에 누워 있는 나를 병문안 와주었다. 나는 왼쪽 관자놀이에서 맥박이 느껴지는 부분에 유향나무 수액으로 만든 연고를 조금 발랐다. 통증이 조금 약한 날이었다. 그날 밤 사람들은 천을 뜨거운 물에 적셔서 내 뺨과 왼쪽 옆통수에 올려주었다.

수요일에도 왼쪽 눈과 치아에서 왠지 모를 아픈 느낌이 계속 들었다. 전날 밤에는 통증은 없었지만, 매우 뒤척이면서 잠을 잤다. 소변에서는 모래알이 섞여 나왔는데, 여기 빌라 온천에서 처음 누었던 오줌에서만큼 엄청나게 많은 양은 아니었다. 어떤 때 나오는 모래알은 작고 불그스름한 곡물 알갱이처럼 보이기도 했다.

9월 7일 목요일 아침에는 대온천탕 안에 한 시간 동안 들어가 있었다.

바로 그날 아침, 8월 2일 보르도에서 토쟁Tausin 씨가 쓴 편지가 로마를 지나 내 손에 도착했다. 토쟁 씨는 편지에서 편지를 쓰기 전날 내가 보르도 시장직에 만장일치로 당선됐음을 알리면서 나에게 조국에 대한 사랑으로 직책을 받아들이기를 바란다고 말했다.

9월 10일 일요일 아침에는 여성용 온천탕에서 한 시간 동안 온천을 했다. 물이 조금 따뜻해서였는지 땀이 조금 났다.

그날은 점심을 먹고 나서 혼자 말을 타고 온천 근처의 다른 장소들을 몇 군데 구경하기 위해 길을 나섰다. 그중에서도 특히 이쪽 지역에서 가장 높은 산들 중 한 곳의 꼭대기에 있는 작은 별장을 보러 가고 싶었다. '그라나욜라 Granaiola'라고 불리는 별장이었다. 산꼭대기를 지날 때는 세상에서 가장 풍성하고도 비옥하며 경치가 좋은 언덕들을 볼 수 있었다.

나는 여기 현지인들과 어울려 이야기를 나누던 중에 나이가 아주 많은 한 남자에게 우리가 쓰는 온천탕을 당신들도 이용해보았는지 물어보았다. 남자가 대답하기를, 자신들은 마치 로레토의 성모상과 아주 가까운 곳에 살면서도 성지순례의 차원에서 그곳에 거의 방문하지 않는 사람들과 마찬가지라고 했다. 다시 말해, 여기 사람들도 이곳 빌라 온천을 오직 외국인이나 멀리서 온 손님들만을 위해 운영할 뿐이라는 것이다. 남자는 몇 해 전부터 여기 온천이 그 물을 사용하는 사람들에게 도움이 되기보다는 오히려 해를 끼치고 있다는 사실을 마음으로 굉장히 안타깝게 생각한다고 덧붙였다. 이쪽 지역은 예전에는 약장수가 단 한 명도 살지 않고 의사도 굉장히 보기 드문 곳이었지만, 지금은 상황이 완전히 반대가 됐다는 것이다. 이곳에 사는 약장수들과 의사들은 [환자의 행복보다는] 본인의 이익을 더 생각하며, 온천물을 사용하기 전과 후에 특정한 약을 복용하지 않는 사람들뿐만 아니라 약을 복용하면서도 다른 처방이나 관리를 제대로 받지 않는 사람들에게는 이곳 온천물로 아무런 효과도 보지 못할 것이라는 이야기를 퍼트렸다. 그러면서 이들은 사람들이 여기 온천수를 다른 것과 섞지 않고 그대로 마시는 것에는 쉽게 동의하지 않았다. 남자 말로는 결과적으로 이곳에서 병이 치료가 된 사람들보다 죽어나간 사람들이 더 많은 것은 확실한 사실이라고 했다. 그는 여기 빌라 온천의 인기가 완전히 바닥으로 떨어져서 비난을 받을 날이 멀지 않았다고 확신했다.

9월 11일 월요일 아침. 오줌에는 모래알이 꽤 많이 섞여 나왔다. 대부분 표면이 붉고 안쪽은 회색인 단단한 곡식 알갱이처럼 생긴 모래알이었다.

10

이탈리아: 다시 로마로

1581년 9월 12일 ~ 10월 15일

1581년 9월 12일. 우리는 아침 일찍 빌라 온천을 떠나 그로부터 14마일 거리에 있는

　루카에 도착해서 점심을 먹었다. 바로 이맘때부터 포도를 수확하는 철이 시작된다. 성 십자가의 현양 축일은 루카에서 크게 열리는 축제들 중 하나이다. 축제가 열리는 일주일 동안은 빚 때문에 갇혀 있는 사람들에게도 각자의 집으로 돌아가 신앙생활에 완전히 열중할 수 있는 자유가 주어진다.

　이탈리아에서는 훌륭한 솜씨로 수염을 면도해주고 머리도 이발해주는 이발사를 한 명도 찾지 못했다.

　수요일 저녁에는 성당에서 열린 저녁 예배에 참석했다. 그곳에는 온 도시에서 모인 사람들이 행렬을 이루고 있었다. 성당에서는 사람들에게 십자가상[1]을 공개했다. 루카 사람들은 여기 성당에 있는 십자가상을 높이 숭배했다. 아주 오래전부터 전해 내려오는 것이기도 하고, 이와 관련해서 기적 같은 일들이 굉장히 많기로 유명하기 때문이다. 여기 성당도 이 십자가상을 보존하기 위한 용도로 계획적으로 지은 것이며, 성유물을 보관하는 작은 예배당도 성당의 정중앙에 위치하고 있다. 하지만 예배당의 위치는 건축학에서 정해놓은 모든 규칙과 어긋났기 때문에 그렇게 좋은 자리는 아니었다. 예배가 끝나자 모든 사람들이 예전에 성당으로 사용했던 또 다른 교회로 옮겨

1　원문에는 '거룩한 얼굴'을 나타내는 이탈리아어 단어 *Volto Santo*라고 표기되어 있다. 일반적으로 '그리스도의 성안'을 볼 수 있는 성유물을 가리킨다. 학자들에 따르면 당시 루카 성당에서 보관하고 있던 성유물은 아마도 나무로 만든 십자가상이었을 것으로 추정된다.

갔다.

목요일에는 성당의 성가대가 부르는 미사곡을 들었다. 성당 안에는 루카의 모든 관리들도 와 있었다. 루카 사람들은 음악을 아주 좋아한다. 이곳에서는 음악에 문외한인 사람은 거의 찾아볼 수 없고, 모든 사람들이 함께 모여 노래를 즐겨 부른다. 하지만 그중에 좋은 목소리는 많지 않다. 사람들은 목청이 터지도록 미사곡을 불렀지만 잘 부르는 것은 아니었다. 이들은 나무와 판자를 사용해서 높이가 꽤 높고 커다란 제단을 만들어놓고, 그 위에 성상과 커다란 샹들리에, 은으로 만든 꽃병들을 [뷔페처럼] 가지런히 진열해 놓았다. 제단 한가운데에는 대야가 하나 놓여 있고, 대야 주변으로는 그릇이 네 개 놓여 있었다. 이렇게 바닥에서부터 꼭대기까지 화려하게 장식된 제단은 성당 안에서 꽤 멋있는 경관을 만들어냈다.

루카의 주교가 미사를 드릴 때 "저 높은 곳에 영광이 있을지어다." 라고 읊는 부분에서 사람들은 삼 부스러기가 쌓여 있는 곳에 불을 붙인다. 오늘도 그랬다. 삼 부스러기는 이런 종류의 의식을 치를 때 사용하기 위해 만들어놓은 쇠창살과 연결되어 있다. 쇠창살은 교회의 정중앙에 걸려 있었다.

이쪽 지역은 벌써부터 날씨가 춥고 습했다.

9월 15일 금요일에는 오줌을 엄청 많이 누었다. 말하자면, 마셨던 것보다 거의 두 배나 되는 양을 배출했다. 만약 이전에 온천에서 마신 물의 일부가 아직도 몸속에 남아 있었다면, 이참에 같이 빠져나왔을 것이다.

토요일 아침에는 겉면이 거칠거칠한 작은 돌멩이가 하나 나왔는데, 전혀 아프지는 않았다. 사실 전날 밤에는 아랫배와 사타구니 쪽에 이 놀멩이가 걸려 있는 것이 조금 느껴졌었다.

9월 17일 일요일은 루카의 기수들이 교대를 하는 날이다. 나는 궁전으로 교대식을 구경하러 갔다. 이곳 사람들은 일요일에도 일을 하는 데 개의치 않으며, 문을 연 가게가 많다.

9월 20일 수요일 오후에는 프랑스로 보낼 물건들을 여행가방 두 개로 나누어 싼 다음 루카를 떠났다.

우리는 땅이 평평한 길을 따라 이동했다. 이쪽은 가스코뉴 지방의 랑드 Landes처럼 땅이 척박한 지역이다. 우리는 코시모 공작이 세운 다리를 지나 넓은 시냇물을 건넜다. 물가에는 멋있는 건물 한 채와 함께 피렌체 대공 소유의 철공장들이 있었다. 낚시터 같은 곳도 세 군데가 있었는데, 연못의 주위를 막아놓고 바닥에 벽돌을 깔아놓은 구조였다. 그 안에는 뱀장어가 엄청 많이 들어 있었다. 물이 많지 않아서 뱀장어들이 쉽게 보였다. 그렇게 우리는 푸체치오 Fucecchio 마을에서 아르노강을 건너 루카에서 20마일 떨어진

라 스칼라 La scala에 저녁이 되어서야 도착했다. 다음날 아침 동이 트고 나서는 다시 길을 나섰다. 거의 들판이라고 해도 될 만큼 넓은 멋있는 길을 지나갔다. 프랑스에서 볼 수 있는 것처럼 땅이 아주 비옥한 작은 언덕들이 곳곳에 솟아 있었다.

우리는 카스텔피오렌티노 Castelfiorentino라는 작은 성벽마을을 지나갔다. 그리고 그곳에서 아주 가까운 체르탈도 Certaldo를 지나갔다. 체르탈도는 보카치오의 고향으로 언덕 위에 멋있게 세워져 있는 성벽마을이었다. 그곳에서 다시 길을 나선 우리는 라 스칼라에서 18

마일 떨어진 곳에 위치한

포지본시Poggibonsi라는 작은 마을에 도착해서 점심을 먹었다. 그리고 12마일을 이동하여

시에나에서 저녁을 먹었다. 이 계절에는 프랑스보다 이탈리아가 더 추운 것 같다.

시에나 광장은 이탈리아에서 본 광장들 중에서 가장 아름다운 곳이다. 광장에 설치된 제단에서는 매일 공공 미사가 열린다. 제단은 광장 주변의 주택과 상점에서도 내려다보이는 곳에 세워져 있어서, 일반인들이나 일하는 장인들은 하던 일을 멈추거나 바깥으로 나올 필요 없이 실내에서 미사를 들을 수 있게 되어 있다. 성체를 거양할 때에는 모든 사람들이 알 수 있도록 트럼펫을 분다.

9월 24일 일요일. 우리는 시에나에서 점심을 먹고 출발했다. 이쪽 지역에는 산들이 경사가 전혀 가파르지 않고 땅이 비옥한 언덕들이 솟아 있다. 가끔씩 땅이 평평하지 않은 부분이 있기는 하지만 그래도 무난하게 지나갈 수 있는 길을 따라 이동했고, 그렇게 시에나에서 20마일 떨어진 곳에 위치한

산 키리코 도르치아 San Quirico d'Orcia라는 작은 요새에 도착했다. 우리는 성벽 밖에 숙소를 잡았다. 이곳에서는 작은 개울을 건너가다가 [가방을 실은] 말이 물에 빠지는 바람에, 안에 들어 있었던 내 물건들, 그중에서도 특히 책들이 엉망진창이 되고 말았다. 젖은 것을 말리느라 시간이 걸렸다. 산 키리코 도르치아에서 서쪽으로 가까운 위치에 솟아 있는 언덕 위에는 몬테풀치아노 Montepulciano와 몬티치엘로 Monticchiello, 카스틸리온첼로 델 트리노로Castiglioncello Del Trinoro

마을이 보였다.

　월요일에는 산 키리코 도르치아에서 2마일 거리에 있는 '바뇨 비
뇨니Bagno Vignoni'[2]라고 불리는 온천을 구경하러 가기 위해 아침 일
찍 길을 나섰다. 온천의 이름은 그 근처에 있는 어느 작은 성에서 따
온 것이었다. 바뇨 비뇨니 온천은 지대가 꽤 높은 곳에 위치해 있었
고 그 아래로는 오르치아Orcia강이 흘렀다. 온천 주변에는 작은 집
이 12채 정도 있는데, 모두 지내기에는 불편하고 꺼림칙해 보이며
아주 형편없는 곳이었다. 온천에 있는 커다란 연못 한 곳에서는 한
가운데에서 뜨거운 온천물이 솟아 나오면서 보글보글 끓는 모습이
보였다. 연못 주변으로는 벽이 세워져 있고 계단도 만들어져 있었
다. 물에서는 유황 냄새가 조금도 나지 않았고 연기도 별로 나지 않
았으며 아래에는 붉은 퇴적물이 쌓여 있었다. 이곳 온천물에는 다른
성분보다 철분이 더 많이 함유되어 있는 것처럼 보였다. 하지만 식
수용은 아니었다. 연못의 길이는 60보이고 넓이는 35보였다. 주변
에는 온천욕을 하러 온 사람들이 잘 드나드는 탕이 네다섯 개가 서
로 떨어져 위치해 있었고 안은 무언가로 가려져 있었다. 꽤 깨끗하
게 관리되는 것 같았다.

　이곳 사람들은 여기 바뇨 비뇨니의 온천물은 마시지 않고 그것보
다 더 좋게 평판이 나 있는 산 카시아노San Cassiano의 온천물을 마신
다. 산 카시아노 온천은 산 키리코 도르치아에서 로마 방향으로 18
마일 거리에 있으며, 로마로 가는 큰 길을 따라가다 보면 왼쪽에 보

2　원문에 표기된 지명: 비뇨네Vignone

인다.

이쪽 지역에서 만드는 토기 그릇은 색이 너무 하얗고 깨끗해서 꼭 도자기처럼 보인다. 그릇의 가격도 굉장히 싼 편이어서, 이런 그릇에 음식을 담아 식사를 하면 프랑스에서 쓰는 백랍 그릇으로 먹는 것보다 정말이지 기분이 훨씬 더 좋을 것 같다. 특히 프랑스 여관들에서 사용하는 아주 더러운 백랍 접시보다는 말이다.

완전히 나았다고 생각했던 두통이 요즘 들어 다시 조금씩 느껴지기 시작했다. 이전처럼 눈과 이마, 머리의 전반적인 앞부분에서 무언가가 짓누르고 있는 것 같은 기분이 들었고, 몸에 힘도 없고 생활도 불편해지는 것이 신경이 쓰였다.

화요일에는 산 키리코 도르치아에서 13마일을 이동하여

발 디 팔리아Val di paglia에 도착해서 점심을 먹었다. 그러고 나서 다시 16마일을 이동해서

산 로렌초 누오보San Lorenzo Nuovo에 도착해 하룻밤을 묵었다. 이곳에는 허름한 여관들밖에 없었다. 이쪽 지역에서는 포도 수확이 이제막 시작된 참이었다.

수요일 아침에는 시에나에서 고용한 마부들과 우리 하인들 사이에서 다툼이 있었다. 마부들은 우리 여행이 계획보다 더 길어지면서 말의 먹이값이 추가로 들었다고 화내며, 그날 저녁의 먹이값은 부담하고 싶지 않아 했다. 언쟁이 격렬해졌고, 결국에는 내가 마을 당국을 찾아가서 이야기를 해야 했다. 마을에서는 내 이야기를 들어보더니 우리 일행의 편을 들어주었다. 마부들 중 한 명을 수감시키는 것으로 사건은 종결됐다. 나는 여행의 일정이 늦어진 것은 짐을 실은

말이 개울에서 넘어지는 바람에 내가 가지고 있는 물건들 중 많은 부분이 젖어서 엉망진창이 되었기 때문이라고 주장했다.

로마로 가는 큰 길에서 동쪽으로 얼마 멀지 않은 곳에는 아주 넓은 들판 위에 온천이 하나 있다. 그곳은 몬테피아스코네에서 6마일 정도 떨어진 곳이다. 온천에서 가장 가까운 산은 그곳에서 3~4마일 거리에 솟아 있다. 온천은 작은 호수를 이루고 있었다. 호수의 한쪽 끝에 있는 큰 샘에서는 물이 힘차게 끓으면서 솟아오르는 것을 볼 수 있었다. 물은 데일 것처럼 아주 뜨거운 편이고, 물에서는 유황 냄새가 많이 났다. 거품과 하얀 침전물이 보였다. 이 샘물은 한쪽 옆으로 연결되어 있는 수도관을 통해 근처의 어떤 건물 안에 있는 온천탕 두 군데로 흘러 들어간다고 한다. 외따로 떨어져 있는 건물 안에는 작은 방이 여러 개였다. 방의 상태는 좋지 않았다. 사람들이 자주 찾아올 것 같은 곳은 아니었다. 사람들은 여기 온천물을 한번 마시기 시작하면 일주일 동안 10파운드를 마신다고 한다. 하지만 프레샤크 온천에서처럼 물이 너무 뜨거워서 식을 때까지 내버려두어야 한다. 그러고 나서 이들은 온천물을 마신 일수만큼 똑같은 날수로 온천욕을 한다. 이 건물과 여기 온천은 어떤 교회의 영토에 속해 있어서, 교회에서는 임대료로 매달 50에퀴씩을 받고 있다. 한편, 건물을 임대해서 운영하는 주인은 봄에 온천을 찾아오는 환자들에게서 얻는 수익 말고도 호수에서 진흙을 퍼서 내다 팔아 돈을 벌기도 한다. 여기 진흙에 오일을 섞어서 바르면 가려움증을 치료할 수 있고, 물을 섞어서 사용하면 양이나 개의 피부병이 낫는다고 한다. 자연 상태 그대로 가공되지 않은 진흙은 한 덩어리에 2쥴리오에 판매되며, 진흙을 말려서 동그란 볼처럼 만든 것은 하나에 7카트리노다. 우리는 사람들이 파르네제 추기경이 키우는 수 마리의 개들을 이곳에 데려와 목욕을 시키는 모습도 보았다.

우리는 여기 온천에서 3마일 거리에 있는

비테르보Viterbo에 도착했다. 산 로렌초 누오보에서부터는 16마일 떨어진 곳이었다. 시간이 너무 늦어서 점심 겸 저녁을 한 끼니로 해결해야 했다. 나는 목이 아주 잠긴 상태였다. 한기도 느껴졌다. 산 로렌초 누오보에서 빈대 때문에 옷을 그대로 입은 채 탁자 위에 누워 잠을 잔 탓이었다. 이런 경우는 꼭 피렌체와 여기 비테르보에서만 발생한다. 나는 도토리같이 생긴 열매를 먹었다. 이곳 사람들은 이 열매를 '지우졸라'[3]라고 불렀다. 이탈리아에서 많이 자라는 열매인데 맛이 나쁘지 않았다. 여기 비테르보에는 찌르레기가 아주 많아서 동전 두 개면 한 마리를 살 수 있다.

9월 28일 목요일 아침에는 이쪽 지역의 평야 지대에 있다는 온천탕을 몇 군데 구경하러 갔다. 산에서 꽤 멀리 떨어진 곳이었다. 우리는 먼저 불과 얼마 전까지만 해도 온천장으로 사용됐다는 건물들이 있는 곳을 두 곳 발견했다. 사람들에게 방치되어 버려진 상태였다. 땅에서는 안 좋은 냄새가 올라왔다. 우리는 작은 집도 한 채 보았다. 집 안에는 뜨거운 물이 나오는 조그만 샘물이 작은 연못을 이루고 있어서 온천을 할 수 있었다. 연못물에서는 냄새는 전혀 나지 않지만 밋밋한 맛이 났다. 온도는 아주 미지근했다. 내 생각에 여기 물

---

3 *Giùggiola.* '대추'라는 뜻의 이탈리아어.

에는 철분이 많이 들어 있는 것 같다. 한편, 사람들은 여기 온천물을 마시는 용도로는 사용하지 않았다. 더 멀리 가보니 '교황의 궁전'이라고 불리는 건물이 하나 나왔다. 실제로 이곳 사람들이 주장하기를 이 건물은 교황 니콜라스 Nicolas 5세가 짓고 수리 작업까지 마무리한 것이라고 했다. 건물의 아래쪽에 바닥이 움푹 파인 곳에서는 서로 다른 세 지점에서 뜨거운 샘물이 솟아 흐르고 있었다. 그중 하나는 식수용으로 쓰였다. 물의 온도는 적당히 미지근한 편이었다. 불쾌한 냄새는 전혀 나지 않았고, 단지 무언가 톡 쏘는 것 같은 맛이 조금 났다. 내 생각에는 니트로가 많이 들어 있기 때문인 것 같았다. 나는 그날부터 3일 동안 이 '교황의 궁전'이라는 곳에 찾아와서 온천물을 마셨다. 이곳 사람들도 다른 온천에서 그러하듯이 온천물을 마실 때 본인이 얼마나 마셨는지 양을 계산하면서 마시고, 마신 다음에는 산책을 해서 땀을 낸다.

여기 교황의 궁전 온천수는 평판이 아주 높아서 실제로 이탈리아 전역으로 운송된다고 한다. [이탈리아에 있는] 모든 온천에 대해 개론을 집필한 의사는 식수용로는 여기 온천물만큼이나 좋은 물이 없다고 했다. 특히 신장 관련 질환에 효과가 아주 좋다고 했다. 이곳 사람들은 보통은 5월에 온천물을 마신다. 나는 어떤 환자가 자신을 여기 온천으로 보낸 의사들을 저주하는 글을 벽에 남긴 것을 보고 불안해졌다. 남자는 여기 온천물을 마시고 나서 이전보다 상태가 훨씬 더 안 좋아졌다고 했다. 그런 와중에 여기 온천탕을 관리하는 주인이 온천물을 마시기에 좋은 계절이 너무 많이 지났다면서 아무렇지도 않게 어서 온천물을 마시라고 독려까지 하니 더 좋게 보이지 않았다.

이 근처에는 여관이 딱 한 군데 있다. 규모가 크고 시설은 편리하며 깔끔하고 우아한 분위기를 풍기는 곳이다. 비테르보에서는 1.5마일 떨어져 있는 위치다. 우리는 그곳까지 걸어서 이동했다. 건물 안에는 서로 다른 효과를 낸다는 온천탕이 서너 개 있었고, 샤워를 할 수 있는 곳도 있었다. 여기 온천물에는 아주 하얀 거품이 떠 있다. 쉽게 굳어버리는 이 거품은 굳고 나면 얼음처럼 딱딱해지면서 물 위에 껍질 같은 부스러기를 만들어낸다. 탕에는 하얀 거품이 사방에 달라붙어 있었다. 바닥에 리넨 천을 올려놓으면, 그 위에 금방 거품이 쌓여서 마치 언 것처럼 딱딱해지는 것을 볼 수 있다. 사람들은 이 거품을 사용해서 이를 닦기도 하며, 다른 지역으로 거품을 가져가서 팔기도 한다. 입안에 거품을 넣고 씹으면 흙이나 모래 같은 맛만 난다. 사람들 말로는 이 거품은 대리석의 [주된] 원료로도 사용되며 그렇기 때문에 이 물을 마시고 나면 아마도 신장 안에 석회 같은 것이 쌓일 것이라고 한다. 하지만 여기 온천물을 플라스크 술병에 담아놓으면 침전물이 하나도 생기지 않고 깨끗하고 아주 맑은 상태가 유지된다고 했다. 이곳에서는 본인이 원하는 만큼 온천물을 마실 수 있는 것 같다. 톡 쏘는 맛 때문에 마시기에는 더 수월할 것 같다.

여기서 다시 비테르보로 돌아갈 때는 길이가 매우 길고 폭은 8마일이나 되는 평야 지대를 다시 지났다. 우리는 비테르보 주민들이 아마와 삼을 수확한다는 곳을 구경하러 갔다. (비테르보 사람들은 모두 농부이거나 상인이고, 귀족은 단 한 명도 없다.) 아마와 삼을 생산하는 것이 여기 비테르보의 핵심적인 경제 활동이다. 이 일에는 오직 남자들만 관여하며, 여자가 일하는 모습은 보이지 않았다. 작업장 근처에는 사계절 내내 뜨거운 물이 끓어오르는 연못 같은 곳이 하나 있다. 연못 주변으로는 일꾼들이 많이 모여 있었다. 사람들 말로는 여기 연못은 밑바닥이 없는 것처럼 수심이 아주 깊다고 한다. 이들은 이곳에서 길은 물로 온도가 미지근하고 크기가 작은 웅덩이를 여러 개 만들어서 아마와 삼을 담가놓는 용도로 사용한다.

이 짧은 여행에서 갈 때는 걸어서 갔지만 돌아올 때는 말을 타고 돌아왔다. 나는 비테르보의 여관에 도착해서 작고 단단하며 색이 붉은 돌멩이를 하나 배출해냈다. 커다란 밀알만 한 크기였다. 사실 전날 숙소에 있을 때 오늘 나온 돌멩이가 아랫배 쪽으로 내려가다가 중간에 막혀버린 것이 느껴졌었다. 이런 종류의 돌멩이를 쉽게 빼내려면 오줌이 나오는 입구를 막은 다음 음경을 조금 움켜잡으면 된다. 그렇게 하면 돌멩이가 밖으로 더 힘차게 나올 수 있다. 아르삭 Arsac에서 랑공 Langon 씨가 알려준 비법이다.

성 미카엘의 축일인 토요일에는 점심식사를 마친 뒤 시내에서 1마일 떨어진 곳에 있는 마돈나 델라 퀘르치아 Madonna della Quercia 성당을 구경하러 갔다. 성당까지 가는 큰 길은 아주 멋지게 쭉 뻗어 있었고 땅은 평평했다. 길가에는 길이 시작하는 처음부터 끝나는 곳까지 나무들이 심어져 있었다. 파르네제 교황의 명령 덕분에 아주 잘 가꾸어진 길이었다. 성당 건물은 아름다웠다. 성당 안에는 성스러운 기념물과 셀 수 없이 많은 봉헌도가 가득 채워져 있었다. 어느 한 문구에는 약 100년 전에 어떤 남자가 강도단의 공격을 받고 겁에 질려 반쯤 넋이 나간 상태로 떡갈나무 아래로 몸을 피했는데, 마침 그 나무에는 성모 마리아의 그림이 걸려 있었고, 남자가 성모에게 기도를 올렸더니 기적처럼 강도들의 눈에 보이지 않게 되어 위험한 상황에서 완전하게 벗어날 수 있었다는 내용이 라틴어로 적혀 있었다. 이 기적을 본 사람들은 성모 마리아를 더욱 특별하게 숭배하는 마음으로 이야기에 등장하는 떡갈나무 주변에 이렇게나 근사하게 성당을 지은 것이었다. 나무의 몸통은 아랫부분에서 잘려 있었다. 그림이 걸려 있는 높은 부분의 몸통은 주변의 잔가지를 모두 쳐낸 상태로 성당 벽에 걸려 있었다.

9월의 마지막 날인 토요일에는 아침 일찍 비테르보를 떠나 바냐이아Bagnaia로 가는 길에 들어섰다. 바냐이아는 감바라Gambara 추기경이 관할하는 영토에 속하는 아주 화려한 곳이다. 무엇보다도 분수가 아주 많아서 프라톨리노 궁전과 티볼리에 있는 페라라 궁전에 버금가는 곳이라고 말할 수 있으며, 심지어는 두 궁전을 능가하는 곳이라고도 할 수 있다. 바냐이아에서 가장 먼저 눈에 띈 분수에서는 티볼리에서는 찾아볼 수 없는 맑은 샘물이 흘러나오며, 프라톨리노 궁전의 분수와는 다르게 물의 양이 아주 많았다. 이 분수는 셀 수 없을 만큼 다양한 목적으로 사용된다고 한다. 티볼리 궁전에서 분수 공사를 관리했던 시에나 출신의 토마소Tomaso 씨가 여기 바냐이아에서도 같은 공사를 담당하고 있으며, 공사 작업은 아직 끝나지 않은 상태였다. 토마소 씨에게는 기존의 방식에 계속해서 새로운 요소를 접목시키는 기술이 있다. 그는 그런 기술을 활용해서 본인의 가장 최근 작품인 여기 바냐이아의 분수에도 더욱 예술적인 감각과 멋, 매력을 담아냈다. 분수를 장식하고 있는 다양한 요소들 중에서도 특히 가지각색의 방향으로 물줄기를 뿜어내는 높은 피라미드가 눈에 띄었다. 어떤 물줄기는 위로 솟아오르고, 또 다른 것은 아래로 떨어져 내렸다. 피라미드 주변으로 있는 네 개의 작고 예쁜 연못에는 맑고 깨끗한 물이 가득 채워져 있었다. 각각의 연못 한가운데에는 돌로 만든 곤돌라가 한 대씩 떠 있다. 곤돌라 위에는 화승총을 든 병사의 조각상이 두 개 세워져 있는데, 이들은 웅덩이의 물을 길어 올린 다음 수중총을 사용해서 피라미드를 향해 물을 발사하는 포즈를 취하고 있었다. 트럼펫 모양의 장식에서도 물이 나왔다. 사람들은 네 개의 연못과 피라미드 주변에 조성되어 있는 아주 아름다운 산책로를 거닐곤 한다. 산책로에 세워져 있는 돌 받침대들은 아주 섬세한 세공 작업을 통해 만들어진 것이었다. 분수가 아닌 다른 부분에 관심을 더 보이는 사람들도 있었다. 바냐이아 궁전은 규모는 작지만 건물의 구조가 매력적인 곳이었다. 내가 아는 한 물을 활용하는 데는 바냐이아 궁전이 [그 어떤 곳에 견주어도] 단연 일등일 것이다. 당시 감바라 추기경은 부재중이었다. 추기경은 본인이 마음속으로는 프랑스 사람이라고 생각한다. 추기경 아래에서 일하는 신하들은 우리 일행에게 최상의 예의와 친절을 베풀어주었다.

바냐이아 궁전에서 다시 길을 나선 우리는 곧게 뻗어 있는 길을 따라 파르네제 추기경이 지낸다는 카프라롤라Caprarola 궁전을 지나갔다. 이탈리아 사람들 사이에서는 아주 유명한 곳이었다. 정말이지 이렇게 아름다운 이탈리아에서 카프라롤라에 버금가는 궁전은 본 적이 없는 것 같다. 궁전은 응회암을 깎아 만든 커다란 해자로 둘러싸여 있었다. 건물의 위쪽은 테라스의 형태로 지어져 있어서 그곳에서는 궁전의 지붕을 올려다볼 수 없었다. 궁전의 바닥은 오각형 모양이었지만 육안으로는 완벽한 정사각형으로 보였다. 궁전의 내부는 정확히 원형 구조였고 사방으로는 폭이 넓고 위쪽 천장이 아치형으로 되어 있는 복도가 길게 늘어져 있었다. 복도 곳곳에는 그림들이 걸려 있다. 방은 모두 정사각형 모양이었다. 아주 넓은 건물에 있는 홀은 매우 아름다운 공간이었다. 그중에서도 특히 방 한 곳을 보고 감탄이 절로 나왔다. 살롱의 천장에는 세상에 존재하는 모든 별자리를 새겨 넣은 천구가 그려져 있었다. (건물 전체의 천장이 아치형으로 되어 있기 때문에 가능했다.) 천장 아래로 연결되는 벽에는 [세상에 존재하는] 모든 종교를 형상화한 모습과 함께 지구가 그려져 있어서, 방 전체가 하나의 완전한 우주의 모습을 이루고 있었다. 지구의 그림은 방의 내벽 전체를 아주 화려하게 뒤덮고 있었다. 한편, 다른 홀에는 교황 바오로 3세와 파르네제 가문의 업적을 그린 그림이 가지각색의 액자에 걸려 있는 것을 볼 수 있었다. 그림 속 인물들은 굉장히 사실적으로 그려져 있어서 그림을 본 사람들은 우리 프랑스의 대왕 앙리 2세와 왕비 카트린 드 메디치, 그리고 그 사이에서 생긴 자식들인 샤를 9세와 앙리 3세, 알랑송 공작, 나바르 왕국의 왕비가 된 마르게리트 공주, [첫째 아들인] 프랑수아 2세, 앙리 2세, 그리고 마지막으로 피에로 스트로치 총사령관을 단번에 알아보았다. 같은 홀의 양쪽 끝에는 두 개의 흉상이 놓여 있었다. 그중에서도 가장 명예스러운 자리에 놓인 흉상은 앙리 2세의 흉상으로, 그 아래에는 앙리 2세가 파르네제 가문의 수호자로 불린다는 내용의 문구가 적혀 있었다. 반대쪽 끝에 있는 것은 [에스파냐 왕국의] 펠리페

2세의 흉상으로, 그 아래에는 "왕께서 그토록 많이 베풀어주신 은혜를 위하여"라는 문구가 적혀 있었다. 건물 바깥에도 구경할 만한 예쁜 것들이 아주 많았다. 특히 어떤 동굴 같은 곳에서 작은 연못 안으로 화려하게 물을 내뿜으면서 정말로 비가 내리는 것처럼 아주 자연스러운 풍경과 소리를 연출하는 모습이 인상적이었다. 궁전은 비교적 사람의 발길이 닿지 않는 외딴곳에 위치하고 있어서 물은 8마일이나 떨어져 있는 비테르보 온천까지 가서 길어 와야 했다.

카프라롤라 궁전에서 다시 길을 나선 우리는 평평한 길과 넓은 들판을 지나 아주 광활하게 펼쳐져 있는 초원에 도착했다. 초원 한가운데에 풀이 자라지 않아서 건조한 자리에는 꽤 맑고 차가운 샘물이 콸콸 솟아오르는 것이 보였다. 물에서는 유황 냄새가 코를 찌르도록 너무 많이 나서 아주 멀리에서부터도 느낄 수 있었다. 그렇게 우리는 비테르보에서 23마일 거리에 있는

몬테로시Monterosi에 가서 잠을 잤다. 10월 1일 일요일에는 다시 22마일을 이동해서

로마Roma에 도착했다. 북쪽에서 엄청난 혹한을 몰고 오는 바람이 느껴졌다. 월요일부터 며칠 동안은 위가 쓰렸다. 그래서 나는 식사의 양을 줄이기 위해 몇 끼니를 혼자 먹기로 결정했다. 그러고 나니 속을 비울 수 있었고, 머리가 완전히 회복되지 않은 점만 제외하면 온몸에서 활기가 넘쳐났다.

로마에 도착한 날에는 보르도의 시정관들이 보내온 편지를 받았다. 내가 보르도 시장으로 선출된 사실을 아주 공손하게 알리면서 보르도로 돌아와 달라고 간곡히 요청하는 내용이었다.

1581년 10월 8일 일요일에는 어떤 한 이탈리아 사람을 만나기 위해 몬테 카발로Monte Cavallo에 있는 디오클레티아누스Diocletianus 온천탕을 찾아갔다. 남자는 터키에서 오랜 시간 노예로 지내면서 아주 신기한 승마 기술을 수천 가지나 배워 왔다고 한다. 예를 들면, 남자는 말을 타고 전속력으로 달리는 중에 안장 위에 똑바로 서서 온 힘을 다해 창을 날린 후 순식간에 다시 안장에 앉을 수 있었다. 또 아주 빠르게 말을 타고 달려가다가 안장의 앞테를 한손으로만 잡은 채 말에서 내릴 수도 있었는데, 이때 왼쪽 발은 그대로 등자 위에 올려놓은 채 오른쪽 발만 바닥에 내딛는 동작이었다. 그는 이렇게 말에서 내렸다가 다시 올라타기를 수차례 반복할 수 있었다. 남자는 계속 질주해 나가는 도중에 몸을 안장 위에서 여러 바퀴나 돌릴 수도 있었다. 그는 말 위에서 앞쪽으로나 뒤쪽을 향해 능수능란한 솜씨로 터키식 활을 쏠 수도 있었다. 가끔은 본인의 머리와 한쪽 어깨를 말의 목덜미에 기댄 채 공중으로 두 발을 뻗어 올리기도 했는데, 그러는 중에도 말은 계속해서 전속력으로 달려 나갔다. 남자는 긴 막대기 같은 것을 손에 쥐고 있다가 공중으로 던진 다음 계속해서 달려 나가 다시 잡아낼 수도 있었다. 마지막으로 그는 오른손에 창하나를 쥐고 안장 위에 똑바로 서서는 마치 반지를 끼는 것처럼 창을 한쪽 손에 끼워진 장갑 사이로 꿰어 넣었다. 또 땅 위에서는 손으로 힘껏 창을 밀어 던진 다음 떨어지는 창을 받아내서 본인의 목을 축으로 회전시킬 수도 있었다.

10월 10일 오후에는 프랑스 대사가 하인 한 명을 보내어 오르시니Orsini 추기경이 남긴 가구들을 보고 싶다면 본인이 직접 마차를 타고 나를 태우러 올 수 있으니 같이 구경하러 가자고 제안했다. 오르시니 추기경은 올해 여름 나폴리에서 돌아가셨는데, 본인의 모든 재산을 아직 나이가 어린 여조카들 중 한 명에게 유산으로 물려주었고 그중 일부분인 가구가 판매되는 중이라고 했다. 각종 진귀한 물건들 사이에서 겉은 태피터 천이고 속에는 백조 깃털을 넣은 침대 커버가 눈길을 사로잡았다. 시에나에서는 백조의 가죽에 깃털이 붙어 있는 상태를 완전히 그대로 보존해서 하나의 상품으로 제작해 놓은 것을 많이 볼 수 있었다. 한 개에 단돈 1.5에퀴밖에 하지 않았다. 크기는 양가죽만 했는데, 한 장만 있어도 침대 커버로 사용하기에 충분할 것 같은 사이즈였다. 나는 전체를 완전히 다듬은 다음 그 위에 예쁜 그림들을 그려 넣은 타조알도 보았다. 또 보석을 넣는 용도로 사용하는 정사각형 모양의 작은 상자도 있었다. 안에는 보석이 몇 개 들어 있었다. 상자 안쪽에는 거울이 아주 정교하게 부착되어 있어서, 상자를 열면 위쪽 아래쪽 할 것 없이 내부가 사방으로 훨씬 넓고 깊어 보였다. 그래서 보석이 실제로 들어 있는 것보다 열 배나 더 많은 것처럼 보였다. 이런 착시 현상은 거울에 빛이 반사될 때마다 여러 번 반복됐고, 어떤 경우에는 안에 거울이 붙어 있다는 사실도 쉽게 알아차릴 수 없었다.

10월 12일 목요일에는 상스 추기경이 우리 일행 중에서 나만 자신의 마차에 태워 산 조반니 인 라테라노 성당과 성 바오로San Paolo 교회로 데려다주었다. 추기경은 두 교회의 주임 사제이자, 향수를 증류시키는 수도사들을 감독하는 직책을 맡고 있었다. 수도사들에 대해서는 이미 앞에서 언급한 적이 있다. 두 교회는 첼리오 언덕 위에 세워져 있었는데, 마치 계획적으로 그렇게 높은 곳에 건물을 지어놓은 것 같았다. 실제로 교회 아래에는 천장이 둥글고 공간이 넓은 통로와 지하실이 있었다. 사람들 말로는 예전에는 바로 이곳에 포럼Forum[4]이나 호스틸리우스Hostilius 광장이 있었다고 한다. 수도사들이 관리하는 정원과 포도밭은 경관이 아주 아름다웠다. 그곳에서는 고대 로마의 모습을 발견할 수 있었다. 경사가 매우 깊고 가파르며 어떤 방향에서도 접근하는 것이 거의 불가능할 만큼 외진 곳이었다.

그날은 여행용 대형 가방 하나를 아주 잘 싼 다음 밀라노에 보냈다. 여기서 밀라노까지 물건을 운송하는 데에는 보통 20일이 걸린다. 가방의 무게는 전부 해서 150파운드였고, 1파운드당 4바이오초[5]가 들었다. 4바이오초는 프랑스 돈으로 2솔에 해당한다. 가방 안에는 값이 나가는 물건을 여러 개 넣었다. 그중에는 로마에서 가장 아름답다고 할 만한 하느님의 어린 양 모양 장식이 달린 화려한 묵주도 포함됐다. 묵주는 신성로마제국의 황후가 보낸 대사를 위해 특별히 제작된 것으로, 대사는 교황이 내린 은총을 받은 사람들 중 한 명이었다.

4 　고대 로마 시대에 신전이나 공공건물로 둘러싸인 시민광장.
5 　15세기경부터 19세기 중반까지 교황청에서 발행한 화폐.

11

몽테뉴성으로 돌아가는 길

1581년 10월 15일 ~ 11월 30일

10월 15일 일요일. 우리는 아침 일찍 로마를 떠났다. 나는 로마에 남기로 한 남동생에게 금화로 43에퀴를 주었다. 동생은 이 돈으로 다섯 달 동안 로마에서 지내면서 펜싱 기술을 배울 생각이었다. 우리가 로마를 떠나기 전에 동생은 괜찮은 작은 방 하나를 한 달에 20 쥴리오를 주고 빌렸다. 에스티삭 씨와 몽뤽 씨, 차사이 남작, 모랑스 Morens 씨, 그 밖의 몇몇 사람들이 첫 번째 역참까지 배웅해주었다. 배웅하는 이들의 고생을 덜어주기 위해 일찍 출발하지 않았다면, 그 전에 이미 말도 빌려놓은 사람들까지 해서 벨레 씨와 앙브레스 Ambres 씨, 알레그레Allègre 씨 등이 더 나왔을 것이다. 우리는 그렇게 로마에서 30마일을 이동하여

론칠리오네Ronciglione에 도착해서 하룻밤을 묵었다. 이곳에서는 루카까지 한 마리에 20쥴리오로 말을 빌렸고, 그 밖에 기타로 들어가는 비용은 말을 모는 마부가 지불하기로 했다.

월요일 아침에는 날카로운 추위로 살이 에는 것 같은 느낌에 놀랐다. 이렇게나 추운 겨울은 이전에 한번도 경험해보지 못한 것 같았다. 이쪽 시골 지역에서는 포도 수확과 포도주 생산이 아직도 진행 중이었다.

비테르보Viterbo에 들러 점심을 먹었다. 이곳에서는 모피와 겨울용 옷들을 꺼내 입었다. 다시 길을 나선 우리는 로마에서 29마일 떨어진

산 로렌초 누오보San Lorenzo Nuovo에서 저녁을 먹었다. 그리고 다시 길을 나서서 32마일을 이동했고

산 키리코 도르치아San Quirico d'Orcia에서 잠을 잤다. 이쪽에 있는

길들은 모두 토스카나 공작의 명령으로 올해 보수 공사를 받았다고 한다. 작업은 꽤 수월하게 진행됐고, 사람들에게도 큰 도움이 됐다. 하느님께서 공작에게 보답을 하시기를! 실제로 이쪽 지역의 길들은 예전에는 상태가 아주 심각했는데, 이제는 다니기가 아주 편리해졌고 도시의 거리처럼 장애물도 없어진 상태였다. 로마로 가려는 사람들이 이렇게나 많다니 충격적이었다. 로마까지 가는 마차를 모는 말들은 가격이 터무니없이 비쌌다. 하지만 로마에서 출발지로 다시 돌아가는 모든 비용은 지불하지 않아도 됐다. 시에나 근처에서는 다른 지역에 있는 것처럼 이중으로 겹쳐 세워진 다리가 하나 보였다. 다리 위에 또 다른 강의 지류가 지나가는 구조였다. 우리는 저녁이 되어서야 산 키리코 도르치아에서 20마일 거리에 있는

시에나Siena에 도착했다. 그날 밤에는 두 시간 동안 배앓이를 했다. 돌멩이 한 개가 내려가는 중인 것이 느껴졌다. 목요일에는 유대인 의사 굴리엘모 펠리체Guglielmo Felice 씨가 아침 일찍 나를 보러 왔다. 의사는 신장 쪽에서 통증이 느껴지고 [오줌에] 모래알이 섞여 나오는 것을 치료하려면 이러이러한 식이요법을 따라야 한다면서 길게 설명해주었다. 그러고 나서 우리는 곧바로 시에나를 떠났다. 다시 시작된 배앓이는 서너 시간이나 이어졌다. 시간이 지나자 아랫배와 주변에 있는 다른 장기들에서도 극심한 통증이 느껴졌고, 덕분에 돌이 아래까지 아주 내려왔음을 확신할 수 있었다. 우리는 시에나에서 28마일 떨어진

폰테 아 엘사Ponte A Elsa에 도착해서 저녁을 먹었다. 곡식 알갱이보다 더 큰 돌멩이와 함께 모래알이 약간 빠져나왔다. 아프다거나 돌

멩이가 나오는 것이 힘들게 느껴지지는 않았다. 금요일 아침에는 폰데 아 엘사를 떠나 그곳에서 16마일 떨어진 곳에 위치한

알토파시오 Altopascio에서 잠시 길을 멈추었다. 이곳에서는 말들에게 귀리도 먹일 겸 한 시간을 쉬어 갔다. 나는 큰 어려움 없이 많은 양의 모래알과 기다란 돌멩이 한 개를 배출해냈다. 돌멩이는 어떤 부분은 단단하고 또 다른 부분은 부드러웠으며, 큰 밀알보다 더 두꺼웠다. 우리는 길가에서 일을 하는 농부들을 보았다. 그들 중 어떤 이들은 겨울 동안 가축들을 먹이기 위해 비축해놓을 포도나무 이파리를 따고 있었고, 또 다른 이들은 건초 더미를 만들기 위해 고사리 같은 것을 모으는 중이었다. 그렇게 우리는 알토파시오에서 8마일 거리에 있는

루카에 도착해서 하룻밤을 보냈다. 귀족들과 장인들 몇 명이 또 찾아왔다. 10월 21일 토요일 아침에는 몇 시간 동안 중간에 막혀서 나오지 않고 있던 돌멩이를 바깥으로 밀어냈다. 힘이 들거나 아프지는 않았다. 이번 것은 거의 원에 가까운 모양에 단단하고 묵직했으며, 표면은 거칠고 속은 흰색이고 바닥 부분은 붉은색이었다. 곡식 알갱이보다 훨씬 더 컸다. 한편, 오줌에는 모래알이 계속 섞여 나왔다. 이로써 유추해보건대 자연에게는 때때로 그 자체적으로 진정할 수 있는 힘이 있는 것 같다. 나로서는 실제로 이렇게 오줌으로 나오는 모든 것들이 마치 물이 흐르는 것처럼 자연스러운 과정으로 느껴지기도 했다. 이런 돌멩이들이 통증을 일으키지도 않고 생활도 방해하지 않으면서 밖으로 나올 수 있음에 하느님께 감사드리는 마음이다.

포도 한 송이를 먹고 난 다음 나를 배웅할 채비를 하고 있던 귀족들을 기다리지 않고 곧바로 루카를 떠났다. (몽테뉴성으로 돌아가는 여정에서는 아침을 아주 조금만 먹었다. 심지어는 거의 아무것도 먹지 않는 날도 있었다.) 우리는 대부분 땅이 아주 평평하고 풍경이 아주 아름다운 길을 지났다. 길 오른쪽에는 셀 수 없이 많은 올리브나무들이 자라는 작은 산들이 보였고, 왼쪽으로는 늪지가, 더 멀리로는 바다가 보였다.

우리는 루카 어딘가에서 사람들이 관리를 소홀히 하여 반쯤 망가져버린 기계를 발견했다. 늪지를 건조시켜서 비옥한 땅으로 만드는 기계였는데, 주변 시골 지역에 엄청난 피해를 가져다준 원인이었다. 기계가 있는 자리에는 큰 연못이 하나 파여 있는데, 연못의 가장 윗부분에서는 물레방아 세 대가 산 높은 곳에서부터 흘러 내려오는 물줄기를 동력으로 사용하여 계속 돌아가고 있었다. 그렇게 돌아가는 물레방아는 한쪽에서는 방아에 붙어 있는 물통으로 연못에서 물을 길어 올리고, 다른 한쪽으로는 앞에서 길어 올린 물을 더 높은 곳에 있는 물레방아로 이어지는 수도관으로 붓는다. 연못은 사방이 벽으로 둘러싸여 있었다. 그런 움직임을 통해 연못의 물은 바다로 흘러 들어갔다. 그 기계는 바로 이런 식으로 작동하여 주변 지역에 있는 모든 땅에서 물기를 말려버렸다.

우리는 피렌체 공작이 소유하고 있는 성벽 마을인 피에트라 산타Pietra Santa를 관통해 지나갔다. 규모가 아주 큰 피에트라 산타에는 집은 많았지만 정작 살고 있는 사람은 굉장히 적었다. 사람들 말로는 공기가 아주 나빠서 살 수 없는 곳이며 실제로 살았던 사람들

대부분이 죽었거나 쇠약해졌다고 한다. 그렇게 우리는 루카에서 22마일을 이동하여

마사 카라라Massa-Carrara[1]에 도착해서 저녁을 먹었다. 마사 카라라는 치보Cibo 가문의 마사Massa 공작이 관할하는 마을이다. 어느 작은 산의 중턱에는 멋있는 성 한 채가 세워져 있었고, 그 아래와 주변으로는 길들이 나 있고 집들이 지어져 있었다. 근사한 성벽이 성을 둘러싸고 있었다. 마을은 성벽 바깥의 아래쪽으로 넓게 펼쳐진 들판 위에 위치해 있었고, 마을에도 성벽이 세워져 있었다. 아름다운 마을이었다. 길도 예쁘고, 집들의 외벽에도 페인트칠이 되어 있는 멋있는 곳이었다.

여기 마사 카라라 마을에서는 만든 지 얼마 되지 않은 와인을 마셔야 했다. 이쪽 지역에서는 와인 말고는 다른 마실 것이 없었다. 여기 사람들은 나무의 대팻밥과 계란의 흰자를 사용해서 와인을 더 묽게 만드는데, 그렇게 하면 와인의 색깔이 오래된 것처럼 변했다. 여기 와인에서는 왠지 모르게 자연스럽지 않은 맛이 난다.

10월 22일 일요일. 땅이 아주 평평한 길을 따라 계속 이동했고, 왼쪽으로는 가시거리 안으로 토스카나의 해안이 보였다. 우리가 걷고 있는 길과 바닷가 사이에는 어마어마한 규모의 유적지가 보였다. 근처에 사는 사람들 말로는 그곳은 한때 '루나Luna'라고 불리는 거대한 도시였다고 한다. 그곳에서부터 다시 길을 나선 우리는 제노바의 영토에 속하는

1 　원문에 표기된 지명: 마사 디 카라라Massa di Carrara

사르자나Sarzana에 도착했다. 사르자나에서는 제노바 공국의 문장을 볼 수 있었다. 문장은 성 게오르기우스가 말에 올라타 있는 그림이었다. 사르자나 마을에는 스위스 군대가 주둔하고 있다. 한때는 피렌체 공작의 영토였던 곳이다. 만약 마사 공작이 제노바 공국과 피렌체를 분리시키고자 둘 사이에 끼어들지만 않는다면, 각 나라의 국경에 해당하는 피에트라 산타 마을과 사르자나 마을에는 이렇게 스위스 군사들이 계속 주둔하게 될 것이 틀림없다.

사르자나에서부터는 역참 하나당 말 한 마리에 4줄리오를 지불해야 했다. 마을에서는 피렌체 공작의 친동생인 돈 조반니 데 메디치 Don Giovanni de Medici 씨의 행차를 위해 엄청나게 많은 대포를 쏘아올리는 중이었다. 그는 제노바에서 신성로마제국의 황후를 알현하고 돌아오는 길이었다. 이탈리아의 대공들이 황후를 뵈러 가는 자리에 형을 대신해서 참석한 것이었다. 대공들이 황후를 방문한 날에는 페라라 공작의 화려한 등장으로 소란이 있었다고 했다. 페라라 공작이 황후를 만나러 가는 길에는 파도바까지 호화스러운 마차가 400대나 동원됐다. 원래 공작은 베네치아의 시의회에 말 600마리를 데리고 베네치아 영토를 지나가는 것을 허가해주기를 요청했는데, 베네치아는 통행은 승인하지만 말의 수가 조금 더 적어야 한다고 했다. 그러한 연유로 공작은 본인과 함께 말을 타고 가는 사람들을 모두 마차에 태워버렸고, 말의 숫자는 확연히 줄어들었다. 우리는 [돈 조반니 데 메디치] 대공을 길에서 만났다. 실제로 보니 아주 잘생긴 청년이었다. 그는 옷을 잘 차려입은 남자 스무 명과 함께 있었고, 이들은 모두 마차용 말을 타고 있었다. 이탈리아에서는 누구든지 간에 이렇게 거리를 돌아다닌다고 해서 그 사람의 체면이 깎이지는 않는다. 그 사람의 신분이 공작이라고 할지라도 말이다. 사르자나 마을을 지나고 나서는 길 왼쪽으로 제노바 공국으로 가는 길이 펼쳐졌다.

여기에서부터 밀라노에 갈 때는 제노바 공국을 지나는 길로 가나 계속 같은 길을 따라가나 시간은 크게 다르지 않고 똑같이 걸린다. 나는 제노바 공국에 들러서 황후를 뵙고 싶었다. 하지만 제노바까지 갈 수 있는 두 개의 길이 상태가 어떤지 알고는 바로 마음을 접었다. 먼저, 첫 번째 길로 가면 사르자나 마을에서부터 3일 만에 제노바에 도착할 수 있었다. 하지만 상태가 아주 나쁜 울퉁불퉁한 길이 40마일 동안 이어지며, 길가에는 암석과 벼랑이 많고 지낼 수 있는 여관들도 시설이 좋지 않다고 했다. 심지어는 사람들이 거의 다니지 않는 길이라고 했다. 두 번째 길은 사르자나에서 3마일 거리에 있는 레리치 마을을 통과하는 길이었다. 레리치 마을의 해안가에서 배를 타면 12시간이면 제노바 공국에 건너갈 수 있다고 한다. 하지만 나는 위장이 약해서 물길을 견디는 것이 힘들기도 할 뿐더러, 사실은 그런 불편함보다는 제노바 공국에 도착한 다음 그곳에 모여 있는 엄청난 [외국인들] 무리로 인해 숙소를 구하지 못하게 될까 봐 굉장히 걱정스러웠다. 그런 데다가 제노바 공국에서 밀라노까지 가는 길이 그렇게 안전한 편은 아니며 그곳에는 강도들이 득실거린다는 이야기를 들었다. 결국 우리에게는 [프랑스로] 잘 돌아가는 것보다 더 중요한 일은 없었기 때문에, 제네바 공국에 가는 것은 포기하기로 결정을 내렸고, 오른쪽에 솟아 있는 산들 사이사이로 난 길을 따라 이동하기로 했다. 우리는 왼쪽으로는 마그라Magra강을 낀 채로 계속해서 작은 골짜기 아래로 펼쳐진 길을 따라 이동했다. 그렇게 때로는 제네바 공국 땅을 밟았다가, 어떤 때는 피렌체 영토를 밟았으며, 또 다른 때는 말레스피나Malespina 가문의 사유지를 지나기도 했다. 몇몇 부분을 제외하고는 꽤 수월하고 편하게 지나갈 수 있는 길이 이어졌고, 그렇게 사르자나에서 30마일을 이동하여

폰트레몰리Pontremoli에 도착해서 하룻밤을 묵었다. 위아래로 길쭉하게 펼쳐져 있는 폰트레몰리 마을에는 옛날 건물들이 굉장히 많이 남아 있다. 그렇게 멋있지는 않았다. 이곳에는 유적도 많다. 사람들 말로는 폰트레몰리 마을은 예전에는 '아푸아Appua'라고 불렸다고 한다. 지금은 밀라노주의 영토에 포함되어 있는 이곳은 최근에 피에스치Pieschi 가문에게 소유권이 넘어갔다.

폰트레몰리 마을에서는 밀라노와 피아첸차Piasenza 주변에서처럼 식사를 할 때 맨 먼저 치즈를 먹는다. 다음에는 씨가 없고 맛이 아주 좋은 올리브가 제노바 스타일의 샐러드처럼 오일과 식초에 버무려 나왔다. 마을은 산들의 아랫자락에 위치해 있다. 이곳에서는 밥을 먹을 때 길고 작은 의자 위에 물이 가득 담긴 대야를 가져다 놓고 사람들이 손을 씻을 수 있도록 한다. 모두가 같은 물로 손을 씻어야 했다.

23일 월요일 아침에는 폰트레몰리 마을에서 다시 길을 나섰다. 여관에서 나와서는 아펜니노산맥을 따라 산에 올라갔다. 이쪽 지역의 아펜니노산맥은 고도가 굉장히 높기는 해도 지나가기에 어렵거나 위험하지는 않다. 우리는 그날 하루 종일 산을 올랐다가 내려가

기를 반복했다. 대부분은 사람의 손길이 닿지 않아 아주 척박한 땅이었다. 그렇게 저녁이 되어서야

포르노보 디 타로 Fornovo di Taro[2]에 도착했고 이곳에서 하루를 묵기로 했다. 폰트레몰리에서 30마일 거리에 있는 포르노보 디 타로는 산 세콘도San Secondo 백작의 관할 구역에 속해 있다. 이쪽 산속에 출몰한다는 불량배들의 손아귀에서 벗어났다는 생각이 들자 아주 마음이 놓였다. 이들은 여행자에게 먹을 것이나 말을 내놓으라고 요구하며 사정은 봐주지 않는다고 한다. 이곳 사람들은 겨자 소스를 곁들인 다양한 종류의 라구[3]를 만들어주었는데, 맛이 아주 좋았다. 그중 하나는 모과를 넣어 만든 것이었다. 나는 이쪽 지역에 마차를 끄는 말이 굉장히 부족하다는 사실을 깨달았다. 규율이라는 것도 없고 외국인들에 대한 신뢰도 없는 곳이었다. 보통은 역참을 하나씩 들를 때마다 말 한 마리당 2줄리오를 지불하는데, 이곳에서는 역참마다 3~5줄리오씩을 요구했다. 결과적으로 매일 말 한 마리를 빌리는 데에만 1에퀴보다 더 많이 들었다. 심지어 역참을 하나 지났는데도 두 개를 지난 것으로 계산된 적도 있다.

어느새 파르마Parma에서부터 역참 두 개를 지나왔다. 파르마에서 피아첸차까지는 포르노보 디 타로에서 피아첸차까지의 거리와 똑같기 때문에, 피아첸차까지도 역참이 딱 두 개만 남은 셈이었다. 집으로 돌아가는 길에 문제를 일으키고 싶지는 않았지만, 다른 모든

---

2   원문에 표기된 지명: 포르노보 Fornovo
3   고기나 생선 등을 잘게 썰어 각종 채소와 함께 물이나 와인 등에 넣어 끓인 스튜.

일은 제쳐두고서라도 피아첸차만큼은 꼭 가고 싶었다. 지금은 작은
집이 6~7채 있는 어느 한 작은 시골 마을에 와 있다. 타로Taro 대로
를 따라 펼쳐진 들판 위에 위치해 있는 마을이다. 마을에 물을 대주
는 강의 이름이 '타로'인 것 같다. 화요일 아침에도 한동안은 타로
대로를 따라 계속 이동했고, 포르노보 디 타로에서 12마일 떨어진
곳에 위치한

피덴차Pidenza[4]라는 작은 성벽 마을에 도착해서 점심을 먹었다. 파
르마 공작은 마을의 측면에 근사한 성벽을 쌓는 작업을 이제 막 시
작한 참이었다. 다른 곳에서 과일을 절반만 익혀서 만든 마르멜로
잼을 올려놓듯이, 여기 피덴차에서는 잘게 조각낸 오렌지와 꿀을 넣
어 만든 겨자 소스를 식탁에 올려놓는다.

우리는 피덴차 마을을 떠나 오른쪽으로는 크레모나를 남겨둔 채
로 풍경이 아주 아름다운 길을 따라 이동했다. 피덴차에서부터 크레
모나까지는 피아첸차까지와 같은 거리였다. 이쪽 지역에는 산이 없
어서 수평선까지 시야를 넓힐 수 있고, 땅도 울퉁불퉁한 부분 없이
매우 비옥하다. 우리는 역참을 하나씩 지날 때마다 말을 바꾸었다.
피아첸차까지 마지막 두 개의 역참을 지나는 동안에는 신장의 컨디
션을 시험해보기 위해 전속력으로 달렸다. 몸이 지치지는 않았다.
오줌도 원래대로 아무런 문제가 없는 상태 그대로였다.

피아첸차에 가까워지자 양쪽 길가에 큰 기둥이 각각 하나씩 세워
져 있는 것이 보였다. 두 기둥 사이는 40보 정도 되는 공간이 남아

---

4   원문에 표기된 지명: 보르고 산 돈니노 Borgo San Donnino

있었다. 기둥 아래에는 라틴어 문구가 적혀 있었는데, 두 기둥 사이에 어떤 건물을 짓는다거나 보통의 나무나 포도나무를 심는 행위를 금지한다는 내용이었다. 단순히 길의 넓은 폭을 유지하고 싶어서 그러는지, 아니면 실제로 두 기둥에서부터 불과 0.5마일밖에 떨어져 있지 않은 피아첸차까지 펼쳐져 있는 평야의 풍경을 가리지 않기 위해서 그러는지, 정확한 이유는 알 수 없었다. 그렇게 우리는 피덴차에서 20마일 거리에 있는

피아첸차Piacenza에 도착해서 하룻밤을 묵었다. 피아첸차는 규모가 매우 큰 도시다. 어두워지기 전에 도착한 덕분에, 세 시간 동안은 도시의 이곳저곳을 돌아다닐 수 있었다. 거리는 진흙투성이인 데다가 포장이 되어 있지 않았고 집들의 크기는 작았다. 도시에서 가장 넓은 장소인 광장에는 재판소와 감방이 있었다. 모든 시민들이 모이는 곳도 바로 이 광장이었다. 광장 주변에는 그다지 큰 쓸모가 없는 상점들이 자리를 차지하고 있었다.

우리는 펠리페 왕이 소유하고 있다는 성을 보았다. 성에는 300명의 에스파냐 왕국 병사들로 이루어진 군대가 주둔하고 있었다. 병사들이 하는 말에 따르면, 자신들은 박봉을 받는다고 한다. 이곳에서는 아침저녁으로 한 시간 동안 '피리'라고 불리는 악기와 함께 나팔을 분다. 이 피리라는 것은 프랑스에서는 '오보에'라고 부르는 악기를 말한다. 성안에는 많은 사람들이 살고 있으며 근사하게 생긴 대포도 있다. 파르마 공작은 당시 여기 피아첸차에서 지내고 있었음에도 불구하고 에스파냐 왕이 소유하는 이곳에는 절대 오지 않으려고 했다. 공작이 지내는 곳은 시타델Citadelle이라는 또 다른 성이었다.

펠리페 왕의 성에서는 왕이 성 아우구스티누스 교회가 있는 자리에 지으라고 했던 새로운 성 아우구스티누스 수도원을 제외하고는 특별히 눈에 띄는 것이 없었다. 펠리페 왕은 성을 지을 때 수도원으로부터 얻은 자신의 소득을 일부분 동원함으로써 수도원을 이용했다. 새로운 수도원 공사는 아주 잘 시작됐지만 아직 덜 끝난 상태였다. 70명에 달하는 수도사들이 지내는 숙소와 내부의 회랑 두 군데는 공사가 완전히 끝난 상태였다. 복도와 숙소, 각종 작업장들과 그 밖의 다른 장소가 이렇게나 아름다운 것으로 미루어보건대, 교회의 임무를 다하기 위해 지어진 건물들 중에서는 내가 기억하는 한 이곳 수도원만큼 사치스럽고 화려한 곳도 없을 것이다.

여기 피아첸차에서는 식탁 위에 소금을 덩어리째로 올려놓으며, 치즈도 접시에 담지 않고 덩어리째 그대로 제공된다.

파르마 공작은 오스트리아 대공의 첫째 아들이 피아첸차에 도착하기를 기다리는 중이었다. 나는 대공의 아들을 인스브루크에서 만난 적이 있다. 사람들 말로는 이 젊은 귀족 청년은 '로마인의 왕'[5]으로서 교황에게 대관을 받기 위해 로마로 가는 길이라고 했다. 여기 피아첸차에서는 커다란 황동 숟가락과 함께 물을 주면서 와인에 섞어 마시라고 한다. 이곳 사람들이 먹는 치즈는 이탈리아 전역에서 일명 '피아첸차산 치즈'라고 팔리는 것과 비슷하다. 피아첸차는 로마와 리옹의 중간에 위치해 있다.

---

5   신성로마제국에서 황제를 뽑는 방식은 다음과 같다. 먼저, 선제후들이 다음 황제가 될 사람으로 '로마인의 왕'을 선출한다. 그러면 선출된 '로마인의 왕'은 로마에 가서 교황으로부터 대관을 받으며, 그다음에야 비로소 황제로 즉위한 것으로 간주된다.

곧바로 밀라노로 가려고 했다면 피아첸차에서 30마일 거리에 있는 마리그나노 Marignano에서 하루를 묵었어야 했다. 거기서 밀라노까지는 10마일이다. 하지만 우리는 파비아 Pavia에 들르기 위해 10마일을 더 돌아가기로 했다. 10월 25일 수요일에는 아침 일찍 피아첸차 마을에서 출발하여 근사한 길을 따라 이동했다. 나는 길 중간에서 물렁물렁한 작은 돌멩이 한 개와 많은 양의 모래알을 배출해냈다. 우리는 산타피오라 Santafiora 백작이 소유하는 작은 성벽 마을을 가로질러 지나갔다. 길의 끝에는 포Po강이 나왔다. 우리는 두 개의 보트 위에 발판을 쌓아 올린 뒤 그 위에 작은 선실을 하나 얹어놓은 구조의 연락선을 타고 강을 건넜다. 강의 이쪽과 저쪽을 연결하는 긴 밧줄에는 강 위에 띄엄띄엄 한 대씩 나란히 배치되어 있는 작은 배 몇 대가 묶여 있었고, 사람들은 이 밧줄을 잡고 배를 몰았다. 여기에서 아주 가까운 곳에서는 티치노Ticino강의 지류들이 포강과 만난다고 한다. 우리는 그렇게 30마일을 이동하여

파비아Pavia에 일찍 도착했다. 파비아에서는 도시에서 중요한 장소들을 서둘러 구경했다. 먼저, 티치노강의 다리와 성당, 가르멜 수도회[6]의 교회, 성 토마스 교회, 성 아우구스티누스 교회를 둘러보았다. 성 아우구스티누스 교회 안에는 하얀 대리석으로 만든 성 아우구스티누스의 무덤이 여러 조각상들로 화려하게 장식되어 있었다.

6　12세기 중반 이스라엘 서북부 지방에 위치한 가르멜산에 창설된 수도회. 13세기 초에 교황청의 정식 승인이 있었다. 기도와 절식, 침묵을 기반으로 한 공동생활을 통해 사랑을 베푸는 것을 중요시한다.

도시에 있는 여러 광장들 중 한 곳에서는 벽돌로 세워진 기둥을 보았다. 기둥 위에는 로마의 카피톨리노 언덕 앞에 세워진 동상처럼 안토니누스 피우스 황제가 말에 올라타 있는 모습을 형상화한 조각상이 세워져 있었다. 로마에 있는 원작보다는 크기가 더 작았고, 원작의 아름다움은 미처 따라가지 못한 수준이었다. 여기 있는 조각상에는 [적어도] 황제가 타고 있는 말 앞뒤로 테가 달린 안장과 등자가 있었다. 원작에는 그런 것들이 없어서 아쉬웠다. 그래도 이는 등자나 안장이라는 물건이 비교적 최근에 발명된 도구라고 말하는 학자들의 의견을 잘 보여주는 부분인 것 같다. 누군지는 모르겠지만 여기 파비아에 있는 동상을 만든 조각가는 아마도 이러한 사실은 모르고서 원작에는 두 장신구가 빠져 있는 것이라고 생각했을 것이다. 우리는 또 보로메오Borromeo 추기경이 학생들이 사용할 수 있도록 짓기로 한 건물의 공사 작업이 이제 막 시작된 모습도 보았다.

파비아는 규모가 크고 아주 아름다운 도시다. 인구수도 많고, 각종 분야의 장인들이 모여 사는 곳이다. 예쁜 집은 거의 찾아보기 어렵고, 심지어는 신성로마제국의 황후가 최근에 묵었었다는 저택마저도 별 볼 일이 없었다. 내가 발견한 프랑스 문장에는 백합이 지워져 있었다. 한마디로 말해 여기 파비아에는 진귀한 물건 같은 것은 없다. 이쪽 시골 지역에서는 말을 역참 하나당 2쥴리오에 빌려준다. 로마에서 여기 파비아까지 오는 동안 지냈던 숙소들 중에서 시설이 가장 좋았던 곳은 피아첸차의 역참이었다. 개인적으로는 이곳이 이탈리아에서 베로나의 역참 다음으로 시설이 가장 좋은 역참인 것 같다. 집으로 돌아가는 길에 묵었던 숙소들 가운데 가장 형편없었던 곳이 여기 파비아의 팔코[7] 여관이다. 파비아와 밀라노에서 지낸 여관에서는 땔감 비용을 따로 내야 했고 침대에는 매트리스가 깔려 있지 않았다.

10월 26일 목요일. 우리는 파비아에서 다시 길을 나섰다. 쭉 뻗어 있는 길에서 0.5마일 간격을 두고 오른쪽으로 나 있는 길을 따라 이동했다. 프랑수아 1세의 군대가 [샤를 퀸트 황제에 의해] 격파됐던 곳이라는 평야를 구경하고 싶은 것도 있었지만, 어떤 이유에서인지 아주 아름다운 교회라고 명성이 자자한 카르투지오 수도회의 수도원을 보기 위해서였다. 수도원의 입구 정면은 모두 대리석으로 되어 있었고 셀 수 없이 많은 조각들이 화려하게 새겨져 있었다. 보는 사람을 압도하는 웅장함이었다. 수도원 안에서는 상아로 만들어진 제단을 보았다. 제단 위에는 구약성서와 신약성서가 양각으로 새겨져 있었다. 그 밖에도 지안 갈레아초 비스콘티Gian Galeazzo Visconti라는 수도원 설립자의 무덤이 대리석으로 세워져 있기도 했다. 성가대와 주제단의 장식이 인상적이었고, 엄청난 크기와 진귀한 매력을 자랑하는 회랑도 실로 감탄을 자아냈다. 수도원 건물은 아주 넓었는데, 크기도 크기이지만 수도원 안에 들어 있는 작은 건물들과 그 안에서 지내는 사람이나 하인, 말, 마차, 일꾼, 장인의 수가 만만치 않았다. 마치 아주 위대한 공작이 지내는 궁전을 모델로 지어진 것 같은 곳이었다. 수도원에서는 아직까지도 막대한 돈을 들여가며 공사를 마무리하는 중이었고, 비용은 수도원의 수업으로 충당되고 있었다.

---

7   *Falco.* '매'를 가리키는 이탈리아어.

아주 아름다운 초원의 한가운데에 세워져 있는 수도원이었다. 이곳에서 다시 길을 나선 우리는 파비아에서 20마일 떨어진 곳에 위치한

밀라노Milano에 도착했다. 밀라노는 이탈리아에서 인구가 제일 많은 도시다. 규모가 크고 도시 안에는 온갖 분야의 장인과 상인으로 가득한 곳이다. 파리와 꽤 닮아 있으며, 다른 프랑스 도시들과도 비슷한 점이 많았다. 밀라노에 있는 궁전들은 로마와 나폴리, 제노바, 피렌체에서 본 것만큼 아름답지는 않지만 크기로는 단연 제일이다. 이곳 밀라노에도 베네치아 못지않게 외국인들이 많다. 10월 27일 금요일에는 성의 외곽 쪽을 구경하러 갔다가 성 주변을 거의 한 바퀴나 돌았다. 아주 커다란 건물의 밀라노성은 요새 시설이 잘 갖추어져 있었다. 성을 지키는 군대는 적어도 700명의 에스파냐 병사들로 이루어져 있으며, 대포 장비도 아주 잘 구비되어 있었다. 사방에서는 수리 작업이 아직 한창이었다. 갑자기 폭우가 쏟아지는 바람에 이날은 하루 종일 밀라노에서 지냈다. 이전까지는 날씨도, 길도, 모든 일이 순조로웠다.

10월 28일 토요일. 우리는 아침 일찍 풍경이 아름답고 땅이 평평한 길을 따라 밀라노를 떠났다. 계속 비가 내려서 길에 온통 물이 고여 있기는 했지만, 이쪽 지역에는 땅에 모래가 많았기 때문에 진흙은 생기지 않았다. 그렇게 밀라노에서 18마일을 이동하여

보팔로라 소프라 티치노Boffalora Sopra Ticino[8]에 도착해서 점심을 먹었다. 이곳에서는 다리를 지나 나빌리오Naviglio강을 건넜다. 이곳의 운하는 폭은 좁지만 밀라노까지 큰 배들을 실어 나를 수 있을 만큼

수심이 깊었다. 조금 더 이동한 뒤에는 배를 타고 티치노강을 건넜고, 보펄로라 소프라 티치노에서 12마일 거리에 있는

노바라Novara라는 작은 마을에 도착해서 하룻밤을 묵었다. 그렇게 매력적이지 않은 노바라 마을은 평원 위에 위치해 있었다. 마을 주변에는 땅이 비옥한 포도밭과 작은 숲이 있다. 우리는 다음날 아침 다시 길을 나섰고, 말들에게 먹이를 주기 위해 그로부터 10마일 떨어진

베르첼리Vercelli에서 잠깐 쉬어 갔다. 사보이아 공작이 소유하는 베르첼리 마을은 우리가 배를 타고 건너 온 세시아Sesia 강물을 따라 노바라와 같은 평원 위에 위치해 있는 곳이다. 사보이아 공작은 여기 베르첼리 마을에 사람들을 많이 투입하여 요새 하나를 아주 빠르게 짓도록 했다고 한다. 바깥쪽에 세워져 있는 여러 구조물 덕분에 요새는 아주 근사해 보였고, 그 결과 근처에 사는 에스파냐 사람들의 시기를 받고 있다고 한다.

베르첼리에서 다시 길을 나선 우리는 산 제르마노 베르첼레제San Germano Vercellese와 산티아Santhià라는 작은 성벽 마을 두 개를 지나갔다. 주로 호두나무가 많이 자라는 아름다운 들판을 따라 이동했다. (이쪽 지역에는 올리브나무가 자라지 않으며, 호두오일 말고는 다른 오일은 사용하지 않는다.) 우리는 그렇게 베르첼리에서 20마일 거리에 있는

리보르노Livorno라는 작은 마을에 도착해서 하룻밤을 묵었다. 리보르노에는 예쁜 집이 많았다. 월요일에는 아침 일찍 리보르노에서 출

---

8   원문에 표기된 지명: 보펄로라Boffalora

발해서 아주 평평한 길을 따라 이동했다. 그리고 그렇게 10마일을 가면 나오는

치바소Chivasso에 도착해서 점심을 먹었다. 우리는 강물과 개울물을 어떤 때는 배를 타고 또 어떤 때는 두 발로 직접 수차례를 건너서 치바소에서 10마일 거리에 있는

토리노Torino에 도착했다. 저녁 시간에 늦지 않고 수월하게 도착할 수 있었다. 토리노는 물이 아주 풍부한 곳에 위치한 작은 도시다. 작은 여울물 하나가 시내를 가로지르면서 더러운 것들을 씻겨내주기는 하지만 도시가 아주 잘 지어졌다거나 아주 매력적인 곳은 아니다. 이곳에서는 리옹에 도착하기 전까지 남은 6일 동안 사용할 말 한 마리를 5.5에퀴를 주고 빌렸다. 말에게 들어가는 다른 비용은 말 주인의 몫이었다. 토리노 사람들은 일상에서도 프랑스어를 사용하며, 모두가 프랑스에 굉장히 호의적인 것처럼 보인다. 사람들이 쓰는 속어는 발음은 이탈리아식이만, 자세히 들어보면 우리 프랑스의 고유한 표현들로 이루어져 있다. 우리는 10월의 마지막 날인 화요일에 토리노를 떠났다. 여전히 땅이 평평한 긴 길을 따라 역참 두 개를 지났고

산탐브로지오 디 토리노 Sant'Ambrogio di Torino[9]에 도착해서 점심을 먹었다. 이곳에서부터는 다시 산 사이사이에 펼쳐진 좁은 들판을 따라 이동했고, 역참 두 개를 지나

수사Susa에 도착해서 하룻밤을 묵었다. 수사는 많은 사람들이 집

---

9 원문에 표기된 지명: 산탐브로지오 Sant'Ambrogio

을 짓고 살고 있는 작은 성벽 마을이다. 며칠 전부터 오른쪽 무릎에서 느껴지는 통증이 점점 심해지더니 여기 수사에 도착하고 나서는 굉장히 아파왔다. 수사에 있는 여관들은 이탈리아의 다른 도시에서보다 시설이 더 좋다. 이곳에서는 와인은 맛있었지만, 빵은 맛이 없었다. 그 밖에도 다른 먹거리가 많았다. 수사의 여관 주인들도 사보이아 공국의 다른 지역들에서처럼 친절한 편이다. 우리는 만성절 미사를 들은 뒤 다시 길을 떠났고, 역참 한 개를 지나

노발레사Novalesa에 도착했다. 이곳에서는 우리를 썰매에 앉혀서 몽 스니Mont Cenis 언덕의 꼭대기까지 갔다가 그 건너편으로 다시 산을 내려오게 해줄 일꾼을 8명 고용했다.[10]

여기 노발레사 사람들은 프랑스어를 사용한다. 이참에 그동안 편하기는 했지만 쓸 때마다 확신이 서지는 않았던 이 외국어로는 글을 그만 쓸까 한다. 사실 계속 프랑스 사람들과 함께 다녔기 때문에 이탈리아어를 제대로 공부할 여유는 전혀 없었다. 몽 스니 언덕을 오를 때는 절반은 말을 타고 올랐고 나머지 절반은 남자 넷이 이끄는 썰매를 탔다. 이 네 사람 말고도 이들과 교대를 할 사람들이 네 명 더 있었다. 이들은 자신의 어깨 위에 내가 타고 있는 썰매를 지고 걸었다. 올라가는 길은 두 시간이 걸렸다. 이렇게 돌이 많이 있는 길에 익숙하지 않은 말들이 지나가기에는 어려운 코스였지만, 위험한

---

10 원문에서는 이 문장까지 이탈리아어로 작성되었다. 바로 아래 문단부터는 다시
    프랑스어로 작성되었다.

요소나 장애물 같은 것은 없었다. 실제로 몽 스니 언덕은 계속 똑같은 경사로 높이 솟아 있기만 하기 때문에, 발을 헛디디지만 않으면 전혀 위험하지 않은 곳이다. 언덕 꼭대기에 올라 아래를 내려다보면 폭이 2리그나 되는 들판이 펼쳐져 있다. 들판 위에는 작은 집들과 호수와 샘물, 그리고 역참이 있다. 나무는 거의 자라지 않지만 날씨가 따뜻한 계절에는 풀밭과 목초지가 넓게 펼쳐질 곳이었다. 우리가 지나갈 때는 온통 눈이 쌓여 있었다. 언덕에서 내려갈 때는 경사가 가파른 길이 1리외 길이로 쭉 뻗어 있었다. 내려갈 때에도 일꾼들이 끌어주는 썰매를 타고 내려갔다. 8명 전체 다 해서 2에퀴가 들었다. 썰매만 빌리는 것은 1테스통밖에 하지 않았다. 이곳에서 썰매를 타는 일은 위험하지도 않고 특별한 재능이 없더라도 재밌게 즐길 수 있는 놀이라고 생각한다. 그렇게 우리는 역참 두 개를 지나

랑스르부르 몽 스니 Lanslebourg-Mont-Cenis[11]에 도착해서 점심을 먹었다. 랑스르부르 몽 스니 마을은 사보이아 공국이 위치한 산자락 아래에 자리하고 있었다. 그날 밤은 그로부터 2리외 떨어져 있는 어느 작은 마을로 이동해서 묵기로 했다. 이쪽 주변에서는 숭어가 많이 잡히고, 와인은 오래됐든 만들어진 지 얼마 되지 않았든 간에 맛이 훌륭한 편이다. 돌이 많은 언덕길을 따라 5리외를 이동하니

생 미셸 드 모리엔느 Saint-Michel-de-Maurienne[12]라는 역참 마을이 나왔다. 이곳에서 저녁을 먹은 뒤에는 시간은 아주 늦었고 온몸은 젖

---

11 원문에 표기된 지명: 랑스르부르Lanslebourg
12 원문에 표기된 지명: 생 미셸Saint-Michel

어 있었지만 다시 5리외를 이동하여

라 샹브르La Chambre라는 작은 마을에 도착했다. 라 샹브르 가문의 후작들이 가문의 이름을 따서 이름을 붙인 곳이었다. 11월 3일 금요일에는 라 샹브르에서 4리외 거리에 있는

애귀벨Aiguebelle에 도착해서 점심을 먹었다. 성벽이 둘러싸고 있는 작은 마을이었다. 그리고 애귀벨 마을에서 4리외 떨어진 곳에 위치한

몽멜리앙Montmélian의 어느 한 여관으로 향했다. 이렇게 높이 솟아 있는 산들 가운데 펼쳐진 평원에는 한가운데에 작은 산등성이가 높이 세워져 있다. 그리고 바로 그 아래에 몽멜리앙 성벽 마을이 있다. 애귀벨의 요새 아래쪽에서 흘러 그르노블까지 이어지는 이제르 Isère 강가에 자리 잡고 있는 마을이었다. 여기서부터 그르노블까지는 7리외다. 몽멜리앙에서는 이탈리아산 오일이 아주 좋은 오일이었다는 것을 확실하게 느낄 수 있었다. 실제로 몽 스니 언덕을 넘어온 후에는 오일을 먹으면 배가 아프기 시작했지만, 언덕을 넘기 전에 먹은 것들은 입안에 뒷맛을 전혀 남기지 않았기 때문이다. 몽멜리앙에서는 2리외를 이동하여

샹베리Chambéry에 도착해서 점심을 먹었다. 샹베리는 사보이아 공국에서는 가장 큰 도시로 절대적인 규모는 작지만 상업이 발달해 있는 근사한 곳이다. 도시는 비록 산속에 위치해 있기는 하지만, 산들이 뒤로 한껏 물러난 곳에 펼쳐져 있는 아주 넓은 평원 위에 자리하고 있다. 우리는 샹베리에서 다시 길을 출발하여 고도가 높고 경사는 가파르며 돌투성이기는 하지만 전혀 위험하다거나 다니기에

불편하지는 않은 샤[13]산을 지났다. 산 아래에는 큰 호수가 하나 보였고, 호수를 따라가면 부르도Bourdeau라고 불리는 성이 나왔다. 품질이 좋은 검을 만들어내기로 유명한 성이었다. 우리는 그렇게 4리외를 이동해서

옌느Yenne라는 어느 작은 마을의 한 여관에 도착했다. 일요일 아침에는 작은 요새를 하나 지난 뒤, 지금까지 우리의 오른쪽에서 흐르고 있던 론Rhône강을 건너갔다. 요새는 사보이아 공작이 강과 아주 가깝게 붙어 있는 몇몇 바위들 사이로 지어 올린 것이었다. 그중에서 어떤 바위 옆으로는 폭이 좁은 작은 길이 하나 나 있는데, 그 길을 따라 이동하면 그 끝에 다시 요새가 나타나는 구조였다. 티롤 산자락의 끄트머리에서 베네치아 사람들이 세워 올린 치우사 요새와 거의 다를 바 없는 곳이었다. 이곳에서부터 다시 길을 나선 우리는 산들 사이에 지대가 낮은 길을 따라 쉬지 않고 이동했고, 그렇게 옌에서 7리외 거리에 있는

생 랑베르 앙 뷔제Saint-Rambert-en-Bugey[14]에 도착했다. 생 랑베르 앙 뷔제는 산골짜기에 위치한 작은 마을이다. 사보이아 공국에 속하는 대부분의 마을에서는 마을 한가운데에 더러운 것들을 씻어 흘려보내는 개울물이 흐른다. 그리고 마을에서 개울까지 가는 길은 양쪽에 큰 차양이 설치되어 있어서, 어떤 날씨에도 그 아래로 피하면 몸을 젖지 않게 할 수 있었다. 덕분에 길가에 있는 가게들은 그늘이 져

---

13 *Chat.* '고양이'라는 뜻의 프랑스어.

14 원문에 표기된 지명: 생 랑베르Saint-Rambert

서 더 어두워 보였다.

11월 6일 월요일 아침에는 생 랑베르 앙 뷔제 마을을 떠났다. 당시에는 리옹 출신의 은행업자 프란체스코 세나미Francesco Cenami 씨가 리옹에 돌았던 전염병 때문에 여기 생 랑베르 앙 뷔제로 은퇴를 해서 지내는 중이었다. 그는 자신의 조카를 보내어 아주 친절한 인사말과 함께 와인을 전해주었다.

마을에서는 월요일 아침 일찍 길을 나섰고, 마침내 산지에서 완전히 벗어나 진짜 프랑스 들판으로 들어서게 됐다.

이후 샤제이Chazey 항구에서 보트를 타고 아인강을 건넜고, 그렇게 쉬지 않고 움직여서 생 랑베르 앙 뷔제에서 6리외 거리에 있는

몽뤼엘Montluel에 도착했다. 몽뤼엘은 각지에서 온 많은 사람들이 거쳐 가는 작은 마을로 사보이아 공작이 소유하는 곳이다. 사보이아 공작의 관할 구역에 해당하는 마을로는 이곳이 마지막이었다. 화요일에는 점심을 먹고 난 뒤 역참에 들렀고, 다시 역참 두 개를 지나

리옹Lyon에 도착해서 하룻밤을 묵었다. 몽뤼엘과 리옹 사이는 거리가 3리외밖에 되지 않는다. 나는 리옹의 도시 풍경이 아주 마음에 들었다.

금요일에는 조제프 드 라 손Joseph de la Sone 씨로부터 사람을 아직 태워본 적이 없고 꼬리는 잘려 있는 말 세 마리를 200에퀴를 주고 샀다. 전날에는 말레지외Malezieu 씨로부터 경주용 말 한 마리를 50에퀴에, 꼬리가 잘린 또 다른 말 한 마리를 33에퀴에 구입했다.

성 마틴의 축일이었던 토요일에는 아침에 배가 너무 많이 아파서 정오까지는 침대에 누워 있으면서 설사를 했다. 그날 점심은 먹지

않았고, 저녁은 아주 조금 먹었다.

11월 12일 일요일에는 피렌체에서 온 알베르토 지아치노티Alberto Giachinotti 씨가 자신의 집에서 같이 점심을 먹자고 초대하여 아주 공손하게 대접해주었다. 그는 고작 여기 리옹에서 지내면서 나와 알게 된 것이면서, 나에게 돈도 빌려주었다.

11월 15일 수요일에는 리옹에서 점심을 먹고 나서 다시 길을 나섰고, 언덕길을 따라 5리외를 이동하여

라 부르델리에르La Bourdelière[15]에 도착해서 그날 밤을 묵었다. 라 부르델리에르에는 집이 단 두 채뿐이었다.

목요일 아침에는 풍경이 멋있었고 땅이 평탄한 길을 따라 이동했다. 길가에 있던 푀르Feurs 마을과 가까운 곳에는 또 다른 작은 마을이 보였다. 우리는 배를 타고 루아르Loire강을 건넜고, 그렇게 쉬지 않고 이동하여 라 부르델리에르에서 8리외 거리에 있는

로피탈 수 로슈포르L'hôpital-sous-Rochefort[16]라는 작은 성벽 마을에 도착했다. 금요일 아침에는 매섭게 부는 바람과 세차게 내리는 눈 사이를 뚫고 계속해서 언덕길을 따라 이동했다. 그렇게 6리외를 지나

티에르Thiers라는 작은 도시에 도착했다. 알리에Allier 강가에 위치한 티에르는 상업이 아주 발달했으며 인구수가 많은 곳이다. 티에르 사람들은 주로 종이를 사고파는 일을 하며, 조각칼과 게임용 카드를

---

15 현재는 리옹 부근에 '라 부르델리에르'라는 이름으로는 성이 하나 남아 있다. 그 성 주변으로 있었던 아주 작은 마을일 것으로 추정한다.

16 원문에 표기된 지명: 로피탈L'hôpital

잘 만들기로도 유명하다. 이곳에서 리옹과 생 플루르Saint-Flour, 물랭Moulins, 르 퓌Le Puy는 모두 동일한 거리에 떨어져 있다.

집에 점점 더 가까워질수록 길은 점점 더 길고 지겹게 느껴졌다. 사실 로마에서부터는 집에 도착하기 전까지 하루하루 날짜를 세는 중이다. 못해도 샹베리에 도착했을 때에야 비로소 길을 중간 정도 온 것 같았다. 부르봉 가문의 영토에 포함되어 있는 티에르는 몽팡시에Montpensier 씨가 소유하고 있다. 나는 팔미에Palmier 씨의 집으로 카드를 만드는 작업을 구경하러 갔다. 다른 종류의 작업에서만큼이나 많은 일꾼들이 투입되어 있었다. 카드는 세트로 단돈 1푼에 판매되며, 상태가 좋은 것은 2카롤루스였다.

토요일에는 풍요로운 리마뉴 대평원을 지나, 배를 타고 도레Dore 강과 알리에강을 건넌 뒤, 티에르에서 4리외 떨어진 곳에 위치한

퐁 뒤 샤토 Pont-du-Château에 도착해서 하룻밤을 묵었다. 퐁 뒤 샤토에는 심한 전염병이 휩쓸고 지나간 후였다. 나는 이번에 돌았던 전염병과 관련해서 놀라운 이야기를 몇 가지 들었다. 예를 들어, 어느 날 카닐락Canillac 자작의 조상 대대로 내려오는 저택에서 불이 났는데, 이는 집을 불태워서 정화시키려는 계획이었다고 한다. 저택의 주인인 영주는 하인들 중 한 명을 보내 이런저런 인사말을 늘어놓더니, 이제 막 로마로 보낸 본인의 아들을 위해 푸아 씨에게 추천서를 써달라고 부탁했다. 11월 19일 일요일에는 퐁 뒤 샤토에서 2리외를 지나

클레르몽 페랑 Clermont-Ferrand[17]에 도착해서 점심을 먹었다. 이곳에서는 배가 고픈 말들에게 먹이를 주기 위해 잠시 멈춰가기로 했다.

20일 월요일에는 아침 일찍 클레르몽 페랑을 떠나 퓌 드 돔Puy de Dôme의 꼭대기까지 올라갔다. 그곳에서는 돌멩이를 한 개 배출했는데, 크기가 크고 넓고 평평한 모양이었다. 몸 안에서 무언가 중간에 내려오다가 걸려 있는 것 같은 느낌이 아침부터 들었었다, 사실은 전날에도 성기의 위쪽 끝부분에 돌멩이가 있는 것이 느껴졌었다. 그 돌멩이는 방광으로 나오려고 했는지 신장 쪽을 지나가는 것도 조금 느껴졌었다. 부드럽지도 단단하지도 않은 돌멩이였다.

퐁지보Pontgibaud를 지나는 길에는 라 파예트La Fayette 씨에게 인사도 할 겸 그녀의 집을 찾아갔고 30여 분을 방에서 기다렸다. 라 파예트 씨의 저택은 명성만큼 아름다운 곳은 아니었다. 저택의 건물은 다른 곳보다는 풍경이 다소 볼품없는 위치에 세워져 있었고, 작은 정원은 정사각형 모양으로 지면에서 4~5피에 정도 높은 지대에 산책로가 만들어져 있었다. 정원 바닥에는 타일이 깔려 있었다. 여러 종류의 과일나무가 많이 자라며 풀은 거의 없었다. 꽉 박혀 있는 타일은 사면 모두 절단석으로 포장되어 있었다. 그날은 눈이 아주 많이 내렸다. 찬바람이 어찌나 매섭게 부는지 앞이 거의 보이지 않았다. 우리는 그렇게 클레르몽 페랑에서 7리외를 이동하여

퐁토뮈르Pontaumur라는 작은 마을에 도착해서 하룻밤을 묵었다. 퐁토뮈르에서 2리외 떨어진 곳에는 뤼드Lude 씨네 부부가 살고 있다. 다음날에는 6리그 거리에 있는

퐁샤로Pontcharraud라는 작은 마을에 도착해서 또다시 하루를 묵었

---

17   원문에 표기된 지명: 클레르몽Clermont

다. 리마뉴 대평원으로 이어지는 이 길 위에는 볼품없어 보이는 여관들이 많다. 그린 와중에도 맛이 괜찮은 와인은 아주 많았다. 이쪽 길을 지나는 사람들은 모두 리옹까지 마차를 몰거나 편지를 전하는 사람들이었다. 머리의 상태는 좋지 않았다. 폭풍우와 찬바람이 불고 비가 내리면 머리가 더 아프다는데, 집 가는 길 내내 그런 날씨가 계속 이어졌다. 사람들 말로는 프랑스에서 이 지역은 그 어떤 다른 지역에서보다 겨울이 가장 혹독하다고 한다.

11월 22일 수요일은 날씨가 아주 좋지 않았다. 우리는 퐁샤로를 떠나 아주 잘 지어져 있는 펠레텡Felletin이라는 작은 마을을 지났다. 골짜기 깊숙이 위치해 있는 펠레텡 마을은 주변이 높은 언덕으로 잔뜩 둘러싸여 있으며, 최근에 돌았던 전염병 때문에 거의 사막이나 다름없을 정도로 분위기가 황량했다. 그날은 퐁샤로에서 5리외 떨어진 곳에 위치한

샤탱Châtain[18]에서 하룻밤을 묵었다. 샤탱은 크기가 작고 볼품없는 마을이었다. 이곳에서는 오래된 와인을 찾지 못해서 이제 막 새로 만들어서 아직 정화되지 않은 와인을 마셨다. 23일 목요일에도 계속해서 머리의 상태가 좋지 않았고 날씨도 험했다. 우리는 샤탱에서 5리외 거리에 있는

소비아 쉬르 비주Sauviat-sur-Vige에 도착해서 하루를 묵었다. 소비아 쉬르 비주는 로쟁Lauzun 씨가 태어난 작은 마을이다. 다음날에는 다

---

18   현재 퐁샤로와 소비아 쉬르 비주 사이의 길목에 위치한 마을들 중에는 '샤탱'이라는 이름으로 남아 있는 마을은 발견되지 않는다.

시 길을 나서서 6리외를 이동하여

리모주Limoges에 도착해서 하룻밤을 보냈다. 토요일에는 하루 종일 리모주에서 지냈다. 나는 90에퀴를 주고 수컷 노새를 한 마리 구입했다. 그리고 리옹에서부터 여기까지 노새에 싣고 온 짐에 대한 세금으로 5에퀴를 지불했는데, 이때 짐의 무게가 4파운드 정도 잘못 계산된 것 같았다. 실제로 다른 짐들의 경우는 3.6에퀴만 내면 됐다. 여기 리모주에서 보르도까지는 짐의 무게 100파운드당 1에퀴를 세금으로 매기고 있다.

11월 26일 일요일에는 점심식사를 마친 뒤 리모주를 떠났고, 그로부터 5리외 거리에 있는

레 카르Les Cars에 도착해서 하루를 묵었다. 레 카르에는 카르Cars 부인만이 살고 있었다. 월요일에는 다시 6리외를 이동하여

티비에르Thiviers에 도착해서 하루를 묵었다. 화요일에는 티비에르에서 5리외 떨어진

페리괴Périgueux에 도착해서 하루를 묵었다. 수요일에는 그곳에서 5리그 거리에 있는

모리악Mauriac성에 도착해 그곳에서 하룻밤을 보냈다. 성 안드레아 축일이자 11월의 마지막 날인 목요일에는 다시 7리외를 이동하여

몽테뉴Montaigne성에 도착해서 하루를 마무리했다. 이번 여행은 1580년 6월 22일에 라 페르La Fère를 목적지로 두고 바로 여기 몽테뉴성에서 출발한 여행이었다. 나의 여행은 이렇게 17개월 8일 만에 끝이 났다.

몽테뉴 여행기

초판 1쇄 발행 | 2020년 9월 18일

지은이 미셸 에켐 드 몽테뉴
옮긴이 이채영
펴낸이 이은성
편 집 최지은 김경수
디자인 이다래
펴낸곳 필로소픽

주 소 서울시 동작구 상도동 206 가동 1층
전 화 (02) 883-9774
팩 스 (02) 883-3496
이메일 philosophik@hanmail.net
등록번호 제 379-2006-000010호

ISBN 979-11-5783-199-9 93160

필로소픽은 푸른커뮤니케이션의 출판 브랜드입니다.

이 도서의 국립중앙도서관 출판시도서목록(CIP)은 서지정보유통지원시스템 홈페이지(seoji.nl.go.kr)와
국가자료공동목록시스템(www.nl.go.kr/kolisnet)에서 이용하실 수 있습니다.
(CIP제어번호: CIP2020035987)